U0849085

国家出版基金资助项目

上海高校服务国家重大战略出版工程项目

上海文化发展基金会图书出版专项基金资助项目

国家自然科学基金项目：XBRL 信息环境下会计账簿数据与财务报告数据的整合与实现研究(71372104)

教育部哲学社会科学研究后期资助重点项目：面向信息共享的全球通用会计账簿研究(11JHQ006)

会计工程:信息共享的全球共用会计系统研究

全球共用财务报告系统研究

——中美财务报表互相转换

张天西 李晓荣 吴忠生 杜威 余良宇 刘振邦/著

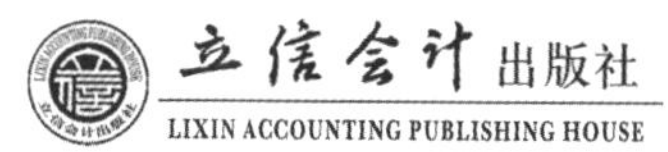

图书在版编目(CIP)数据

全球共用财务报告系统研究:中美财务报表互相转换/张天西等著. —上海:立信会计出版社,2017.11

ISBN 978-7-5429-4905-9

Ⅰ.①全… Ⅱ.①张… Ⅲ.①可扩充语言—应用—会计报表—研究 Ⅳ.①F231.5-39

中国版本图书馆CIP数据核字(2016)第015056号

策划编辑　张巧玲
责任编辑　张巧玲
特约编辑　胡　越

全球共用财务报告系统研究——中美财务报表互相转换

QUANQIU GONGYONG CAIWU BAOGAO XITONG YANJIU ZHONGMEI CAIWU BAOBIAO HUXIANG ZHUANHUAN

出版发行	立信会计出版社		
地　　址	上海市中山西路2230号	邮政编码	200235
电　　话	(021)64411389	传　　真	(021)64411325
网　　址	www.lixinaph.com	电子邮箱	lixinaph2019@126.com
网上书店	http://lixin.jd.com		http://lxkjcbs.tmall.com
经　　销	各地新华书店		

印　　刷	上海盛通时代印刷有限公司		
开　　本	710毫米×1000毫米	1/16	
印　　张	21.25	插　　页	4
字　　数	381千字		
版　　次	2017年11月第1版		
印　　次	2017年11月第1次		
书　　号	ISBN 978-7-5429-4905-9/F		
定　　价	65.00元		

如有印订差错,请与本社联系调换

序

以 XBRL 为主题的研究领域，重复着百年不变的“寂静——喧闹——重归寂静”这样一个学术轮回。

中国的 XBRL 研究，也正在经历这样的一个轮回，从开始阶段不登大雅之堂，到万众欢呼并尊称 XBRL 是“会计革命”的曙光，再到政府推动 XBRL 标准在中国制定，再到政府官员、学者和实业界踊跃参加每年一次的国际 XBRL 大会，再到政府权力部门对 XBRL 标准的垄断，以及利益集团对 XBRL 实例文档的独占，再到 XBRL 技术创新的阶段性放缓，再到 XBRL 研究被会计学术研究主流边缘化，再到 XBRL 研究领域重归寂静。

广大民众远未享受到 XBRL 带来的便捷性和实用性，新型网络财务报告徒有虚名，人们甚至开始议论 XBRL 的历史寿命问题——它究竟是正在冉冉升起的一轮太阳，阳光即将普照大地，还是夜间划过天空的一颗流星，转瞬即逝。

正是在这样的寂静中，我们在不断深层思考，希望开拓出新的 XBRL 的研究方向，扩大 XBRL 应用领域，或者就 XBRL 提出一些新的见解，可以推动 XBRL 向更深层次发展。

利用 XBRL 技术，实现不同国别财务报告的互相转换，是我们这个团队一直在思考的问题，希望藉此可以拓展 XBRL 的应用范围。

各国 XBRL 分类标准的制定和公布，为我们的研究提供了便利条件，全面的、系统化的财务报表无缝转换仍然需要时日，但我们考虑是否可以先做一些简单的案例尝试，总结出一些思想、概念和程序，为以后更深入的研究铺平道路，这就是我们关于这项研究的宗旨。尽管该研究是针对中国和美国公司财务报表转换的案例，但对于其他国家之间财务报表的转换，具有一定示范作用。该研究对于降低各国会计准则的差异、加速会计准则趋同，具有一定的理论意义。

实现各国财务报表之间的自由转换，对于顺应全球化发展，实现资本在各国之间的顺畅流动，特别是对于中国建立国际化的资本市场，具有实用价值。

我们的研究没有先例可循，中间遇到了很多困难和挫折，例如，中国在XBRL运用环节和世界其他国家相比更加复杂，标准至今在运用环节没有统一，XBRL实例文档不能开放，学术研究不能取得有价值的数据，这就迫使我们在研究中不得不另辟蹊径，采取其他方法来解决这个研究中的问题。又如，报表之间的转换不仅涉及不同语言之间的转换，也涉及不同会计准则之间的调整和财务报告格式的调整，既要保持原始国财务报告的地方特色，表现出原汁原味，又要使转换目的国阅读者用自己母语流畅阅读，我们在研究中多次讨论，对不同方案进行对比研究，从中择优，较好地解决了这一难题。总之，整个团队在研究中保持了极大的热情，克服了一些未曾预料到的困难，最终达到了我们的研究目的。

我们研究团队的主要成员包括张天西、李晓荣、杜威、吴忠生、余良宇、刘振邦等。张天西提出本课题的研究思想和研究框架，并参与各个专题研究，召集团队讨论，并对全书进行了最后润色和修改。杜威负责资产负债表的转换研究、余良宇负责利润表的转换研究、刘振邦负责现金流量表的转换研究，吴忠生进行系统设计和转换系统模型开发和编程，李晓荣进行了系统设计研究。

我们相信对于各国报表互相转换的研究不是研究的结束，而是研究的开始。

目　录

第 1 章

概　述

1.1　财务报表转换意义

财务报表是按照会计准则的要求编制的，披露企业的财务信息（权英淑和许必建，2012）。但是由于企业会计准则的不同，财务报表编制的原则就会有很大的差异，进而导致在不同会计准则的要求下的财务报表有着不同的形式。这种不同主要有以下三点：①会计项目的差异；②分类标准的差异；③计量方式的差异。这三种差异主要是由会计准则不同带来的。

中美财务报表之间存在的这些差异，导致中美财务报表之间的兼容性并不好，不可以用中国的财务标准去看美国的财务报表，也不可以使用美国的财务标准来看中国的指标。这种差异在本土表现得并不明显，但当企业走向国际化时将出现非常多的问题。用一家中国企业举例说明，一方面，当该企业准备拓展国际业务的时候，由于财务报表等信息均按照中国会计准则进行编制，所以国际上的客户不能准确地对该企业的财务数据进行了解，若想进行准确的了解，则需要专业的人才进行翻译、解读，这无疑延缓了该企业国际业务的发展。另一方面，当该企业想与美国同行业的企业进行对比分析时，财务报表编制原则的不同，导致该企业不能准确地与美国同行业财务数据进行比对，给报表分析者带来阅读困难，在某种程度上制约了企业的发展。

从另外一个角度讲，随着信息化时代技术的更新与发展，会计信息系统的建立是一个必然的趋势，而建立一个准确的会计信息系统的基础就在于将语言统一化，只有将会计语言统一化才能更好地建立会计信息系统。当会计语言统一化之后，就可以使用计算机的方式对财务信息进行分析，做出对比与比较。若不建立统一的会计标准语言，则不能将各类数据放在一起进行比较，不符合建立会计信息系统的意义。

因此，进行中美财务报表的转换具有很重要的意义，通过中国与美国财务报表的转换可以确立一个不同会计准则之间转换的模板，对于之后的研究具有非常重要的意义。通过这种转换思路，同理也可以比较轻松地完成其他形式的财务报表的转换。

1.2 转换原则浅析

在财务报表转换的过程中，要遵循两个原则：

(1) 真实性：在财务报表的转换过程中，最重要的是保证数据的正确，不能为了格式上的统一将内容随意减少或者编造增加。财务报表本来就是一个反映各种财务数据的、真实性的文件汇集，所以真实性是进行财务报表转换的一个最重要的指标。

(2) 对应性：财务报表转换的意义在于可以用中国的会计准则以及计量方式，对美国企业的财务信息进行对应性转换。若能在保证真实性的条件下，将两个转换过程的对应性做好，则有利于信息使用者对财务报表的理解以及研究。所以说对应性是财务报表转换的第二个原则，这个原则具体体现在财务报表的格式一致，即转换后的格式与对应的财务报表格式一致。

在进行信息的转换过程中，最简单最方便的就是“一对一”的转换，即原始报表的一项信息转换后变为对应报表的一项信息。这种方式比较简单，同时大部分项目也都是这样转换的。

但是由于中美会计准则的不同，在表达方式上和具体的会计计量上都有着比较明显的差异，所以在转换的过程中，经常会出现不规则的情况，即原始报表的一项信息转换后变为对应报表的多项信息，或者原始报表的多项信息转换后变为对应报表的一项信息。

当原始报表的一项信息转换后变为对应报表的多项信息时，就会造成转换而来的报表数据项目会增加，也就是说，对应报表对于信息的需求量更大，然而原始报表中并没有足够的信息提供，所以会出现一项信息转换为多项信息时信息不足的问题。这个问题的解决办法为通过附注信息进行补充，在很多时候原始报表的项目信息虽然很少，但是在附注信息中会有所体现。实际上有很多项目是没有附注信息的，在这个情况下，将以数据的真实性为第一原则。在转换过后标注好这项信息应该是对应报表的哪几项，切不可为了格式上的对应将原始数据进行拆分、平摊。

当原始报表的多项信息转换后变为对应报表的一项信息时，就会造成数据项目的减少，也就是说，原始报表提供的项目信息比较多，但是对应报表并不需要披露这些信息。在这种情况下，使用附注的方式进行解决。当进行转换后，原始报表多余的信息将放在附注部分，作为一个补充信息出现在新的报表中。在这种情况下，要优先保证报表的格式对应。原始报表的信息完全可以满足对应报表的需求，所以只要将多余的信息作为补充信息放在对应数据项的下一个层级即可。

1.3　报表转换思路分析

每一种不同的会计准则下都会出现一种不同的财务报表的格式，所以在处理不同财务报表的时候，要结合不同的会计准则制定统一的语言来进行完善。中国财务报表是按照《企业会计准则》编制的，美国财务报表是按照10-K标准制定的。若想完成两种报表之间的转换，首先要做的是了解两种不同会计准则。在本书中，建立两种会计准则之间的联系，是通过构建中美财务报表的模板来实现的，这些模板中不含有数据项目，但是含有财务报表的会计项目和架构。

完成这两种模板之间的转换，也就是完成了不同会计准则之间的转换与映射。因为这两种模板是根据会计准则编制完成的，而且都是概念之间的转换，所以当完成了这两种模板之间的转换，也就是完成了两种会计准则之间的统一。

具体的操作步骤则是根据表内主项或者表内细项的定义将两个相同概念的会计项目建立映射，然后做到财务报表的转换。但是具体的数据转换过程又存在着很多的问题，本书将在第3章作详细的叙述。图1-1为不同会计准则转换过程的示意图，将不同的会计准则转换为统一语言后，再建立映射关系，通过统一的语言将财务报表转换为实例。

图1-1只是转换过程的一个示意图，在这个图中，主要思想是通过一种可以兼容不同会计准则的统一标准语言，建立会计准则与财务报表实例之间的映射关系，再用这种映射关系来进行财务报表的转换。而会计准则是通过财务报表才能体现出来的，所以在下面的章节中，就将财务报表中现金流量表的模板拿了出来，通过这个模板，完成会计准则的统一及映射关系的建立。

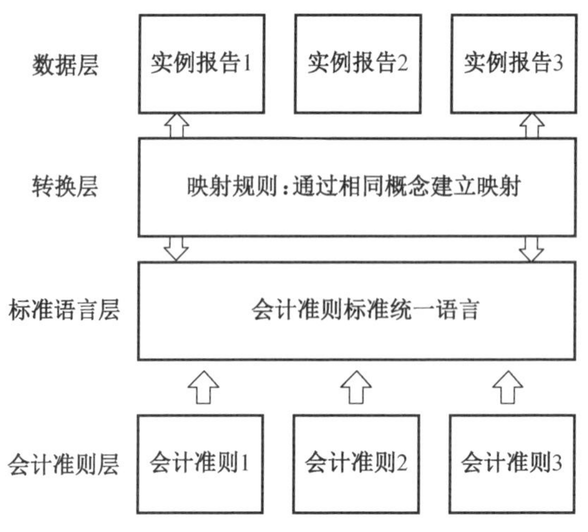

图 1-1　不同会计准则转换过程示意图

1.4　本章小结

本章主要表述了中美财务报表转换的意义，中美财务报表的转换实质上是对中美两国会计准则的甄别与理解，其意义也不仅仅局限于报表之间的转换，报表背后反映的经济现象更值得关注与分析。

财务报表实质上是企业经营情况的表现，美国财务报表代表着在美国会计准则下的一种表象（王静，2008），中国财务报表则代表在中国会计准则下的一种表象，无论怎么转换，两者对应的经济主体应该是一致的。因此便引申至财务报表转换的原则，即真实性与对应性。真实性侧重于内容、信息的真实可靠，对应性则表现了转换成果的格式，利于理解，也就是说真实性保障的是经济主体经营情况保持不变，而对应性则保证了其表象的转换。

只有清晰了解财务报表转换的意义以及原则，才可以更好地对中美财务报表进行转换与分析，才能更好地透过财务报表的不同研究中美两国之间会计制度的差异和区别。

第 2 章

财务报表转换逻辑与方法

2.1 不同会计准则转换的数据关系库

在有了初步的中美财务报表模板概念后，下一步将考虑的就是两者的转换，进而达到中美会计准则的互相映射，但究竟什么是中美会计准则的互相映射和转换呢？下面我们将对这个问题进行研究，同时也将给出在分析时具体的思路和遇到的问题。

2.1.1 数据关系库建立

在前文中提到的建立一个统一的语言来对两种会计准则进行描述，但是可以看到，由于会计准则的不同，很难建立一个统一的标准进行两者的综合。而且，当会计准则的种类增加时，将更难以建立一个准确的、统一标准来进行权衡。所以，这里引入一个数据关系库的概念，建立中国财务报表转美国财务报表以及美国财务报表转中国财务报表的数据关系库可以有效地解决会计准则不统一的问题。

为了把问题叙述得更清楚一些，我们先从中国标准的财务报表转换为美国标准的财务报表这一角度分析。

那么什么是中国财务报表转美国财务报表的数据关系库呢？简单地说，就是将中国财务报表中可能出现的会计项目或者元素找到在美国财务报表中的对应关系，这样一来，任意拿来一个中国财务报表中的元素，就可以迅速地找到其对应的美国财务报表中的元素。

下面以现金流量表部分项目为例，来说明这个问题。

图 2-1 为对应关系及数据层级示意图。在该图中，表示的是经营活动的现金流量当中的表内主项“销售商品、提供劳务收到的现金”等转换为对应项目的数据关系。当所有的细项都完成了对应关系的建立，即对于一个中国财务报表中的元素而言，只要在数据库中定位好，就可以迅速地完成相应的转换。

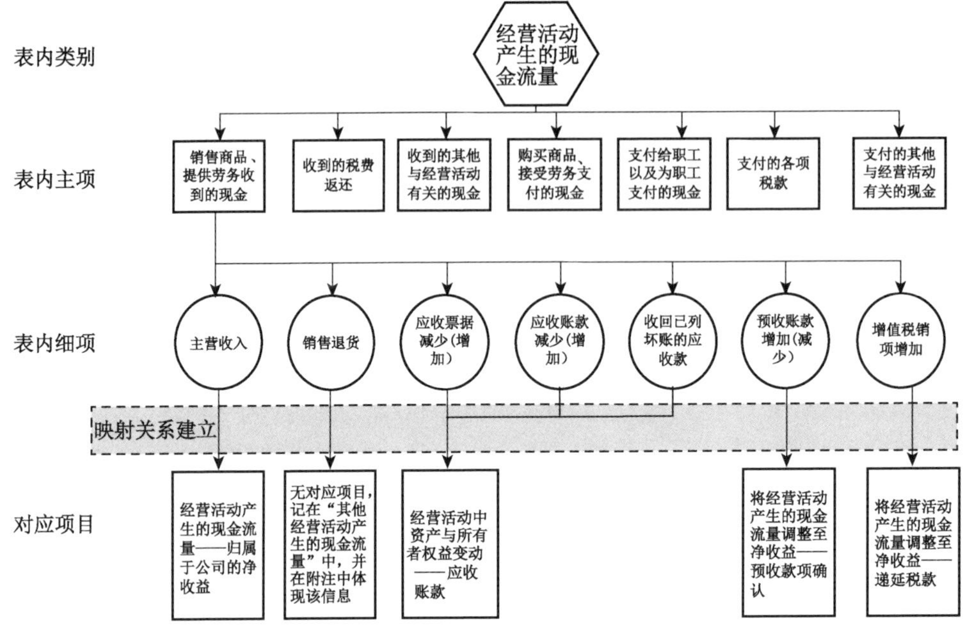

图 2-1　对应关系及数据层级示意图

具体实例来说,若在一家中国公司的财务报表中出现了“经营活动产生的现金流量——销售商品、提供劳务收到的现金——主营收入”,那么可以直接对应美国财务报表中的“经营活动产生的现金流量——归属于公司的净收益”,也就是说,可将该数据填写到美国财务报表的模板中“经营活动产生的现金流量——归属于公司的净收益”的位置,即完成了一项数据的转换,如图 2-2 所示。

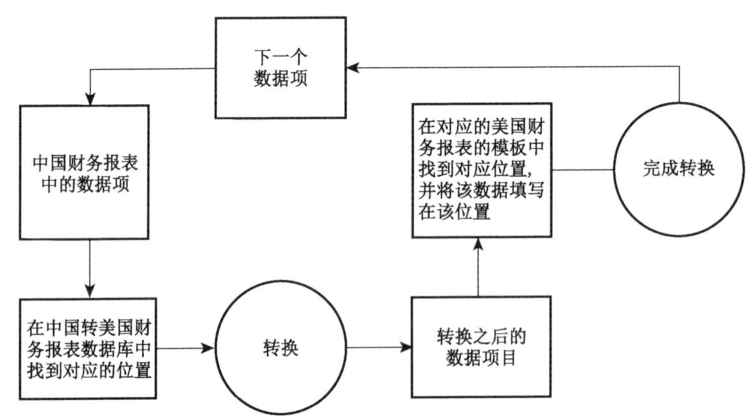

图 2-2　中国财务报表转换为美国财务报表流程

同样，在美国财务报表转中国财务报表的过程中，也需要建立数据关系。在美国财务报表的项目找到定位之后，可以迅速地完成转换，进而填写在中国财务报表模板的对应位置，完成对于一个数据项目的转换过程，如图 2-3 所示。

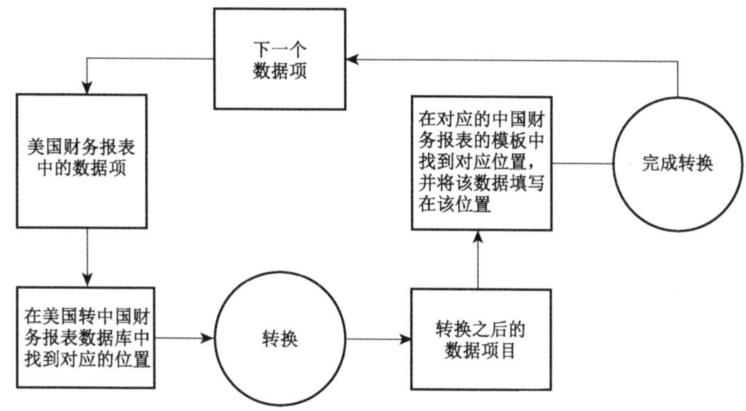

图 2-3　美国财务报表转换为中国财务报表流程

在原始报表的数据项目全部转换完之后，将会得到一张转换过后的、带有具体财务数据的财务报表。例如，若将一份美国本土公司财务报表中所有数据都完成了转换，则最终得到一张带有美国公司财务数据的以中国会计准则表达的财务报表，接下来的工作就是将空白的数据项目删除，最终完成美国财务报表到中国财务报表的转换。

2.1.2　数据关系库的扩展

建立数据关系库最大的意义就在于数据关系库可以随着处理财务报表数量的增多而增多，尽管不同的企业所编制的财务报表千差万别，但是从总体上来看，财务报表项目的种类总数还是可以统计的，而且当处理的财务报表数量变多，处理的企业领域变大时，数据关系库将会有很好的使用便利性。也就是说，随着处理财务报表数量增加，其不知名元素将会变得越来越少，所以对应起来也是更为容易的。

数据关系库的扩展是非常重要的，只有通过对财务报表的不断处理，才能不断地扩展数据关系。然而一个数据关系库的大小也正是这个数据关系库能发挥多大作用的依据，一个大的数据关系库要比一个小的数据关系库用处大得多。数据关系库的扩展思路非常简单，就是看原数据库中是否有该元素，若没有则找到定位，进行增加扩展；若有则不需要进行数据关系的扩展，直接找到定位，即可完成转换，如图 2-4 所示。

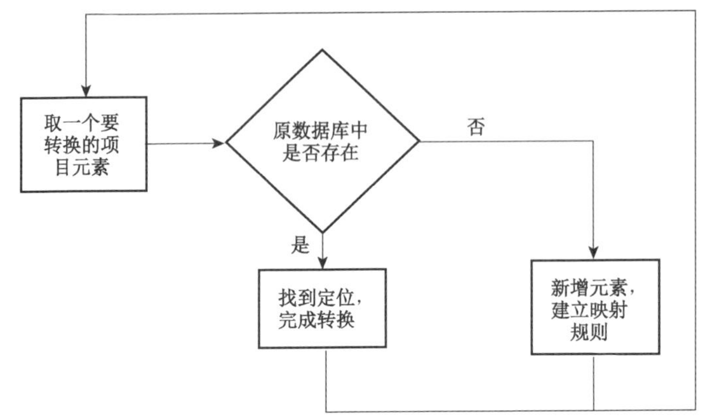

图 2-4　数据关系库的使用过程及其扩展

同时，数据关系的扩展流程也正是处理不知名元素的过程。图 2-5 表示的是如何对一个新录入元素进行处理，并将它定位到数据关系库的正确位置。下面将以“现金流量表——经营活动产生的现金流量——销售商品、提供劳务收到的现金——主营收入”为例进行说明。

图 2-5 为扩展数据关系库的方式，对应举例为“现金流量表——经营活动产生的现金流量——销售商品、提供劳务收到的现金——主营收入”。首先将从该元素最上级的一个项目“现金流量表”，即表头，开始寻找，看是否满足流程图。然后再逐层下降地在数据库中寻找是否是已有的项目，若是已经有的项目则找到定位，若是没有的项目，则进行数据关系的扩展。

2.1.3　数据关系库与模板的关系

在前文的介绍中，共有四种与财务报表有着极为相似格式的定义，即中国财务报表模板、美国财务报表模板、中国财务报表转美国财务报表数据关系库、美国财务报表转中国财务报表数据关系库。这四项定义都依托于财务报表本身，然而这四项定义的关系又是什么样的呢？

财务报表模板可看成对众多财务报表进行元素采样整理后得到的数据关系库，而财务报表转换数据关系库可以看成是采样的数据关系加上转换规则，所以转换数据关系库和报表模板之间有很大一部分是极为相似的，相差的只有转换规则与映射关系。图 2-6 可以表示它们之间的关系。

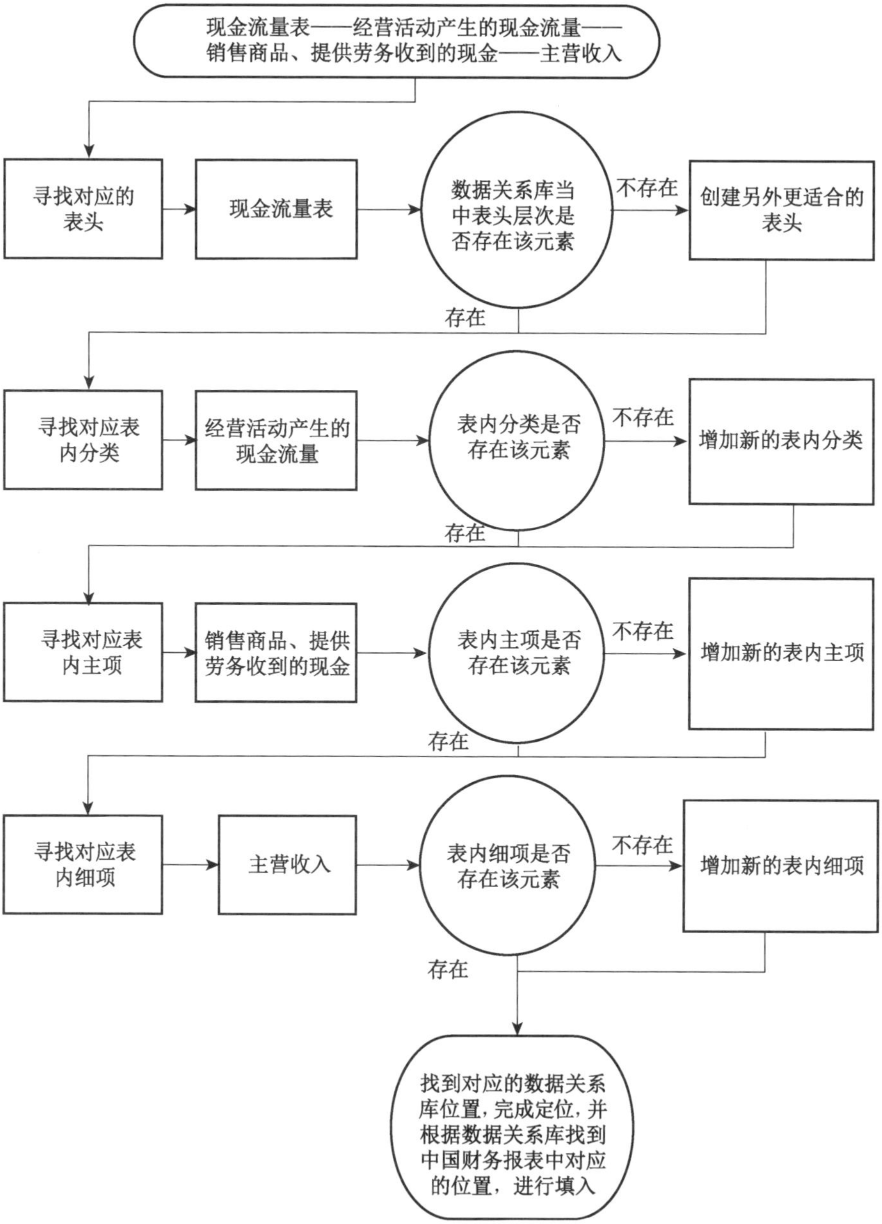

现金流量表——经营活动产生的现金流量——销售商品、提供劳务收到的现金——主营收入

寻找对应的表头

现金流量表

数据关系库当中表头层次是否存在该元素

不存在

创建另外更适合的表头

存在

寻找对应表内分类

经营活动产生的现金流量

表内分类是否存在该元素

不存在

增加新的表内分类

存在

寻找对应表内主项

销售商品、提供劳务收到的现金

表内主项是否存在该元素

不存在

增加新的表内主项

存在

寻找对应表内细项

主营收入

表内细项是否存在该元素

不存在

增加新的表内细项

存在

找到对应的数据关系库位置，完成定位，并根据数据关系库找到中国财务报表中对应的位置，进行填入

图 2-5　数据关系库定位具体实例

在实际应用中，并不需要建立四种数据关系库，仅仅需要建立两种数据关系库即可，这不仅增加了方案的可行性，也减少了工作量。同时，数据关系库也可以随着处理财务报表元素数量的增加而扩展，报表模板和数据关系库同时扩展。

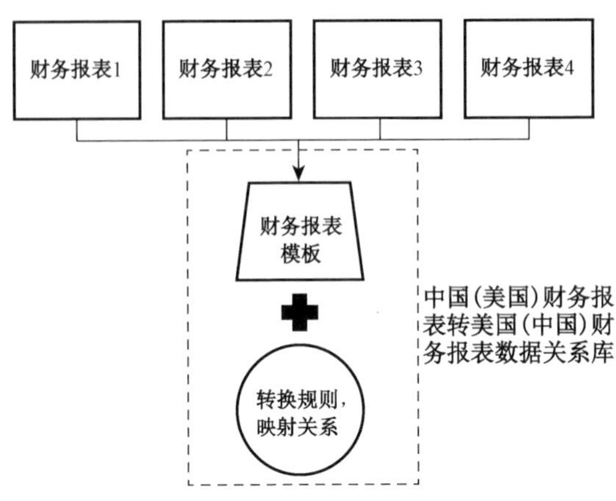

图 2-6　数据关系库与财务报表的关系

2.2　财务报表中数据关系分析

2.2.1　抽象模型与实例数据

在财务报表中，每一项数据既是一个抽象的模型，又存在着实例的数据。在某一份财务报表中有这样一项："现金流量表——经营活动产生的现金流量——销售商品、提供劳务收到的现金——主营收入：1 000 000 元"，那么在这项中，前面的"现金流量表——经营活动产生的现金流量——销售商品、提供劳务收到的现金——主营收入"可以看作是这项的抽象模型，它表示的是这项在财务报表中的位置、结构以及所属关系。

更准确地说，它是对该数据的说明，然而"1 000 000 元"则是该项数据的实例，表示这个会计项目的发生金额为"1 000 000 元"，表示该企业在某个会计期间内该项目发生金额为"1 000 000 元"，在进行财务报表的转换过程中，我们要处理的是关于抽象模型的问题。所以在进行财务报表转换的过程中，将实例的数据进行了忽略，只关注抽象模型上的逻辑结构与关系，建立了转换流程。

2.2.2　数据关系分析

在财务报表中，有着很多的数据，这些数据之间存在各种关系。在建立财务报表转换模型的过程中，首先要将数据之间的关系进行具体的划分和细化。

数据之间共有四种关系，如表 2-1 所示。

表 2-1 数据间关系划分及梳理

关系名	关系描述
部分与整体	表达概念之间部分与整体的关系
父与子	表达概念之间的继承关系，类似于面向对象中的父类与子类之间的关系。给出两个概念 C 和 D，记 $C'=\{x \mid x$ 是 C 的实例$\}$，$D'=\{x \mid x$ 是 D 的实例$\}$，如果对任意的 x 属于 D'，x 都属于 C'，则称 C 为 D 的父概念，D 为 C 的子概念
实例与概念	表达概念的实例与概念之间的关系，类似于面向对象中的对象和类之间的关系
属性	表达某个概念是另一个概念的属性。如概念“颜色”是概念“玫瑰花”的一个属性

在财务报表中，部分与整体的数据关系是很多的。财务报表可以分为资产负债表、利润表与现金流量表，那么它们和财务报表的关系就是部分与整体之间的关系。这几个部分加起来构成了财务报表这个整体，这就是财务报表中部分与整体的关系。

父与子的关系在财务报表中是最为普遍的。如同上文所说，表头是父，那么表内类别则为子；表内类别为父，则表内主项为子；表内主项为父，则表内细项为子。这些父与子的关系构成了财务报表的基本框架，在这些基本框架下，可以将一个元素的信息量增加。在进行财务报表转换的过程中，我们也是通过这种框架的寻找与定位，才能完成转换。

在处理财务报表的数据时，将实例与概念分开。在本书讨论的财务报表转换过程中，更多强调的是如何在模型之间完成转换，所以忽略实例，也就是说忽略财务报表中具体的数据项目，转换的是会计项目名称。所以在实例与概念这个层面，我们转换的是概念，而非实例。

属性的数据关系是某个概念是另一个概念的属性。在这一点上，附注中的信息可以被作为属性来理解。附注信息是对财务报表数据项目的补充，将它们作为属性来理解有利于对财务报表的整理和转换。从另外一个角度而言，由于附注信息中的项目并不会影响财务报表数字上的不平衡，所以在一定程度上忽略附注信息也是可以接受的。基于这一点，财务报表的转换就变得简单了。当财务报表中的信息可以直接转换时，则直接进行转换；当所需要的项目在原财务报表中没有出现时，则去附注当中寻找信息之间的关系。我们暂时假设报表附注可以说明所有财务报表数据的来源和关系。

2.3 转换方式分析

在财务报表的转换过程中,最终目标为将中国财务报表按照美国财务报表的形式展示出来,或者将美国财务报表按照中国财务报表的形式展示,但是在具体操作层面,则是对于个体数据的操作。也就是说,每一项数据都逐一地转换为对应的形式,才可以完成全部财务报表的转换。下面将讨论如何进行单一数据项目的转换,以及转换中遇到的问题。

单一数据项目的转换共有几种转换类型,下面将逐一进行分析和探究。

2.3.1 "一对一"转换模式

原始报表的一项数据项目转换后变为对应报表的一项数据项目,这种转换是最为清晰的。转换过后,仅由一项数据便可以完整、准确地表达原来的意思,这也是我们在财务报表转换过程中所希望得到的。如中国财务报表中"经营活动产生的现金流量——购买商品、接受劳务支付的现金——存货增加(附注)"与美国财务报表中"经营活动产生的现金流量——经营活动中资产与所有者权益变动——存货"就是一一对应的关系。在这种对应关系下,可以完成"一对一"的转换。如图 2-7 所示。

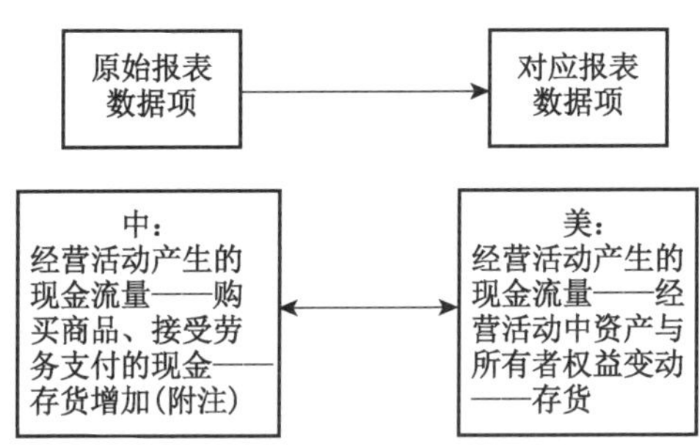

图 2-7 "一对一"转换示意图

另外,为了保证报表的平衡性,在实际做转换的过程当中,在对应报表项目新增项目,这样使得对应报表项目与原始报表项目形成"一对一"转换模式。

2.3.2 "一对多"转换模式

原始报表的一项数据项目转换后变为对应报表的多项数据项目,简称为"一对多"转换模式。在这种情况下,原始报表中的一项数据对应多项数据,换一个角度

讲,对应财务报表的几项数据综合等于原始财务报表的数据。这时就会出现一个问题,数据实例并不能按照对应财务报表的格式进行分离,导致不能满足形式上的对应,但是为了保证数据的真实性与可靠性,不能为了保持格式上的完整而进行数据实例上的编造。如图 2-8 所示。

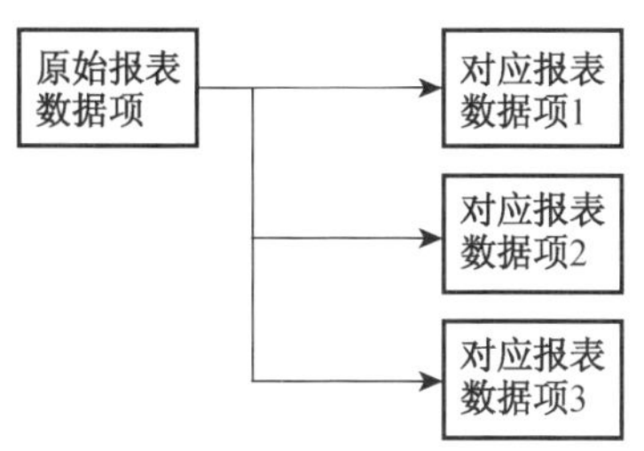

图 2-8 "一对多"转换示意图

如中国财务报表中的"经营活动产生的现金流量——支付的其他与经营活动有关的现金——折旧及摊销(补充资料)"对应的就是美国财务报表中的"经营活动产生的现金流量——将经营活动产生的现金流量调整至净收益——摊销"与美国财务报表中的"经营活动产生的现金流量——将经营活动产生的现金流量调整至净收益——折旧"。如图 2-9 所示。

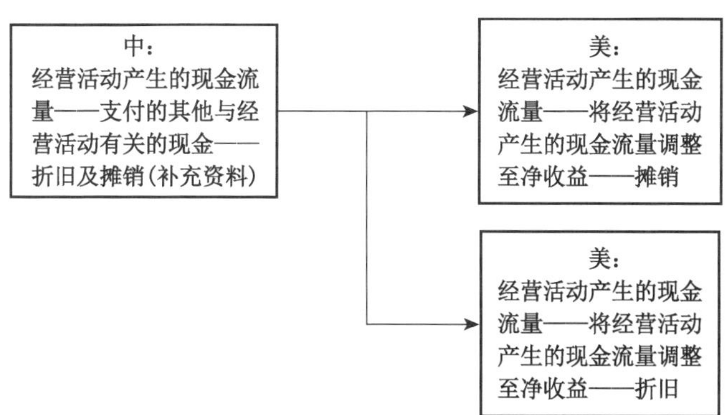

图 2-9 "一对多"转换具体实例

在这种情况下,中国财务报表转换为美国财务报表就会存在问题。假设中国财务报表中"经营活动产生的现金流量——支付的其他与经营活动有关的现金——折旧及摊销"的值为"1 000 000 元",那么美国财务报表中"经营活动产生的现金流量——将经营活动产生的现金流量调整至净收益——摊销"与"经营活动产生的现金流量——将经营活动产生的现金流量调整至净收益——折旧"都没有一个准确的值。面对这种情况，可采用以下两种方法进行处理。

1. 补充信息找寻法

通过对原始报表补充信息和附注的阅读和理解，对该数据项目进行进一步的了解。若财务报表附注中有对该元素项目的补充说明，则可以按照附注中的补充信息完成财务报表的转换过程。假设在补充信息中有一项为对“经营活动产生的现金流量——支付的其他与经营活动有关的现金——折旧及摊销”的补充：在该项目中，折旧发生金额为“800 000 元”，摊销发生金额为“200 000 元”，则在对应的转换过程中，可以将对应的项目填入，即“经营活动产生的现金流量——将经营活动产生的现金流量调整至净收益——摊销”金额为“200 000 元”，“经营活动产生的现金流量——将经营活动产生的现金流量调整至净收益——折旧”金额为“800 000 元”，完成了该数据项目的转换。

2. 层级升级(降级)法

若发生了“一对多”的情况，且附注中没有对应的补充信息进行说明，则可使用层级升级(降级)法完成财务报表的转换。所谓层级升级(降级)法是指在财务报表转换过程中，发生了“一对多”的情况。在“一对多”的情况下，原始报表的项目将没有一个对应的位置，虽然可以通过组合的方式找到在对应报表中的数据项目，但是原始报表的数据项目没有自己的位置。

下面我们按升级来举例说明。

比如，上例中中国财务报表中的“折旧及摊销(补充资料)”对应的是美国财务报表中的“折旧”和“摊销”，虽然对应关系建立起来了，但是美国财务报表中并没有“折旧及摊销”这个会计项目。所以在这里，我们的处理办法是将“折旧及摊销”这个数据项目进行层级上的升级，让这个数据项目的层级高于“折旧”和“摊销”这两个数据项目的层级。而“折旧及摊销”这个数据项目的层级也从原来的表内细项升级为表内主项，该表内主项下有两个表内细项，即“折旧”和“摊销”。

从图 2-10 中可以看到，在对应关系上，“折旧及摊销”对应的是美国财务报表中的“折旧”加上“摊销”，但是在美国财务报表的表内细项层级中，并没有“折旧及摊销”的位置，所以在转换过程中，将该数据项目进行层级的升级，将它变成表内主项，下面拥有“折旧”和“摊销”这两个表内细项。

这种处理方式可以很好地处理“一对多”的问题，并且在保证财务报表数据真实性的同时，尽可能地保证转换过程中财务报表的格式尽量相似，让财务报表的转换更有意义。

这里需要强调的是，为了叙述方便，本书所提到的表内细项信息，内容包括报表补充资料和报表附注信息。

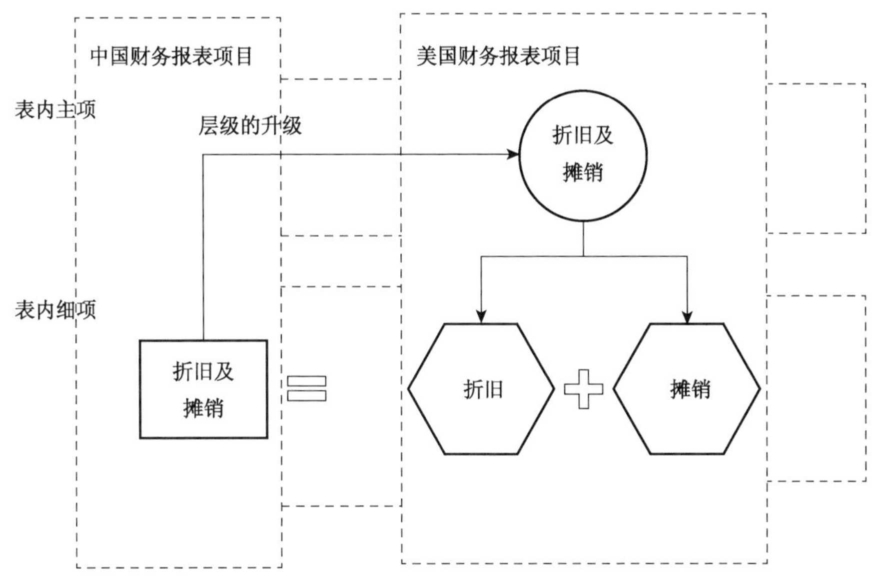

图 2-10　层次升级法具体实例

2.3.3 “一对零”转换模式

原始报表的一项数据项目在对应报表中没有对应项目，不能完成直接的转换，简称为“一对零”转换模式。如图 2-11 所示。

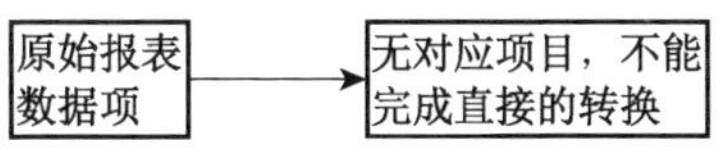

图 2-11　“一对零”转换规则图

由于会计准则的不同，中美财务报表有很大不同，出现这种情况是很正常的。究其原因是，在会计准则中，并没有对该元素项目有特定的需求，所以没有设定该数据项目。在转换过程中，出现了两种处理方法的讨论。

1. 使用“层级升级法”进行处理

在前文介绍的层级升级的基础上，可以看到，当面对“一对多”的情况时，用“层级升级法”可以比较好地解决对应财务报表中没有该项目的问题。若用此方法解决“一对零”的问题也是可以的，它的优势在于可以比较完整地展示全部的信息，但是我们在研究和处理过程中发现，过多的“一对零”项目将严重破坏掉原始报表的结构性。它虽然保留了数据信息的完整性，但是造成了报表难以阅读，既像中国财务报表，又像美国财务报表，却又多出了很多的信息量(升级时)。升级的另外一个优势在于，容易保持账面的平衡。由于在转换过程中并没有信息的减少，在账目两端是平衡的，这也是使用层级升级法处理“一对零”问题的一个优势。

但是层级升级法带来的问题就是报表的复杂度增加，原来会计准则并没有要求那么多的会计项目与数据项目，由层级升级法带来的项目数较多，导致报表格式上有很大出入，因此在处理“一对零”问题时，本书没有采用“层级升级法”进行处理。

2. 使用“归为其他项目法”进行处理

通过对财务报表的观察与研究，在每一个类别当中都有一个表内主项，其被命名为“其他项目:对应的中国会计项目”，其中涵盖了会计准则中所不要求的大部分信息，同时由于“其他项目:对应的中国会计项目”的存在，报表可以保持左右平衡、上下逻辑计算正确，或者累计加总计算的项目的总金额不会发生改变。

在处理“一对零”问题的时候，我们就受到了这个思路的启发，既然有一个“其他项目:对应的中国会计项目”可以接收不属于会计准则要求下的数据项目，在转换时也可以利用这个项目进行转换过程的优化。当处理“一对零”问题时，若将对应报表没有出现的项目划归到“其他项目:对应的中国会计项目”中，则可以减少转换后报表的冗余，同时也能保持账面的平衡，但是问题又来了，如果这样做，就等于减少了原始报表的信息量。这也是一种信息的丢失。

针对这个问题，本书采取的方案是通过附注的方式来弥补信息量的丢失。在附注中，可以将原始报表的信息作为补充信息的形式放在对应的报表中。这样既可以保证信息不丢失，又可以保证转换过后财务报表形式上的对应，“归为其他项目法”是一个相对比较好的方法。如图 2-12 所示。

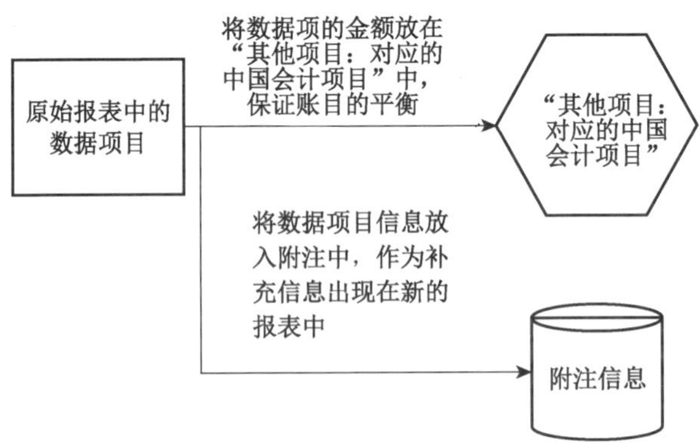

图 2-12 “归为其他项目法”转换示意图

2.3.4 “多对一”转换模式

在财务报表的转换过程中，存在着“多对一”的情况，即原始报表的多项内容，对应转换报表的一项内容。这种情况在转换过程中实际上是由“一对一”转换过来的，也就是说，原有的报表项目转换过后，变成了新的项目，但是这些项目是重叠的，就会造成“多对一”的情况。在这种情况下，可将对应报表的“一”提升等级，提升为更高一级的级别，然后将原始报表中的“多”进行合并，作为表内细项置于表内主项当中。

如在现金流量表中，经营活动产生的现金流量中，中国财务报表中的“无形资产摊销”和“长期待摊费用摊销”两者加起来对应的是美国财务报表中的“将经营活动产生的现金流量调整至净收益——摊销”（表 2-2），这就是一种“多对一”的情况。

表 2-2 “多对一”转换实例

无形资产摊销	将经营活动产生的现金流量调整至净收益——摊销
长期待摊费用摊销	

在这种情况下，将“将经营活动产生的现金流量调整至净收益——摊销”作为表内主项进行处理，而“无形资产摊销”和“长期待摊费用摊销”作为表内细项进行处理，则可以比较好地表示出来。下面是一个比较简单的例子，表示这种对应关系的处理方式。如表 2-3 所示。

表 2-3 “多对一”转换实例结果

摊销	**5 634**
无形资产摊销	2 638
长期待摊费用摊销	2 996

2.3.5 “多对多”转换模式

在财务报表的转换过程中，“多对多”模式比较少见，但是不排除见到的可能性，因此本书在这里进行讨论。“多对多”转换过程相对复杂一些。

通过上面的讲解与说明，可以看到，“多对一”的转换与“一对多”的转换实现以后，“多对多”的转换也比较容易实现。在处理“多对多”问题时，本质是按步骤逐步转换，先将多个内容转换为一个，再将这一个转换为多个。也就是说，可以先进行“多对一”的转换，然后再进行“一对多”的转换，即可完成“多对多”的转换。

转换过程有时可能涉及复杂拆分和归并,但都可以实现。

2.4 附注内容处理

附注项目是对表内项目的说明和补充,在一定程度上反映了财务报表中的信息。在本章的结构分类中,这类信息被分在了第五层结构中,即本表内及表外附注项目信息。

附注项目的对应关系有两种形式:

(1) 在对应过程中,原始报表的附注项目被移植到对应报表的附注项目中,也就是说附注对附注。如图 2-13 所示。

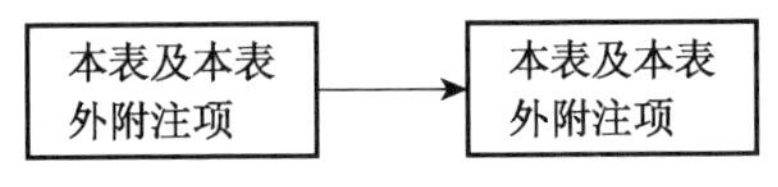

图 2-13 附注项目转换图

这种形式主要针对一些比较多余的信息量,由于要保证财务报表在转换过程中的信息不缺失,所以在转换后,将这些多余的信息量直接放置在对应报表附注的位置,仍然作为附注信息对原报表进行补充。

(2) 在对应过程中,附注信息不仅对应了本表的附注内容,还有一些附注信息对应的是本表细项(图 2-14)。这种附注信息在转换过程中要将细项对应好,不然会造成报表格式上的不完整,不利于报表阅读者理解和分析。

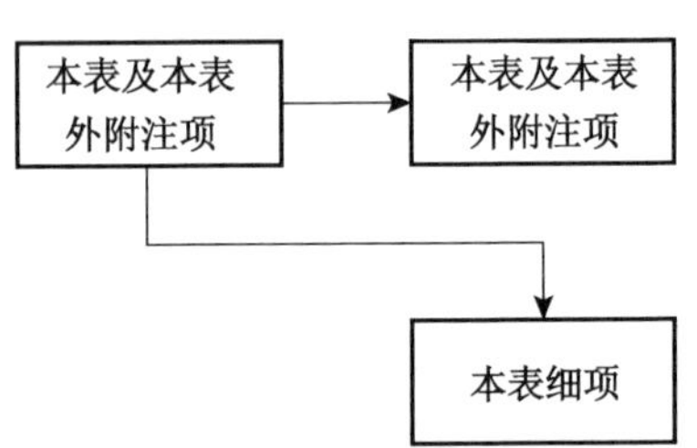

图 2-14 附注项目转换示意图

2.5 本 章 小 结

本章首先介绍了中美财务报表转换的数据关系库,所谓数据关系库的概念,实

质上是财务报表各种映射关系的集合。在中国会计准则下，中国的财务报表有一个标准的形式，但美国的 10－K 标准相对比较宽松，因此难以有一个标准的模板。通过数据关系库这一概念，将美国的财务报表关系集合与中国的财务报表关系集合建立互相映射关系，在进行转换时，只需要寻找数据关系库中对应坐标点即可完成。数据关系库的建立为本没有规律可言的报表转换寻找到了规律，同时也可以便于计算机操作，完成 XBRL 报表或其他技术手段环境下报表的自主转换。

另外，本章对微观层面的转换方法进行了介绍，所谓“一对一”“一对多”“多对一”“多对多”“一对零”等方式都是微观层面中对报表转换必不可少的方式，此前并没有人对这种方式进行总结。在对概念进行总结归纳后，本章又提出了“层次升级法”“补充信息找寻法”“归为其他项目法”等多种转换方法，这些转换方法正是实际操作中遇到问题后提出的解决方案。

第 3 章

中美资产负债表的转换

3.1 资产负债表概述

资产负债表是财务报表体系中比较重要的一张报表，中国资产负债表格式和内容经过多次修改和完善，本章以《企业会计准则》规定的资产负债表格式和项目为主要标准进行分析和研究，并据此与美国资产负债表比对分析。

财务报表的格式和内容随着今后准则的变化可能会有差异，但我们主要研究的是转换的方法论问题，所以即使准则今后发生变动，从方法论角度看其实并无太大影响。

资产负债表是反映企业在某一特定日期（如月末、季末、年末）全部资产、负债和所有者权益情况的会计报表，是企业经营活动的静态体现，根据“资产＝负债＋所有者权益”这一平衡公式，依照一定的分类标准和一定的次序，将某一特定日期的资产、负债、所有者权益的具体项目予以适当的排列编制而成。它表明权益在某一特定日期所拥有或控制的经济资源、所承担的现有义务和所有者对净资产的要求权。它是一张揭示企业在一定时点财务状况的静态报表。

资产负债表利用会计平衡原则，将合乎会计原则的资产、负债、所有者权益项目分为“资产”和“负债和所有者权益”两大区块，在经过分录、分类账、试算、调整等会计程序后，以特定日期的静态企业情况为基准，浓缩成一张报表。其报表功用除企业内部除错、经营方向、防止弊端外，也可让所有阅读者于最短时间了解企业经营状况。

就程序而言，资产负债表为簿记记账程序的末端，是集合了登录分录、过账及试算调整后的最后结果与报表。就性质而言，资产负债表则是表现企业或公司资

产、负债与所有者权益的对比关系，确切反映公司经营状况。

就报表基本组成而言，资产负债表主要包含了报表左边算式的资产部分，与右边算式的负债与所有者权益部分。而作业前端，如果完全依照会计原则记载，并经由正确的分录或试算过程后，必然会使资产负债表的左右边算式的总金额完全相同。而这个算式终其言就是资产金额总计＝负债金额合计＋所有者权益金额合计。

3.1.1 资产负债表基本组成

资产负债表根据资产、负债、所有者权益(或股东权益，下同)之间的勾稽关系，按照一定的分类标准和顺序，把企业一定日期的资产、负债和所有者权益各项目予以适当排列。它反映的是企业资产、负债、所有者权益的总体规模和结构，即：资产有多少；资产中，流动资产、固定资产各有多少；流动资产中，货币资金有多少，应收账款有多少，存货有多少，等等。负债有多少；负债中，流动负债、非流动负债各有多少；流动负债中，短期借款有多少，应付账款有多少，应付票据有多少，等等。所有者权益有多少；所有者权益中，实收资本(或股本，下同)有多少，资本公积有多少，盈余公积有多少，未分配利润有多少，等等。

在资产负债表中，企业通常按资产、负债、所有者权益分类分项反映。也就是说，资产按流动性大小进行列示，具体分为流动资产、长期投资、固定资产、无形资产及其他资产；负债也按流动性大小进行列示，具体分为流动负债、非流动负债等；所有者权益则按实收资本、资本公积、盈余公积、未分配利润等项目分项列示。

银行、保险公司和非银行金融机构在经营内容上不同于一般的工商企业，导致其资产、负债、所有者权益的构成项目也不同于一般的工商企业，具有特殊性。但是，在资产负债表上列示时，对于资产而言，通常也按流动性大小进行列示，具体分为流动资产、长期投资、固定资产、无形资产及其他资产；对于负债而言，也按流动性大小列示，具体分为流动负债、非流动负债等；对于所有者权益而言，也是按实收资本、资本公积、盈余公积、未分配利润等项目分项列示。

1. 资产

资产负债表中的资产反映由过去的交易、事项形成并由企业在某一特定日期所拥有或控制的、预期会给企业带来经济利益的资源。资产应当按照流动资产和非流动资产两大类别在资产负债表中列示，在流动资产和非流动资产类别下进一步按性质分项列示。

流动资产是预计在一个正常营业周期中变现、出售或耗用，或者主要为交易目的而持有,或者预计在资产负债表日起一年内(含一年)变现的资产,或者自资产负债表日起一年内交换其他资产或清偿负债的能力不受限制的现金或现金等价物。

资产负债表中列示的流动资产项目通常包括货币资金、交易性金融资产、应收票据、应收账款、预付款项、应收利息、应收股利、其他应收款、存货和一年内到期的非流动资产等。

非流动资产是流动资产以外的资产。资产负债表中列示的非流动资产项目通常包括长期股权投资、固定资产、在建工程、工程物资、固定资产清理、无形资产、开发支出、长期待摊费用以及其他非流动资产等。

2. 负债

资产负债表中的负债反映在某一特定日期企业所承担的、预期会导致经济利益流出企业的现时义务。负债应当按照流动负债和非流动负债在资产负债表中进行列示,在流动负债和非流动负债类别下再进一步按性质分项列示。

流动负债是预计在一个正常营业周期中清偿,或者主要为交易目的而持有,或者自资产负债表日起一年内(含一年)到期应予以清偿,或者企业无权自主地将清偿推迟至资产负债表日后一年以上的负债。资产负债表中列示的流动负债项目通常包括短期借款、应付票据、应付账款、预收款项、应付职工薪酬、应交税费、应付利息、应付股利、其他应付款、一年内到期的非流动负债等。

非流动负债是流动负债以外的负债。非流动负债项目通常包括长期借款、应付债券和其他非流动负债等。

3. 所有者权益

资产负债表中的所有者权益是企业资产扣除负债后的剩余权益,反映企业在某一特定日期股东(投资者)拥有的净资产的总额,它一般按照实收资本、资本公积、盈余公积和未分配利润分项列示。

3.1.2 中国企业会计准则要求下的资产负债表

3.1.2.1 中国资产负债表编制准则

财政部于2006年2月颁布的《企业会计准则》反映了中国会计准则的主要变化,要求从2007年1月1日逐步开始实施,随后每隔几年就会有一些细小修订和补充,其中在2017年的修订范围稍大,但无论怎样变化,包含在《企业会计准则》中的财务报告准则基本没有变化。本书所阐述和分析的中国财务报表的实例,主要是以《企业会计准则》中涉及的财务报告编制规范为依据。中国资产负债表实例如表3-1所示。

表 3-1　中国资产负债表实例

编制单位：××股份有限公司　　　　20×9 年 12 月 31 日　　　　单位：元

资产	期末余额	期初余额	负债和股东权益	期末余额	期初余额
流动资产：			流动负债：		
货币资金	1 406 300		短期借款	300 000	
交易性金融资产	15 000		交易性金融负债	0	
应收票据	246 000		应付票据	200 000	
应收账款	299 100		应付账款	953 800	
预付账款	100 000		预收账款	0	
应收利息	0		应付职工薪酬	110 000	
应收股利	0		应交税费	36 600	
其他应收款	5 000		应付利息	1 000	
存货	2 580 000		应付股利	0	
划分为持有待售资产	0		其他应付款	50 000	
一年内到期的非流动资产	0		划分为持有待售的负债	0	
其他流动资产	100 000		一年内到期的非流动负债	1 000 000	
流动资产合计	4 751 400		其他流动负债	0	
非流动资产：			流动负债合计	2 651 400	
可供出售金融资产	0		非流动负债：		
持有至到期投资	0		长期借款	600 000	
长期应收款	0		应付债券	0	
长期股权投资	250 000		长期应付款	0	
投资性房地产	0		专项应付款	0	
固定资产	1 100 000		预计负债	0	
在建工程	1 500 000		递延收益	0	
工程物资	0		递延所得税负债	0	
固定资产清理	0		其他非流动负债	0	
生产性生物资产	0		非流动负债合计	600 000	
油气资产	0		负债合计	3 251 400	
无形资产	600 000		股东权益		
开发支出	0		实收资本/股本	5 000 000	
商誉	0		资本公积	0	
长期待摊费用	0		减：库存股	0	
递延所得税资产	0		其他综合收益	0	

（续表）

资产	期末余额	期初余额	负债和股东权益	期末余额	期初余额
其他非流动资产	200 000		盈余公积	100 000	
非流动资产合计	3 650 000		未分配利润	50 000	
			股东权益合计	5 150 000	
资产总计	8 401 400		负债和股东权益总计	8 401 400	

中国企业财务报表是根据《企业会计准则》进行编制的，在统一的会计准则下，中国企业所编制的财务报表在格式上有着比较一致的相似性。这对于公司财务信息的披露来讲具有非常重要的意义，只有一致的格式才能在财务报表中显示出相同的信息，才能进一步进行比较。

根据现有的《企业会计准则》，资产负债表总共有三个类①，分别为：资产、负债和所有者权益。根据定义，我们又将类细分为主项和细项，具体而言，对于资产负债表的三个类，可以细分为 57 个主项②，223 个细项③。

其中主项代表的是资产负债表的主表中包含的项目。由于主项是组成资产负债表的最基本单元，所以在实现财务报表转换的过程中，需要保证中国会计准则与美国会计准则下各自的主项保持完整。

从资产负债表的结构可知，资产负债表中的信息是汇总信息，因此需要对主项中的信息根据财务报表附注的信息进行进一步的细分。这就是本书中我们定义的细项的概念。根据主项与细项的定义，我们对资产负债表项目进行统计，并将结果列示在表 3-2 中。

表 3-2　资产负债表包含的主项、细项合计

类的名称	所包含主项的数量	所包含细项的数量	合计
资产	30	125	155
负债	20	81	101
所有者权益	7	17	24

需要说明的是，统计方法不同或者准则变化可能会导致项目统计有差别，但这不影响我们对报表转换方法的研究，因为本书的目的是探讨和总结中美财务报表

① 这里定义“类”作为“资产负债表”表头下面一级项目的层级名称。
② “主项”定义为“资产负债表”中“类”的一级子项目的层级名称。
③ “细项”定义为“资产负债表”中“主项”的一级子项目的层级名称。

转换的方法，聚焦于转换方法的可行性，而不是报表准则和会计准则具体数值。

3.1.2.2 中国资产负债表模板

表3-3是中国资产负债表的模板，也是进行中美资产负债表转换的必要部分。

在该模板中，每行缩进的多少代表该项目的级别，比如“货币资金”前面没有缩进，表示该项目为表内主项，而“银行存款”这一项有着缩进，代表它是一个表内细项，属于“货币资金”。

总结资产负债表模板的意义在于美国财务报表转换可以比较迅速地找到对应的位置，然后再将没有数据的空白项目删去即可。

表3-3 中国资产负债表模板

项目	金额
一、资产	
货币资金	
库存现金	
银行存款	
存放同业款项	
其他货币资金	
变现受限货币资金	
交易性金融资产	
交易性证券投资 交易性权益工具投资	
指定为以公允价值计量且其变动计入当期损益的金融资产	
衍生金融资产	
套期工具	
其他交易性金融资产	
应收票据	
银行承兑汇票	
商业承兑汇票	
应收票据贴现	
已贴现未到期应收票据	
应收账款	
单项金额重大且单独计提坏账准备的应收账款	
单项金额虽不重大且但单独计提坏账准备的应收账款	
本期收回坏账准备的应收账款	

（续表）

项目	金额
实际核销的应收账款	
应收账款坏账准备	
重大单项计提坏账准备的应收账款转回或收回	
短期借款保理业务	
预付款项	
持有本公司5%（含5%）以上表决权的股东单位预付款项	
年末预付关联方的预付款项	
账龄一年以上且金额重大未及时结算的预付款项	
预付账款坏账准备	
应收利息	
定期存款利息	
结构化存款利息	
管理费借款利息	
其他应收利息	
应收股利	
账龄在一年以内应收股利	
账龄在一年以上应收股利	
其他应收款	
应收工程及设备款	
押金及保证金	
备用金	
代垫回收款	
出口退税	
其他应收款	
单项金额重大且单独计提坏账准备的其他应收款	
单项金额虽不重大但单独计提坏账准备的其他应收款	
本期收回坏账准备的其他应收款	
本年度实际核销其他应收款	
存货	
原材料	
包装物	
低值易耗品	

（续表）

项目	金额
委托加工物资	
在产品	
产成品	
库存商品	
发出商品	
其他周转材料	
存货跌价准备	
材料采购	
在途物资	
委托代销商品	
受托代销商品	
划分为持有待售资产	
一年内到期非流动资产	
其他流动资产	
待抵扣增值税	
预交所得税	
持有待售固定资产	
待摊费用	
套期工具	
预付费用	
增值税留抵税额	
其他流动资产减值准备	
可供出售金融资产	
可供出售权益工具	
可供出售债券	
可供出售金融资产减值准备	
持有至到期投资	
长期应收款	
应收补偿款	
应收融资租赁款	
分期收款销售产品	
长期应收款坏账准备	

（续表）

项目	金额
长期股权投资	
合营企业长期股权投资	
联营企业长期股权投资	
其他长期股权投资	
长期股权投资减值准备	
投资性房地产	
房屋及建筑物	
土地使用权	
累计折旧	
投资性房地产减值准备	
经营租赁投资性房地产	
拥有抵押投资性房地产	
固定资产	
房屋及建筑物	
机器设备	
运输工具	
办公设备	
其他设备	
固定资产减值准备	
通用设备	
专用设备	
在建工程	
重大在建工程项目变动	
在建工程减值准备	
工程物资	
专用材料	
专用设备	
工器具	
机器设备	
预付大型设备款	
其他	
固定资产清理	

（续表）

项目	金额
生产性生物资产	
油气资产	
无形资产	
土地使用权	
商标使用权	
专利技术	
冠名权	
软件	
无形资产减值准备	
非专利技术	
ERP	
特许经营权	
开发支出	
商誉	
商誉减值准备	
长期待摊费用	
绿化费用	
场地费及车辆租赁费	
农场占地费	
租赁费	
水利工程费用	
长期待摊费用摊销	
长期待摊费用减值准备	
递延所得税资产	
其他非流动资产	
预付工程设备款	
预付土地出让金	
预付机器款	
套期工具	
资产减值准备	
坏账准备	
存货跌价准备	

（续表）

项目	金额
可供出售金融资产减值准备	
长期股权投资减值准备	
固定资产减值准备	
无形资产减值准备	
商誉减值准备	
二、负债	
短期借款	
信用借款	
委托借款	
质押借款	
抵押借款	
保证借款	
短期融资券	
贴现借款	
保理借款	
关联方短期借款	
交易性金融负债	
衍生金融工具	
交易性债券	
指定为以公允价值计量且其变动计入当期损益的金融负债	
其他金融负债	
应付票据	
商业承兑汇票	
银行承兑汇票	
用于质押的应付票据	
应付账款	
应付材料款	
应付关联方款项	
其他应付款	
应付账款——持有本公司5%(含5%)以上表决权的股东单位	
应付工程款	
应付设备款	

(续表)

项目	金额
应付劳务费	
预收账款	
预收账款——持有本公司5%(含5%)以上表决权的股东单位	
预收关联方预收账款	
预收货款	
账龄超过一年的大额预收账款	
应付职工薪酬	
工资、奖金、津贴和补贴	
职工福利费	
社会保险费	
住房公积金	
工会经费	
内退福利	
职工教育经费	
职工补助及津贴	
以现金结算的股份支付	
应交税费	
应交企业所得税	
应交消费税	
应交增值税	
应交营业税	
应交城市维护建设税	
应交教育费附加	
应交土地使用税	
矿产资源补偿费	
资源税	
土地增值税	
林业发展基金	
应付利息	
分期付息到期还本的长期借款利息	
企业债券利息	
短期借款应付利息	

（续表）

项目	金额
一年内到期的非流动负债利息	
其他应付利息	
应付股利	
应付普通股股利	
子公司少数股东股利	
账龄超过一年的应付股利	
其他应付款	
待付市场费用	
应付押金及保证金	
应付设备及工程款	
划分为持有待售的负债	
一年内到期的非流动负债	
一年内到期的长期借款	
一年内到期的应付债券	
一年内到期的长期应付款	
其他流动负债	
长期借款	
保证借款	
抵押借款	
质押借款	
信用借款	
其他长期借款	
应付债券	
应计利息——分离交易可转债	
应付账款——其他债权	
长期应付款	
应付融资租赁款	
矿山开采权费	
融资租赁保证金	
其他应付款	
专项应付款	
预计负债	

（续表）

项目	金额
油气资产弃置的拆除义务的财务费用	
外币报表折算差额	
产品质量保证金	
未决诉讼	
对外担保	
递延所得税负债	
其他非流动负债	
递延收益	
项目贴息	
进口贴息款	
套期工具	
三、所有者权益	
股本	
无限售条件股份	
限售条件股	
资本公积	
股本溢价	
其他资本公积	
其他综合收益	
库存股	
盈余公积	
法定盈余公积	
任意盈余公积	
企业发展年金	
未分配利润	
调整前上年末未分配利润	
调整后年初未分配利润	
提取法定盈余公积	
提取任意盈余公积	
应付普通股股利	
本年派发现金股利	
期末未分配利润	

（续表）

项目	金额
专项储备	
安全生产费	
维简费	
少数股东权益	

3.1.3 美国企业会计准则要求下的资产负债表

3.1.3.1 美国 10－K 报表简介

目前信息披露制度最完善、最成熟的立法在美国，其涉及年报信息披露的诸多规范主要分为两个层次（欧永生，2004）。

第一层次为美国国会颁布的相关法律，主要是《1933 年证券法》（Security Act of 1933）和《1934 年证券交易法》（Security Exchange Act of 1934）等，《1933 年证券法》和《1934 年证券交易法》是公开发行股票公司进行信息披露的基本法律规范。

第二层次是美国证券交易委员会（SEC）制定的关于证券市场信息披露的各种规则和规定，主要包括《S-X 条例》《S-K 条例》和会计公告文件等。其中《S-X 条例》规定了上市公司财务报表的具体格式和内容，以及附表、附注的具体披露要求。《S-K 条例》规定了上市公司非财务信息披露的有关事宜。此外，《财务报告公告》（FRR）和《会计及审计实施公告》（AAER），提供上市公司财务信息披露规则和实施细则以及其他会计审计方面的实务指南，作为对《S-X 条例》的修订和补充。

在上述规范的基础上，美国证监会为上市公司制定了年度报告格式，分为两大类：一类用于国内公司；另一类用于外国公司。其中 10－K 表供一般发行人使用；10－KSB 表供小规模发行人使用，20－F 表供国外私营企业发行人使用。

美国上市公司年报根据 10－K（或 10－KSB，20－F）格式准则编制和披露，但其披露内容要求主要在美国证券交易委员会颁布的《S-X 条例》和《S-K 条例》中规定，即上市公司年报准则由年报格式准则（Form 10－K）和内容准则组成，把格式与内容规范区分开来，只有少数项目因内容简单才直接在 10－K 表中说明。

10－K 报告是一种年度报告，是美国证券交易委员会要求的上市公司财务业绩的全面总结。虽然也是年报，但是 10－K 年度报告和通常的“股东年度报告”是截然不同的，它是上市公司举办年度股东大会选举董事时必须发送给它的股东的一份报告（尽管一些公司把年度报告和 10－K 报告合成一个文件）。10－K 报告包

括公司的历史、组织结构、高管薪酬、股权架构、子公司，以及经审计的财务报表和其他信息。

拥有超过 1 000 万美元资产或 500 名以上股东的公司必须提交和发布 10-K 格式年度报告以及其他阶段性报告。直到 2009 年 3 月 16 日，小公司可以使用 10-KSB 格式发布报告。但是如果股东要求公司提供 10-K 格式的则该公司必须提供。

10-K 报告的发布截止日期因公司上市规模而异，披露时间要求如表 3-4 所示。

表 3-4　美国不同类型公司年报披露时间要求

公司类型	披露时间要求
公众持股市值达到 7 亿美元或以上的公司	在其会计年度结束后 60 天内提交
流通市值在 7 500 万美元至 7 亿美元之间的公司	在会计年度结束后 75 天内提交
流通市值低于 7 500 万美元的公司	在会计年度结束后 90 天内提交

3.1.3.2　美国资产负债表模板

根据 10-K 财务报告格式和内容及美国会计准则规定，我们总结出美国资产负债表模板(表 3-5)，其中左侧一列为美国资产负债表会计项目的英文名称，右侧一列为对应的中文翻译。

表 3-5　美国资产负债表模板与对应中文翻译

会计项目	对应中文翻译
Assets	资产
Cash and cash equivalents	现金及现金等价物
Investment securities	投资性证券
Current receivables	应收项目
Inventories	存货
Financing receivables-net	应收项目净额
Other receivables	其他应收项目
Property, plant and equipment-net	物业、厂房和设备净额
Investment	投资
Goodwill	商誉
Other intangible assets-net	其他无形资产净额
All other assets	其他资产
Assets of businesses held for sale	持有以供销售的资产

(续表)

会计项目	对应中文翻译
Assets of discontinued operations	非持续经营的资产
Total assets	总资产
Liabilities and equity	负债和权益
Short-term borrowings	短期借款
Accounts payable	应付账款
Dividends payable	应付股利
Other current liabilities	其他流动负债
Non-recourse borrowings of consolidated securitization entities	集团内部公司无追索权的借款
Bank deposits	银行存款
Long-term borrowings	长期借款
Investment contracts, insurance liabilities and insurance annuity benefits	投资合同、保险债务和保险年金收益
All other liabilities	其他负债
Deferred income taxes	所得税差异
Liabilities of businesses held for sale	持有以供销售负债
Liabilities of discontinued operations	非持续经营负债
Total liabilities	总负债
Preferred stock	优先股
Common stock	普通股
Accumulated other comprehensive income attributable	归属于公司累计其他综合收益
Other capital	其他资本
Retained earnings	留存收益
Less common stock held in treasury	库存股
Total shareowners' equity	股东权益总额
Non-controlling interests	非可控的利得
Total equity	总权益
Total liabilities and equity	总负债和权益

3.2 ABC公司资产负债表转换实例

对于如何实现由中国会计准则与资产负债表编制基础下的中国上市公司资产负债表转换为美国会计准则下的资产负债表项目，本书以ABC股份有限公司（以下简称 ABC 公司)20×3 年资产负债表为例,根据美国资产负债表编制基础,对资产负债表组成的各个主项分别进行转换,以展示资产负债表间的转换思路与逻辑。

3.2.1 ABC 公司资产负债表

表 3-6 为 ABC 公司 20×3 年年报中资产负债表信息。

表 3-6 ABC 公司资产负债表

编制单位:ABC 股份有限公司　　20×3 年 12 月 31 日　　单位:元

资产	期末余额	期初余额	负债和股东权益	期末余额	期初余额
流动资产:			流动负债:		
货币资金	1 406 300		短期借款	50 000	
交易性金融资产	0		交易性金融负债	0	
应收票据	246 000		应付票据	0	
应收账款	296 604		应付账款	153 800	
预付账款	100 000		预收账款	8 812	
应收利息	0		应付职工薪酬	41 440	
应收股利	0		应交税费	26 600	
其他应收款	5 000		应付利息	1 000	
存货	227 017		应付股利	1 000	
划分为持有待售资产	0		其他应付款	5 000	
一年内到期的非流动资产	0		划分为持有待售的负债	0	
其他流动资产	100 000		一年内到期的非流动负债	0	
流动资产合计	2 380 921		其他流动负债	0	
非流动资产:			流动负债合计	287 652	
可供出售金融资产	1 603		非流动负债:		
持有至到期投资	0		长期借款	540 000	
长期应收款	0		应付债券	161 987	
长期股权投资	116 289		长期应付款	0	
投资性房地产	0		专项应付款	0	
固定资产	1 100 000		预计负债	365 173	
在建工程	212 598		递延收益	0	
工程物资	0		递延所得税负债	9 438	
固定资产清理	0		其他非流动负债	235 286	
生产性生物资产	0		非流动负债合计	1 311 884	
油气资产	0		负债合计	1 599 536	

（续表）

资产	期末余额	期初余额	负债和股东权益	期末余额	期初余额
无形资产	52 142		股东权益		
开发支出	0		实收资本/股本	500 000	
商誉	1 864		资本公积	439 818	
长期待摊费用	0		盈余公积	627 029	
递延所得税资产	11 226		专项储备	86 408	
其他非流动资产	20 000		未分配利润	281 394	
非流动资产合计	1 515 722		外币报表折算差额	109 776	
			少数股东权益	252 682	
			股东权益合计	2 297 107	
资产总计	3 896 643		负债和股东权益总计	3 896 643	

3.2.2 ABC公司资产负债表主要项目附注信息

1. 货币资金

表3-7 “货币资金”项目明细 单位:元

会计项目	金额
现金及银行存款	1 012 536
到期日为三个月以上一年以内的定期存款	393 764
合计	1 406 300

20×3年12月31日,货币资金中包含的外币资金情况,如表3-8所示。

表3-8 “货币资金”项目中外币资金明细 单位:元

外币名称	外币金额	汇率	折合人民币
美元	56 281	6.096 9	343 139.63
港币	128 054	0.786 2	100 676.05
其他			6 481.00
合计			450 296.68

2. 应收票据

应收票据主要为销售商品或产品而收到的银行承兑汇票。20×3年12月31日,本集团应收票据均为一年内到期。

3. 应收账款和其他应收款

1）应收账款

表 3-9 "应收账款"项目明细 单位:元

会计项目	金额
应收账款	299 100
减:坏账准备	2 496
合计	296 604

应收账款账龄与坏账准备明细如表 3-10 所示。

表 3-10 应收账款账龄与坏账准备明细 单位:元

账龄	金额	比例	坏账准备
一年以内	275 172	92%	8
一年至二年	11 964	4%	62
二年至三年	5 982	2%	314
三年以上	5 982	2%	2 112
合计	299 100	100%	2 496

20×3 年 12 月 31 日，本集团应收账款中应收持有本公司 5%以上表决权股份的股东的款项为 54 159 元(20×2 年 12 月 31 日为 49 826 元)。

20×3 年 12 月 31 日，本集团应收账款前五名债务人欠款金额合计为 103 812 元，占应收账款总额的 35%。

20×3 年度及 20×2 年度，本集团未发生重大的应收账款坏账准备核销。

2）其他应收款

表 3-11 "其他应收款"项目明细 单位:元

会计项目	金额
其他应收款	5 058
减:坏账准备	58
合计	5 000

其他应收款账龄如表 3-12 所示。

表 3-12　其他应收款账龄　　单位:元

账龄	金额	比例
一年以内	3 845	76%
一年至二年	253	5%
二年至三年	101	2%
三年以上	859	17%
合计	5 058	100%

20×3 年 12 月 31 日,本集团其他应收款中应收持有本公司 5%以上表决权股份的股东的款项为 14 682 元(20×2 年 12 月 31 日为 12 597 元)。

20×3 年 12 月 31 日,本集团其他应收款前五名债务人欠款金额合计为 2 300 元,占其他应收款总额的 46%。

20×3 年度及 20×2 年度,本集团未发生重大的其他应收款坏账准备核销。

3. 预付账款

表 3-13　"预付账款"项目明细　　单位:元

会计项目	金额
预付账款	100 268
减:坏账准备	268
合计	100 000

20×3 年 12 月 31 日及 20×2 年 12 月 31 日,本集团预付账款账龄主要为一年以内。

20×3 年 12 月 31 日,本集团预付账款中预付持有本公司 5%以上表决权股份的股东的款项为 35 187 元(20×2 年 12 月 31 日为 23 489 元)。

4. 存货

表 3-14　"存货"项目明细　　单位:元

会计项目	金额
账面余额	
原材料	96 273
在产品	15 835
产成品	121 393
周转材料	84
减:存货跌价准备	6 568
账面价值	227 017

5. 可供出售金融资产

表 3-15 “可供出售金融资产”项目明细 单位:元

会计项目	金额
可供出售金融债券	82
可供出售权益工具	1 587
减:减值准备	66
合计	1 603

6. 长期股权投资

表 3-16 “长期股权投资”项目明细 单位:元

会计项目	本期增加	本期减少	金额
联营企业和合营企业	5 1061	14 387	116 477
减:长期股权投资减值准备			188
			116 289

20×3 年 12 月 31 日,以上投资不存在变现及收益汇回的重大限制。

长期股权投资减值准备明细如表 3-17 所示。

表 3-17 长期股权投资减值准备明细 单位:元

会计项目	金额
联营企业和合营企业	
甲股份有限公司	89
乙销售有限公司	73
其他	26
合计	188

7. 固定资产

表 3-18 “固定资产”项目明细 单位:元

会计项目	本期增加	本期减少	金额
原值			
房屋及建筑物	56 300	17 100	611 700
机器设备	45 900	11 100	445 100
运输工具	27 100	9 900	86 700
其他	8 300	3 900	64 300

（续表）

会计项目	本期增加	本期减少	金额
合计	137 600	42 000	1 207 800
累计折旧			
房屋及建筑物	26 200	14 000	37 500
机器设备	8 900	9 600	12 800
运输工具	2 700	1 100	6 500
其他	1 000	400	7 800
合计	38 800	25 100	64 600
账面净值			
房屋及建筑物			574 200
机器设备			432 300
运输工具			80 200
其他			56 500
合计			1 143 200
减值准备			
房屋及建筑物	3 200	5 500	23 600
机器设备	6 400	5 100	15 700
运输工具	1 800	1 200	2 700
其他	400	200	1 200
合计	11 800	12 000	43 200
账面价值			
房屋及建筑物			550 600
机器设备			416 600
运输工具			77 500
其他			55 300
合计			1 100 000

8. 在建工程

表 3-19 “在建工程”项目明细 单位:元

工程名称	预算数	本期增加	本期减少	金额
××-1项目	85 600	2 011	1 486	84 549
××-2项目	12 542	1 524	598	12 561
××-3项目	36 000	2 683	1 256	36 682

（续表）

工程名称	预算数	本期增加	本期减少	金额
××-4项目	112 564	1 734	912	26 091
××-5项目	30 800	2 397	1 021	31 985
其他	34 294	997	862	22 408
减:在建工程减值准备				1 678
合计				212 598

9. 无形资产

表3-20 “无形资产”项目明细 单位:元

会计项目	本期增加	本期减少	金额
原值			
土地使用权	7 688	497	46 569
专利技术	405	—	9 152
其他	3 561	286	7 318
合计	11 654	783	63 039
累计摊销			
土地使用权	655	31	5 864
专利技术	211	—	2 638
其他	733	64	1 897
合计	1 599	95	10 399
账面净值			
土地使用权			40 705
专利技术			6 514
其他			5 421
合计			52 640
减值准备合计	4	3	498
账面价值合计			52 142

10. 商誉

表3-21 “商誉”项目明细 单位:元

会计项目	金额
商誉	1 864

商誉主要与公司20×1年收购Singapore Trading Company股权有关。

商誉减值应当结合与其相关的资产组进行减值测试。资产组的可收回金额根据资产的公允价值减去处置费用后的净额与资产预计未来现金流量的现值两者之间较高者确定。现金流量预测建立在经管理层批准的财务预算基础之上。使用的税前折现率同时也反映了与资产组相关的特定风险。根据估计的可收回金额,未发现减值。

11. 递延所得税资产

表 3-22 “递延所得税资产”项目明细 单位:元

会计项目	金额
递延所得税资产	11 226

12. 短期借款

表 3-23 “短期借款”项目明细 单位:元

会计项目	金额
保证借款——人民币	24 697
抵押借款——人民币	5 681
质押借款——人民币	16 982
信用借款——人民币	1 577
信用借款——美元	366
信用借款——其他外币	697
合计	50 000

20×3 年 12 月 31 日,上述抵押借款由设备作为抵押物。

20×3 年 12 月 31 日,上述质押借款由应收票据作为质押物。

20×3 年 12 月 31 日,短期借款的加权平均年利率为 2.56%(20×2 年 12 月 31 日为 3.73%)。

13. 应付账款

表 3-24 “应付账款”项目明细 单位:元

会计项目	金额
应付账款	153 800

20×3 年 12 月 31 日,本集团应付账款中应付持有本公司 5%以上表决权股份股东的款项为 34 822 元(20×2 年 12 月 31 日为 30 157 元)。

20×3 年 12 月 31 日,账龄超过一年的应付账款为 83 052 元(20×2 年 12 月

31 日为 72 899 元)，主要为与供应商尚未结清的往来款。

14. 预收账款

表 3-25 "预收账款"项目明细 单位:元

会计项目	金额
客户——甲	5 526
客户——乙	2 197
客户——丙	1 089
合计	8 812

20×3 年 12 月 31 日，本集团预收账款中预收持有本公司 5%以上表决权股份的股东的款项为 3 085 元(20×2 年 12 月 31 日为 2 865 元)。

15. 应付职工薪酬

表 3-26 "应付职工薪酬"项目明细 单位:元

会计项目	本期增加	本期减少	金额
工资、薪金及补贴	3 591	874	21 517
职工福利费	351	84	1 292
社会保险费	401	16	1 597
住房公积金	225	20	2 341
工会经费和职工教育经费	388	73	4 829
其他	455	49	9 864
合计	5 411	1 116	41 440

20×3 年 12 月 31 日，应付职工薪酬中没有属于拖欠性质的金额。

16. 应交税费

表 3-27 "应交税费"项目明细 单位:元

会计项目	金额
应交企业所得税	9 271
应交消费税	8 268
应交增值税	8 387
其他应交税费	674
合计	26 600

17. 其他应付款

表 3-28 “其他应付款”项目明细　　单位:元

会计项目	金额
其他应付款	5 000

20×3 年 12 月 31 日,本集团其他应付款中应付持有本公司 5%以上表决权股份的股东的款项为 2 681 元(20×2 年 12 月 31 日为 2 358 元)。

20×3 年 12 月 31 日,其他应付款主要为收到的押金、定金、保证金及应付代垫款项等,账龄超过一年的其他应付款为 1 684 元(20×2 年 12 月 31 日为 1 288 元)。

18. 长期借款

表 3-29 “长期借款”项目明细　　单位:元

会计项目	金额
保证借款——人民币	127 681
保证借款——美元	45 582
保证借款——其他外币	35 433
质押借款——人民币	24 556
质押借款——美元	66 589
信用借款——人民币	39 577
信用借款——美元	54 366
信用借款——其他外币	146 216
合计	540 000

上述保证借款主要由集团公司与子公司提供保证。

长期借款到期日明细如表 3-30 所示。

表 3-30 长期借款到期日明细　　单位:元

到期日	金额
一年至二年	81 000
二年至五年	334 800
五年以上	124 200
合计	540 000

20×3年12月31日,长期借款的加权平均年利率为4.37%(20×2年12月31日为4.56%)。

金额前五名的长期借款如表3-31所示。

表3-31 长期借款前五名明细 单位:元

公司	借款起始日	借款终止日	币种	利率	外币金额	人民币金额
公司1	20×2年9月26日	20×8年9月7日	人民币	4.70%		92 500
公司1	20×3年12月24日	20×6年12月24日	人民币	4.92%		68 500
公司1	20×3年2月28日	20×8年2月28日	人民币	4.51%		45 600
公司2	20×1年10月12日	20×6年10月12日	人民币	3.98%		23 900
公司2	20×1年10月12日	20×6年10月12日	人民币	4.25%		12 500
合计						243 000

19. 应付债券

表3-32 "应付债券"项目明细 单位:元

会计项目	金额
应付债券	161 987

20. 预计负债

表3-33 "预计负债"项目明细 单位:元

会计项目	本期增加	本期减少	金额
资产弃置业务	11 589	958	365 173

21. 资本公积

表3-34 "资本公积"项目明细 单位:元

会计项目	本期增加	本期减少	金额
股本溢价	—	200	268 500
其他资本公积			
原制度资本公积转入			121 380
可供出售金融资产公允价值变动	23	166	42 447
其他	29	418	7 491
合计	52	784	439 818

22. 盈余公积

表 3-35 "盈余公积"项目明细 单位:元

会计项目	本期增加	本期减少	金额
法定盈余公积	6 281	25	625 594
任意盈余公积	—	—	1 435
合计	6 281	25	627 029

3.2.3 资产负债表具体会计项目转换步骤

以下为将中国 ABC 公司资产负债表转换为美国资产负债表的具体步骤。为了体现转换成美国资产负债表的结果,报表项目或会计项目的转换都以美国资产负债表主项项目作为转换的目标与对象,具体转换的步骤如下。

1. "现金及现金等价物"项目

转换模式:一对一转换(主项、细项对主项、细项的转换)。

中美之间会计准则存在一定的差异,而财务报表则是对会计准则的外在反映与表现。因此,中美资产负债表,无论是在报表的表现形式上,还是在组成报表项目的各个会计项目之间,都存在一定的差异。

对于"货币资金"项目,在中国会计准则下,"货币资金"项目主要包括"库存现金""银行存款""其他货币资金"以及"到期日为三个月以上一年以内的定期存款"等细项会计项目,将"货币资金"项目对应到美国资产负债表,基本可以对应为美国资产负债表项目中的"现金及现金等价物"主项,在"现金及现金等价物"中,主要由"现金""共同基金""商业票据""存款证明"等细项组成,并由各个公司根据公司自身的情况进行细致的披露。

ABC 公司在编制资产负债表时,确认现金及现金等价物的原则如下:

在编制资产负债表时,公司将库存现金以及可以随时用于支付的存款确认为现金,将持有的期限短(3 个月以内)、流动性强、易于转换为已知金额现金,价值变动风险很小的投资确定为现金等价物。

对于 ABC 公司而言,根据其资产负债表主表信息和附注信息可知,"货币资金"项目可以拆分为以下几个细项项目组成部分,如表 3-36 所示。

其中,细项项目"库存现金""银行存款"之和即为对应美国资产负债表"现金及现金等价物"主项项目的金额数,即将 ABC 公司资产负债表转换成美国资产负债表后,对应的"现金及现金等价物"主项项目金额数为 1 012 536 元。如图 3-1 所示。

表 3-36 ABC 公司 20×3 年资产负债表“货币资金”项目信息 单位:元

会计项目	期末余额
货币资金	1 406 300
库存现金	382 257
银行存款	630 279
到期日为三个月以上一年以内的定期存款	393 764

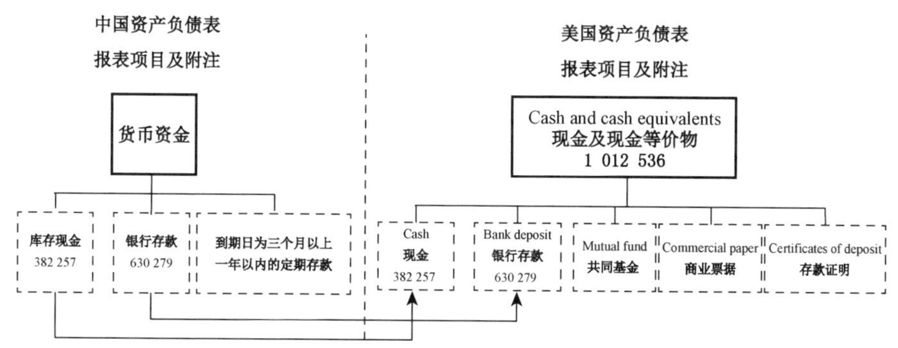

图 3-1 中美资产负债表“现金及现金等价物”项目映射关系图

需要强调的是,尽管 ABC 公司货币资金包括美元资产,但并不需要对美元资产特别处理(如单独反映),而是如实反映企业将美元资产折算为人民币资产后的结果,即美国格式的资产负债表项目,是用人民币(RMB)单位表示的。

2.“到期日为三个月以上一年以内的定期存款”项目

转换模式:一对一转换(细项对主项的转换)。

根据中国资产负债表主表信息和附注信息可知,“货币资金”项目可以拆分为以下几个细项项目组成部分,如表 3-37 所示。除“库存现金”和“银行存款”外转换后的对应映射关系如图 3-2 所示。

表 3-37 ABC 公司 20×3 年资产负债表“货币资金”项目信息 单位:元

会计项目	期末余额
货币资金	1 406 300
库存现金及银行存款	1 012 536
到期日为三个月以上一年以内的定期存款	393 764

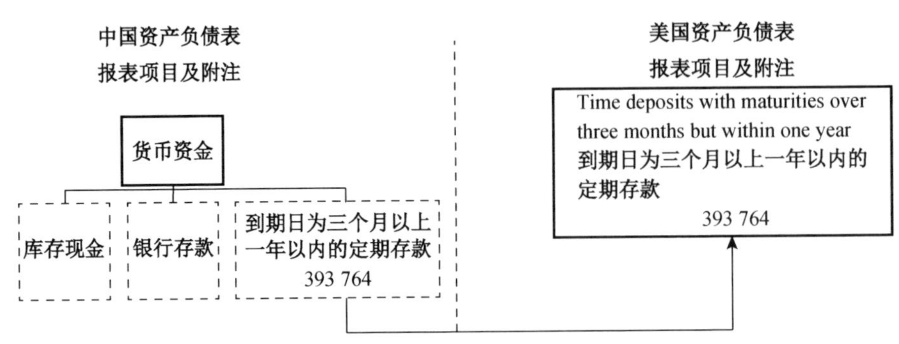

图 3-2　中美资产负债表“到期日为三个月以上一年以内的定期存款”项目映射关系图

其中，细项项目“到期日为三个月以上一年以内的定期存款”即为对应美国资产负债表“到期日为三个月以上一年以内的定期存款”主项项目的金额数，即转换后对应的“到期日为三个月以上一年以内的定期存款”主项项目对应金额数为393 764元。

3. “应收票据”项目

转换模式：一对一转换（主项对主项的转换）。

如表3-38所示，根据ABC公司资产负债表信息可知，20×3年“应收票据”项目期末余额为246 000元。具体映射关系如图3-3所示。

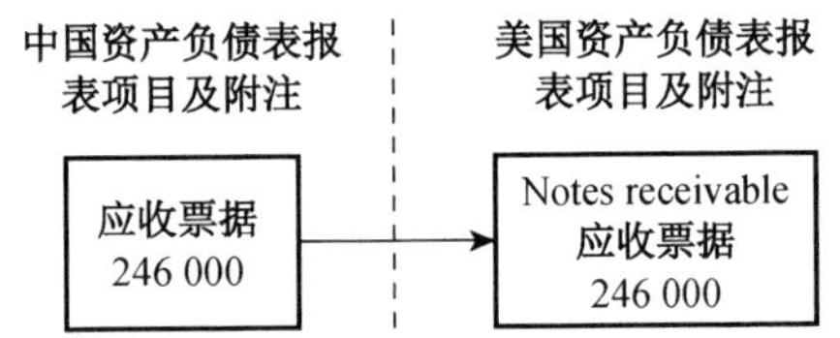

图 3-3　中美资产负债表“应收票据”项目映射关系图

表 3-38　ABC公司20×3年资产负债表“应收票据”项目信息　　单位：元

会计项目	期末余额
应收票据	246 000

根据美国会计准则以及资产负债表的编制规则与要求，美国会计准则下确认的“应收票据”与中国会计准则下确认的“应收票据”金额相等，即转换后对应美国资产负债表“应收票据”项目期末余额为246 000元。

4. “存货”项目

转换模式：一对一转换（主项、细项对主项、细项的转换），一对零转换（主项、细

项对主项、细项的转换)。

根据ABC公司20×3年资产负债表主表信息与附注信息可知,“存货”项目期末余额为227 017元。需要注意的是,中国资产负债表的“存货”项目,有“存货跌价准备”细项,为了完整地反映中美资产负债表的转换逻辑和数值关系,此处参考本书2.3.3“一对零”转换模式,在美国资产负债表中增加“其他项目:存货跌价准备”,使得报表可以保持左右计算逻辑关系的平衡。具体映射关系如图3-4所示。

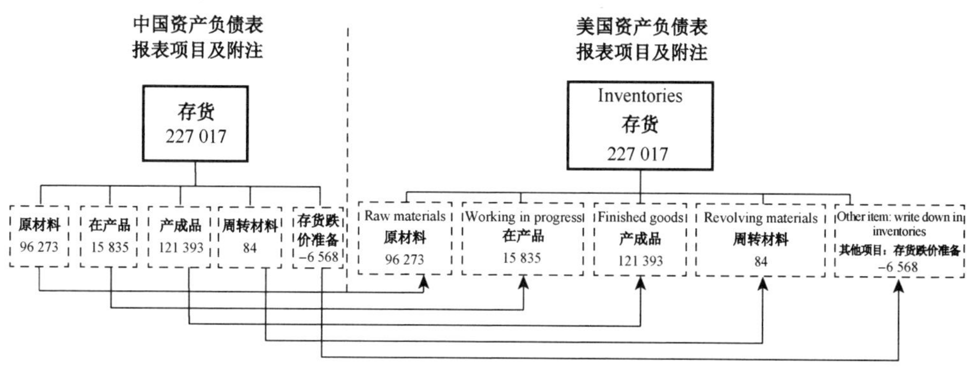

图3-4 中美资产负债表“存货”项目映射关系图

表3-39 ABC公司20×3年资产负债表“存货”项目信息 单位:元

会计项目	期末余额
账面余额	
原材料	96 273
在产品	15 835
产成品	121 393
周转材料	84
小计	233 585
减:存货跌价准备	6 568
账面价值	227 017

根据美国会计准则以及资产负债表的编制规则与要求,美国会计准则下确认的“存货”与中国会计准则下确认的“存货”金额相等,即转换后对应美国资产负债表“存货”项目余额为227 017元。

5.“应收账款”项目

转换模式:一对一转换(主项对主项的转换)。

根据中国资产负债表主表信息与附注信息可知，20×3 年“应收账款”项目期末净额为 296 604 元，如表 3-40 和表 3-41 所示。具体映射关系如图 3-5 所示。

表 3-40 ABC 公司 20×3 年资产负债表“应收账款”项目信息 单位：元

会计项目	期末余额
应收账款	299 100
减：坏账准备	2 496
合计	296 604

表 3-41 ABC 公司 20×3 年“应收账款”明细表 单位：元

会计项目	期末余额	
	金额	比例
一年以内	275 172	92%
一年至二年	11 964	4%
二年至三年	5 982	2%
三年以上	5 982	2%
合计	299 100	100%

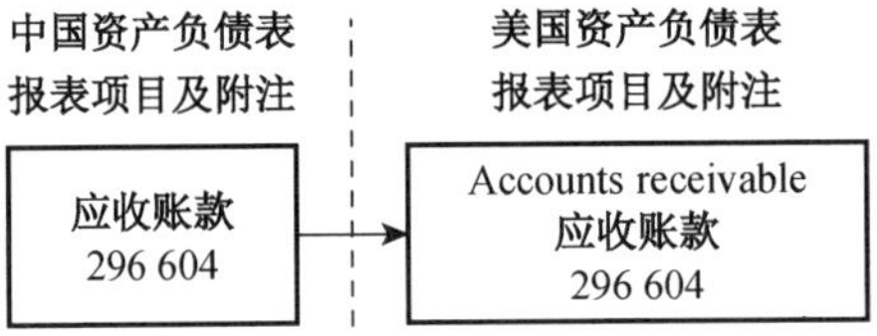

图 3-5 中美资产负债表“应收账款”项目映射关系图

根据美国会计准则以及资产负债表的编制规则与要求，美国会计准则下确认的“应收账款”项目与中国会计准则下确认的“应收账款”项目期末余额一致，即将中国资产负债表中“应收账款”转换成美国资产负债表，美国资产负债表“应收账款”项目期末余额为 296 604 元。

6. “预付款和其他流动资产”项目

转换模式：多对一转换（主项对细项、主项的转换）。

根据美国资产负债表编制规则与要求，“预付款和其他流动资产”项目主要由“预付供应商款项”“其他应收款”和“其他流动资产”三个项目组成，具体映射关系如图 3-6 所示。

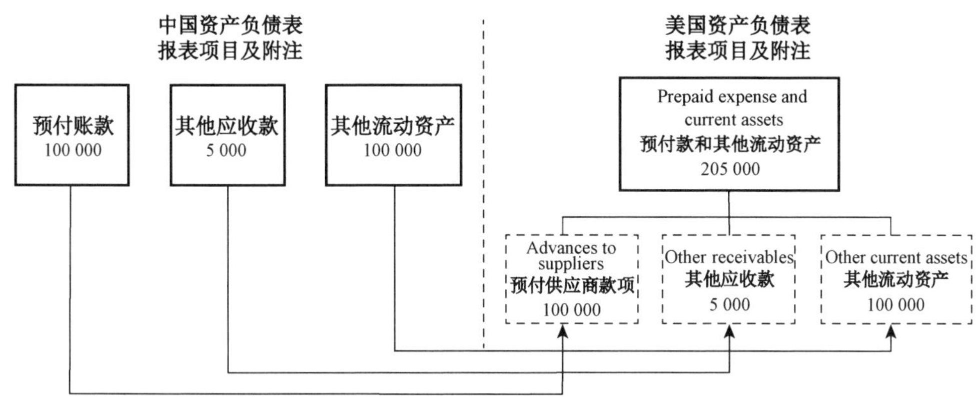

图 3-6　中美资产负债表“预付款和其他流动资产”项目映射关系图

因此美国资产负债表下“预付款和其他流动资产”项目期末余额为中国资产负债表主项项目“预付账款”“其他应收款”和“其他流动资产”期末余额的汇总值。如表 3-42 至表 3-45 所示。

表 3-42　ABC 公司 20×3 年资产负债表“预付账款”项目信息　　单位:元

会计项目	期末余额
预付账款	100 268
减:坏账准备	268
合计	100 000

表 3-43　ABC 公司 20×3 年资产负债表“其他应收款”项目信息　　单位:元

会计项目	期末余额
其他应收款	5 058
减:坏账准备	58
合计	5 000

表 3-44　ABC 公司 20×3 年资产负债表“其他应收款”明细项目　　单位:元

会计项目	期末余额	
	金额	比例
一年以内	3 845	76%
一年至二年	253	5%

（续表）

会计项目	期末余额	
	金额	比例
二年至三年	101	2%
三年以上	859	17%
合计	5 058	100%

表 3-45　ABC 公司 20×3 年资产负债表“其他流动资产”项目信息　单位：元

会计项目	期末余额
其他流动资产	100 000

因此，在“多对一”模式下，转换为美国资产负债表“预付款和其他流动资产”项目期末余额等于 205 000 元。

7.“递延所得税资产”项目

转换模式：一对一转换（主项对主项的转换）。

根据 ABC 公司 20×3 年资产负债表年报与附注信息可知，“递延所得税资产”项目期末余额为 11 226 元，如表 3-46 所示。映射关系如图 3-7 所示。

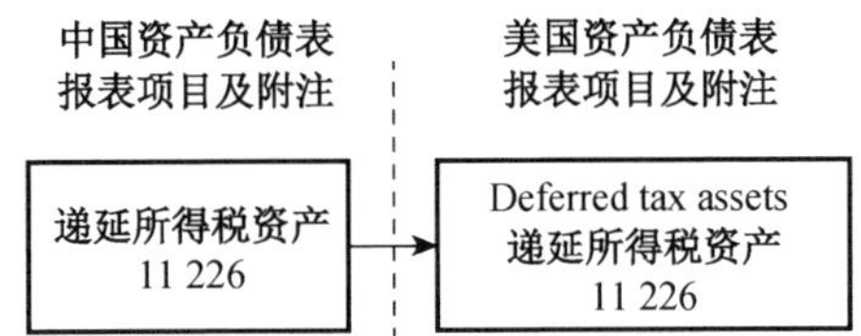

图 3-7　中美资产负债表“递延所得税资产”项目映射关系图

表 3-46　ABC 公司 20×3 年资产负债表“递延所得税资产”项目信息　单位：元

会计项目	期末余额
递延所得税资产	11 226

根据美国资产负债表的编制规则与要求，美国会计准则下确认的“递延所得税资产”项目与中国会计准则下确认的“递延所得税资产”项目金额一致，即将中国资产负债表中“递延所得税资产”转换为美国资产负债表中“递延所得税资产”项目，对应美国资产负债表“递延所得税资产”项目期末余额为 11 226 元。

8. “可供出售金融资产”项目

转换模式：一对一转换（主项、细项对主项、细项的转换），一对零转换（主项、细项对主项、细项的转换）。

根据中国会计准则可知，可供出售金融资产是指初始确认时即被指定为可供出售的非衍生金融资产，以及贷款和应收款项、持有至到期投资、交易性金融资产以外的非衍生金融资产。

由 ABC 公司资产负债表附注信息可知，“可供出售金融资产”主项主要由“可供出售金融债券”和“可供出售权益工具”两个细项项目组成，具体附注信息如表 3-47 所示。

表 3-47　ABC 公司 20×3 年资产负债表“可供出售金融资产”项目信息

单位：元

会计项目	期末余额
可供出售金融债券	82
可供出售权益工具	1 587
减：减值准备	66
合计	1 603

因此，根据美国资产负债表的编制要求，将 ABC 公司“可供出售金融资产”主项进行转换。与“存货”项目转换类似，此处参考本书 2.3.3“一对零”转换模式，在美国资产负债表中增加“其他项目：减值准备”，使得报表可以保持左右计算逻辑关系的平衡，其具体转换逻辑顺序如图 3-8 所示。

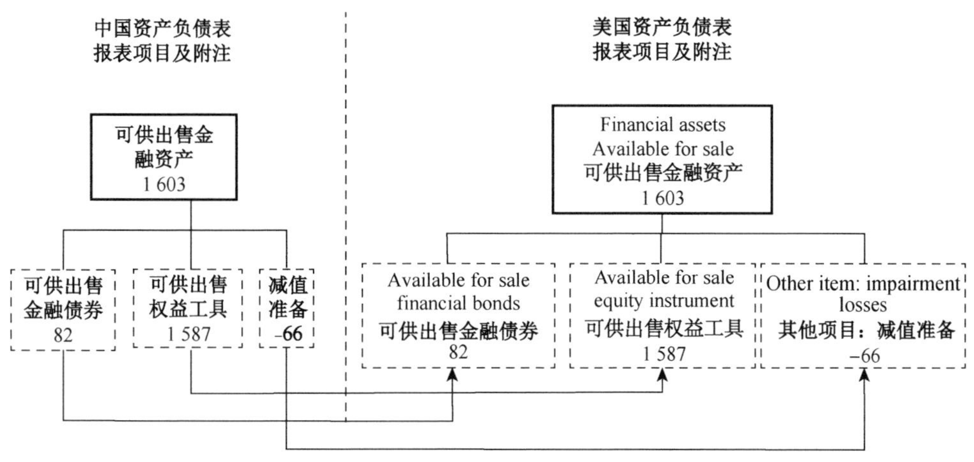

图 3-8　中美资产负债表“可供出售金融资产”项目映射关系图

根据美国资产负债表的编制规则与要求，美国会计准则下确认的“可供出售金融资产”与中国会计准则下确认的“可供出售金融资产”项目金额相等，对应美国资产负债表“可供出售金融资产”项目期末余额为 1 603 元。

9. “联营企业和合营企业投资”项目

转换模式：一对一转换(主项对主项的转换)。

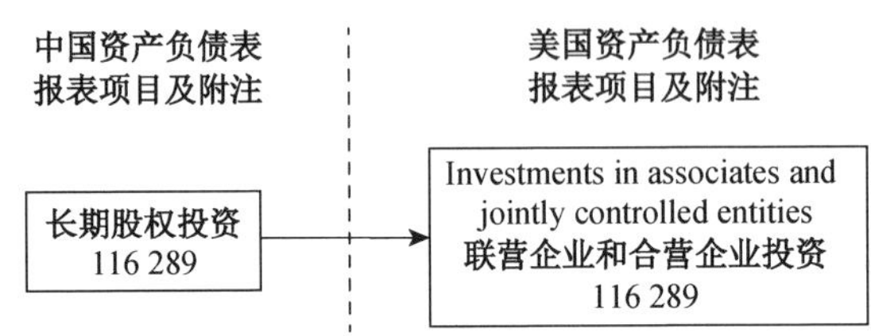

图 3-9　中美资产负债表“联营企业和合营企业投资”项目映射关系图

根据中国资产负债表“长期股权投资”主项与附注信息可知，20×3 年期末长期股权投资净额为 116 289 元，具体信息如表 3-48 所示。

表 3-48　ABC 公司 20×3 年资产负债表“长期股权投资”项目信息　单位：元

会计项目	期末余额
联营企业和合营企业投资	116 477
减：长期股权投资减值准备	188
合计	116 289

因此，“长期股权投资”项目对应到美国资产负债表“联营企业和合营企业投资”主项项目中，其转换后期末净额为 116 289 元。

10. “物业、厂房和设备”项目

转换模式：多对一转换(主项、细项对细项的转换)。

中美会计准则的不同，使得作为财务状况表现形式的财务报表之间也存在较大的差异，其中较为明显的一个就是对“固定资产”项目的表示，在中国资产负债表中，“固定资产”作为一个主项项目，由“房屋及建筑物”“机器设备”“运输工具”以及“其他固定资产”等细项项目构成；而在美国资产负债表中，表示固定资产的会计项目是“物业、厂房和设备”项目，但是与中国资产负债表不同的是，“物业、厂房和设备”不仅包括“建筑物”“机器设备”“运输工具”等项目，还包括诸如“土地”“租赁资产改良支出”以及“在建工程”等细项项目，而后几项在中国资产负债表中，隶属于其他类型的报表项目，而非“固定资产”项目，因此，美国资产负债表的“物业、厂房

和设备”主项，其涵盖范围远大于中国资产负债表的“固定资产”项目。

考虑到ABC公司，根据其20×3年资产负债表主表与附注信息可知，需要将ABC公司中国资产负债表中的“固定资产”和“在建工程”转换为美国资产负债表“物业、厂房和设备”项目，具体转换结构如图3-10所示。

若将中国资产负债表中相应项目转换为“物业、厂房和设备”项目，需要对该主项项目的各个组成部分分别进行转换，表3-49为中国资产负债表“固定资产”项目明细资料。

表3-50为中国资产负债表“在建工程”项目明细资料。

根据表3-49和表3-50可知，将中国资产负债表中“固定资产”和“在建工程”项目，按照美国资产负债表“物业、厂房和设备”的组成项目结构进行转换，20×3年“物业、厂房和设备”的期末余额为1 100 000+212 598=1 312 598元。

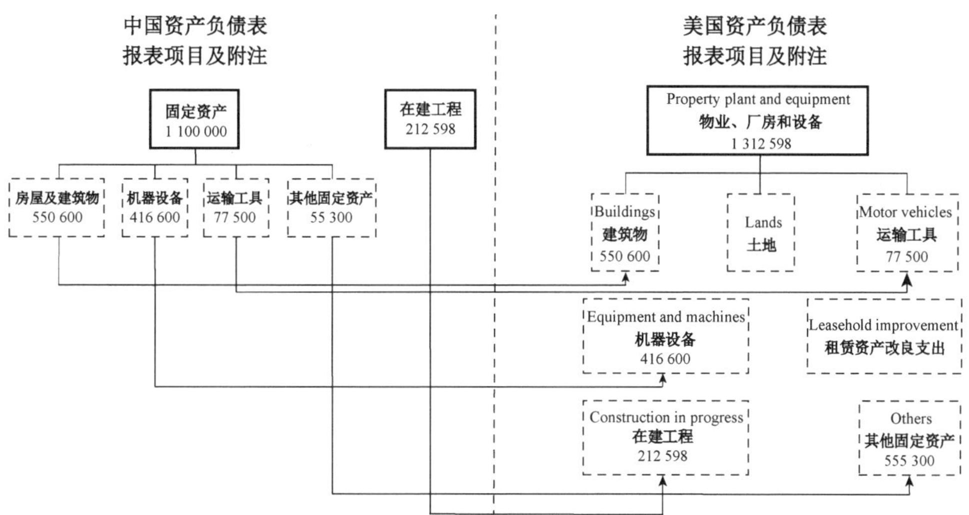

图3-10　中美资产负债表“物业、厂房和设备”项目映射关系图

表3-49　ABC公司20×3年资产负债表“固定资产”项目明细信息 单位:元

明细信息	20×2年12月31日	本期增加	本期减少	20×3年12月31日
原值				
房屋及建筑物	572 500	56 300	17 100	611 700
机器设备	410 300	45 900	11 100	445 100
运输工具	69 500	27 100	9 900	86 700
其他	59 900	8 300	3 900	64 300
合计	1 112 200	137 600	42 000	1 207 800

（续表）

明细信息	20×2年12月31日	本期增加	本期减少	20×3年12月31日
累计折旧				
房屋及建筑物	25 300	26 200	14 000	37 500
机器设备	13 500	8 900	9 600	12 800
运输工具	4 900	2 700	1 100	6 500
其他	7 200	1 000	400	7 800
合计	50 900	38 800	25 100	64 600
账面净值				
房屋及建筑物	547 200			574 200
机器设备	396 800			432 300
运输工具	64 600			80 200
其他	52 700			56 500
合计	1 061 300			1 143 200
减值准备				
房屋及建筑物	25 900	3 200	5 500	23 600
机器设备	14 400	6 400	5 100	15 700
运输工具	2 100	1 800	1 200	2 700
其他	1 000	400	200	1 200
合计	43 400	11 800	12 000	43 200
账面价值				
房屋及建筑物	521 300			550 600
机器设备	382 400			416 600
运输工具	62 500			77 500
其他	51 700			55 300
合计	1 017 900			1 100 000

表 3-50　ABC 公司 20×3 年资产负债表“在建工程”项目明细信息　单位:元

工程名称	预算数	20×2年12月31日	本期增加	本期减少	20×3年12月31日
项目1	85 600	84 024	2 011	1 486	84 549
项目2	12 542	11 635	1 524	598	12 561
项目3	36 000	35 255	2 683	1 256	36 682
项目4	112 564	25 269	1 734	912	26 091
项目5	30 800	30 609	2 397	1 021	31 985
其他	34 294	22 273	997	862	22 408
减:在建工程减值准备		1 352			1 678
合计		207 713			212 598

11. “无形资产和其他非流动资产”项目

转换模式：多对一转换（主项、细项对主项、细项的转换）。

根据美国资产负债表“无形资产和其他非流动资产”主项项目的组成结构可知，“无形资产和其他非流动资产”主要由中国资产负债表中的“土地使用权”“计算机软件”“专利技术”“商誉”以及“其他非流动资产”等项目组成。特别地，在中国，土地使用权属于国家所有，任何企业或个人仅拥有土地的使用权，因此根据中国财务报表的编制原则，将“土地使用权”作为主项“无形资产”下的一个细项，而在中美财务报表的转换过程中，将“土地使用权”作为一个细项，对应至美国资产负债表的“无形资产”项目中。中美资产负债表“无形资产和其他非流动资产”项目转换思路如图 3-11 所示。

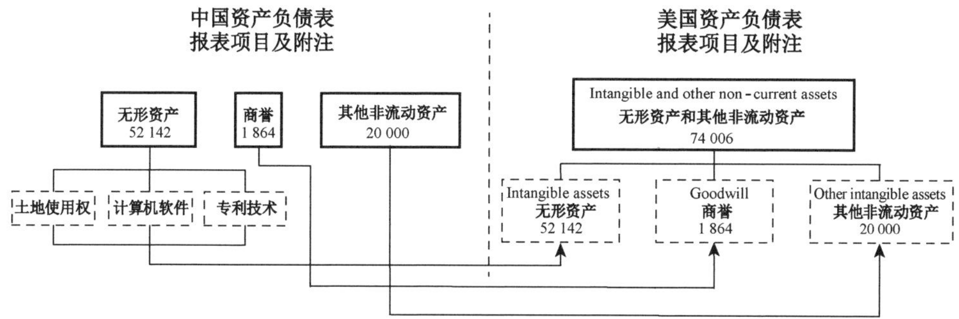

图 3-11　中美资产负债表“无形资产和其他非流动资产”项目映射关系图

表 3-51、表 3-52 和表 3-53 为 ABC 公司 20×3 年资产负债表中“无形资产”“商誉”以及“其他非流动资产”项目信息。

表 3-51　ABC 公司 20×3 年资产负债表“无形资产”项目明细信息　单位：元

会计项目	本期增加	本期减少	期末金额
原值			
土地使用权	7 688	497	46 569
专利技术	405	—	9 152
其他	3 561	286	7 318
合计	11 654	783	63 039
累计摊销			
土地使用权	655	31	5 864
专利技术	211	—	2 638
其他	733	64	1 897
合计	1 599	95	10 399

（续表）

会计项目	本期增加	本期减少	期末金额
账面净值			
土地使用权			40 705
专利技术			6 514
其他			5 421
合计			52 640
减值准备合计	4	3	498
账面价值合计			52 142

表 3-52　ABC 公司 20×3 年资产负债表“商誉”项目信息　　单位：元

会计项目	期末余额
商誉	1 864

表 3-53　ABC 公司 20×3 年资产负债表“其他非流动资产”项目信息　　单位：元

会计项目	期末余额
其他非流动资产	20 000

因此，将“无形资产”“商誉”以及“其他非流动资产”等项目转换成美国资产负债表“无形资产和其他非流动资产”项目后，期末余额为 52 142＋1 864＋20 000＝74 006 元。

12. “短期借款”项目

转换模式：一对一转换（主项、细项对主项、细项的转换）。

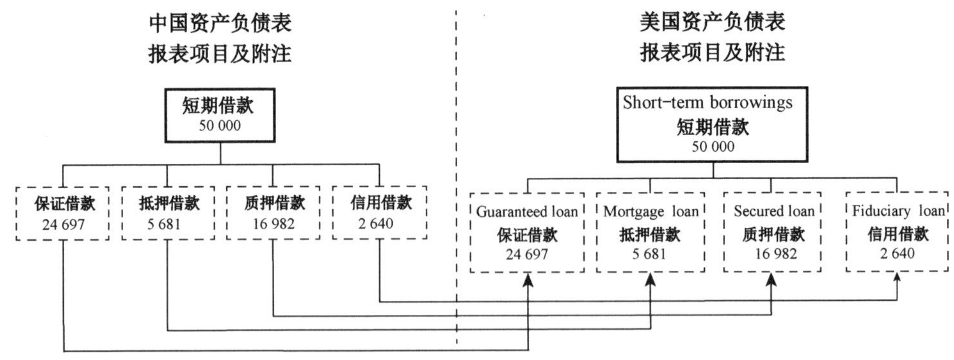

图 3-12　中美资产负债表“短期借款”项目映射关系图

中国资产负债表“短期借款”项目余额为 50 000 元，其具体的明细项目如表 3-54 所示。

表 3-54　ABC 公司 20×3 年资产负债表"短期借款"项目明细信息　单位:元

明细项目	期末余额
保证借款——人民币	24 697
抵押借款——人民币	5 681
质押借款——人民币	16 982
信用借款——人民币	1 577
信用借款——美元	366
信用借款——其他外币	697
合计	50 000

13. "应付账款和应计负债"项目

转换模式:多对一转换(主项对细项的转换)。

根据美国资产负债表"应付账款和应计负债"主项项目组成结构可知,"应付账款和应计负债"主要由"应付股利""应付利息""应付薪金和职工福利费""客户垫款""应付贸易款"以及"其他应付款"等细项项目构成,每一细项对应的中国资产负债表主项项目如图 3-13 所示。

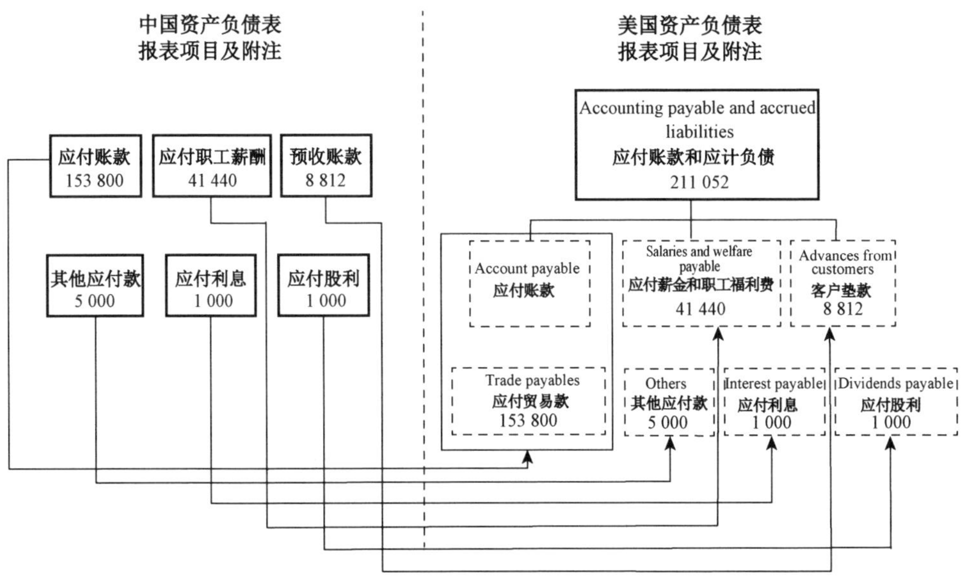

图 3-13　中美资产负债表"应付账款和应计负债"项目映射关系图

因此,为了实现对美国资产负债表"应付账款和应计负债"项目的转换,需要对对应的每一项中国资产负债表主项项目进行转换,表 3-55 至表 3-60 分别为对应的中国资产负债表对应主项项目明细信息。

表 3-55　ABC 公司 20×3 年资产负债表“应付账款”项目信息　单位:元

会计项目	期末余额
应付账款	153 800

表 3-56　ABC 公司 20×3 年资产负债表“应付职工薪酬”项目明细信息　单位:元

明细信息	本期增加	本期减少	金额
工资、薪金及补贴	3 591	874	21 517
职工福利费	351	84	1 292
社会保险费	401	16	1 597
住房公积金	225	20	2 341
工会经费和职工教育经费	388	73	4 829
其他	455	49	9 864
合计	5 411	1 116	41 440

表 3-57　ABC 公司 20×3 年资产负债表“预收账款”项目信息　单位:元

预收账款对象	期末余额
客户——甲	5 526
客户——乙	2 197
客户——丙	1 089
合计	8 812

表 3-58　ABC 公司 20×3 年资产负债表“其他应付款”项目信息　单位:元

会计项目	期末余额
其他应付款	5 000

表 3-59　ABC 公司 20×3 年资产负债表“应付利息”项目信息　单位:元

会计项目	期末余额
应付利息	1 000

表 3-60　ABC 公司 20×3 年资产负债表“应付股利”项目信息　单位:元

会计项目	期末余额
应付股利	1 000

因此,将中国资产负债表转换为美国资产负债表“应付账款和应计负债”主项项目后,其对应的期末余额为 153 800＋41 440＋8 812＋5 000＋1 000＋1 000＝211 052 元。

14."应交所得税款"项目

转换模式:一对一转换(细项对主项的转换)。

根据美国资产负债表"应交所得税款"主项结构可知,其对应中国资产负债表项目为"应交税费"主项下的"应交企业所得税"细项,其他类型的应交税项目不和"应交所得税款"项目对应,具体映射关系如图 3-14 所示。

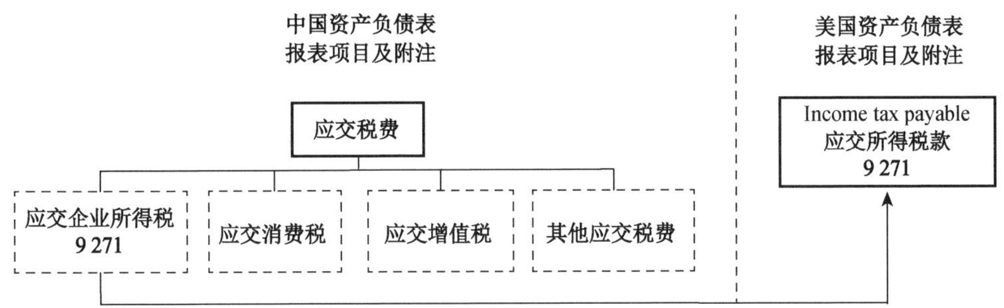

图 3-14　中美资产负债表"应交所得税款"项目映射关系图

根据 ABC 公司 20×3 年资产负债表主表与附注信息可知,主项项目"应交税费"及其组成结构信息如表 3-61 所示。

表 3-61　ABC 公司 20×3 年资产负债表"应交税费"项目结构信息

单位:元

明细信息	期末余额
应交企业所得税	9 271
应交消费税	
应交增值税	
其他应交税费	
合计	9 271

因此,对应美国资产负债表"应交所得税款"期末余额为 9 271 元。

15."应交其他税款"项目

转换模式:一对一转换(细项对主项、细项的转换)。

根据美国资产负债表中"应交其他税款"主项结构可知,"应交其他税款"主项主要由"应交消费税""应交增值税"以及"其他应交税费"等细项组成(表 3-62),具体结构与转换逻辑如图 3-15 所示。

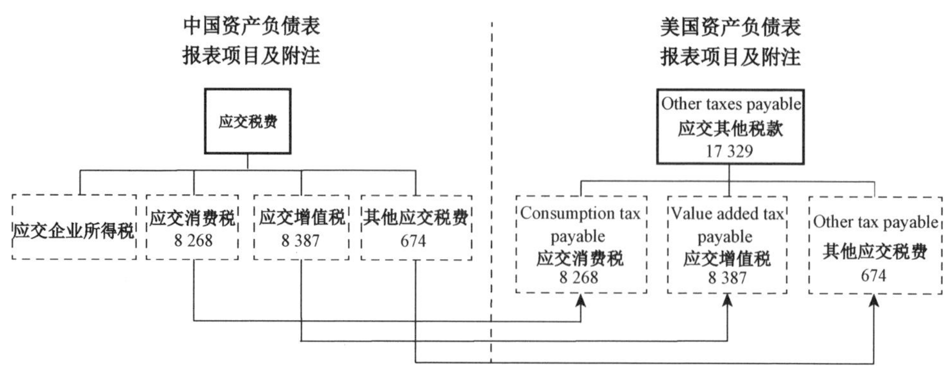

图 3-15　中美资产负债表“应交其他税款”项目映射关系图

表 3-62　ABC 公司 20×3 年资产负债表“应交税费”项目明细信息　单位:元

明细信息	期末余额
应交企业所得税	
应交消费税	8 268
应交增值税	8 387
其他应交税费	674
合计	17 329

因此,将中国资产负债表“应交税费”中部分细项项目转换为美国资产负债表“应交其他税款”主项项目,对应期末余额为 8 268+8 387+674=17 329 元。

16.“长期借款”项目

转换模式:多对一模式(主项、细项对主项、细项的转换)。

根据美国资产负债表“长期借款”主项结构可知,“长期借款”主要由两个细项项目组成,分别对应于中国资产负债表的“长期借款”和“应付债券”项目,项目信息如表 3-63 和表 3-64 所示。具体映射关系如图 3-16 所示。

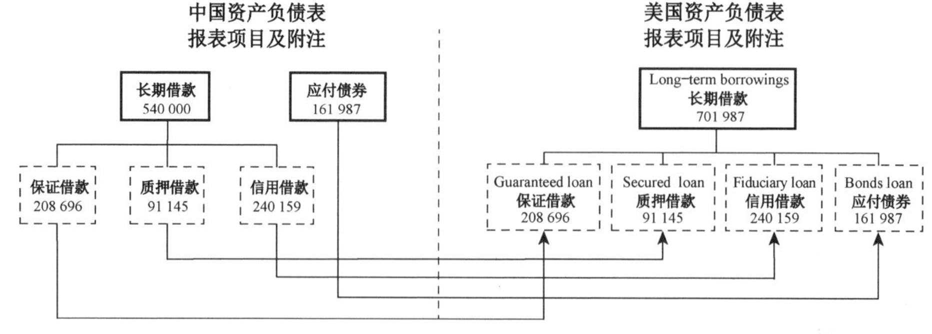

图 3-16　中美资产负债表“长期借款”项目映射关系图

表 3-63　ABC 公司 20×3 年资产负债表“长期借款”项目明细信息　单位:元

明细信息	期末余额
保证借款——人民币	127 681
保证借款——美元	45 582
保证借款——其他外币	35 433
质押借款——人民币	24 556
质押借款——美元	66 589
信用借款——人民币	39 577
信用借款——美元	54 366
信用借款——其他外币	146 216
合计	540 000

表 3-64　ABC 公司 20×3 年资产负债表“应付债券”项目信息　单位:元

会计项目	期末余额
应付债券	161 987

因此,转换后对应的美国资产负债表“长期借款”项目期末余额为 540 000+161 987=701 987 元。

17. “预计负债”项目

转换模式:一对一模式(主项对主项的转换)。

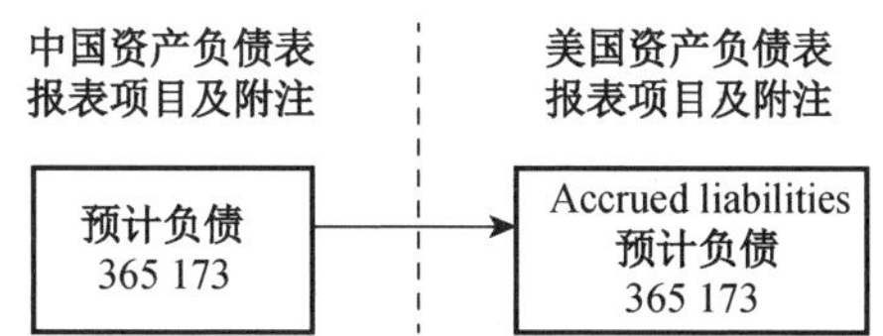

图 3-17　中美资产负债表“预计负债”项目映射关系图

表 3-65　ABC 公司 20×3 年资产负债表“预计负债”项目信息　单位:元

会计项目	期末余额
预计负债	365 173

18. “递延所得税负债”项目

转换模式:一对一模式(主项对主项的转换)。

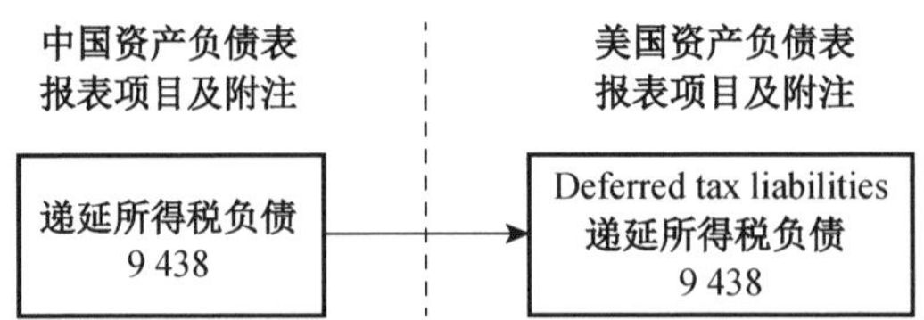

图 3-18　中美资产负债表"递延所得税负债"项目映射关系图

表 3-66　ABC 公司 20×3 年资产负债表"递延所得税负债"项目信息　单位:元

会计项目	期末余额
递延所得税负债	9 438

19."其他长期负债"项目

转换模式:一对一模式(主项对主项的转换)。

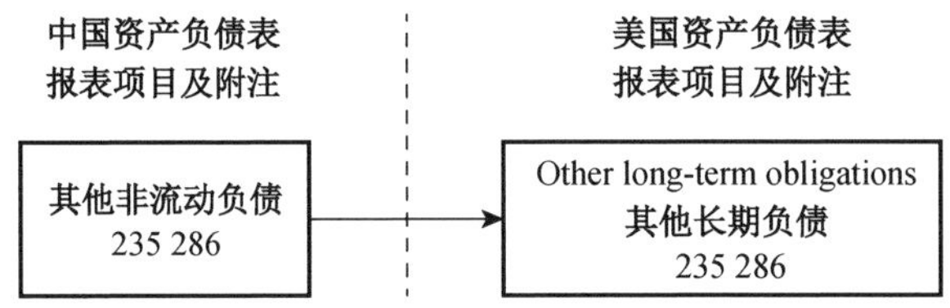

图 3-19　中美资产负债表"其他长期负债"项目映射关系图

表 3-67　ABC 公司 20×3 年资产负债表"其他非流动负债"项目信息　单位:元

会计项目	期末余额
其他非流动负债	235 286

20."股本"项目

转换模式:一对一模式(主项对主项的转换)。

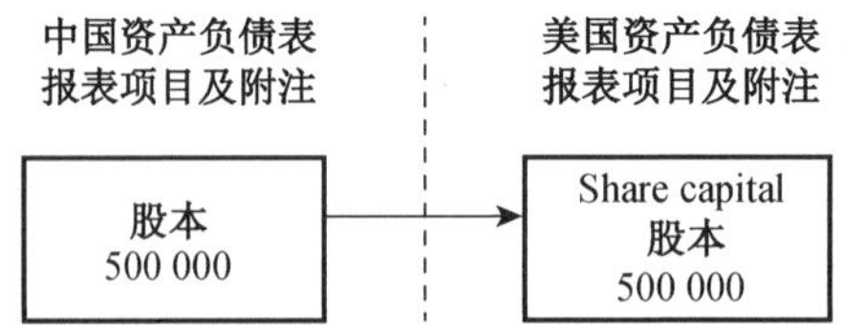

图 3-20　中美资产负债表"股本"项目映射关系图

表 3-68　ABC 公司 20×3 年资产负债表"股本"项目信息　单位:元

会计项目	期末余额
股本	500 000

21. "储备"项目

转换模式:多对一模式(主项对主项、细项的转换)。

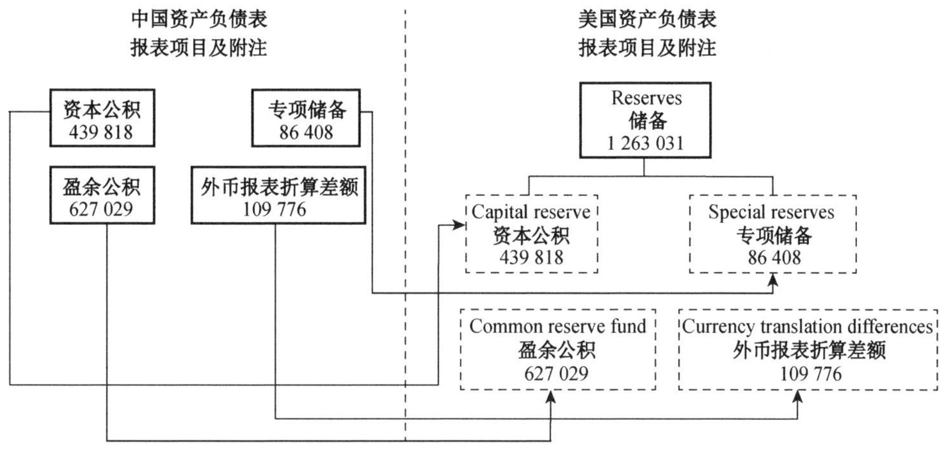

图 3-21　中美资产负债表"储备"项目映射关系图

表 3-69　ABC 公司 20×3 年资产负债表"储备"项目信息　　单位:元

会计项目	期末余额
资本公积	439 818
盈余公积	627 029
专项储备	86 408
外币报表折算差额	109 776
合计	1 263 031

通过上述映射关系分别转换以后,我们就可以初步在理论上将中国资产负债表转换成以美国方式表达的资产负债表。

3.2.4　中国资产负债表转换成美国资产负债表结果

转换后的美国报表均以人民币元(RMB)为单位表示,以下各表不再单独列示单位。

表 3-70　ABC COMPANY LIMITED BALANCE SHEETS

	December 31，20×3
NON-CURRENT ASSETS	
Property，plant and equipment	1 312 598
Investments in associates and jointly controlled entities	116 289

（续表）

Available for sale financial assets	1 603
Intangible and other non-current assets	74 006
Deferred tax assets	11 226
TOTAL NON-CURRENT ASSETS	1 515 722
CURRENT ASSETS	
Inventories	227 017
Accounts receivable	296 604
Prepaid expense and current assets	205 000
Notes receivable	246 000
Time deposits with maturities over three months but within one year	393 764
Cash and cash equivalents	1 012 536
TOTAL CURRENT ASSETS	2 380 921
CURRENT LIABILITIES	
Accounting payable and accrued liabilities	211 052
Income tax payable	9 271
Other taxes payable	17 329
Short-term borrowings	50 000
Other current liabilities	0
TOTAL CURRENT LIABILIITES	287 652
NET CURRENT LIABILITIES	2 093 269
TOTAL ASSETS LESS CURRENT LIABILITIES	3 608 991
EQUITY	
Equity attributable to owners of the company	
Share capital	500 000
Retained earnings	281 394
Reserves	1 263 031
Non-controlling interests	252 682
TOTAL EQUITY	2 297 107

(续表)

NON-CURRENT LIABILITIES	
Long-term borrowings	701 987
Accrued liabilities	365 173
Deferred tax liabilities	9 438
Other long-term obligations	235 286
TOTAL NON-CURRENT LIABILITIES	1 311 884
TOTAL EQUITY AND NON-CURRENT LIABILITIES	3 608 991

表 3-71　ABC COMPANY LIMITED BALANCE SHEETS(中英对照)

		December 31，20×3
NON-CURRENT ASSETS	非流动资产	RMB
Property，plant and equipment	物业、厂房和设备	1 312 598
Investments in associates and jointly controlled entities	联营企业和合营企业投资	116 289
Available for sale financial assets	可供出售金融资产	1 603
Intangible and other non-current assets	无形资产和其他非流动资产	74 006
Deferred tax assets	递延所得税资产	11 226
TOTAL NON-CURRENT ASSETS	非流动资产总额	1 515 722
CURRENT ASSETS	流动资产	
Inventories	存货	227 017
Accounts receivable	应收账款	296 604
Prepaid expense and current assets	预付款和其他流动资产	205 000
Notes receivable	应收票据	246 000
Time deposits with mature over three months but within one year	到期日为三个月以上一年内的定期存款	393 764
Cash and cash equivalents	现金及现金等价物	1 012 536
TOTAL CURRENT ASSETS	流动资产合计	2 380 921
CURRENT LIABILITIES	流动负债	
Accounting payable and accrued liabilities	应付账款和应计负债	211 052
Income tax payable	应交所得税款	9 271
Other taxes payable	应交其他税款	17 329
Short-term borrowings	短期借款	50 000
Other current liabilities	其他流动负债	0

（续表）

TOTAL CURRENT LIABILIITES	流动负债总额	287 652
NET CURRENT LIABILITIES	流动负债净值	2 093 269
TOTAL ASSETS LESS CURRENT LIABILITIES	总资产减流动负债	3 608 991
EQUITY	权益	
Equity attributable to owners of the company	母公司股东权益	
Share capital	股本	500 000
Retained earnings	留存收益	281 394
Reserves	储备	1 263 031
Non-controlling interests	非可控的利得	252 682
TOTAL EQUITY	权益总额	2 297 107
NON-CURRENT LIABILITIES	非流动负债	
Long-term borrowings	长期借款	701 987
Accrued liabilities	预计负债	365 173
Deferred tax liabilities	递延所得税负债	9 438
Other long-term obligations	其他长期负债	235 286
TOTAL NON-CURRENT LIABILITIES	非流动负债总额	1 311 884
TOTAL EQUITY AND NON-CURRENT LIABILITIES	权益及非流动负债总额	3 608 991

主要会计项目附注信息如表 3-72 至表 3-83 所示。

表 3-72　Property, plant and equipment

	Buildings	Equipment and Machines	Motor Vehicles	Other	Construction in Progress	Total
	RMB	RMB	RMB	RMB	RMB	RMB
Cost						
At beginning of the year	572 500	410 300	69 500	59 900	209 065	1 321 265
Additions	56 300	45 900	27 100	8 300	11 346	148 946
Disposals or write offs	17 100	11 100	9 900	3 900	6 135	48 135
At end of the year	611 700	445 100	86 700	64 300	214 276	1 422 076
Accumulated depreciation and impairment						
At beginning of the year	51 200	27 900	7 000	8 200	1 352	95 652
Charge for the year	29 400	15 300	4 500	1 400	492	51 092
Disposals or write offs or transfers	19 500	14 700	2 300	600	166	37 266

（续表）

	Buildings	Equipment and Machines	Motor Vehicles	Other	Construction in Progress	Total
At end of the year	61 100	28 500	9 200	9 000	1 678	109 478
Net book value						
At end of the year	550 600	416 600	77 500	55 300	212 598	1 312 598

表 3-73　Available for sale financial assets

	December 31，20×3
Available for sale financial bonds	82
Available for sale equity instrument	1 587
Less：Impairment losses	66
	1 603

Available-for-sale financial assets comprise principally unlisted equity securities.

表 3-74　Intangible and other non-current assets

	December 31，20×3
Intangible assets	52 142
Goodwill (i)	1 864
Other assets	20 000
	74 006

(i) Goodwill primarily relates to the acquisition of XYZ Company，completed in 20×0. The recoverable amount of all cash-generating unites has been determined based on value-in-use calculations. These calculations use pre-tax cash flow projections based on financial budgets approved by management. The discount rates used are pre-tax and reflect specific risks relating to the cash-generating unit. Based on the estimated recoverable amount，no impairment was identified.

表 3-75　Inventories

	December 31，20×3
Raw materials	96 273
Work in progress	15 835
Finished goods	121 393
Revolving materials	84
	233 585
Less：Write down in inventories	6 568
	227 017

The carrying amounts of inventories of the Group，which are carried at net realisable value.

表 3-76　Accounts receivable

	December 31，20×3
Accounts receivable	299 100
Less：Provision for impairment of receivables	2 496
	296 604

表 3-77　The aging analysis of accounts receivable

	December 31，20×3		
	RMB	Proportion	Provision for impairment of receivables
Within 1 year	275 172	92%	8
Between 1 and 2 years	11 964	4%	62
Between 2 and 3 years	5 982	2%	314
Over 3 years	5 982	2%	2 112
	299 100	100%	2 496

表 3-78　Prepaid expense and current assets

	December 31，20×3
Advances to suppliers	100 268
Other receivables	5 058
Other current assets	100 000
Less：Provision for impairment	326
	205 000

表 3-79　Accounting payable and accrued liabilities

	December 31，20×3
Trade payables	153 800
Salaries and welfare payable	41 440
Advances from customers	8 812
Other	5 000
Interest payable	1 000
Dividends payable	1 000
	211 052

表 3-80 The aging analysis of trade payables

	December 31，20×3
Within 1 year	99 827
Between 1 and 2 years	32 197
Between 2 and 3 years	21 089
Over 3 years	687
	153 800

表 3-81 Borrowings

	December 31，20×3
Short-term borrowings	50 000
Long-term borrowings	701 987
	751 987

表 3-82 Share Capital

	December 31，20×3
Registered，issued and fully paid：	
A shares	500 000
H shares	—
	500 000

表 3-83 Reserves

	December 31，20×3
Capital reserve	
Beginning balance	440 350
Ending balance	439 818
Common reserve fund	
Beginning balance	620 773
Transfer from retained earnings	6 256
Ending balance	627 029
Special reserves	
Beginning balance	
Ending balance	86 408
Currency translation differences	
Beginning balance	
Currency translation differences	
Ending balance	109 776
	1 263 031

3.3 西王食品公司资产负债表转换实例

在上一节，我们从理论和方法上论述了中国资产负债表如何转换为美国规则表达的资产负债表。依据上述的方法，我们试图做更进一步的尝试，将一个上市公司完整的资产负债表的实例进行转换，以此来验证我们转换方法的可行性。

下面我们以上市公司西王食品股份有限公司为例进行转换，之所以选择这个公司，是因为该公司是一个制造业公司，具有一定代表性，且其主业比较清晰。

3.3.1 西王食品公司简介

西王食品股份有限公司(以下简称西王食品)为中国最大的玉米胚芽油生产基地，主要生产销售西王牌玉米胚芽油。2010 年 8 月被中国食品工业协会冠名“中国玉米油城”，2011 年 2 月在深圳 A 股主板上市，是首家登陆国内 A 股主板的玉米油企业。

公司依托农业产业化国家重点龙头企业、中国糖都——西王集团得天独厚的资源优势，实现了玉米油的充足原料保障及毛油自主生产能力，秉承“食品安全为本，诚信经营为先”的经营理念，将优质、营养健康的产品提供给社会。公司拥有国内最先进的玉米油生产工艺和全套生产线，精炼和灌装车间分别采用瑞典阿法拉伐设备和法国西得乐公司的吹瓶线、意大利原装进口灌装线等，生产过程实现了全自动化控制，是国内少数能够从原料到产品实行全程质量监控的企业。企业于 2012 年 4 月建成的小包装灌装线选用了德国克朗斯公司的吹灌一体机，实现了吹瓶和灌装的有机结合。该设备可以开发生产多种小规格高端油种，为公司实施品牌战略、走高端路线打下了坚实的硬件基础。

公司大力实施“科技强企”战略，不断加大科技创新力度，申请各类专利 45 项，填补国内空白技术 1 项。自主研发的西王鲜胚玉米胚芽油“六重保鲜锁”创新工艺，从根本上确保了产品的品质，保证了玉米油天然、绿色、健康的优点。

3.3.2 西王食品资产负债表

表 3-84 是西王食品资产负债表实例。

表 3-84　资产负债表实例——西王食品

编制单位:西王食品股份有限公司　　　　20×3 年 12 月 31 日　　　　单位:元

资产	期末余额	期初余额	负债和股东权益	期末余额	期初余额
流动资产:			流动负债:		
货币资金	317 317 050.09		短期借款	100 000 000.00	
交易性金融资产			交易性金融负债	0.00	
应收票据	23 578 500.00		应付票据		
应收账款	102 305 096.71		应付账款	98 898 662.40	
预付账款	58 128 507.81		预收账款	29 718 419.22	
应收利息			应付职工薪酬	11 237 812.22	
应收股利			应交税费	22 133 501.39	
其他应收款	695 278.65		应付利息		
存货	167 723 417.56		应付股利	1 379 490.07	
划分为持有待售资产			其他应付款	14 718 684.00	
一年内到期的非流动资产			划分为持有待售的负债	0.00	
其他流动资产	22 923 535.05		一年内到期的非流动负债		
流动资产合计	692 671 385.87		其他流动负债	0.00	
非流动资产:			流动负债合计	278 086 569.30	
可供出售金融资产			非流动负债:		
持有至到期投资			长期借款		
长期应收款			应付债券	0.00	
长期股权投资			长期应付款	0.00	
投资性房地产			专项应付款	0.00	
固定资产	569 414 530.13		预计负债	0.00	
在建工程	4 732 424.43		递延收益	0.00	
工程物资	0.00		递延所得税负债	0.00	
固定资产清理	0.00		其他非流动负债	0.00	
生产性生物资产	0.00		非流动负债合计		
油气资产	0.00		负债合计	278 086 569.30	
无形资产	100 618 068.38		股东权益		
开发支出	0.00		实收资本/股本	188 322 834.00	

（续表）

资产	期末余额	期初余额	负债和股东权益	期末余额	期初余额
商誉	0.00		资本公积	430 047 483.92	
长期待摊费用	0.00		减:库存股	0.00	
递延所得税资产	3 016 202.60		其他综合收益	0.00	
其他非流动资产	65 899 599.00		盈余公积	60 993 239.75	
非流动资产合计	743 680 824.54		未分配利润	478 902 083.44	
			股东权益合计	1 158 265 641.11	
资产总计	1 436 352 210.41		负债和股东权益总计	1 436 352 210.41	

3.3.3 西王食品资产负债表附注信息

1. 货币资金

表 3-85 “货币资金”项目明细 单位:元

项目	期末数		
	外币金额	折算率	人民币
现金:	—	—	26 182.91
人民币	—	—	26 182.91
银行存款:	—	—	317 290 867.18
人民币	—	—	317 290 867.18
其他货币资金:	—	—	0.00
人民币	—	—	0.00
合计	—	—	317 317 050.09

2. 应收票据

表 3-86 “应收票据”项目明细 单位:元

种类	期末数
银行承兑汇票	23 578 500.00
合计	23 578 500.00

3. 应收账款

（1）应收账款按种类披露如表 3-87 所示。

表 3-87 "应收账款"项目明细——按种类披露 单位:元

种类	期末数			
	账面余额		坏账准备	
按综合计提坏账准备的应收账款	金额	比例	金额	比例
账龄分析法组合	103 920 875.32	100%	1 615 778.61	1.55%
组合小计	103 920 875.32	100%	1 615 778.61	1.55%
合计	103 920 875.32	—	1 615 778.61	

(2) 组合中,按账龄分析法计提坏账准备的应收账款,如表 3-88 所示。

表 3-88 "应收账款"项目明细——账龄分析法 单位:元

账龄	期末数		
	账面余额		坏账准备
	金额	比例	
1 年以内			
其中:			
1 年以内	97 999 203.61	94.3%	979 992.04
1 年以内小计	97 999 203.61	94.3%	979 992.04
1 至 2 年	5 703 614.71	5.49%	570 361.47
2 至 3 年	218 017.00	0.21%	65 405.10
3 至 4 年	40.00		20.00
合计	103 920 875.32	—	1 615 778.61

4. 其他应收款

(1) 其他应收款按种类披露如表 3-89 所示。

表 3-89 "其他应收款"项目明细 单位:元

种类	期末数			
	账面余额		坏账准备	
按综合计提坏账准备的应收账款	金额	比例	金额	比例
账龄分析法组合	704 455.96	100%	9 177.31	1.3%
组合小计	704 455.96	100%	9 177.31	1.3%
合计	704 455.96	—	9 177.31	—

(2) 组合中,采用账龄分析法计提坏账准备的其他应收款,如表 3-90 所示。

表 3-90 “其他应收款”项目——账龄分析法 单位:元

账龄	期末数		
	账面余额		坏账准备
	金额	比例	
1 年以内			
其中:			
1 年以内	680 758.73	96.64%	6 807.59
1 年以内小计	680 758.73	96.64%	6 807.59
1 至 2 年	23 697.23	3.36%	2 369.72
3 至 4 年			
合计	704 455.96		9 177.31

5. 预付账款

预付账款按账龄列示如表 3-91 所示。

表 3-91 “预付账款”项目——账龄分析法 单位:元

账龄	期末数	
	金额	比例
1 年以内	56 887 647.72	97.87%
1 至 2 年	662 073.19	1.14%
2 至 3 年	565 024.24	0.97%
3 年以上	13 762.66	0.02%
合计	58 128 507.81	—

无账龄 1 年以上且金额重大的预付款项。

6. 存货

表 3-92 “存货”项目明细 单位:元

项目	期末数		
	账面余额	跌价准备	账面价值
原材料	50 724 198.18		50 724 198.18
在产品	7 924 720.34		7 924 720.34
库存商品	109 054 334.25		109 054 334.25
在途物资	20 164.79		20 164.79
合计	167 723 417.56		167 723 417.56

7. 其他流动资产

表 3-93 "其他流动资产"项目明细　　单位:元

项目	期末数
待抵扣增值税进项税额	17 242 430.86
预缴企业所得税	2 085 671.61
待摊广告费	3 595 432.58
合计	22 923 535.05

8. 固定资产

固定资产情况如表 3-94 所示。

表 3-94 "固定资产"项目明细　　单位:元

项目	期初账面余额	本期增加	本期减少	期末账面余额
一、账面原值合计	655 463 879.27	85 387 426.32	66 693 643.38	674 157 662.21
其中:房屋及建筑物	289 578 559.20	7 757 804.07	66 200 430.18	231 135 933.09
机器设备	359 309 821.65	72 047 452.38	331 863.20	431 025 410.83
运输工具	4 094 461.89	1 860 006.73	159 600.00	5 794 868.62
其他设备	2 481 036.53	3 722 163.14	1 750.00	6 201 449.67
二、累计折旧合计	73 328 726.24	31 745 347.24	330 941.40	104 743 132.08
其中:房屋及建筑物	12 355 302.85	5 434 394.05		17 789 696.90
机器设备	58 791 438.29	24 462 956.66	195 347.80	83 059 047.15
运输工具	922 292.58	650 294.36	133 931.00	1 438 655.94
其他设备	1 259 692.52	1 197 702.17	1 662.60	2 455 732.09
三、固定资产账面净值合计	582 135 153.03	—		569 414 530.13
其中:房屋及建筑物	277 223 256.35	—		213 346 236.19
机器设备	300 518 383.36	—		347 966 363.68
运输工具	3 172 169.31	—		4 356 212.68
其他设备	1 221 344.01	—		3 745 717.58
四、固定资产账面价值合计	582 135 153.03	—		569 414 530.13
其中:房屋及建筑物	277 223 256.35	—		213 346 236.19
机器设备	300 518 383.36	—		347 966 363.68
运输工具	3 172 169.31	—		4 356 212.68
其他设备	1 221 344.01	—		3 745 717.58

9. 在建工程

表 3-95 “在建工程”项目明细 单位:元

项目	期末数		
办公楼改扩建	账面余额	减值准备	账面价值
预付设备款			
技改工程	4 217 311.43		4 217 311.43
其他	515 113.00		515 113.00
合计	4 732 424.43		4 732 424.43

10. 无形资产

表 3-96 “无形资产”项目明细 单位:元

项目	期初账面余额	本期增加	本期减少	期末账面余额
一、账面原值合计	112 209 200.00			112 209 200.00
土地使用权	112 209 200.00			112 209 200.00
二、累计折旧合计	9 303 548.31	2 287 583.31		11 591 131.62
土地使用权	9 303 548.31	2 287 583.31		11 591 131.62
三、无形资产账面净值合计	102 905 651.69		2 287 583.31	100 618 068.38
土地使用权	102 905 651.69		2 287 583.31	100 618 068.38
四、无形资产账面价值合计	102 905 651.69		2 287 583.31	100 618 068.38
土地使用权	102 905 651.69		2 287 583.31	100 618 068.38

11. 递延所得税资产

表 3-97 “递延所得税资产”项目明细 单位:元

项目	期末数
递延所得税资产	
资产减值准备	223 223.90
应付职工薪酬	1 489 706.15
预提费用	1 303 272.55
合计	3 016 202.60

12. 资产减值准备

表 3-98 “资产减值准备”项目明细 单位:元

项目	期初账面余额	本期增加	本期减少	期末账面余额
一、坏账准备	1 372 655.86	252 300.06		1 624 955.92
合计	1 372 655.86	252 300.06		1 624 955.92

13. 其他非流动资产

表 3-99 “其他非流动资产”项目明细 单位:元

项目	期末数
预付办公楼款	65 899 599.00
合计	65 899 599.00

14. 短期借款

表 3-100 “短期借款”项目明细 单位:元

项目	期末数
保证借款	100 000 000.00
合计	100 000 000.00

15. 应付账款

表 3-101 “应付账款”项目明细 单位:元

项目	期末数
1 年以内	65 965 121.00
1 至 2 年	30 561 045.82
2 至 3 年	1 128 155.97
3 年以上	1 244 339.61
合计	98 898 662.40

16. 预收账款

表 3-102 “预收账款”项目明细 单位:元

项目	期末数
1 年以内	27 312 251.18
1 至 2 年	1 935 649.78
2 至 3 年	235 871.82
3 年以上	234 646.44
合计	29 718 419.22

17. 应付职工薪酬

表 3-103 “应付职工薪酬”项目明细 单位:元

项目	期初账面余额	本期增加	本期减少	期末账面余额
一、工资、奖金、津贴和补贴	6 308 059.85	100 083 742.82	95 158 090.31	11 233 712.36
二、职工福利费		3 603 547.70	3 603 547.70	
三、社会保险费	1 369 366.02	21 966 206.79	23 333 386.95	2 185.86
其中:医疗保险费	355 383.88	2 465 662.47	2 820 771.55	274.80
基本养老保险费	841 154.91	16 027 062.81	16 867 411.32	806.40
失业保险费	115 069.15	1 330 616.70	1 444 581.19	1 104.66
工伤保险费	41 845.00	1 336 622.64	1 378 467.64	
生育保险费	15 913.08	806 242.17	822 155.25	
四、住房公积金	1 914.00	17 676.00	17 676.00	1 914.00
五、其他		10 000.00	10 000.00	
合计	7 679 339.87	125 681 173.31	122 122 700.96	11 237 812.22

18. 其他应付款

表 3-104 “其他应付款”项目明细 单位:元

项目	期末数
1 年以内	13 688 339.90
1 至 2 年	324 206.50
2 至 3 年	125 000.00
3 年以上	581 137.60
合计	14 718 684.00

19. 股本

表 3-105 “股本”项目明细 单位:元

项目	期初数	本期变动增减(+,-)				期末数
		发行新股	送股	公积金转股	其他	
股份总数	188 322 834.00	0.00	0.00	0.00	0.00	188 322 834.00

20. 资本公积

表 3-106 “资本公积”项目明细 单位:元

项目	期初数	本期增加	本期减少	期末数
资本溢价	428 945 983.92			428 945 983.92
其他资本公积	1 101 500.00			1 101 500.00
合计	430 047 483.92			430 047 483.92

21. 盈余公积

表 3-107 "盈余公积"项目明细 单位:元

项目	期初数	本期增加	本期减少	期末数
法定盈余公积	43 498 837.13	12 354 686.25		55 853 523.38
任意盈余公积	5 139 716.37			5 139 716.37
合计	48 638 553.50	12 354 686.25		60 993 239.75

22. 未分配利润

表 3-108 "未分配利润"项目明细 单位:元

项目	金额
调整前上年末未分配利润	357 388 839.57
调整后年初未分配利润	357 388 839.50
加:本期归属于母公司所有者的净利润	180 948 638.60
减:提取法定盈余公积	12 354 686.25
应付普通股股利	47 080 708.48
期末未分配利润	478 902 083.44

3.3.4 西王食品资产负债表转换为美国资产负债表步骤

1. "现金及现金等价物"项目

转换模式:一对一转换(细项对细项的转换)。

根据西王食品中国资产负债表附注信息可知,"货币资金"项目主要由"库存现金"和"银行存款"两个细项项目组成,"货币资金"项目明细信息如表 3-109 所示。

表 3-109 西王食品 20×3 年资产负债表中"货币资金"项目明细信息 单位:元

项目	期末余额		
	外币金额	折算率	人民币
库存现金:	—	—	26 182.91
人民币	—	—	26 182.91
银行存款:	—	—	317 290 867.18
人民币	—	—	317 290 867.18

（续表）

项目	期末余额		
	外币金额	折算率	人民币
其他货币资金：	—	—	0.00
人民币	—	—	0.00
合计	—	—	317 317 050.09

根据中美资产负债表主项和细项项目映射关系（图 3-22）可知，对应美国资产负债表"现金及现金等价物"项目期末余额为 317 317 050.09 元。

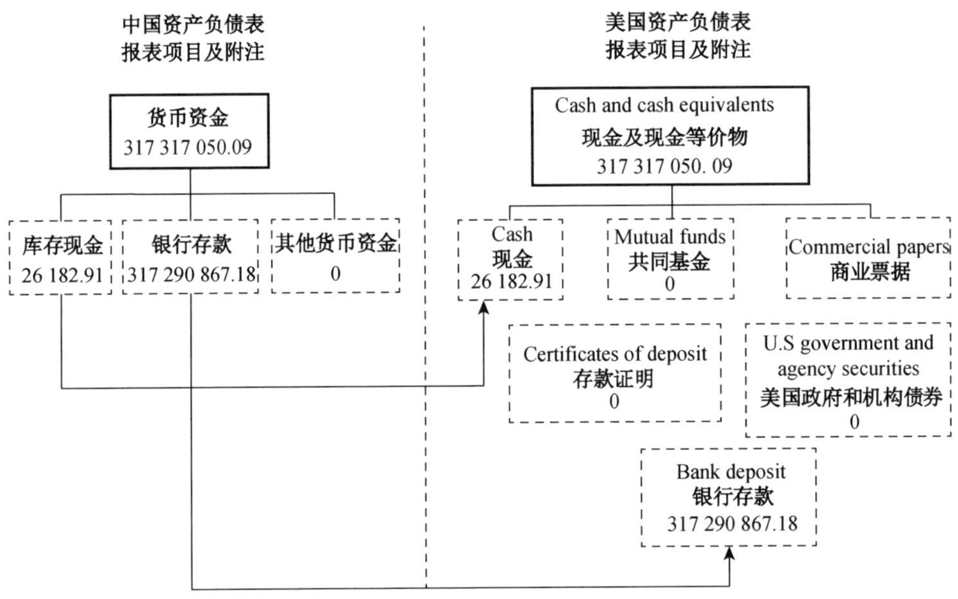

图 3-22　中美资产负债表"现金及现金等价物"项目映射关系图

2."应收票据"项目

转换模式：一对一转换（细项对主项转换）。

根据西王食品中国资产负债表附注信息可知，"应收票据"项目明细信息如表 3-110 所示。

表 3-110　西王食品 20×3 年资产负债表"应收票据"项目明细信息　单位：元

种类	期末余额
银行承兑汇票	23 578 500.00
合计	23 578 500.00

根据中美资产负债表主项和细项项目映射关系(图 3-23)可知,对应美国资产负债表“应收票据”项目期末余额为 23 578 500.00 元。

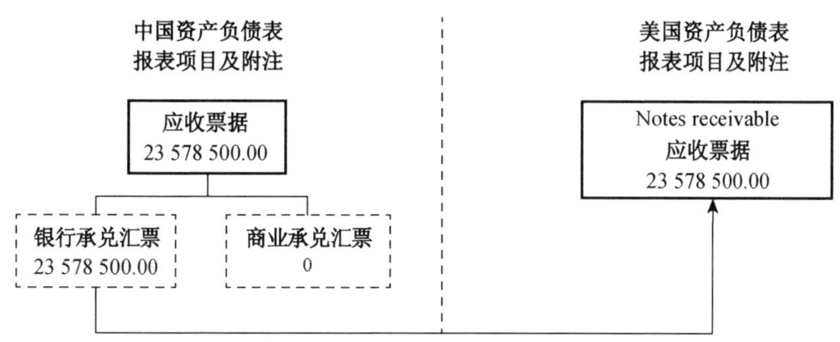

图 3-23　中美资产负债表“应收票据”项目映射关系图

3.“存货”项目

转换模式:一对一转换(主项、细项对细项的转换)。

根据西王食品中国资产负债表主表信息与附注信息可知,“存货”项目主要由“原材料”“在产品”“库存商品”以及“在途物资”等四个细项项目组成,其明细信息如表 3-111 所示,具体映射关系如图 3-24 所示。

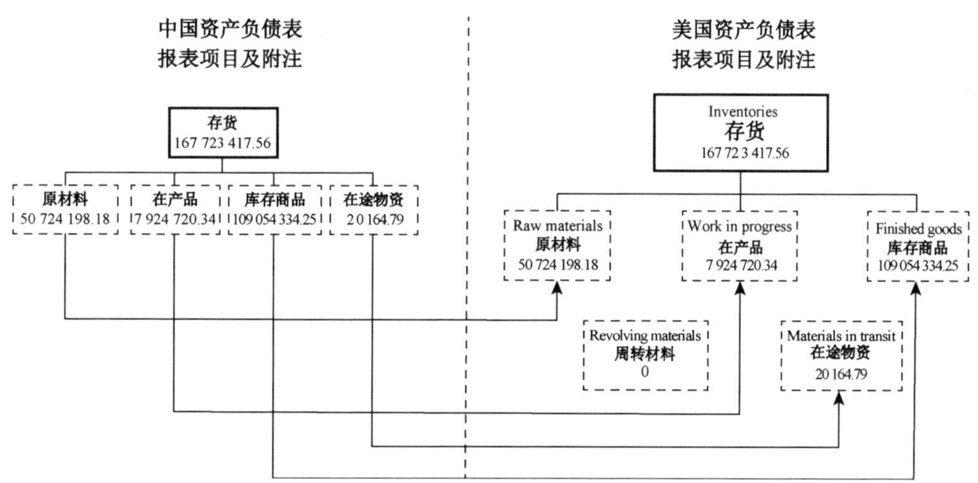

图 3-24　中美资产负债表“存货”项目映射关系图

表 3-111　西王食品 20×3 年资产负债表中“存货”项目明细信息　单位:元

项目	期末余额		
	账面余额	跌价准备	账面价值
原材料	50 724 198.18		50 724 198.18
在产品	7 924 720.34		7 924 720.34
库存商品	109 054 334.25		109 054 334.25
在途物资	20 164.79		20 164.79
合计	167 723 417.56		167 723 417.56

根据中美资产负债表主项和细项项目对应关系可知,对应美国资产负债表“存货”项目期末余额为 167 723 417.56 元。

4. “应收账款”项目

转换模式:一对一转换(主项对主项转换)。

根据西王食品中国资产负债表主表信息与附注信息可知,“应收账款”项目明细信息如表 3-112 所示,具体映射关系如图 3-25 所示。

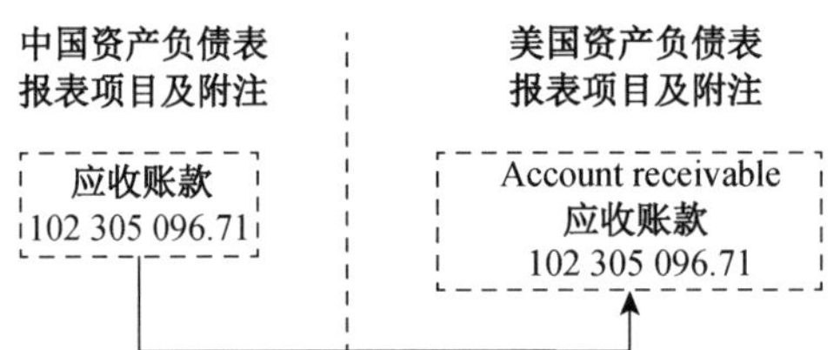

图 3-25　中美资产负债表“应收账款”项目映射关系图

表 3-112　西王食品 20×3 年资产负债表中“应收账款”项目明细　单位:元

种类	期末余额			
	账面余额		坏账准备	
按综合计提坏账准备的应收账款	金额	比例	金额	比例
账龄分析法组合	103 920 875.32	100%	1 615 778.61	1.55%
组合小计	103 920 875.32	100%	1 615 778.61	1.55%
合计	103 920 875.32	—	1 615 778.61	

因此,将西王食品中国资产负债表中“应收账款”项目,根据美国资产负债表进行转换,对应的美国资产负债表“应收账款”项目期末余额为 102 305 096.71 元。

5."预付款和其他流动资产"项目

转换模式:多对一转换(主项、细项对主项的转换)。

根据美国资产负债表的编制规则与要求,"预付款和其他流动资产"项目主要由中国资产负债表"预付账款""其他应收款"和"其他流动资产"三个细项项目组成,具体映射关系如图 3-26 所示。其明细信息如表 3-113 至表 3-115 所示。

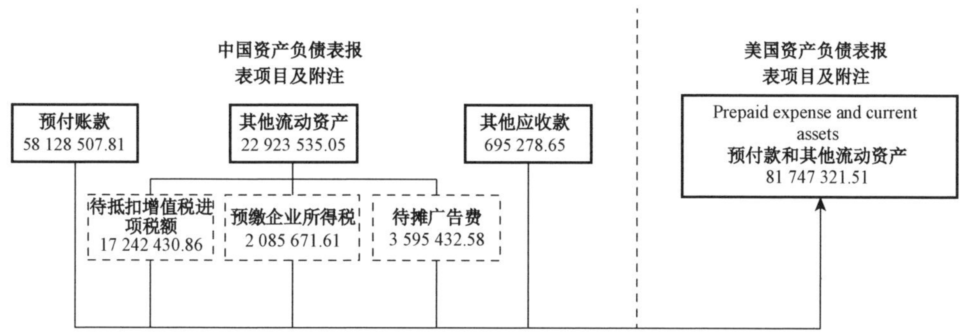

图 3-26 中美资产负债表"预付款和其他流动资产"项目映射关系图

表 3-113 西王食品 20×3 年资产负债表中"其他应收款"项目明细信息

单位:元

种类	期末余额			
	账面余额		坏账准备	
按综合计提坏账准备的应收账款	金额	比例	金额	比例
账龄分析法组合	704 455.96	100%	9 177.31	1.3%
组合小计	704 455.96	100%	9 177.31	1.3%
合计	704 455.96	—	9 177.31	—

表 3-114 西王食品 20×3 年资产负债表中"预付账款"项目明细信息

单位:元

账龄	期末余额	
	金额	比例
1 年以内	56 887 647.72	97.87%
1 至 2 年	662 073.19	1.14%
2 至 3 年	565 024.24	0.97%
3 年以上	13 762.66	0.02%
合计	58 128 507.81	—

表 3-115 西王食品 20×3 年资产负债表中“其他流动资产”项目明细信息

单位:元

项目	期末余额
待抵扣增值税进项税额	17 242 430.86
预缴企业所得税	2 085 671.61
待摊广告费	3 595 432.58
合计	22 923 535.05

根据中美资产负债表主项和细项项目对应关系可知,对应美国资产负债表“预付款和其他流动资产”项目期末余额为 58 128 507.81+695 278.65+22 923 535.05=81 747 321.51 元。

6. “递延所得税资产”项目

转换模式:一对一转换(主项对主项转换)。

根据西王食品中国资产负债表年报与附注信息可知,递延所得税资产期末余额为 3 016 202.60 元,具体如表 3-116 所示。映射关系如图 3-27 所示。

表 3-116 西王食品 20×3 年资产负债表中“递延所得税资产”项目明细信息

单位:元

项目	期末余额
递延所得税资产	
资产减值准备	223 223.90
应付职工薪酬	1 489 706.15
预提费用	1 303 272.55
合计	3 016 202.60

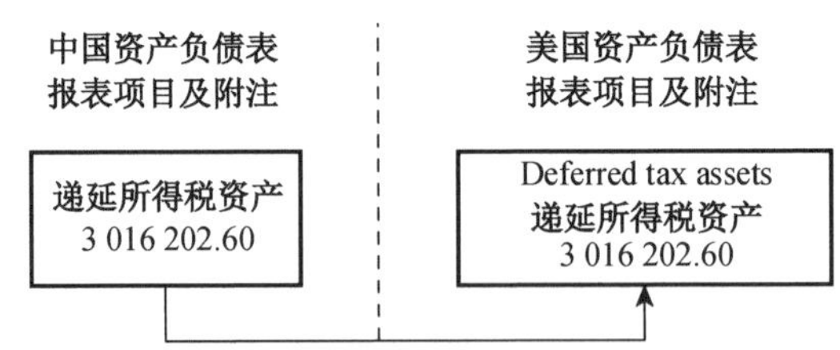

图 3-27 中美资产负债表“递延所得税资产”项目映射关系图

根据美国资产负债表的编制规则与要求,美国会计准则下确认的“递延所得税资产”与中国会计准则下确认的“递延所得税资产”项目金额一致,即将中国资产负债表中“递延所得税资产”转换为美国资产负债表项目,对应美国资产负债表“递延

所得税资产”项目期末余额为 3 016 202.60 元。

7. “物业、厂房和设备”项目

转换模式：多对一转换(主项、细项对主项、细项的转换)。

根据美国资产负债表的编制规则与要求可知，主项项目“物业、厂房和设备”主要包括“建筑物”“机器设备”“运输工具”“在建工程”及“土地”“租赁资产改良支出”等项目。对应于中国资产负债表中，主要对应“固定资产”(包括“房屋及建筑物”“机器设备”“运输工具”和“其他设备”等细项项目)以及“在建工程”项目。

由中国资产负债表“固定资产”和“在建工程”转换为美国资产负债表“物业、厂房和设备”项目的映射关系如图 3-28 所示。

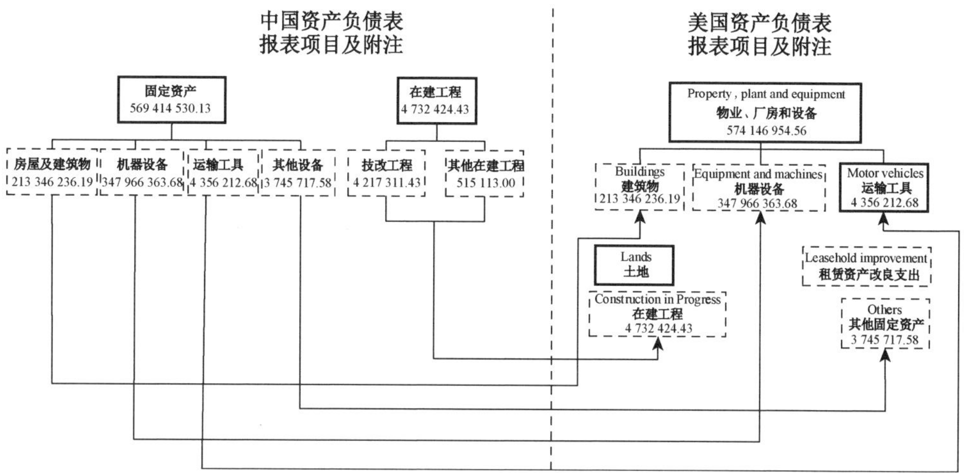

图 3-28　中美资产负债表“物业、厂房和设备”项目映射关系图

若将中国资产负债表中相应项目转换为“物业、厂房和设备”项目，需要对该主项项目的各个组成部分分别进行转换，表 3-117、表 3-118 分别为中国资产负债表“固定资产”“在建工程”项目明细资料。

表 3-117　西王食品 20×3 年资产负债表中“固定资产”项目明细信息　　单位：元

项目	期初账面余额	本期增加	本期减少	期末账面余额
一、账面原值合计	655 463 879.27	85 387 426.32	66 693 643.38	674 157 662.21
其中：房屋及建筑物	289 578 559.20	7 757 804.07	66 200 430.18	231 135 933.09
机器设备	359 309 821.65	72 047 452.38	331 863.20	431 025 410.83
运输工具	4 094 461.89	1 860 006.73	159 600.00	5 794 868.62

(续表)

项目	期初账面余额	本期增加	本期减少	期末账面余额
其他设备	2 481 036.53	3 722 163.14	1 750.00	6 201 449.67
二、累计折旧合计	73 328 726.24	31 745 347.24	330 941.40	104 743 132.08
其中:房屋及建筑物	12 355 302.85	5 434 394.05		17 789 696.90
机器设备	58 791 438.29	24 462 956.66	195 347.80	83 059 047.15
运输工具	922 292.58	650 294.36	133 931.00	1 438 655.94
其他设备	1 259 692.52	1 197 702.17	1 662.60	2 455 732.09
三、固定资产账面净值合计	582 135 153.03	—		569 414 530.13
其中:房屋及建筑物	277 223 256.35	—		213 346 236.19
机器设备	300 518 383.36	—		347 966 363.68
运输工具	3 172 169.31	—		4 356 212.68
其他设备	1 221 344.01	—		3 745 717.58
四、固定资产账面价值合计	582 135 153.03	—		569 414 530.13
其中:房屋及建筑物	277 223 256.35	—		213 346 236.19
机器设备	300 518 383.36	—		347 966 363.68
运输工具	3 172 169.31	—		4 356 212.68
其他设备	1 221 344.01	—		3 745 717.58

表 3-118　西王食品 20×3 年资产负债表中“在建工程”项目明细信息

单位:元

项目	期末余额		
办公楼改扩建	账面余额	减值准备	账面价值
预付设备款			
技改工程	4 217 311.43		4 217 311.43
其他	515 113.00		515 113.00
合计	4 732 424.43		4 732 424.43

根据表 3-117 和表 3-118 可知,将中国资产负债表中“固定资产”和“在建工程”项目,按照美国资产负债表“物业、厂房和设备”的组成结构进行转换,20×3 年“物业、厂房和设备”项目的期末余额为 569 414 530.13＋4 732 424.43＝574 146 954.56 元。

8."无形资产和其他非流动资产"项目

转换模式:多对一转换(主项、细项对主项、细项的转换)。

根据美国资产负债表"无形资产和其他非流动资产"主项项目的组成结构可知,"无形资产和其他非流动资产"主要由"土地使用权""计算机软件""专利技术""商誉"以及"其他非流动资产"等项目组成。中美资产负债表"无形资产和其他非流动资产"项目转换思路如图 3-29 所示。

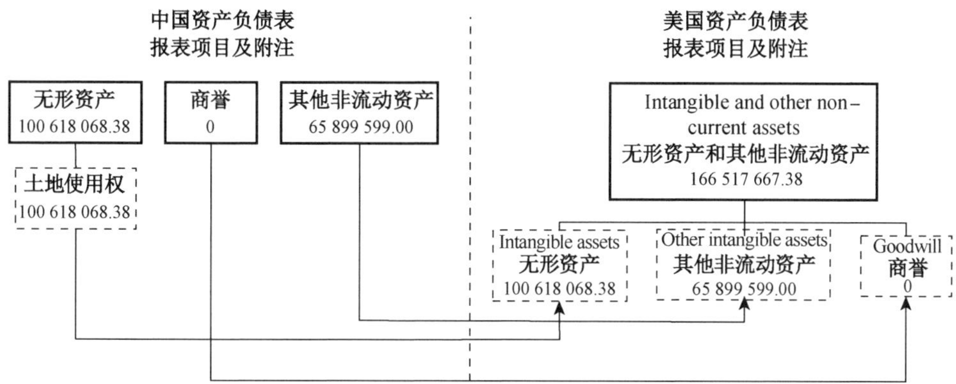

图 3-29　中美资产负债表"无形资产和其他非流动资产"项目映射关系图

表 3-119 至表 3-121 为西王食品资产负债表中"无形资产""商誉"以及"其他非流动资产"项目的信息资料。

表 3-119　西王食品 20×3 年资产负债表中"无形资产"项目明细信息　　单位:元

项目	期初账面余额	本期增加	本期减少	期末账面余额
一、账面原值合计	112 209 200.00			112 209 200.00
土地使用权	112 209 200.00			112 209 200.00
二、累计折旧合计	9 303 548.31	2 287 583.31		11 591 131.62
土地使用权	9 303 548.31	2 287 583.31		11 591 131.62
三、无形资产账面净值合计	102 905 651.69		2 287 583.31	100 618 068.38
土地使用权	102 905 651.69		2 287 583.31	100 618 068.38
四、无形资产账面价值合计	102 905 651.69		2 287 583.31	100 618 068.38
土地使用权	102 905 651.69		2 287 583.31	100 618 068.38

表 3-120　西王食品 20×3 年资产负债表中“商誉”项目信息　　单位:元

会计项目	期末余额
商誉	0

表 3-121　西王食品 20×3 年资产负债表中“其他非流动资产”项目信息

单位:元

会计项目	期末余额
其他非流动资产	65 899 599.00

因此,将“无形资产”“商誉”以及“其他非流动资产”等项目转换成美国资产负债表“无形资产和其他非流动资产”项目后,期末余额为 100 618 068.38＋0＋65 899 599.00＝166 517 667.38 元。

9.“短期借款”项目

转换模式:一对一转换(主项、细项对主项的转换)。

根据西王食品中国资产负债表附注信息可知,“短期借款”项目明细信息如表 3-122 所示。因此对应美国资产负债表“短期借款”项目期末余额为 100 000 000.00 元。映射关系如图 3-30 所示。

表 3-122　西王食品 20×3 年资产负债表中“短期借款”项目明细信息

单位:元

项目	期末余额
保证借款	100 000 000.00
合计	100 000 000.00

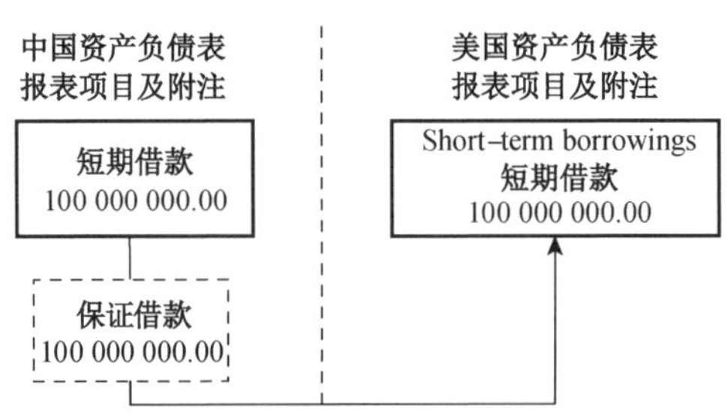

图 3-30　中美资产负债表“短期借款”项目映射关系图

10.“应付账款和应计负债”项目

转换模式:多对一转换(主项、细项对主项、细项的转换)。

根据美国资产负债表“应付账款和应计负债”主项项目组成结构可知,“应付账

款和应计负债”主要由“应付股利”“应付利息”“应付薪金和职工福利费”“客户垫款”“应付贸易款”以及“其他应付款”等细项项目构成，每一细项对应的中国资产负债表主项项目如图 3-31 所示。

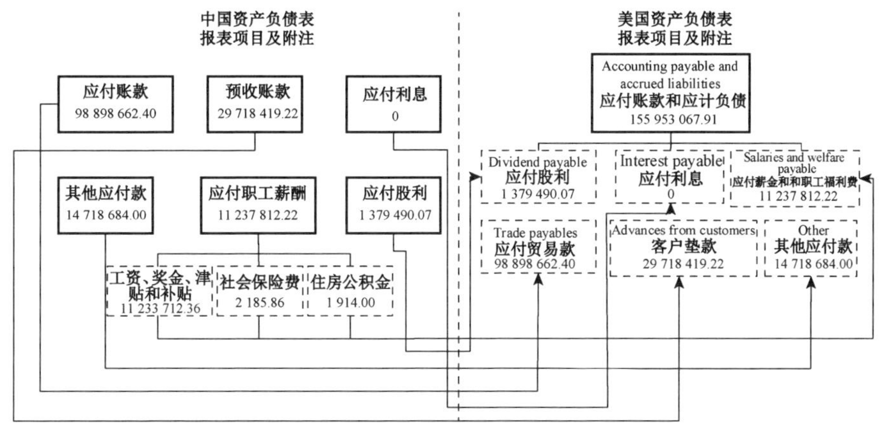

图 3-31　中美资产负债表“应付账款和应计负债”项目映射关系图

因此，为了实现对美国资产负债表“应付账款和应计负债”项目的转换，需要对对应的每一项中国资产负债表主项项目进行转换，表 3-123 至 3-127 分别为对应的中国资产负债表对应主项项目与明细信息。

表 3-123　西王食品 20×3 年资产负债表中“应付账款”项目明细信息

单位：元

项目	期末余额
1 年以内	65 965 121.00
1 至 2 年	30 561 045.82
2 至 3 年	1 128 155.97
3 年以上	1 244 339.61
合计	98 898 662.40

表 3-124　西王食品 20×3 年资产负债表中“应付职工薪酬”项目明细信息

单位：元

项目	期初账面余额	本期增加	本期减少	期末账面余额
一、工资、奖金、津贴和补贴	6 308 059.85	100 083 742.82	95 158 090.31	11 233 712.36
二、职工福利费		3 603 547.70	3 603 547.70	
三、社会保险费	1 369 366.02	21 966 206.79	23 333 386.95	2 185.86
其中：医疗保险费	355 383.88	2 465 662.47	2 820 771.55	274.80

（续表）

项目	期初账面余额	本期增加	本期减少	期末账面余额
基本养老保险费	841 154.91	16 027 062.81	16 867 411.32	806.40
失业保险费	115 069.15	1 330 616.70	1 444 581.19	1 104.66
工伤保险费	41 845.00	1 336 622.64	1 378 467.64	
生育保险费	15 913.08	806 242.17	822 155.25	
四、住房公积金	1 914.00	17 676.00	17 676.00	1 914.00
五、其他		10 000.00	10 000.00	
合计	7 679 339.87	125 681 173.31	122 122 700.96	11 237 812.22

表 3-125　西王食品 20×3 年资产负债表中“应付股利”项目信息　单位：元

项目	期末余额
应付股利	1 379 490.07

表 3-126　西王食品 20×3 年资产负债表中“预收账款”项目明细信息　单位：元

项目	期末余额
1 年以内	27 312 251.18
1 至 2 年	1 935 649.78
2 至 3 年	235 871.82
3 年以上	234 646.44
合计	29 718 419.22

表 3-127　西王食品 20×3 年资产负债表中“其他应付款”项目明细信息

单位：元

项目	期末余额
1 年以内	13 688 339.90
1 至 2 年	324 206.50
2 至 3 年	125 000.00
3 年以上	581 137.60
合计	14 718 684.00

因此，中国资产负债表转换为美国资产负债表后，“应付账款和应计负债”主项项目对应期末余额为 98 898 662.40＋1 379 490.07＋11 237 812.22＋29 718 419.22＋14 718 684.00＝155 953 067.91 元。

11. “应交所得税款”项目

转换模式:多对一转换(细项对主项的转换)。

根据美国资产负债表“应交所得税款”结构可知,其对应中国资产负债表项目为“应交税费”主项下的“企业所得税”和“个人所得税”细项,具体映射关系如图 3-32 所示。

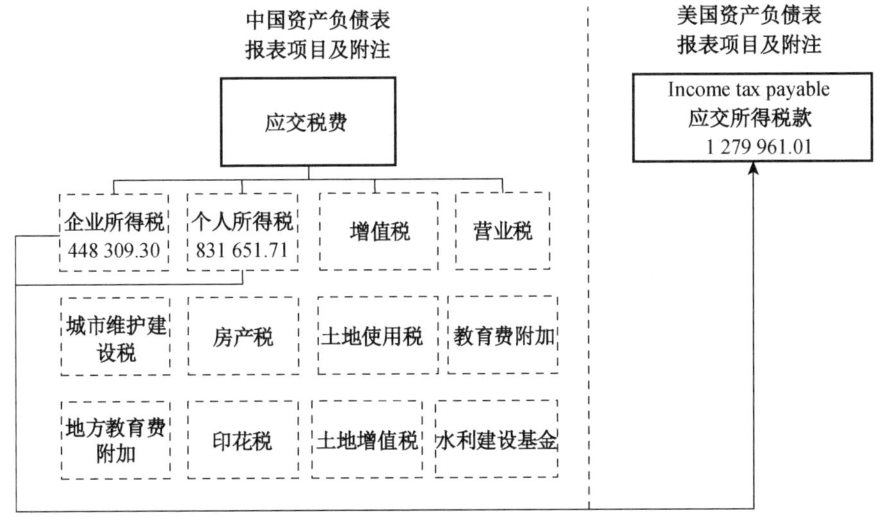

图 3-32　中美资产负债表“应交所得税款”项目映射关系图

根据西王食品中国资产负债表主表与附注信息可知,主项项目“应交税费”及其组成结构信息如表 3-128 所示。

表 3-128　西王食品 20×3 年资产负债表中“应交税费”项目结构信息　单位:元

会计项目	期末余额
企业所得税	448 309.30
个人所得税	831 651.71
增值税	
营业税	
城市维护建设税	
房产税	
土地使用税	
教育费附加	

（续表）

会计项目	期末余额
地方教育费附加	
印花税	
土地增值税	
水利建设基金	
合计	1 279 961.01

因此，对应美国资产负债表“应交所得税款”期末余额为 448 309.30＋831 651.71＝1 279 961.01 元。

12.“应交其他税款”项目

转换模式：多对一转换（细项对主项的转换）。

根据美国资产负债表中“应付其他税款”主项结构可知，“应交其他税款”主项项目主要由“增值税”“营业税”“城市维护建设税”等项目组成，项目明细信息如表 3-129 所示。具体结构与转换逻辑如图 3-33 所示。

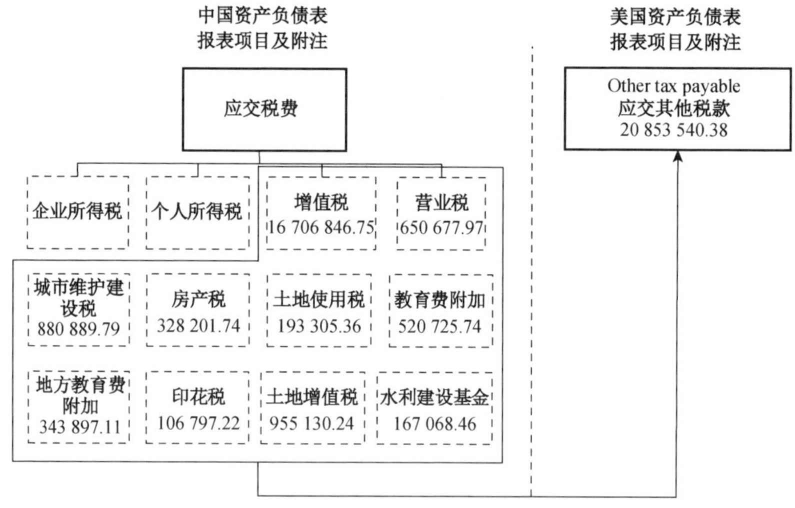

图 3-33　中美资产负债表“应交其他税款”项目映射关系图

表 3-129　西王食品 20×3 年资产负债表中“应交税费”项目明细信息

单位：元

项目	期末余额
企业所得税和个人所得税	1 279 961.01
增值税	16 706 846.75

(续表)

项目	期末余额
营业税	650 677.97
城市维护建设税	880 889.79
房产税	328 201.74
土地使用税	193 305.36
教育费附加	520 725.74
地方教育费附加	343 897.11
印花税	106 797.22
土地增值税	955 130.24
水利建设基金	167 068.46
合计	22 133 501.39

因此，将中国资产负债表“应交税费”中部分细项项目转换为美国资产负债表“应交其他税款”主项项目，对应期末余额为 22 133 501.39－1 279 961.01＝20 853 540.38 元。

13. “股本”项目

转换模式：一对一模式(主项对主项的转换)。

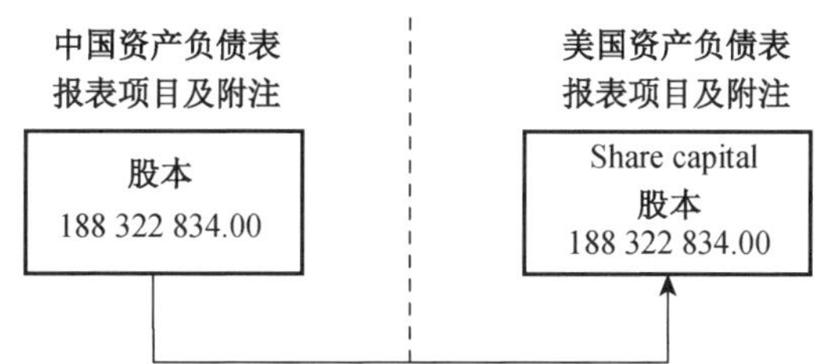

图 3-34　中美资产负债表“股本”项目映射关系图

表 3-130　西王食品 20×3 年资产负债表中“股本”项目明细信息　单位:元

项目	期初	本期变动增减(＋，－)				期末余额
		发行新股	送股	公积金转股	其他	
股份总数	188 322 834.00	0.00	0.00	0.00	0.00	188 322 834.00

14. “储备”项目

转换模式：一对一模式(主项对主项、细项的转换)。

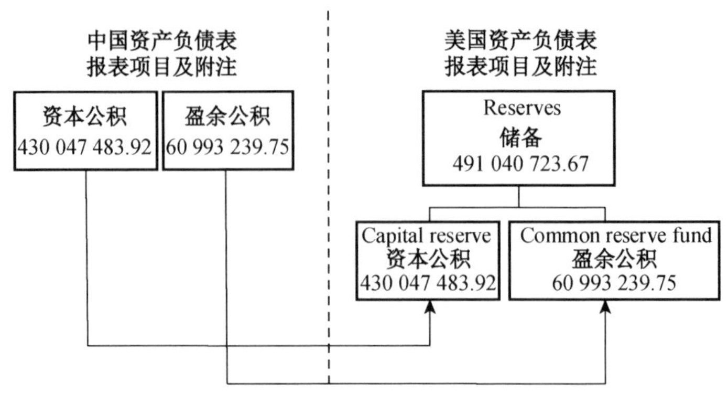

图 3-35　中美资产负债表“储备”项目映射关系图

表 3-131　西王食品 20×3 年资产负债表中“资本公积”和“盈余公积”项目明细信息

单位:元

项目	期末余额
资本公积	430 047 483.92
盈余公积	60 993 239.75
合计	491 040 723.67

15. “留存收益”项目

转换模式:一对一模式(主项对主项的转换)。

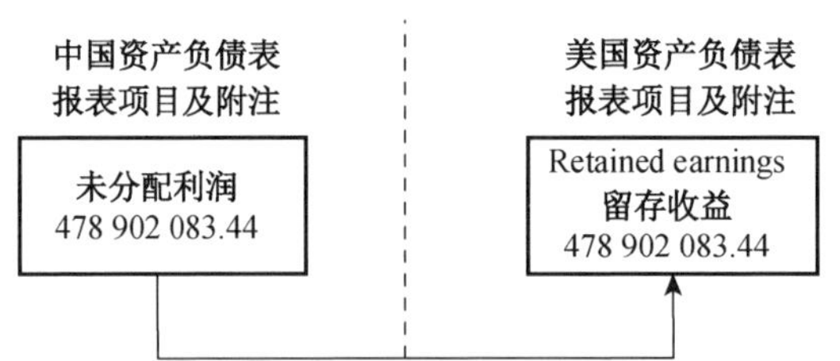

图 3-36　中美资产负债表“留存收益”项目映射关系图

表 3-132　西王食品 20×3 年资产负债表“未分配利润”项目信息　单位:元

项目	期末余额
未分配利润	478 902 083.44

3.3.5 西王食品资产负债表转换为美国资产负债表结果

转换后的美国报表均以人民币元(RMB)为单位表示,以下各表中不再单独列示单位。

表 3-133 XIWANG FOOD COMPANY LIMITED BALANCE SHEETS

	December 31, 20×3
NON-CURRENT ASSETS	
Property, plant and equipment	574 146 954.56
Investments in associates and jointly controlled entities	0
Available for sale financial assets	0
Intangible and other non-current assets	166 517 667.38
Deferred tax assets	3 016 202.60
TOTAL NON-CURRENT ASSETS	743 680 824.54
CURRENT ASSETS	
Inventories	167 723 417.56
Accounts receivable	102 305 096.71
Prepaid expense and current assets	81 747 321.51
Notes receivable	23 578 500.00
Time deposits with mature over three months but within one year	0
Cash and cash equivalents	317 317 050.09
TOTAL CURRENT ASSETS	692 671 385.87
CURRENT LIABILITIES	
Accounting payable and accrued liabilities	155 953 067.91
Income tax payable	1 279 961.01
Other taxes payable	20 853 540.38
Short-term borrowings	100 000 000.00
Other current liabilities	0
TOTAL CURRENT LIABILIITES	278 086 569.30
NET CURRENT LIABILITIES	414 584 816.57
TOTAL ASSETS LESS CURRENT LIABILITIES	1 158 265 641.11
EQUITY	
Equity attributable to owners of the company	188 322 834.00
Share capital	
Retained earnings	478 902 083.44
Reserves	491 040 723.67
TOTAL EQUITY	1 158 265 641.11

（续表）

NON-CURRENT LIABILITIES	
Long-term borrowings	0
Accruedliabilities	0
Deferred tax liabilities	0
Other long-term obligations	0
TOTAL NON-CURRENT LIABILITIES	0
TOTAL EQUITY AND NON-CURRENT LIABILITIES	

主要会计项目附注信息如表 3-134 至表 3-143 所示。

表 3-134 Property，plant and equipment

Year Ended December 31，20×3	Buildings	Equipment and machines	Motor vehicles	Other	Construction in progress	Total
	RMB	RMB	RMB	RMB	RMB	RMB
Cost						
At beginning of the year	289 578 559. 20	359 309 821. 65	4 094 461. 89	2 481 036. 53	3 672 286. 45	659 136 165. 72
Additions	7 757 804. 07	72 047 452. 38	1 860 006. 73	3 722 163. 14		
Disposals or write offs	66 200 430. 18	331 863. 20	159 600. 00	1 750. 00		
At end of the year	231 135 933. 09	431 025 410. 83	5 794 868. 62	6 201 449. 67	4 732 424. 43	678 890 086. 64
Accumulated depreciation and impairment						
At beginning of the year	12 355 302. 85	58 791 438. 29	922 292. 58	1 259 692. 52	—	
Charge for the year	5 434 394. 05	24 462 956. 66	650 294. 36	1 197 702. 17	—	
Disposals or write offs or transfers		195 347. 80	133 931. 00	1 662. 60	—	
At end of the year	17 789 696. 90	83 059 047. 15	1 438 655. 94	2 455 732. 09	—	
Net book value	213 346 236. 19	347 966 363. 68	4 356 212. 68	3 745 717. 58	4 732 424. 43	
At end of the year	213 346 236. 19	347 966 363. 68	4 356 212. 68	3 745 717. 58	4 732 424. 43	574 146 954. 56

表 3-135 Intangible and other non-current assets

		December 31，20×3	
	Cost	Accumulated amortization	**Net**
	RMB	RMB	RMB
Land use rights	112 209 200. 00	11 591 131. 62	100 618 068. 38
Goodwill	0	—	0
Other assets	65 899 599. 00		65 899 599. 00
	178 108 799. 00		166 517 667. 38

表 3-136 Inventories

	December 31，20×3
Raw materials	50 724 198.18
Work in progress	7 924 720.34
Finished goods	109 054 334.25
Material in transit	20 164.79
Less：Write down in inventories	
	167 723 417.56

The carrying amounts of inventories of the Group，which are carried at net realisable value.

表 3-137 Accounts receivable

	December 31，20×3
Accounts receivable	103 920 875.32
Less：Provision for impairment of receivables	1 615 778.61
	102 305 096.71

表 3-138 Prepaid expense and current assets

	December 31，20×3
Advances to suppliers	58 128 507.81
Other receivables	695 278.65
Other current assets	22 923 535.05
	81 747 321.51

表 3-139 Accounting payable and accrued liabilities

	December 31，20×3
Trade payables	98 898 662.40
Salaries and welfare payable	11 237 812.22
Advances from customers	29 718 419.22
Other	14 718 684.00
Dividend payable	1 379 490.07
	155 953 067.91

表 3-140 The aging analysis of trade payables

	December 31, 20×3
Within 1 year	65 965 121.00
Between 1 and 2 years	30 561 045.82
Between 2 and 3 years	1 128 155.97
Over 3 years	1 244 339.61
	98 898 662.40

表 3-141 Borrowings

	December 31, 20×3
Short-term borrowings	100 000 000.00
Long-term borrowings	0
	100 000 000.00

表 3-142 Share Capital

	December 31, 20×3
Registered, issued and fully paid:	
A shares	188 322 834.00
H shares	—
	188 322 834.00

表 3-143 Reserves

	December 31, 20×3
Capital reserve	
Beginning balance	430 047 483.92
Ending balance	430 047 483.92
Common reserve fund	
Beginning balance	48 638 553.50
Transfer from retained earnings	12 354 686.25
Ending balance	60 993 239.75
	491 040 723.67

通过上述过程以及建立资产负债表项目之间的映射关系，将西王食品的以中国规则表达的资产负债表全部转换为以美国规则表达的资产负债表。

3.4 微软公司资产负债表转换实例

本节我们试图做更进一步的尝试，将选用一个美国上市公司完整的资产负债表实例进行转换，以此来验证我们转换方法在美国财务报表转中国财务报表方面的可行性。

下面我们以美国上市公司微软公司为例进行转换，之所以选择这家公司，是因为它以研发、制造、授权和提供广泛的电脑软件服务业务为主，具有一定的代表性，业务清晰。

3.4.1 微软公司简介

微软(Microsoft，NASDAQ：MSFT)，是一家总部位于美国的跨国科技公司，公司是世界PC(Personal Computer，个人计算机)机软件开发的先导。由比尔·盖茨与保罗·艾伦于1975年创办，公司总部设立在华盛顿州的雷德蒙德市(Redmond，邻近西雅图)。

微软公司主要产品为Windows操作系统、Internet Explorer网页浏览器及Microsoft Office办公软件套件。1999年推出了MSN Messenger网络即时信息客户程序；2001年推出Xbox游戏机，参与游戏终端机市场竞争。2012年8月23日，微软25年以来首次更换公司Logo，2015年发布了新一代浏览器斯巴达。

“Microsoft”一词由“microcomputer”和“software”两部分组成。其中，“Micro”的来源是microcomputer，也就是“微型计算机”，而“soft”则是software(软件)的缩写，是由比尔·盖茨命名的。

3.4.2 微软公司资产负债表

表3-144 MICROSOFT CORPORATION COMPANY LIMITED
CONSOLIDATED STATEMENT OF BALANCE SHEETS
For the Fiscal Year Ended June 30，20×3
(in millions)

	$ (in millions)
Assets	
Current assets	
Cash and cash equivalents	3 804

（续表）

	$ (in millions)
Short-term investments	73 218
Total cash, cash equivalents, and short-term investments	77 022
Accounts receivable	17 486
Inventories	1 938
Deferred income tax assets	1 632
Other	3 388
Total current assets	101 466
Property, plant and equipment	9 991
Equity and other investments	10 844
Goodwill	14 655
Intangible assets, net	3 083
Other long-term assets	2 392
Total assets	142 431
Liabilities and stockholders' equity	
Current liabilities:	
Accounts payable	4 828
Current portion of long term debt	2 999
Accrued compensation	4 117
Income taxes	592
Short-term unearned revenue	20 639
Securities lending payable	645
Other	3 597
Total current liabilities	37 417
Long-term debt	12 601
Long-term unearned revenue	1 760
Deferred income tax liabilities	1 709
Other long-term liabilities	10 000
Total liabilities	63 487
Stockholders' equity	

（续表）

	\$（in millions）
Common stock and paid-in capital – shares authorized 24 000; outstanding 8 328 and 8 381	67 306
Retained earnings (deficit)	9 895
Accumulated other comprehensive income	1 743
Total stockholders' equity	78 944
Total liabilities and stockholders' equity	142 431

表 3-144 是微软公司的资产负债表，为了显示转换的结果，我们没有进行报表文字翻译。表 3-145 至表 3-153 是微软报表注释部分。

表 3-145　Invest

The components of investments, including associated derivatives, were as follows:

Item	Cash and cash equivalents	Short-term investments	Equity and other investments
Cash	1 967	0	
Mutual funds	868	0	
Commercial papers	214	389	
Certificates of deposit	609	385	
U. S government and agency securities	146	64 751	
Foreign government bonds	0	875	
Mortgage-backed securities	0	1 288	
Corporate notes and bonds	0	5 122	
Municipal securities	0	385	
Common and preferred stock	0	0	9 588
Other investment	0	23	1 256
Total	3 804	73 218	10 844

表 3-146　Inventories

The component of inventory were as follows:

Item	\$（in millions）
Raw materials	328
Working in progress	201
Finished goods	1 409
Total	1 938

表 3-147 Accounts receivable

The allowance for doubtful accounts reflects our best estimate of probable losses inherent in the accounts receivable balance. We determine the allowance based on known troubled accounts, historical experience, and other currently available evidence. Activity in the allowance for doubtful accounts was as follows:

Item	**$ (in millions)**
Balance, beginning, beginning period	389
Charge to costs and other	4
Write-offs	(57)
Balance, beginning, end of period	336

表 3-148 Property, plant and equipment

The component of property, plant and equipment were as follows:

Item	**$ (in millions)**
Land	525
Buildings and improvements	7 326
Leasehold improvement	2 946
Computer equipment and software	9 242
Furniture and equipment	2 465
Total, at cost	22 504
Accumulated depreciation	(12 513)
Total, net	9 991

表 3-149 Intangible assets

The components of intangible assets, all of which are finite-lived, were as follows:

Item	Gross carrying amount	Accumulated amortization	Net carrying amount
Technology-based	3 760	(2 110)	1 650
Market-related	1 348	(211)	1 137
Contract-based	823	(688)	135
Customer-related	380	(219)	161
Total, net	6 311	(3 228)	3 083

表 3-150 Income taxes

Item	**$ (in millions)**
Current taxes	
U. S federal	3 131
U. S state and local	332
International	1 745

（续表）

Item	$ (in millions)
Current taxes	5 208
Deferred taxes	(19)
Provision for income taxes	5 189

表 3-151 Deferred income taxes assets and liabilities

The components of the deferred income tax assets and liabilities were as follows:

Item	$ (in millions)
Deferred income tax assets	
Stock-based compensation expense	888
Other expense items	917
Unearned revenue	445
Impaired investments	246
Loss carryforwards	715
Other revenue items	55
Deferred income tax assets	3 266
Less valuation allowance	(579)
Deferred income taxes assets, net of valuation allowance	2 687
Deferred income tax liabilities	
International earnings	(1 146)
Unrealized gain on investments	(1 012)
Depreciation and amortization	(604)
Other	(2)
Deferred income tax liabilities	(2 764)
Net deferred income tax assets(liabilities)	(77)
Reported as	
Current deferred income tax assets	1 632
Long-term deferred income tax liabilities	(1 709)
Net deferred income tax assets (liabilities)	(77)

表 3-152 Other long-term liabilities

Item	$ (in millions)
Tax contingencies and other tax liabilities	9 548
Legal contingencies	162
Other	290
Total	10 000

表 3-153 Stockholders' equity

Shares of common stock outstanding were as follows:

Item	$ (in millions)
Common stock and paid-in capital	
Balance, beginning of period	65 797
Common stock issued	920
Common stock repurchased	(2 014)
Stock-based compensation expense	2 406
Stock-based compensation income tax benefits (deficiencies)	190
Other, net	7
Balance, end of the year	67 306

3.4.3 微软公司资产负债表转换为中国资产负债表步骤

1. “货币资金”项目

转换模式:多对一转换(细项对细项的转换)。

根据微软公司资产负债表中“现金及现金等价物”项目附注信息可知,“现金及现金等价物”主项主要由“现金”“共同基金”“存款证明”“商业票据”以及“美国政府和机构债券”等细项项目组成,具体信息如表 3-154 所示。

表 3-154 微软公司 20×3 年美国资产负债表“现金及现金等价物”与“短期投资”项目信息

单位:百万美元

会计项目	现金及现金等价物	短期投资
现金	1 967	0
共同基金	868	0
商业票据	214	389
存款证明	609	385
美国政府和机构债券	146	64 751
外国政府债券	0	875
抵押贷款债券	0	1 288
企业票据和债券	0	5 122
市政债券	0	385
普通股和优先股	0	0
其他短期投资	0	23
合计	3 804	73 218

根据微软公司 20×3 年投资项目附注信息可知,“现金”中主要为微软公司期末结余的美元现金及其他货币现金,因此,可以直接转换至中国资产负债表“货币资金”

主项下细项项目“库存现金”中。“共同基金”属于“短期投资”项目，是为交易投资目的所持有，根据中国会计准则的要求，可以将其划分为“交易性金融资产”，因此不属于“货币资金”项目。“商业票据”也不能转换为“货币资金”项目，根据中国会计准则的要求，只有银行票据可以作为“其他货币资金”项目，而其他的票据不能划分为“其他货币资金”，由于“商业票据”可以变现，因此在本书中，我们在转换时，将其作为“交易性金融资产”项目。而“存款证明”则属于大额存单，是商业银行发行的票据，持有其一般在一年以内，由于其变现能力较强，根据中国会计准则的规范，“存款证明”属于银行票据，因此将其作为“其他货币资金”项目，转换为中国资产负债表的“货币资金”主项。同理，我们将属于“短期投资”中的“存款证明”也作为“其他货币资金”项目，转换为中国资产负债表的“货币资金”主项。

因此，根据中国会计准则的要求，将微软公司资产负债表相关内容转换为中国资产负债表的“货币资金”项目，具体转换逻辑如图 3-37 所示。

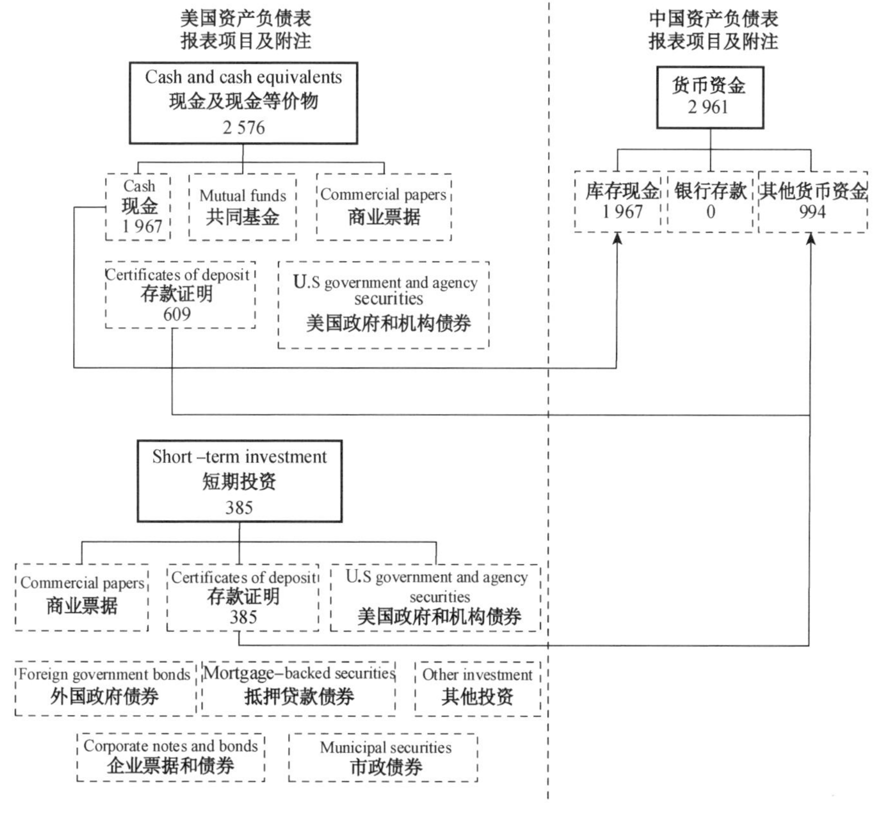

图 3-37 美中资产负债表“货币资金”项目映射关系图

因此，在“多对一”转换模式下，将美国资产负债表主项项目“现金及现金等价物”和“短期投资”中的部分内容，根据中国会计准则的要求，转换成中国资产负债表下“货币资金”主项项目，其期末余额为 2 961 百万美元。

2. “交易性金融资产”项目

转换模式：多对一转换(细项对主项的转换)。

由于中美会计准则以及资产负债表的表现形式不同，使得在转换“交易性金融资产”时，需要将美国资产负债表“现金及现金等价物”与“短期投资”全部列示出来，具体内容如表 3-155 所示。

表 3-155　微软公司 20×3 年美国资产负债表“现金及现金等价物”与“短期投资”项目信息

单位：百万美元

会计项目	现金及现金等价物	短期投资
现金和存款证明	2 576	385
共同基金	868	0
商业票据	214	389
美国政府和机构债券	146	64 751
外国政府债券	0	875
抵押贷款债券	0	1 288
企业票据和债券	0	5 122
市政债券	0	385
普通股和优先股	0	0
其他短期投资	0	23
合计	3 804	73 218

根据中国会计准则的规定，“交易性金融资产”是指企业为了近期内出售而持有的债券投资、股票投资和基金投资，如以赚取差价为目的从二级市场购买的股票、债券、基金等。结合微软公司 20×3 年资产负债表投资项目的附注信息可知，对于“现金及现金等价物”以及“短期投资”细项中，“共同基金”是公司为交易投资目的所持有的，属于“交易性金融资产”范畴，“商业票据”也是公司持有的以近期内出售为目的的投资，属于“交易性金融资产”项目。

而“美国政府和机构债券”和“外国政府债券”，是政府机构发行的短期流动性较强的债券，是微软公司为交易目的所购入的债券。“抵押贷款债券”是以住房贷款

这种信贷政策为基础，对外融资而在金融市场发行的债券，目前在美国公开流通的债券市场上，“抵押贷款债券”已超过国债成为第一大债券，因此公司持有的“抵押贷款债券”也属于“交易性金融资产”范畴。另外，微软公司持有的其他如“企业票据和债券”以及“市政债券”都是属于短期内以投资为目的而购买的债券，都属于“交易性金融资产”。

综上所述，“交易性金融资产”项目转换的逻辑如图 3-38 所示。

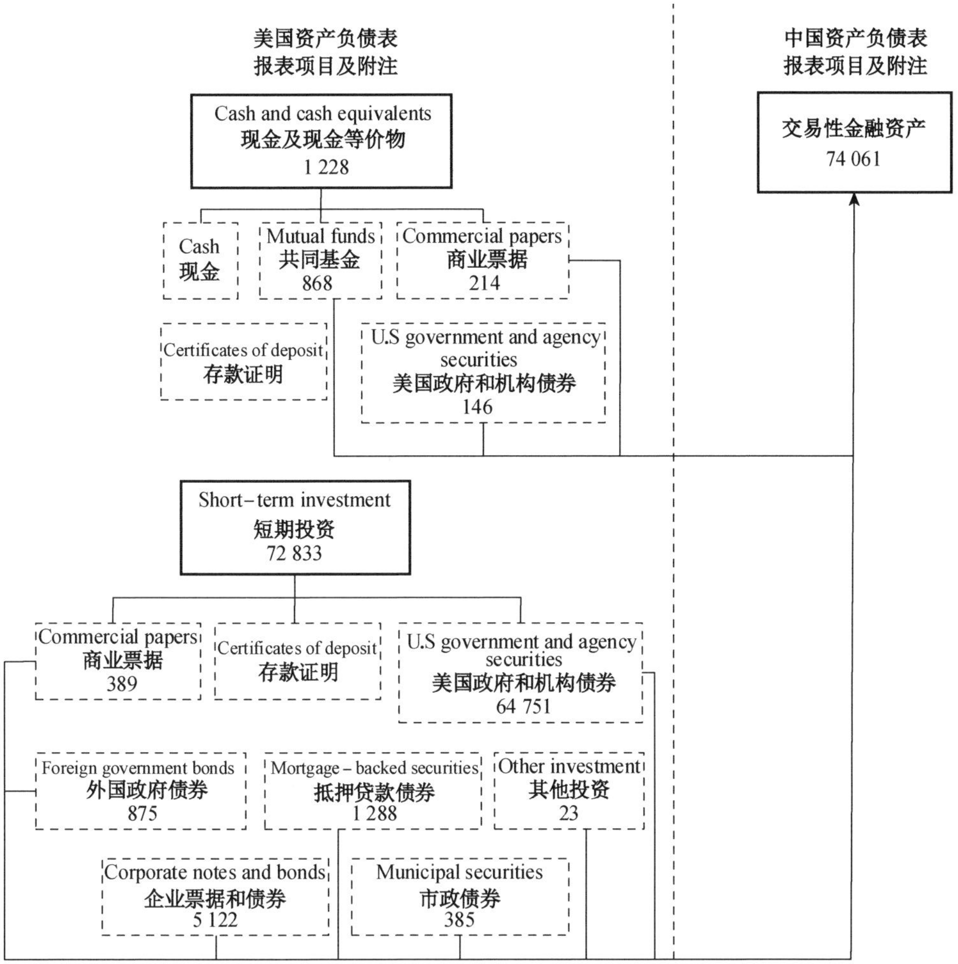

美国资产负债表
报表项目及附注

中国资产负债表
报表项目及附注

Cash and cash equivalents
现金及现金等价物
1 228

Cash
现金

Mutual funds
共同基金
868

Commercial papers
商业票据
214

Certificates of deposit
存款证明

U.S government and agency securities
美国政府和机构债券
146

Short-term investment
短期投资
72 833

Commercial papers
商业票据
389

Certificates of deposit
存款证明

U.S government and agency securities
美国政府和机构债券
64 751

Foreign government bonds
外国政府债券
875

Mortgage-backed securities
抵押贷款债券
1 288

Other investment
其他投资
23

Corporate notes and bonds
企业票据和债券
5 122

Municipal securities
市政债券
385

交易性金融资产
74 061

图 3-38　美中资产负债表“交易性金融资产”项目映射关系图

转换后，对应中国资产负债表“交易性金融资产”项目，期末余额为 74 061 百万美元。

3. “应收账款”项目

转换模式：一对一转换(主项对主项的转换)。

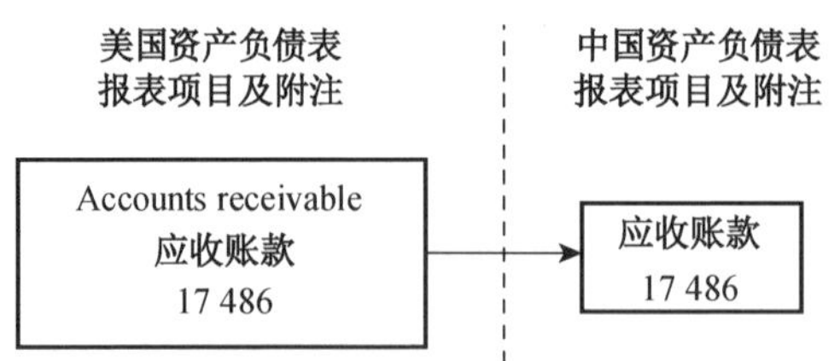

图 3-39　美中资产负债表"应收账款"项目映射关系图

表 3-156　微软公司 20×3 年美国资产负债表"应收账款"项目信息

单位:百万美元

会计项目	期末余额
应收账款	17 486

转换后,对应中国资产负债表"应收账款"项目期末余额为 17 486 百万美元。

4. "存货"项目

转换模式:多对一转换(主项、细项对主项、细项的转换)。

根据微软公司 20×3 年资产负债表主表与附注信息显示,"存货"项目主要由"原材料""在产品"和"库存商品"三个细项项目组成,因此,"存货"项目的转换逻辑如图 3-40 所示。

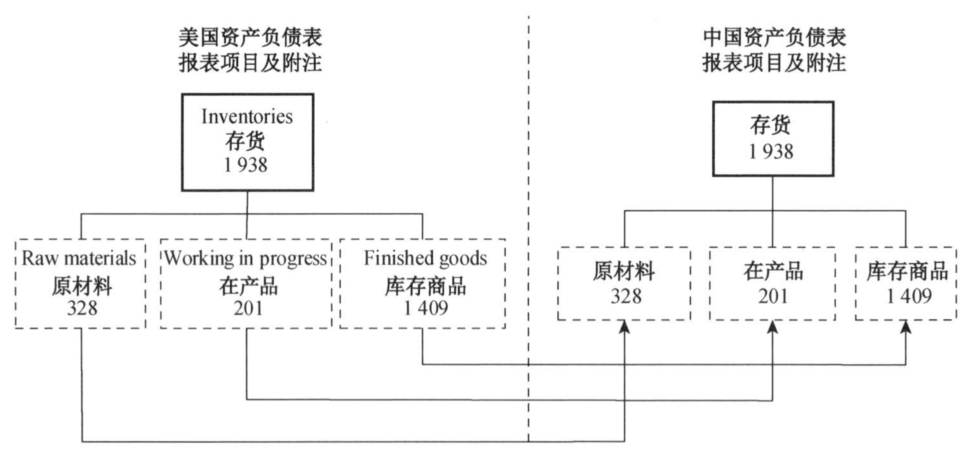

图 3-40　美中资产负债表"存货"项目映射关系图

表 3-157　微软公司 20×3 年美国资产负债表“存货”项目信息

单位：百万美元

会计项目	期末余额
原材料	328
在产品	201
库存商品	1 409
合计	1 938

转换后，对应中国资产负债表“存货”项目期末余额为 1 938 百万美元。

5. “递延所得税资产”项目

转换模式：一对一转换（主项对主项转换）。

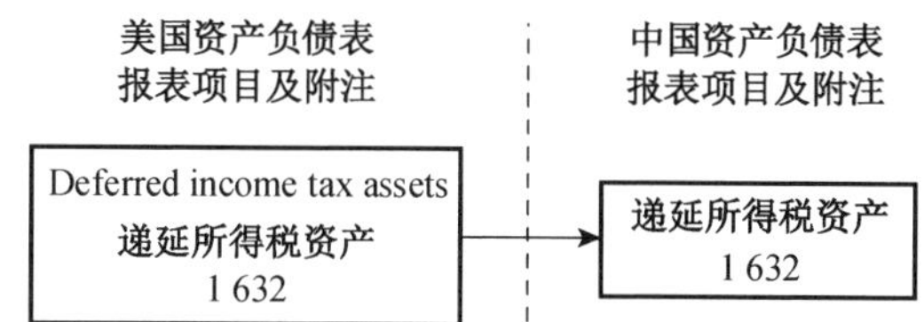

图 3-41　美中资产负债表“递延所得税资产”项目映射关系图

表 3-158　微软公司 20×3 年美国资产负债表“递延所得税资产”项目信息

单位：百万美元

会计项目	期末余额
递延所得税资产	1 632

根据中国会计准则以及资产负债表的编制规则与要求，中国会计准则下确认的“递延所得税资产”与美国会计准则下确认的“递延所得税资产”项目金额相等，因此，转换后对应中国资产负债表“递延所得税资产”项目期末余额为 1 632 百万美元。

6. “固定资产”项目

转换模式：一对一转换（细项对主项、细项的转换）。

根据微软公司 20×3 年“物业、厂房和设备”项目附注信息可知，主项项目“物业、厂房和设备”由“土地”“建筑物与改进设施”“租赁资产改良支出”“计算机设备与软件”“家具设施”等细项项目组成。

对于“土地”，根据微软公司财务报表附注可知，公司在华盛顿金郡（King County，Washington）拥有1 500万平方英尺的办公空间，在华盛顿微软工业园内拥有500万平方英尺的土地以及大量租赁的土地等。根据美国的法律，允许土地私有制，因此微软将自身拥有的土地作为“固定资产”计入资产负债表中。

而在中国，根据中国土地管理法的规定，中国土地实施公有制，任何单位和个人不得侵占、买卖或者以其他形式非法转让土地。因此，土地所有权属于国家与集团所有，反映在会计报表中，土地只能以土地使用权的形式作为“无形资产”主项项目的组成部分存在。

由此，中美两国之间法律制度与会计准则的不同，导致在实现中美财务报表转换中出现了较为棘手的问题，主要涉及两个方面：第一，如何对“土地”项目进行转换；其次，美国资产负债表中“土地”项目转换到中国资产负债表中，如何进行列示。

对于第一个问题，如何对“土地”项目进行转换？我们认为，若要合理地实现诸如“土地”等项目由美国资产负债表转换为中国会计准则下的资产负债表项目，需要厘清本书中财务报表的转换逻辑与思路，本书在实现不同会计准则下的财务报表转换时，采用的是“不完全转换法”，即我们是基于目前公开的财务报表与附注信息进行转换，而不涉及财务报表的底层数据（主要是会计账簿信息数据）的转换，因此，尽管中国会计准则中不允许以土地使用权形式出现在财务报表中，在本书中，我们仍以“土地”形式转换到中国资产负债表中。

但对于第二个问题，美国资产负债表中“土地”项目转换到中国资产负债表中，如何进行列示？考虑到“土地”是主项项目“物业、厂房和设备”的重要组成部分，基于会计信息完整性与重要性的要求，我们将其转换至中国资产负债表中“无形资产”项目中，并作为“无形资产”项目的主要组成部分，在附注中详细披露。

对于细项项目“计算机设备与软件”，根据中国会计准则的规定，如果纳税人所购入的电脑软件是与电脑一起购入的，并且达到固定资产的标准，那么按照现行企业会计制度的规定，必须将其作为固定资产的组成部分，计入固定资产，而不能单独作为无形资产核算；如果达不到固定资产确认条件，则作为期间费用处理。如果纳税人是单独购入的软件，而且所购置的软件也符合会计制度或者会计准则所规

定的无形资产的确认条件，那么就应当确认为无形资产，按照无形资产的核算方法进行会计核算。如果不符合无形资产的确认条件，则作为期间费用处理。对于如何转换“计算机设备与软件”项目，由于我们根据微软公司财务报表附注信息，无法获得明确的信息以判断如何对软件进行确认，所以，在本次转换中，我们对“计算机设备与软件”项目不加区分地全部作为固定资产进行确认。

“物业、厂房和设备”的其他组成部分，如“建筑物与改进设施”“计算机设备与软件”以及“家具设施”等细项项目，都可以根据中国会计准则的要求，直接转换到中国资产负债表中。

而对于细项项目“租赁资产改良支出”，根据中国会计准则的规定，租入固定资产改良支出是指以经营租赁方式租入的固定资产改良工程支出，是指能增加以经营租赁方式租入的固定资产的效用或延长其使用寿命的改装、翻修、改良等支出。它不应作为当期费用处理，而应作为长期待摊费用管理，在租赁有效期内分期摊销制造费用或管理费用，因此需要转换至中国资产负债表的“长期待摊费用”项目中。

因此，美国资产负债表项目“物业、厂房和设备”的转换逻辑如图 3-42 所示。

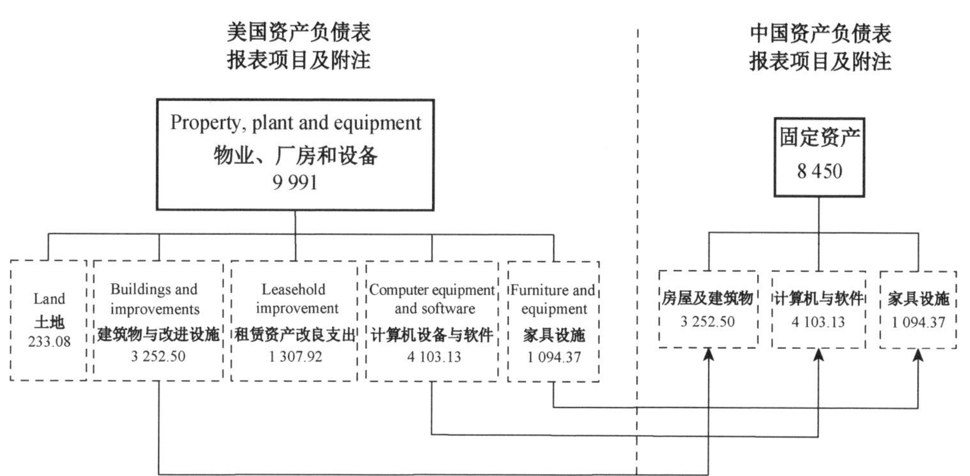

图 3-42 美中资产负债表“固定资产”项目映射关系图

若将美国资产负债表中“物业、厂房和设备”项目转换为中国资产负债表中“固定资产”项目，需要对该主项项目的各个组成部分分别进行转换，表 3-159 为美国资产负债表“物业、厂房和设备”项目明细资料。

表 3-159　微软公司 20×3 年美国资产负债表“物业、厂房和设备”项目信息

单位：百万美元

会计项目	期末余额
土地	525
建筑物与改进设施	7 326
租赁资产改良支出	2 946
计算机设备与软件	9 242
家具设施	2 465
	22 504
减：资产减值准备	12 513
账面净值	9 991

考虑到微软公司资产负债表附注信息没有关于资产减值准备的明细信息，因此，本书以各项资产的账面余额为基础，对各项资产进行分摊，具体分摊过程如表 3-160 所示。

表 3-160　微软公司 20×3 年美国资产负债表“物业、厂房和设备”项目资产减值准备分摊结果

单位：百万美元

会计项目	账面余额	资产减值准备	账面净值
土地	525	291.92	233.08
建筑物与改进设施	7 326	4 073.50	3 252.50
租赁资产改良支出	2 946	1 638.08	1 307.92
计算机设备与软件	9 242	5 138.87	4 103.13
家具设施	2 465	1 370.63	1 094.37
账面净值	22 504	12 513	9 991

因此，将美国资产负债表中“物业、厂房和设备”，根据中国会计准则与资产负债表编制基础转换为中国资产负债表，对应中国资产负债表“固定资产”主项项目期末余额为 3 252.50＋1 094.37＋4 103.13＝8 450 百万美元。

7.“长期待摊费用”项目

转换模式：一对一转换（细项对主项、细项的转换）。

根据微软公司 20×3 年“物业、厂房和设备”项目附注信息可知，主项项目“物业、厂房和设备”由“土地”“建筑物与改进设施”“租赁资产改良投资”“计算机设备与软件”“家具设施”等细项项目组成。

其中,“租赁资产改良支出”细项对应到中国资产负债表的“长期待摊费用”主项项目,“长期待摊费用”项目的转换逻辑如图 3-43 所示。

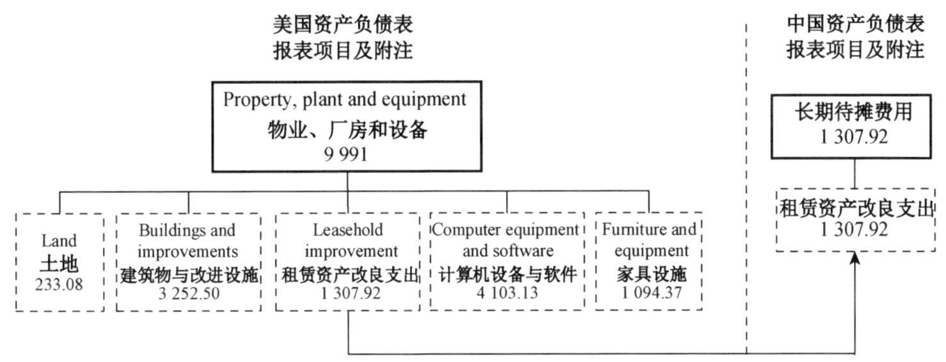

图 3-43　美中资产负债表“长期待摊费用”项目映射关系图

由微软公司 20×3 年美国资产负债表“物业、厂房和设备”项目附注信息可知,“租赁资产改良支出”项目期末余额为 1 307.92 百万美元。

8. “无形资产”项目

转换模式:多对一转换(细项对主项、细项的转换)。

根据微软公司 20×3 年资产负债表附注信息可知,对应中国资产负债表“无形资产”项目主要由两部分构成,一部分来源于“物业、厂房和设备”主项项目的组成部分“土地”;另一部分来自美国资产负债表“无形资产”项目,具体转换逻辑如图 3-44 所示。

表 3-161　微软公司 20×3 年美国资产负债表“物业、厂房和设备”及“无形资产”项目资产减值准备分摊结果

单位:百万美元

会计项目	账面余额	无形资产减值与摊销	账面价值
土地	525	291.92	233.08
基于技术的无形资产	3 760	2 110	1 650
基于市场的无形资产	1 348	211	1 137
基于合同的无形资产	823	688	135
基于客户的无形资产	380	219	161
合计	6 836	3 519.92	3 316.08

因此,转换后对应中国资产负债表“无形资产”项目,期末余额为 233.08＋3 083＝3 316.08 百万美元。

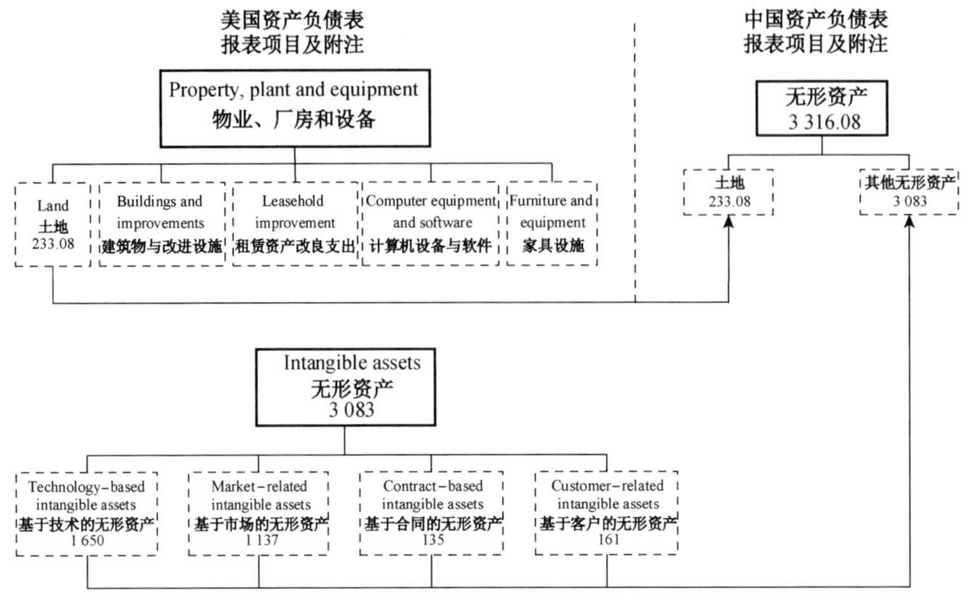

图 3-44 美中资产负债表"无形资产"项目映射关系图

9. "其他非流动资产"项目

转换模式:多对一转换(主项、细项对主项的转换)。

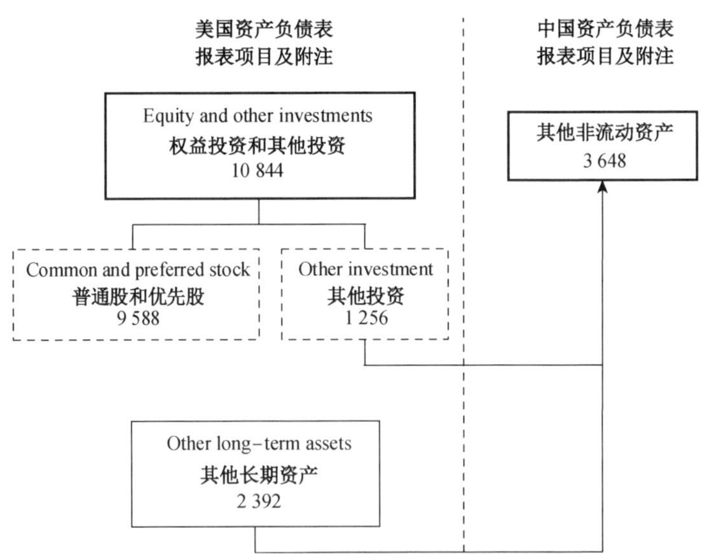

图 3-45 美中资产负债表"其他非流动资产"项目映射关系图

表 3-162　微软公司 20×3 年美国资产负债表“其他长期资产”项目信息

单位：百万美元

会计项目	期末余额
其他长期资产	2 392

表 3-163　微软公司 20×3 年美国资产负债表“权益投资和其他投资”项目信息

单位：百万美元

会计项目	期末余额
普通股和优先股	9 588
其他投资	1 256
合计	10 844

根据微软公司 20×3 年资产负债表附注信息可知，“其他长期资产”“权益投资和其他投资”项目信息如表 3-162 和表 3-163 所示。因此，转换至中国资产负债表“其他非流动资产”项目，其期末余额为 2 392＋1 256＝3 648 百万美元。

10. “商誉”项目

转换模式：一对一转换（主项对主项的转换）。

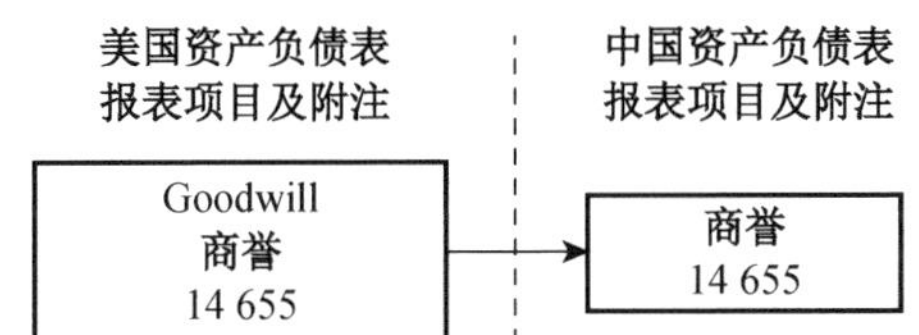

图 3-46　美中资产负债表“商誉”项目映射关系图

表 3-164　微软公司 20×3 年美国资产负债表“商誉”项目信息　　单位：百万美元

会计项目	账面余额
商誉	14 655

因此，转换后对应中国资产负债表“商誉”项目，期末余额为 14 655 百万美元。

11. “长期股权投资”项目

转换模式：一对一转换（细项对主项的转换）。

根据微软公司 20×3 年资产负债表“投资”项目附注信息可知，在“权益投资和其他投资”中，主要包括“普通股和优先股”以及“其他投资”两项，其中，对于“普通股和优先股”，可以转换为中国资产负债表的“可供出售金融资产”主项，或“长期股权投资”主项中，两者的主要区别是投资者的持有意图不同，若投资者持有股票或者债券是以出售为目的，则划分至“可供出售金融资产”主项，若持有该股票或债券着眼于控制或重大影响，可以划分为“长期股权投资”主项，在本部分中，无论是划分至“可供出售金融资产”抑或是“长期股权投资”，都不影响本书财务报表的转换逻辑与思路，在本次转换时，我们将其划分至“长期股权投资”项目中。

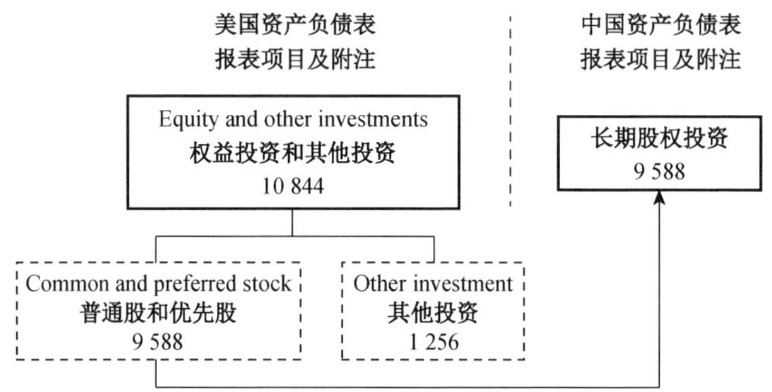

图 3-47　美中资产负债表“长期股权投资”项目映射关系图

转换后，对应中国资产负债表“长期股权投资”项目，期末余额为 9 588 百万美元。

12.“递延所得税负债”项目

转换模式：一对一转换（主项对主项的转换）。

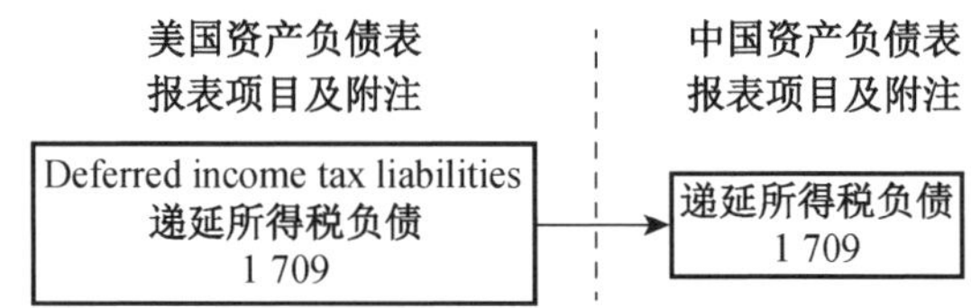

图 3-48　美中资产负债表“递延所得税负债”项目映射关系图

表 3-165　微软公司 20×3 年美国资产负债表“递延所得税负债”项目信息

单位：百万美元

会计项目	期末余额
递延所得税负债	1 709

根据中国会计准则以及资产负债表的编制规则与要求，中国会计准则下确认的“递延所得税负债”与美国会计准则下确认的“递延所得税负债”项目金额相等，因此，转换后对应的中国资产负债表“递延所得税负债”项目期末余额为 1 709 百万美元。

13. “应付账款”项目

转换模式：一对一转换（主项对主项的转换）。

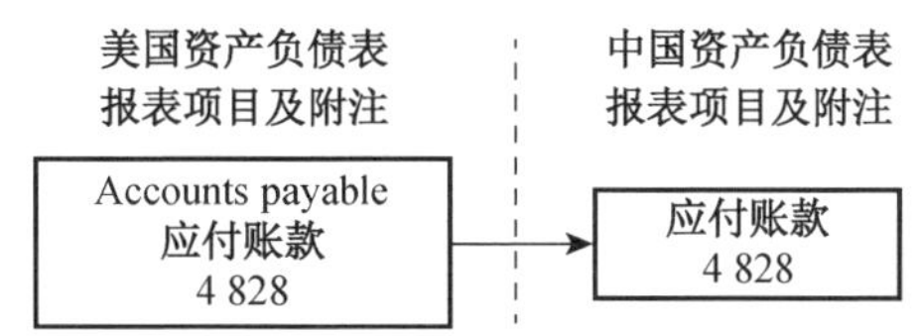

图 3-49 美中资产负债表“应付账款”项目映射关系图

表 3-166 微软公司 20×3 年美国资产负债表“应付账款”项目信息

单位：百万美元

会计项目	期末余额
应付账款	4 828

14. “短期借款”项目

转换模式：一对一转换（主项对主项的转换）。

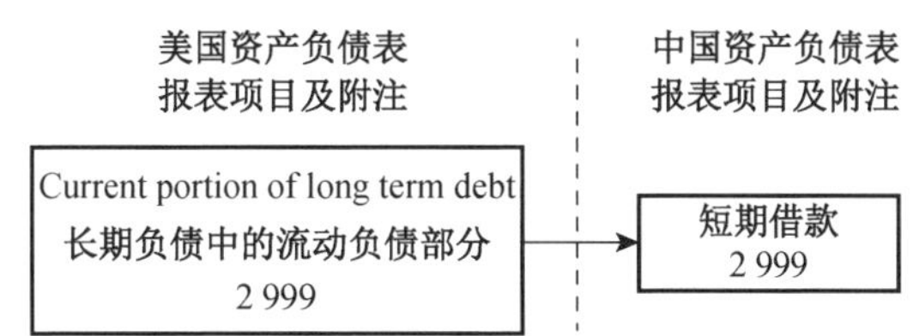

图 3-50 美中资产负债表“短期借款”项目映射关系图

表 3-167 微软公司 20×3 年美国资产负债表“长期负债中的流动负债部分”项目信息

单位：百万美元

会计项目	期末余额
长期借款中的流动负债部分	2 999

15. “应交税费”项目

转换模式：一对一转换（主项对细项的转换）。

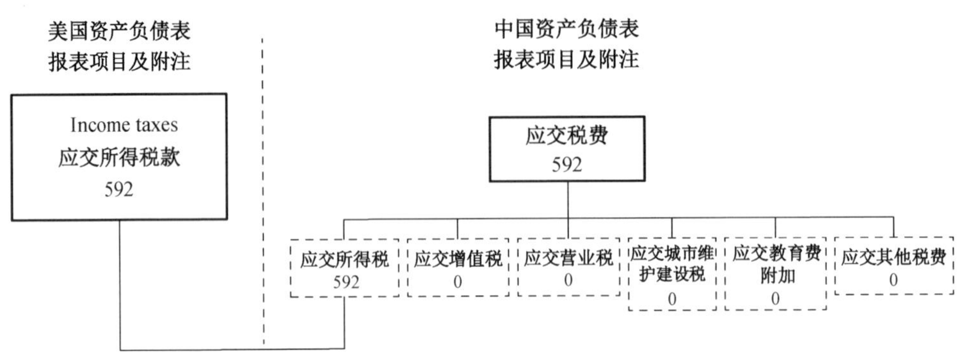

图 3-51 美中资产负债表"应交税费"项目映射关系图

表 3-168 微软公司 20×3 年美国资产负债表"应交所得税款"项目信息

单位:百万美元

会计项目	期末余额
应交所得税款	592

16. "长期借款"项目

转换模式:一对一转换(主项对主项的转换)。

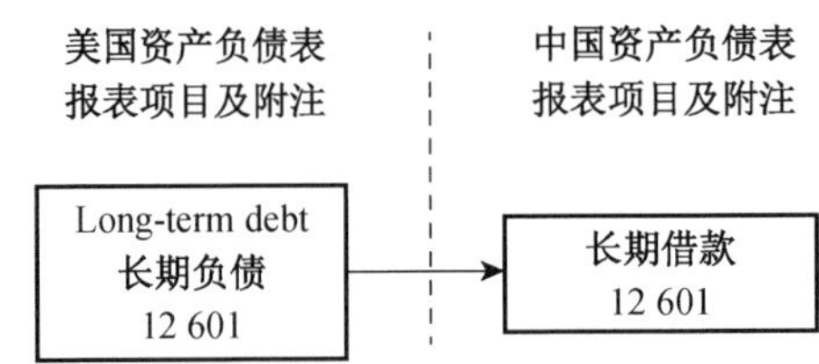

图 3-52 美中资产负债表"长期借款"项目映射关系图

表 3-169 微软公司 20×3 年美国资产负债表"长期负债"项目信息

单位:百万美元

会计项目	期末余额
长期负债	12 601

17. "递延收益"项目

转换模式:一对一转换(主项对主项的转换)。

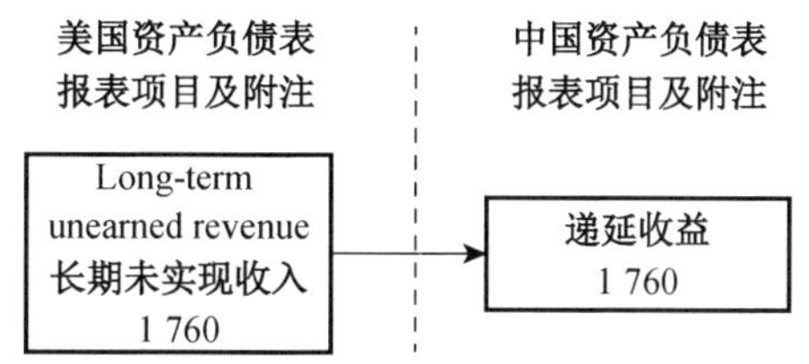

图 3-53　美中资产负债表“递延收益”项目映射关系图

表 3-170　微软公司 20×3 年美国资产负债表“长期未实现收入”项目信息

单位：百万美元

会计项目	期末余额
长期未实现收入	1 760

18. “其他非流动负债”项目

转换模式：一对一转换（主项、细项对主项、细项的转换）。

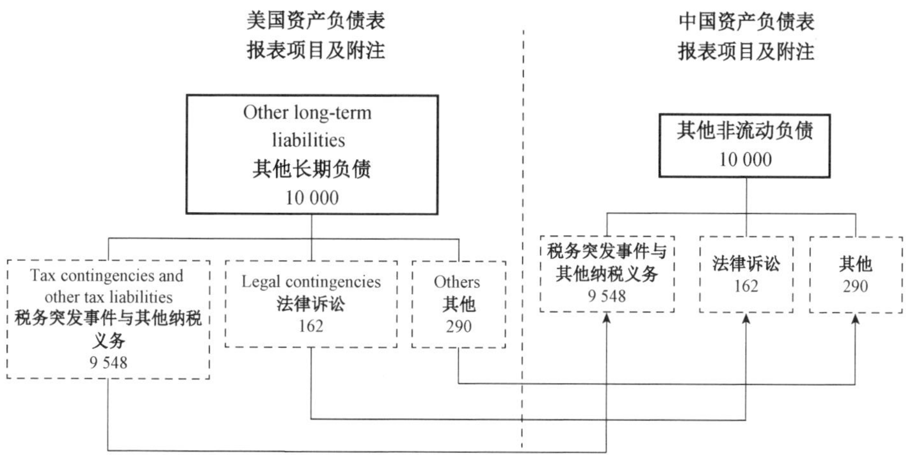

图 3-54　美中资产负债表“其他非流动负债”项目映射关系图

表 3-171　微软公司 20×3 年美国资产负债表“其他长期负债”项目信息

单位：百万美元

会计项目	期末余额
税务突发事件与其他纳税义务	9 548
法律诉讼	162
其他	290
合计	10 000

19. "股本"项目

转换模式:一对一转换(主项对主项的转换)。

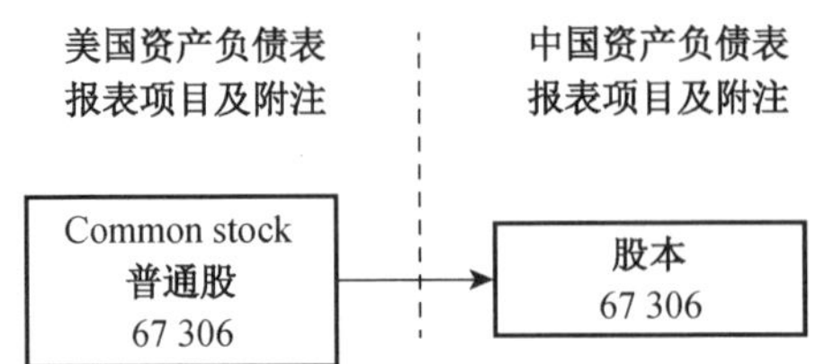

图 3-55　美中资产负债表"股本"项目映射关系图

表 3-172　微软公司 20×3 年美国资产负债表"普通股"项目信息

单位:百万美元

会计项目	期末余额
期初	65 797
普通股发行	920
普通股回购	(2 014)
股票补偿费用	2 406
股权薪酬所得税福利	190
其他变动	7
期末	67 306

20. "其他综合收益"项目

转换模式:一对一转换(主项对主项的转换)。

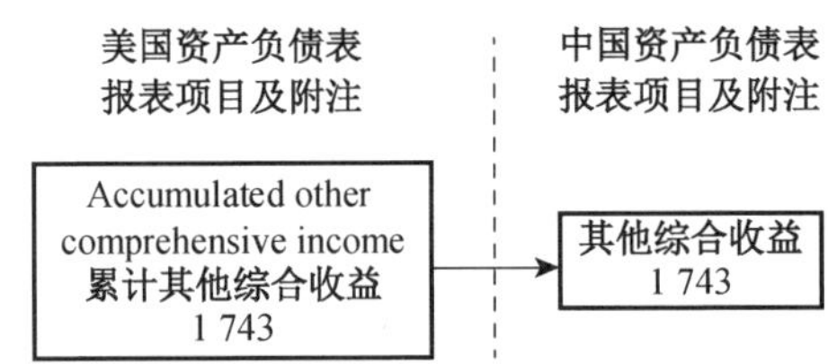

图 3-56　美中资产负债表"其他综合收益"项目映射关系图

表 3-173　微软公司 20×3 年美国资产负债表"累计其他综合收益"项目信息

单位:百万美元

会计项目	期末余额
期初	1 422
其他综合收入	321
期末	1 743

3.4.4 微软公司资产负债表转换为中国资产负债表结果

表 3-174 微软公司资产负债表

编制单位:微软股份有限公司　　20×3 年 6 月 30 日　　单位:百万美元

资产	期末余额	期初余额	负债和股东权益	期末余额	期初余额
流动资产:			流动负债:		
货币资金	2 961		短期借款	2 999	
交易性金融资产	74 061		交易性金融负债	645	
应收票据			应付票据		
应收账款	17 486		应付账款	4 828	
预付账款			预收账款	20 639	
应收利息			应付职工薪酬	4 117	
应收股利			应交税费	592	
其他应收款			应付利息		
存货	1 938		应付股利		
划分为持有待售资产			其他应付款		
一年内到期的非流动资产			划分为持有待售的负债		
其他流动资产	3 388		一年内到期的非流动负债		
流动资产合计	99 834		其他流动负债	3 597	
非流动资产:			流动负债合计	37 417	
可供出售金融资产			非流动负债:		
持有至到期投资			长期借款	12 601	
长期应收款			应付债券		
长期股权投资	9 588		长期应付款		
投资性房地产			专项应付款		
固定资产	8 450		预计负债		
在建工程			递延收益	1 760	
工程物资			递延所得税负债	1 709	
固定资产清理			其他非流动负债	10 000	
生产性生物资产			非流动负债合计	26 070	
无形资产	3 316.08		负债合计	63 487	
开发支出			股东权益		
商誉	14 655		实收资本/股本	67 306	
长期待摊费用	1 307.92		资本公积		

（续表）

资产	期末余额	期初余额	负债和股东权益	期末余额	期初余额
递延所得税资产	1 632		减:库存股		
其他非流动资产	3 648		其他综合收益	1 743	
非流动资产合计	42 597		盈余公积		
			未分配利润	9 895	
			股东权益合计	78 944	
资产总计	142 431		负债和股东权益总计	142 431	

微软公司中国资产负债表附注信息如表 3-175 至表 3-186 所示。

表 3-175　货币资金　　单位:百万美元

会计项目	金额
库存现金	1 967
存款证明	994
合计	2 961

表 3-176　交易性金融资产　　单位:百万美元

会计项目	金额
共同基金	868
商业票据	603
美国政府机构债券	64 897
外国政府债券	875
抵押贷款债券	1 288
企业票据和债券	5 122
市政债券	385
其他短期投资	23
合计	74 061

表 3-177　存货　　单位:百万美元

会计项目	金额
原材料	328
在产品	201
库存商品	1 409
合计	1 938

表 3-178　固定资产　　单位:百万美元

会计项目	金额
建筑物与改进设施	7 326
计算机设备与软件	9 242
家具设施	2 465
减:资产减值准备	10 583
账面净值	8 450

表 3-179　其他非流动资产　　单位:百万美元

会计项目	金额
其他投资	1 256
其他长期资产	2 392
合计	3 648

表 3-180　长期待摊费用　　单位:百万美元

会计项目	金额
租赁资产改良投资	1 307.92
合计	1 307.92

表 3-181　无形资产　　单位:百万美元

会计项目	账面余额	无形资产减值与摊销	账面价值
土地	525	291.92	233.08
基于技术的无形资产	3 760	2 110	1 650
基于市场的无形资产	1 348	211	1 137
基于合同的无形资产	823	688	135
基于客户的无形资产	380	219	161
合计	6 836	3 519.92	3 316.08

表 3-182　长期股权投资　　单位:百万美元

会计项目	金额
普通股和优先股	9 588
合计	9 588

表 3-183　短期借款　　单位:百万美元

会计项目	金额
长期借款中的流动负债部分	2 999

表 3-184 其他非流动负债 单位:百万美元

会计项目	金额
税务突发事件与其他纳税义务	9 548
法律诉讼	162
其他	290
合计	10 000

表 3-185 其他综合收益 单位:百万美元

会计项目	金额
期初	1 422
其他综合收入(亏损)	321
期末	1 743

表 3-186 留存收益 单位:百万美元

会计项目	金额
期初余额	(856)
净收入	21 863
普通股利息支出	(7 694)
普通股回购	(3 418)
期末余额	9 895

3.5 本章小结

财务报表的转换涉及三大报表,即资产负债表、利润表以及现金流量表,在本章内容中,主要关注如何实现对中美资产负债表之间的转换。

本章首先对中美两国不同会计准则下,对于资产负债表的结构与规则的不同进行汇总与梳理,在结合前文总结的财务报表转换逻辑的基础上,以 ABC 公司为例,对如何实现中国会计准则下的资产负债表转换为美国会计准则下的资产负债表进行归纳与总结。在此基础上,分别以两个不同资本市场的上市公司,即西王食品与微软为例,分别展示如何将中国资产负债表转换为美国资产负债表以及将美国资产负债表转换为中国会计准则下的资产负债表。

第 4 章

中美利润表的转换

4.1 利润表概述

利润表是反映企业在一定会计期间的经营成果的会计报表。由于它反映的是某一期间的情况，所以又被称为动态报表。利润表也称为损益表或收益表。

按照国际会计准则编制的定期报告中的对应报表称为综合收益表。

利润表可以反映企业一定会计期间的收入实现情况，即，实现的主营业务收入有多少，实现的其他业务收入有多少，实现的投资收益有多少，实现的营业外收入有多少，等等；可以反映一定会计期间的费用耗费情况，即，耗费的主营业务成本有多少，营业税金及附加有多少，销售费用、管理费用、财务费用各有多少，营业外支出有多少，等等；可以反映企业生产经营活动的成果，即，净利润的实现情况，据以判断资本保值、增值情况。

将利润表中的信息与资产负债表中的信息相结合，还可以提供进行财务分析所需的基本资料，如将赊销收入净额与应收账款平均余额进行比较，计算出应收账款周转率；将销货成本与存货平均余额进行比较，计算出存货周转率；将净利润与资产总额进行比较，计算出资产收益率等。这些比较可以反映企业资金周转情况以及企业的盈利能力和水平，便于会计报表使用者判断企业未来的发展趋势，作出恰当的经营决策。

编制利润表的主要目的是将企业经营成果的信息提供给各种报表使用者，以供他们作为决策的依据或参考。主要作用有：

（1）可据以解释、评价和预测企业的经营成果和获利能力。

（2）可据以解释、评价和预测企业的偿债能力。

(3) 可据以作出经营决策。

(4) 可据以评价和考核管理人员的绩效。

4.1.1 利润表基本组成

利润表一般由表首、正表两部分组成。其中表首说明报表名称、编制单位、编制日期、报表编号、货币名称、计量单位等;正表是利润表的主体,反映形成经营成果的各个项目和计算过程,所以,曾经有人将这张表称为损益计算书。

利润表正表的格式一般有两种:单步式利润表和多步式利润表。单步式利润表是先将当期所有的收入列在一起,然后将所有的费用列在一起,两者相减得出当期净损益。多步式利润表是通过对当期的收入、费用、支出项目按性质加以归类,按利润形成的主要环节列示一些中间性利润指标,如营业利润、利润总额、净利润,分步计算当期净损益。

在我国,利润表采用多步式,每个项目通常又分为"本月数"和"本年累计数"两栏分别填列。"本月数"栏反映各项目的本月实际发生数;在编报中期财务会计报告时,填列上年同期累计实际发生数;在编报年度财务会计报告时,填列上年全年累计实际发生数。如果上年度利润表与本年度利润表的项目名称和内容不一致,则按编报当年的口径对上年度利润表项目的名称和数字进行调整,填入本表"上年数"栏。在编报中期和年度财务会计报告时,将"本月数"栏改成"上年数"栏。本表"本年累计数"栏反映各项目自年初起至报告期末止的累计实际发生数。多步式利润表主要分三步计算企业的利润(或亏损)。

第一步,以营业收入为基础,计算营业利润。第二步,以营业利润为基础,计算利润总额。第三步,以利润总额为基础,计算净利润。

在我国会计准则与国际会计准则不断趋同的背景下,我国现行会计准则中规定的利润表列报在原则上与国际会计准则是相同的,但是在具体的列报内容上仍存在差异。

4.1.2 中国企业会计准则要求下的利润表

利润表编制的原理是"收入－费用＝利润"的会计平衡公式和收入与费用的配比原则。

在生产经营中企业不断地发生各种费用支出,同时取得各种收入,收入减去费用,剩余的部分就是企业的盈利。取得的收入和发生的相关费用的对比情况就是企业的经营成果。如果企业经营不当,发生的生产经营费用超过取得的收入,企业

就发生了亏损;反之,企业就能取得一定的利润。会计部门应定期(一般按月份)核算企业的经营成果,并将核算结果编制成报表,这就形成了利润表。

1. 中国利润表模板

表 4-1　中国利润表模板

项目	附注	××××年度	××××-1 年度
营业收入			
减:营业成本			
营业税金及附加			
销售费用			
管理费用			
财务费用			
资产减值损失			
加:公允价值变动收益			
投资收益			
营业利润			
加:营业外收入			
减:营业外支出			
利润总额			
减:所得税费用			
净利润			
归属于:			
母公司股东			
少数股东			
每股收益			
基本每股收益(人民币元)			
稀释每股收益(人民币元)			
其他综合(损失)/收益			
综合收益总额			
归属于:			
母公司股东			
少数股东			

2. 中国利润表编制步骤

(1) 根据原始凭证编制记账凭证,登记总账及明细账,并进行账账核对、账实核对及账证核对。

(2) 保证在所有会计业务均入账的前提下,编制试算平衡表,检查会计账户的正确性,为编制会计报表作准备。

(3) 依据试算平衡表损益类账户的发生额,结合有关明细账户的发生额,计算并填列利润表的各项目。

(4) 计算营业利润,是以营业收入为基础,用其减去营业成本、营业税金及附加、销售费用、管理费用、财务费用、资产减值损失,加上公允价值变动收益(减去公允价值变动损失)和投资收益(减去投资损失)。

(5) 计算利润总额,是以营业利润为基础,用其加上营业外收入,减去营业外支出。

(6) 计算净利润(或净亏损),是以利润总额为基础,用其减去所得税费用。

(7) 检验利润表的完整性及正确性,包括表头部分的填制是否齐全、各项目的填列是否正确、各种利润的计算是否正确。

(8) 有关人员签字盖章。

3. 中国利润表编制方法

计算利润时,企业应以营业收入为起点,计算出当期的利润总额和净利润。其利润总额和净利润形成的计算方法为:

(1) 以营业收入减去营业成本、营业税金及附加、销售费用、管理费用、财务费用、资产减值损失,加上公允价值变动收益(减去公允价值变动损失)和投资收益(减去投资损失),计算出营业利润,目的是考核企业业务的获利能力。

营业利润=营业收入-营业成本-营业税金及附加-销售费用-管理费用-财务费用-资产减值损失+公允价值变动收益(-公允价值变动损失)+投资收益(-投资损失)

(2) 以营业利润为基础,加上营业外收入、减去营业外支出,得到利润总额,目的是考核企业生产经营活动的获利能力。

利润总额=营业利润+营业外收入-营业外支出

(3) 以利润总额为基础,减去所得税费用,得到净利润,目的是考核企业最终获利能力。

净利润=利润总额-所得税费用

4.1.3 美国企业会计准则要求下的利润表

美国通用会计准则(U. S GAAP)并没有单独的章节约束利润表应包含的项目,但是在2008年,美国财务会计准则委员会(FASB)与国际会计准则理事会(IASB)达成了在2011年前完成美国会计准则和国际会计准则趋同的目标。

国际会计准则中明确规定,利润表内至少应包括下列项目:

(1) 收入。

(2) 经营活动的成果。

(3) 融资成本。

(4) 用权益法核算的联营企业和合营企业投资的利润和亏损份额。

(5) 所得税费用。

(6) 正常活动损益。

(7) 非常项目。

(8) 少数股东权益。

(9) 当期净损益。

(10) 如果国际会计准则要求列报附加项目、标题和小计金额,或作这种列报对于公允地反映企业的经营业绩是必要的,则应在利润表内作相应列报。

美国会计准则下的利润表模板如表4-2所示,其中左侧一列为美国利润表会计项目的英文名称,右侧一列为对应的中文翻译。

表4-2 美国利润表模板及对应中文翻译

会计项目	对应中文翻译
Revenues	营业收入
Main business income	主营业务收入
Other business income	其他业务收入
Total revenues	合计
Costs and expenses	成本及费用
Operating costs of main business	主营业务成本
Operating costs of other business	其他业务成本
Taxes other than income taxes	除所得税外的其他税负
Selling, general and administrative expenses	销售、一般与管理费用
Asset impairment loss	资产减值损失

（续表）

会计项目	对应中文翻译
Profit from operations	营业利润
Finance costs	财务费用
Exchange gain	汇兑收益
Exchange loss	汇兑损失
Interest expense	利息支出
Total finance costs	财务费用净额
Income from investment	投资收益
Earnings from continuing operations before income taxes	税前持续经营项目收益
Net：Income tax expense	所得税费用
Earnings from continuing operations	持续经营项目收益
Earnings (loss) from discontinued operations，net of taxes	非持续经营项目收益(完税后)
Net earnings	净收益
ATTRIBUTABLE TO：	归属于：
Owners of the company	母公司股东
Non-controlling interests	少数股东
Net earnings per share	每股收益
Basic earnings per share	基本每股收益(人民币元)
Diluted earnings per share	稀释每股收益(人民币元)
Other comprehensive income	其他综合(损失)/收益
Comprehensive income	综合收益总额
ATTRIBUTABLE TO：	归属于：
Owners of the company	母公司股东
Non-controlling interests	少数股东

4.2 ABC 公司利润表转换实例

下面以 ABC 股份有限公司(以下简称 ABC 公司)20×3 年利润表(表 4-3)为例，根据中国会计准则编制的利润表主表及附注信息，逐项推算美国会计准则编制的利润表的各个项目。

表 4-3　ABC 公司利润表

编制单位:ABC 股份有限公司　　20×3 年 12 月 31 日　　单位:元

项目	附注	20×3 年度	20×2 年度
营业收入	51	2 547 854	2 377 689
减:营业成本		1 971 840	1 814 819
营业税金及附加		238 663	246 078
销售费用		60 036	55 032
管理费用		90 564	83 936
财务费用		21 897	16 824
资产减值损失		4 182	1 963
加:投资收益		10 769	8 787
营业利润		171 441	167 824
加:营业外收入		38 735	11 578
减:营业外支出		12 430	10 199
利润总额		197 746	169 203
减:所得税费用		35 787	36 192
净利润		161 959	133 011
归属于:			
母公司股东		150 622	123 700
少数股东		11 337	9 311
每股收益			
基本每股收益(人民币元)		0.76	0.62
稀释每股收益(人民币元)		0.76	0.62
其他综合(损失)/收益		−11 605	−42
综合收益总额		150 354	132 969
归属于:			
母公司股东		145 843	128 980
少数股东		4 511	3 989

下面根据 ABC 公司利润表主表,结合相关附注信息,逐项推算美国会计准则编制的利润表的各个项目。

1. “营业收入”项目

表 4-4 ABC 公司 20×3 年“营业收入”附注信息 单位：元

营业收入	金额
主营业务收入	1 564 087
其他业务收入	983 767
合计	2 547 854

此项对应美国会计准则利润表的项目：“Revenues”（取福特汽车公司实例，通用电气公司里对应项目为“Revenues and other income”）。

转换模式：一对多转换（主项对主项的转换）。

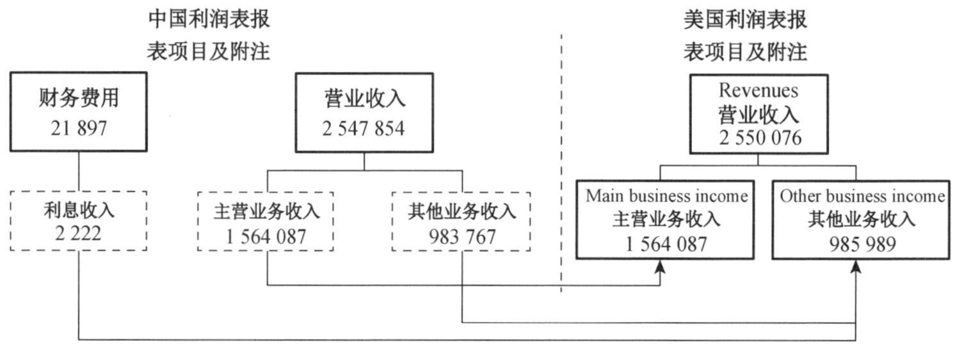

图 4-1 中美利润表“营业收入”项目映射关系图

转换结果如表 4-5 所示。

表 4-5 ABC 公司美国利润表 20×3 年“营业收入” 单位：元

Revenues	Value
Main business income	1 564 087
Other business income	985 989
Total revenues	2 550 076

中国上市公司年报中，“营业收入”一般按照主营业务和其他业务进行划分。而美国的上市公司年报中，“营业收入”一般按照销售商品和提供劳务进行划分。我们在中美财务报表转换中，因为一般难以得到准确的按照销售商品和提供劳务进行划分的营业收入数据，所以我们仍然沿用中国的报告习惯。

另外，美国会计准则认为“利息收入”不应该包含在企业的“财务费用”中，而应

作为"其他业务收入"列示。所以,在转换成美国财务报表后,"营业收入"及其中的"其他业务收入",增加了 2 222 元,为原来中国财务报表中财务费用下"利息收入"的部分。

2. "营业成本"项目

表 4-6 ABC 公司 20×3 年"营业成本"附注信息 单位:元

营业成本	金额
主营业务成本	1 297 933
其他业务成本	673 907
合计	1 971 840

中国利润表中"营业成本"项目对应美国会计准则利润表的项目:"Operating costs"下面的部分(两个)子项目。

转换模式:一对多转换(主项对主项的转换)。

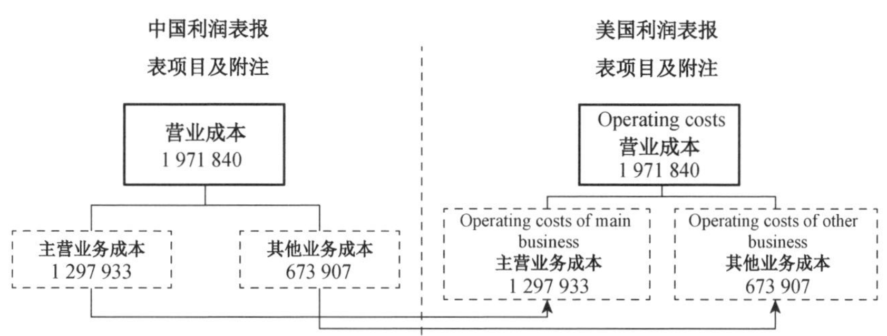

图 4-2 中美利润表"营业成本"项目映射关系图

转换结果如表 4-7 所示。

表 4-7 ABC 公司美国利润表 20×3 年"营业成本" 单位:元

Operating costs	Value
Operating costs of main business	1 297 933
Operating costs of other business	673 907
Total operating costs	1 971 840

中国上市公司年报中,"营业成本"一般按照主营业务和其他业务进行划分。而美国的上市公司年报中,"营业成本"一般按照销售商品和提供劳务进行划分。我们在中美财务报表转换中,因为一般难以得到准确的按照销售商品和提供劳务

进行划分的营业成本数据，所以我们仍然沿用中国的报告习惯。

3. “营业税金及附加”项目

表 4-8　ABC 公司 20×3 年“营业税金及附加”附注信息　　单位：元

营业税金及附加明细	金额
营业税	129 038
城市维护建设税	49 807
教育费附加	19 537
消费税	1 487
资源税	38 794
合计	238 663

此项目为中国会计准则的特有项目，一般美国公司无此项目，我们将其转换为“Taxes other than income taxes”，另外我们将“管理费用”附注中列示的“其他税费”1 384 元也列示在“Taxes other than income taxes”中。

转换模式：多对一转换（主项对主项的转换）。

转换结果如表 4-9 所示。

表 4-9　ABC 公司美国利润表 20×3 年“除所得税外的其他税负”附注信息

单位：元

Taxes other than income taxes	Value
Business tax	129 038
Urban maintenance and construction tax	49 807
Education surcharges	19 537
Consumption tax	1 487
Resource tax	38 794
Other tax	1 384
Total	240 047

此处的差异主要源自中美两国的税制不同，美国以直接税（如所得税、财产税）为主；中国兼有直接税（如所得税）和间接税（如营业税、增值税等）。此外美国的各州各个行业商品的税收方式都差别巨大，在这里没有必要把中国的税收数据按照美国的税收制度进行调整，操作上也不可行。

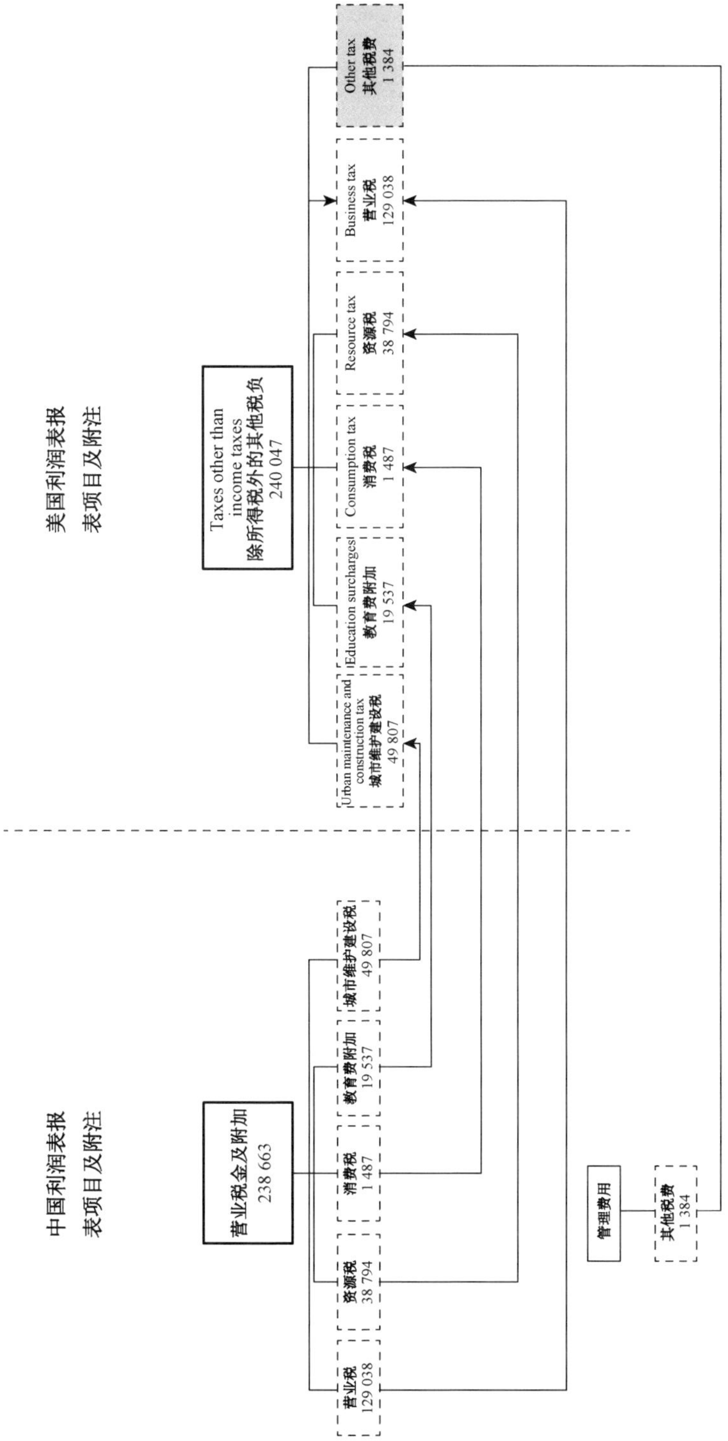

中国利润表报
表项目及附注

美国利润表报
表项目及附注

营业税金及附加
238 663

营业税
129 038

资源税
38 794

消费税
1 487

教育费附加
19 537

城市维护建设税
49 807

管理费用

其他税费
1 384

Taxes other than income taxes
除所得税外的其他税负
240 047

Urban maintenance and construction tax
城市维护建设税
49 807

Education surcharges
教育费附加
19 537

Consumption tax
消费税
1 487

Resource tax
资源税
38 794

Business tax
营业税
129 038

Other tax
其他税费
1 384

图 4-3　中美利润表“营业税金及附加”项目映射关系图

4. “销售费用”与“管理费用”项目

表 4-10 ABC 公司 20×3 年“销售费用”附注信息 单位:元

销售费用明细	金额
职工薪酬	19 587
折旧、折耗及摊销	7 807
运输费	19 537
租赁包装及仓储保管	11 905
其他	1 200
合计	60 036

表 4-11 ABC 公司 20×3 年“管理费用”附注信息 单位:元

管理费用明细	金额
职工薪酬	31 038
折旧、折耗及摊销	29 807
修理费	5 537
租赁包装及仓储保管	12 876
安全生产费用	1 567
其他税费	1 384
技术服务费	1 487
其他	6 868
合计	90 564

中国利润表中“销售费用”和“管理费用”项目对应美国会计准则利润表的项目:“Selling, general and administrative expenses”,但是将“管理费用”附注中列示的“其他税费”1 384 元排除在外,因为其已经列示在“Taxes other than income taxes”中了。

转换模式:多对一转换(主项对主项的转换)。

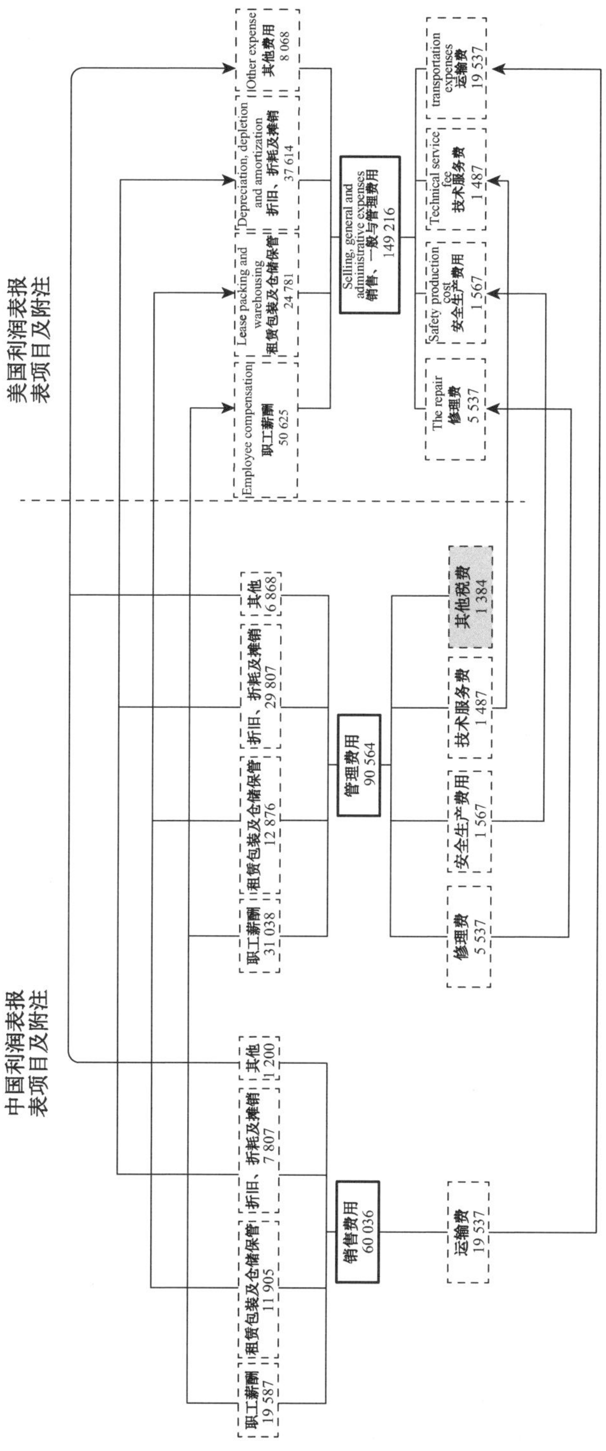

中国利润表报表项目及附注

职工薪酬 19 587
租赁包装及仓储保管 11 905
折旧、折耗及摊销 7 807
其他 1 200
销售费用 60 036
运输费 19 537

职工薪酬 31 038
租赁包装及仓储保管 12 876
折旧、折耗及摊销 29 807
其他 6 868
管理费用 90 564
修理费 5 537
安全生产费用 1 567
技术服务费 1 487
其他税费 1 384

美国利润表报表项目及附注

Employee compensation 职工薪酬 50 625
Lease packing and warehousing 租赁包装及仓储保管 24 781
Depreciation, depletion and amortization 折旧、折耗及摊销 37 614
Other expense 其他费用 8 068
Selling, general and administrative expenses 销售、一般与管理费用 149 216
The repair 修理费 5 537
Safety production cost 安全生产费用 1 567
Technical service fee 技术服务费 1 487
transportation expenses 运输费 19 537

图 4-4　中美利润表“销售费用”和“管理费用”项目映射关系图

转换结果如表 4-12 所示。

表 4-12　ABC 公司美国利润表 20×3 年"销售、一般与管理费用"附注信息

单位:元

Selling, general and administrative expenses	Value
Employee compensation	50 625
Lease packing and warehousing	24 781
Depreciation, depletion and amortization	37 614
transportation expenses	19 537
The repair	5 537
Safety production cost	1 567
Technical service fee	1 487
Other expense	8 068
Total	149 216

5. "财务费用"项目

表 4-13　ABC 公司 20×3 年"财务费用"附注信息　　单位:元

财务费用明细	金额
汇兑损失	4 105
减:汇兑收益	4 157
利息支出	24 171
减:利息收入	2 222
合计	21 897

中国利润表中"财务费用"项目对应美国会计准则利润表的项目:"Finance costs"。转换模式:一对一转换(主项对主项的转换)。

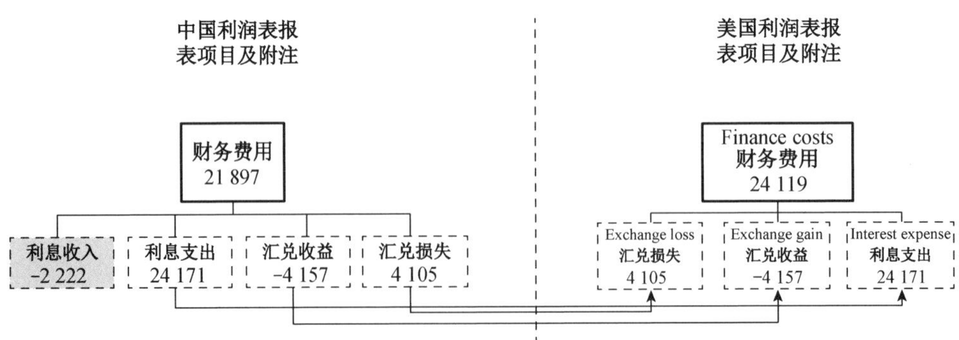

图 4-5　中美利润表"财务费用"项目映射关系图

转换结果如表4-14所示。

表4-14 ABC公司美国利润表20×3年“财务费用”附注信息 单位:元

Finance costs	Value
Exchange gain	4 157
Exchange loss	−4 105
Interest expense	−24 171
Total finance costs	−24 119

我国会计准则认为“财务费用”是企业的期间费用,在计算“营业利润”时应予以扣除,所以“财务费用”列示在“营业利润”之前;而美国会计准则认为“财务费用”是与企业筹资活动相关的费用,与企业的经营活动并不相关,因此不应在计算“营业利润”之前扣除,所以列示在“营业利润”之后。另外,美国会计准则认为“利息收入”不应该包含在企业的“财务费用”中,而应作为“其他业务收入”列示。所以转换成美国财务报表后,“财务费用”就比原本的多了2 222元。

6. “资产减值损失”项目

中国利润表中“资产减值损失”项目对应美国会计准则利润表的项目:“Asset impairment loss”。

转换模式:一对一转换(主项对主项的转换)。

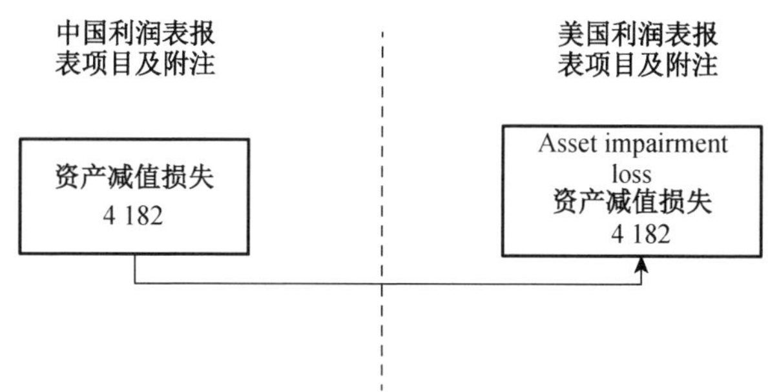

图4-6 中美利润表“资产减值损失”项目映射关系图

7. “投资收益”项目

中国利润表中“投资收益”项目对应美国会计准则利润表的项目:“Income from investment”。

转换模式:一对一转换(主项对主项的转换)。

8. “营业利润”项目

中国财务报表中,此项由计算得出,如表4-15所示。

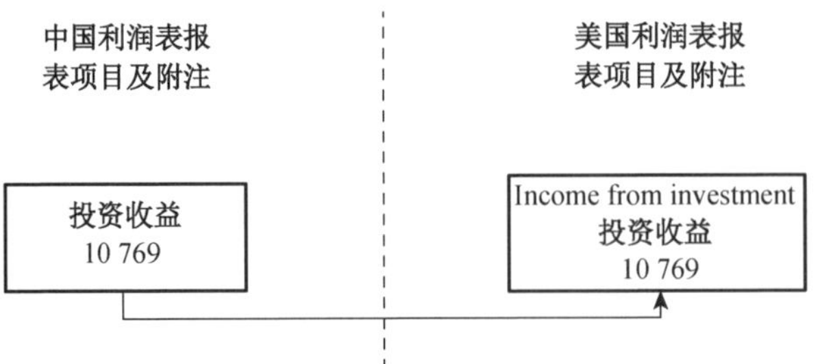

图 4-7　中美利润表“投资收益”项目映射关系图

表 4-15　ABC 公司 20×3 年“营业利润”　　单位:元

营业收入	2 547 854
减:营业成本	1 971 840
营业税金及附加	238 663
销售费用	60 036
管理费用	90 564
财务费用	21 897
资产减值损失	4 182
加:投资收益	10 769
营业利润	171 441

而在美国财务报表中,“财务费用”中的“利息收入”计入“营业收入”,其他部分计入“财务费用”单独列示,不计入“营业利润”,此外“投资收益”也不计入“营业利润”。

表 4-16　ABC 公司美国利润表 20×3 年“营业利润”　　单位:元

Revenues	2 550 076
NET:Operating costs	−1 971 840
Taxes other than income taxes	−240 047
Selling, general and administrative expenses	−149 216
Asset impairment loss	−4 182
Profit from operations	184 791

9. “营业外收入”和“营业外支出”项目

表 4-17　ABC 公司 20×3 年“营业外收入”附注信息　　单位:元

营业外收入明细	金额
政府补助	25 000
接受捐赠	5 000

（续表）

营业外收入明细	金额
资产处置收益	7 869
其他	866
合计	38 735

表 4-18　ABC 公司 20×3 年"营业外支出"附注信息　　单位：元

营业外支出明细	金额
罚款	4 000
捐赠支出	5 000
资产处置损失	1 765
非常损失	1 665
合计	12 430

中国利润表中"营业外收入"和"营业外支出"项目对应美国会计准则利润表的项目："Earnings (loss) from discontinued operations"。

转换模式：多对一转换（主项对主项的转换）。

转换结果如表 4-19 所示。

表 4-19　ABC 公司美国利润表 20×3 年"非持续经营项目收益（完税后）"附注信息

单位：元

Earnings (loss) from discontinued operations	Value
Government subsidies	25 000
Accept donations	5 000
Asset disposal income	7 869
Other income	866
Fine	−4 000
Donate	−5 000
Asset disposal loss	−1 765
Abnormal loss	−1 665
Total	26 305
Net: Income taxes	−4 760
Earnings (loss) from discontinued operations, net of taxes	21 545

在我国会计准则中没有中断经营的概念，相关内容在"营业外收入"或"营业外支出"中披露；而美国会计准则规定企业中断经营所产生的利得和损失，应扣除相关的所得税费用 4 760 元，以净额单独列示在利润表中。

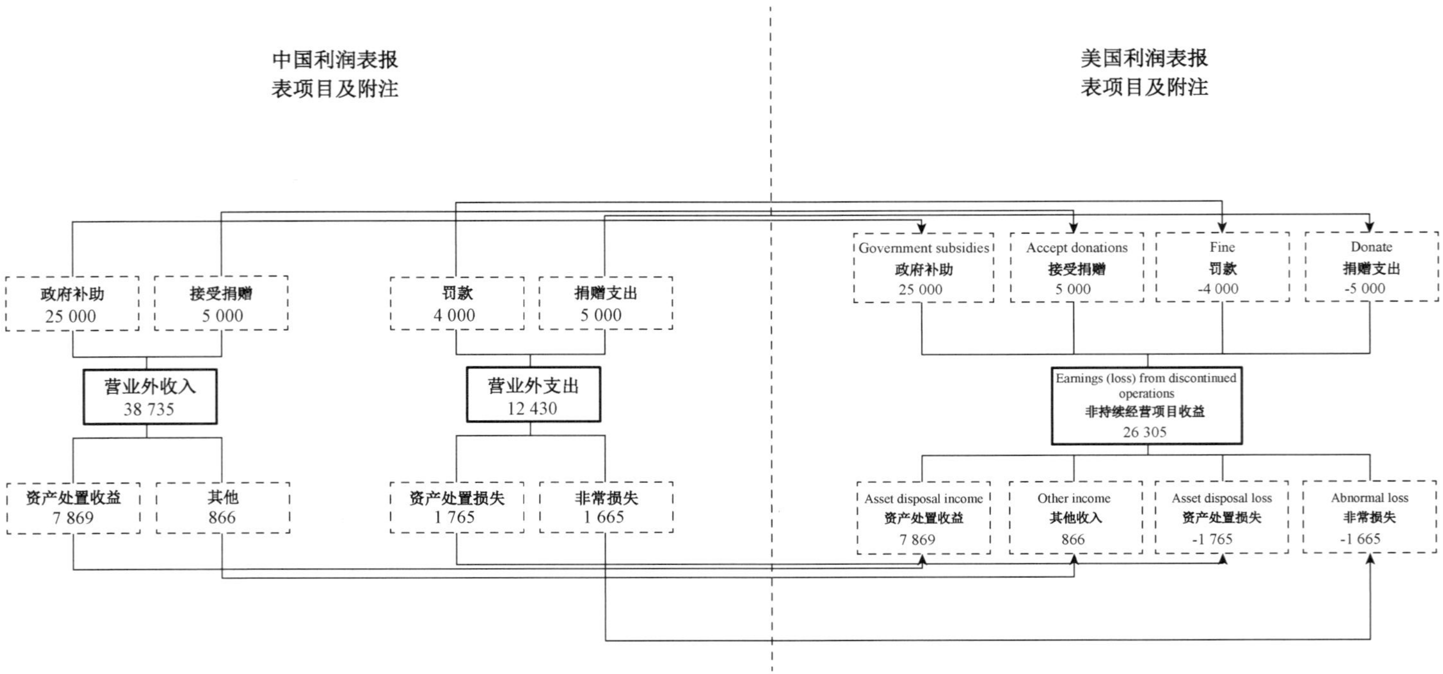

中国利润表报
表项目及附注

政府补助
25 000

接受捐赠
5 000

营业外收入
38 735

资产处置收益
7 869

其他
866

罚款
4 000

捐赠支出
5 000

营业外支出
12 430

资产处置损失
1 765

非常损失
1 665

美国利润表报
表项目及附注

Government subsidies
政府补助
25 000

Accept donations
接受捐赠
5 000

Fine
罚款
-4 000

Donate
捐赠支出
-5 000

Earnings (loss) from discontinued operations
非持续经营项目收益
26 305

Asset disposal income
资产处置收益
7 869

Other income
其他收入
866

Asset disposal loss
资产处置损失
-1 765

Abnormal loss
非常损失
-1 665

图 4-8　中美利润表“营业外收入”和“营业外支出”项目映射关系图

10. “利润总额”项目

如上所述，中国利润表中“利润总额”项目对应美国报表“Earnings from continuing operations before income taxes”项目，但是应扣除“Earnings (loss) from discontinued operations”26 305 元，为 171 441 元。

11. “所得税费用”项目

中国利润表中“所得税费用”项目对应美国报表“Income tax expense”项目，但是应扣除“Earnings (loss) from discontinued operations”的所得税 4 760 元，为 31 027 元。

12. 之后的其他项目

“所得税费用”之后的项目都是一一对应关系，如表 4-20 所示。

表 4-20　ABC 公司中美利润表对应关系

中国准则	美国准则
净利润	Net earnings
归属于：	Attributable to：
母公司股东	Owners of the company
少数股东	Non-controlling interests
每股收益	Net earnings per share
基本每股收益(人民币元)	Basic earnings per share
稀释每股收益(人民币元)	Diluted earnings per share
其他综合(损失)/收益	Other comprehensive income
综合收益总额	Comprehensive income
归属于：	Attributable to：
母公司股东	Owners of the company
少数股东	Non-controlling interests

汇总得出美国会计准则利润表如表 4-21 所示。

表 4-21　ABC COMPANY LIMITED COMPREHENSIVE INCOME STATEMENTS

For the year ended December 31，20×3，20×2

RMB

Item	Notes	20×3	20×2
Revenues			
Main business income		1 564 087	

（续表）

Item	Notes	20×3	20×2
Other business income		985 989	
Total revenues		2 550 076	
Costs and expenses			
Operating costs of main business		−1 297 933	
Operating costs of other business		−673 907	
Taxes other than income taxes		−240 047	
Selling, general and administrative expenses		−149 216	
Asset impairment loss		**−4 182**	
Profit from operations		184 791	
Finance costs			
Exchange gain		4 157	
Exchange loss		−4 105	
Interest expense		−24 171	
Total finance costs		**−24 119**	
Income from investment		**10 769**	
Earnings from continuing operations before income taxes		171 441	
Net: Income tax expense		−31 027	
Earnings from continuing operations		140 414	
Earnings (loss) from discontinued operations, net of taxes		21 545	
Net earnings		161 959	
ATTRIBUTABLE TO:			
Owners of the company		150 622	
Non-controlling interests		11 337	
Net earnings per share			
Basic earnings per share		0.76	
Diluted earnings per share		0.76	
Other comprehensive income		−11 605	

(续表)

Item	Notes	20×3	20×2
Comprehensive income		150 354	
ATTRIBUTABLE TO:			
Owners of the company		145 843	
Non-controlling interests		4 511	

表 4-21 翻译为中文如表 4-22 所示。

表 4-22　ABC 公司利润表

编制单位:ABC 股份有限公司　　20×3 年 12 月 31 日　　单位:元

项目	附注	20×3 年	20×2 年
营业收入			
主营业务收入		1 564 087	
其他业务收入		985 989	
合计		2 550 076	
成本及费用			
主营业务成本		−1 297 933	
其他业务成本		−673 907	
除所得税外的其他税负		−240 047	
销售、一般与管理费用		−149 216	
资产减值损失		−4 182	
营业利润		184 791	
财务费用			
汇兑收益		4 157	
汇兑损失		−4 105	
利息支出		−24 171	
财务费用净额		**−24 119**	
投资收益		**10 769**	
税前持续经营项目收益		171 441	
所得税费用		−31 027	
持续经营项目收益		140 414	
非持续经营项目收益(完税后)		21 545	
净收益		161 959	

（续表）

项目	附注	20×3 年	20×2 年
归属于：			
母公司股东		150 622	
少数股东		11 337	
每股收益			
基本每股收益（人民币元）		0.76	
稀释每股收益（人民币元）		0.76	
其他综合（损失）/收益		－11 605	
综合收益总额		150 354	
归属于：			
母公司股东		145 843	
少数股东		4 511	

4.3 西王食品公司利润表转换实例

以西王食品股份有限公司（以下简称西王食品）20×3 年利润表（表 4-23）为例，根据中国会计准则编制的利润表主表及附注信息，逐项推算美国会计准则编制的利润表的各个项目。

表 4-23 西王食品年报利润表

编制单位：西王食品股份有限公司　　20×3 年 12 月 31 日　　单位：元

项　目	本期金额	上期金额
一、营业总收入	2 427 329 779.14	2 480 459 657.55
其中：营业收入	2 427 329 779.14	2 480 459 657.55
二、营业总成本	2 232 003 029.25	2 325 016 795.88
其中：营业成本	1 827 809 189.47	1 918 742 777.92
营业税金及附加	6 023 742.46	7 234 079.26
销售费用	265 721 744.08	240 249 880.80
管理费用	115 610 724.01	121 425 754.02
财务费用	16 585 329.17	36 793 141.33
资产减值损失	252 300.06	571 162.55
加：公允价值变动收益（损失以“－”号填列）		
投资收益（损失以“－”号填列）		232 778.87

（续表）

项　目	本期金额	上期金额
其中：对联营企业和合营企业的投资收益		
汇兑收益（损失以"－"号填列）		
三、营业利润（亏损以"－"号填列）	195 326 749.89	155 675 640.54
加：营业外收入	915 906.12	1 208 787.22
减：营业外支出	203 746.34	259 217.34
其中：非流动资产处置损失	162 271.80	
四、利润总额（亏损总额以"－"号填列）	196 038 909.67	156 625 210.42
减：所得税费用	15 090 271.07	13 558 937.39
五、净利润（净亏损以"－"号填列）	180 948 638.60	143 066 273.03
其中：被合并方在合并前实现的净利润		
归属于母公司所有者的净利润	180 948 638.60	143 066 273.03
少数股东损益		
六、每股收益	—	—
（一）基本每股收益	0.96	0.76
（二）稀释每股收益	0.96	0.76
七、其他综合收益		
八、综合收益总额	180 948 638.60	143 066 273.03
归属于母公司所有者的综合收益总额	180 948 638.60	143 066 273.03
归属于少数股东的综合收益总额		

根据西王食品利润表主表，结合相关附注信息，逐项推算美国会计准则利润表的各个项目。

1. "营业收入"项目

表 4-24　西王食品 20×3 年"营业收入"附注信息　　单位：元

营业收入	金额
主营业务收入	2 380 235 289.86
其他业务收入	47 094 489.28
合　计	2 427 329 779.14

中国利润表中"营业收入"项目对应美国会计准则利润表的项目："Revenues"。美国会计准则认为"利息收入"不应该包含在企业的"财务费用"中，而应作为"其他业务收入"列示。所以，在转换成美国财务报表后，"营业收入"及其中的"其他业务收入"，增加了 1 654 816.76 元，为原来中国报表中"财务

费用”下“利息收入”的部分。

转换模式:多对多转换(主项对主项转换)。

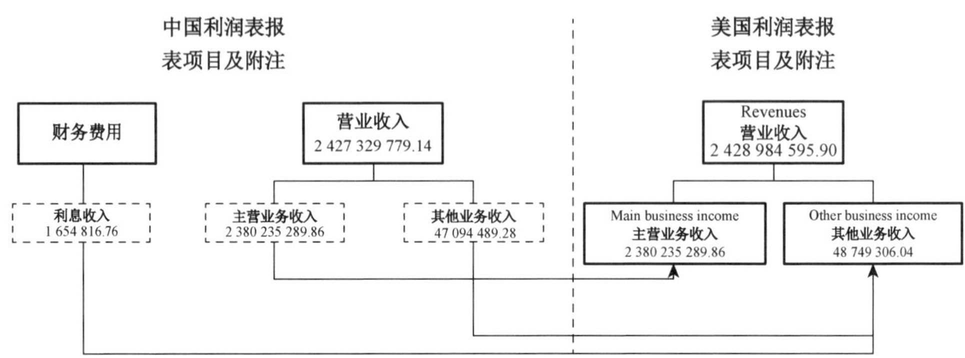

图 4-9　中美利润表“营业收入”项目映射关系图

转换结果如表 4-25 所示。

表 4-25　西王食品美国利润表 20×3 年“营业收入”附注信息　　单位:元

Revenues	金额
Main business income	2 380 235 289. 86
Other business income	48 749 306. 04
Total revenues	2 428 984 595. 90

2. “营业成本”项目

表 4-26　西王食品 20×3 年“营业成本”附注信息　　单位:元

营业成本	金额
主营业务成本	1 781 529 182. 82
其他业务成本	46 280 006. 65
合　计	1 827 809 189. 47

中国利润表中“营业成本”项目对应美国会计准则利润表的项目:“Operating costs”下面的部分(两个)子项目。

转换模式:一对多转换(主表项目及其附注对主表项目)。

转换结果如表 4-27 所示。

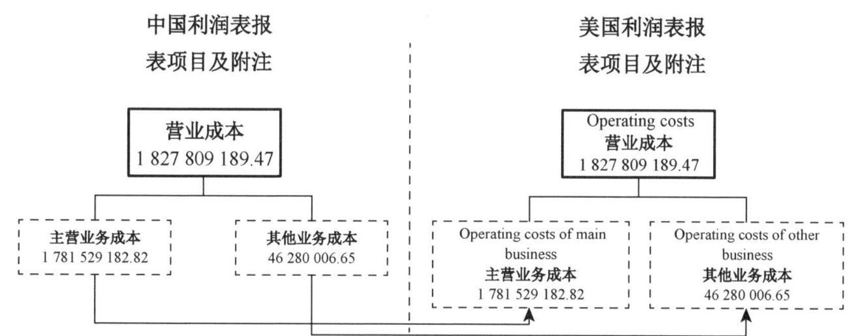

图 4-10　中美利润表“营业成本”项目映射关系图

表 4-27　西王食品美国利润表 20×3 年“营业成本”附注信息　　单位:元

Operating costs	金额
Operating costs of main business	1 781 529 182.82
Operating costs of other business	46 280 006.65
Total operating costs	1 827 809 189.47

3. “营业税金及附加”项目

表 4-28　西王食品 20×3 年“营业税金及附加”附注信息　　单位:元

营业税金及附加明细	金额
营业税	
城市维护建设税	3 011 871.24
教育费附加	1 807 122.71
地方教育附加	1 204 748.51
合　计	6 023 742.46

此项目为中国会计准则的特有项目,一般美国公司无此项目,我们将其转换为“Taxes other than income taxes”,另外我们将“管理费用”附注中列示的“其他税费”3 730 783.35 元也列示在“Taxes other than income taxes”中。

转换模式:一对一转换(主项对主项的转换)。

转换结果如表 4-29 所示。

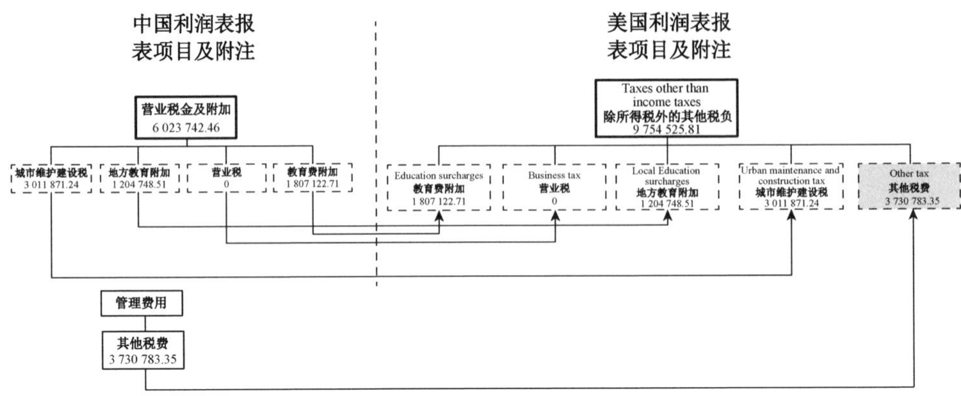

图 4-11　中美利润表"营业税金及附加"项目映射关系图

表 4-29　西王食品美国利润表 20×3 年"除所得税外的其他税负"附注信息

单位:元

Taxes other than income taxes	Value
Business tax	
Urban maintenance and construction tax	3 011 871.24
Education surcharges	1 807 122.71
Local education surcharges	1 204 748.51
Other tax	3 730 783.35
Total	9 754 525.81

4."销售费用"与"管理费用"项目

表 4-30　西王食品 20×3 年"销售费用"附注信息　　单位:元

销售费用明细	金额
销售人员薪酬	73 154 350.25
差旅费	12 757 830.81
业务招待费	1 666 059.71
广告费	60 807 015.64
租赁费	2 574 334.55
运输装卸及港口费	12 739 088.44
市场服务费	98 782 770.28
其他	3 240 294.40
合　计	265 721 744.08

表 4-31　西王食品 20×3 年"管理费用"附注信息　　单位：元

管理费用明细	金额
管理人员薪酬	16 013 574.64
摊销及折旧费	9 725 166.61
行政管理费	2 435 096.24
差旅费	595 474.94
业务招待费	769 674.85
技术开发费	76 608 302.36
咨询服务费	3 269 129.36
其他税费	3 730 783.35
其他	2 463 521.66
合　计	115 610 724.01

中国利润表中"销售费用"和"管理费用"项目对应美国会计准则利润表的项目："Selling, general and administrative expenses"，但是将"管理费用"附注中列示的"其他税费"3 730 783.35 元排除在外，因为其已经列示在"Taxes other than income taxes"中。

转换模式：多对一转换（主项对主项的转换）。

转换结果如表 4-32 所示。

表 4-32　西王食品美国利润表 20×3 年"销售、一般与管理费用"附注信息

单位：元

Selling, general and administrative expenses	Value
Employee compensation	89 167 924.89
Travel expense	13 353 305.75
Business entertainment	2 435 734.56
Advertising	60 807 015.64
Rent	2 574 334.55
Transportation and port charge	12 739 088.44
Market service charge	98 782 770.28
Administrative charge	2 435 096.24
Technology development	76 608 302.36
Amortization and depreciation	9 725 166.61
Consulting services	3 269 129.36
Other expense	5 703 816.06
Total	377 601 684.74

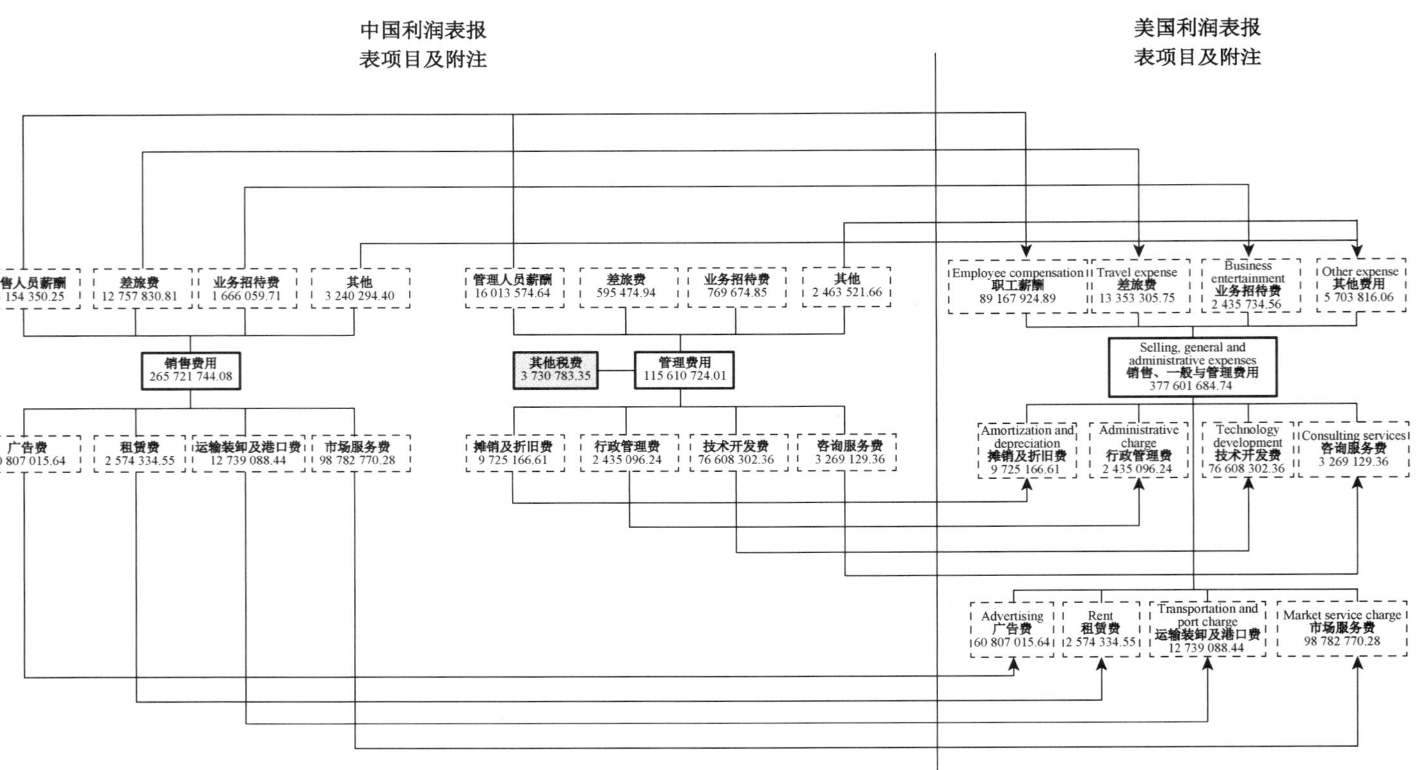

图 4-12　中美收益表“销售费用”和“管理费用”项目映射关系图

5.“财务费用”项目

表 4-33 西王食品 20×3 年“财务费用”附注信息 单位:元

财务费用明细	金额
利息支出	18 084 611.12
减:利息收入	1 654 816.76
汇兑损失	33 119.85
减:汇兑收益	
其他	122 414.96
合 计	16 585 329.17

中国利润表中“财务费用”项目对应美国会计准则利润表的项目:“Finance costs”。我国会计准则认为“财务费用”是企业的期间费用,在计算“营业利润”时应予以扣除,所以“财务费用”列示在“营业利润”之前;而美国会计准则认为“财务费用”是与企业筹资活动相关的费用,与企业的经营活动并不相关,因此不应在计算“营业利润”之前扣除,所以列示在“营业利润”之后。另外,美国会计准则认为“利息收入”不应该包含在企业的“财务费用”中,而应作为“其他业务收入”列示。所以转换成美国财务报表后,“财务费用”就比原本的多了 1 654 816.76 元。

转换模式:一对一转换(主项对主项的转换)。

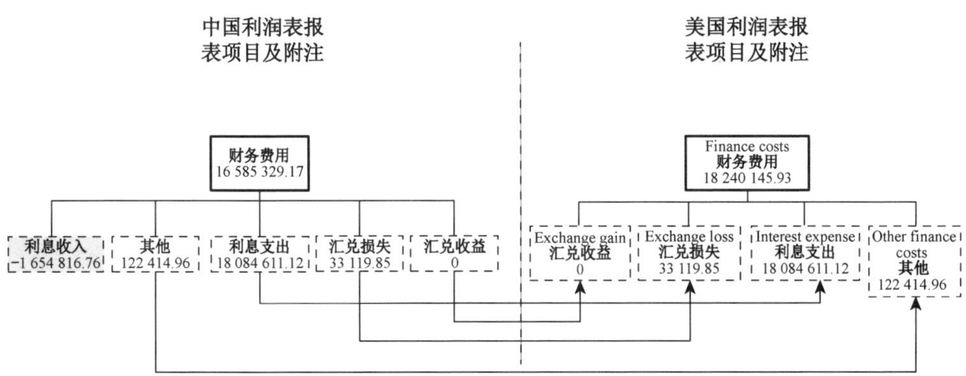

图 4-13 中美利润表“财务费用”项目映射关系图

转换结果如表 4-34 所示。

表 4-34　ABC 公司美国利润表 20×3 年“财务费用”附注信息　单位:元

Finance costs	Value
Exchange gain	
Exchange loss	−33 119.85
Interest expense	−18 084 611.12
Other finance costs	−122 414.96
Total finance costs	−18 240 145.93

6. “资产减值损失”项目

此项对应美国会计准则利润表的项目:“Asset impairment loss”。

转换模式:一对一转换(主项对主项的转换)。

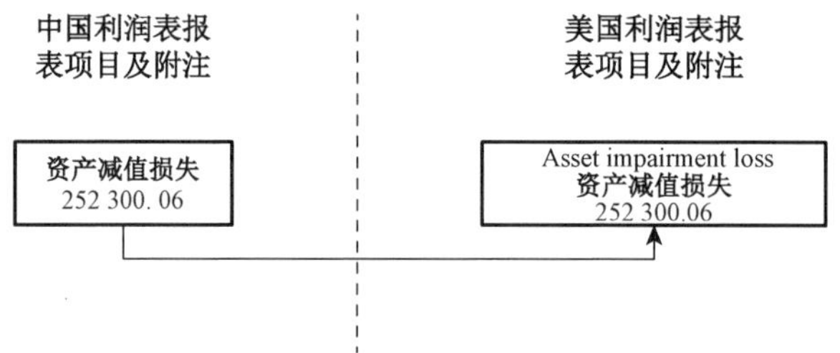

图 4-14　中美利润表“资产减值损失”项目映射关系图

7. “投资收益”项目

此项对应美国会计准则利润表的项目:“Income from investment”。

转换模式:一对一转换(主项对主项的转换)。

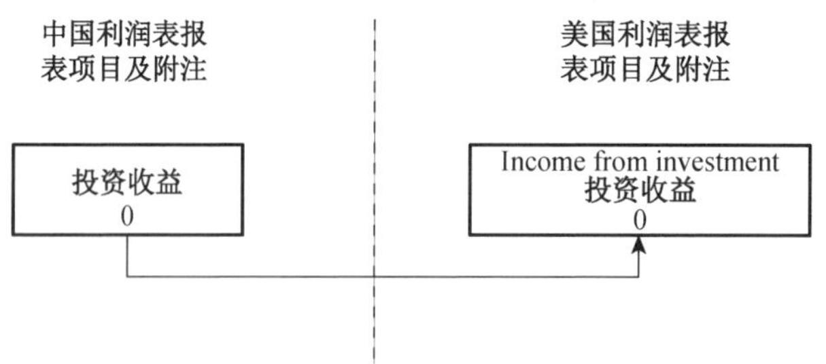

图 4-15　中美利润表“投资收益”项目映射关系图

8. “营业利润”项目

中国财务报表中,此项由计算得出,如表 4-35 所示。

表 4-35　西王食品 20×3 年"营业利润"项目附注信息　　单位:元

一、营业总收入	2 427 329 779.14
其中:营业收入	2 427 329 779.14
二、营业总成本	2 232 003 029.25
其中:营业成本	1 827 809 189.47
营业税金及附加	6 023 742.46
销售费用	265 721 744.08
管理费用	115 610 724.01
财务费用	16 585 329.17
资产减值损失	252 300.06
三、营业利润(亏损以"－"号填列)	195 326 749.89

在美国财务报表中,"财务费用"中的"利息收入"计入"营业收入",其他部分计入"财务费用"单独列示,不计入"营业利润",此外"投资收益"也不计入"营业利润"。

表 4-36　西王食品美国利润表 20×3 年"营业利润"附注信息　　单位:元

Revenues	2 428 984 595.90
NET:Operating costs	－1 827 809 189.47
Taxes other than income taxes	－9 754 525.81
Selling general and administrative expenses	－377 601 684.74
Asset impairment loss	－252 300.06
Profit from operations	213 566 895.82

9. "营业外收入"和"营业外支出"项目

表 4-37　西王食品 20×3 年"营业外收入"项目附注信息　　单位:元

营业外收入明细	金额
政府补助	211 400.00
罚没收入	352 509.81
其他收入	351 996.31
合　计	915 906.12

表 4-38　西王食品 20×3 年"营业外支出"项目附注信息　　单位:元

营业外支出明细	金额
非流动资产处置损失合计	162 271.80
罚款支出	
其他	41 474.54
合　计	203 746.34

此项对应美国会计准则利润表的项目:"Earnings (loss) from discontinued operations"。

转换模式:多对一转(主项对主项的转换)。

转换结果如表 4-39 所示。

表 4-39　西王食品美国利润表 20×3 年"非持续经营项目收益(完税后)"附注信息

单位:元

Earnings (loss) from discontinued operations	金额
Government subsidies	211 400.00
Fine income	352 509.81
Other income	351 996.31
Non-current asset disposal loss	−162 271.80
Fine	
Other loss	−41 474.54
Total	712 159.78
Net: Income taxes	−54 819.00
Earnings (loss) from discontinued operations, net of taxes	657 340.78

在我国会计准则中没有中断经营的概念,相关内容在"营业外收入"或"营业外支出"中披露;而美国会计准则规定企业中断经营所产生的利得和损失,应扣除相关的所得税费用,以净额单独列示在利润表中。

10. "利润总额"项目

如上所述,此项对应美国报表"Earnings from continuing operations before income taxes"项目,但是应扣除"Earnings (loss) from discontinued operations"712 159.78 元,为 195 326 749.89 元。

11. "所得税费用"项目

此项对应美国报表"Income tax expense"项目,但是应扣除"Earnings (loss) from discontinued operations"的所得税 54 819 元,为 15 035 452.07 元。

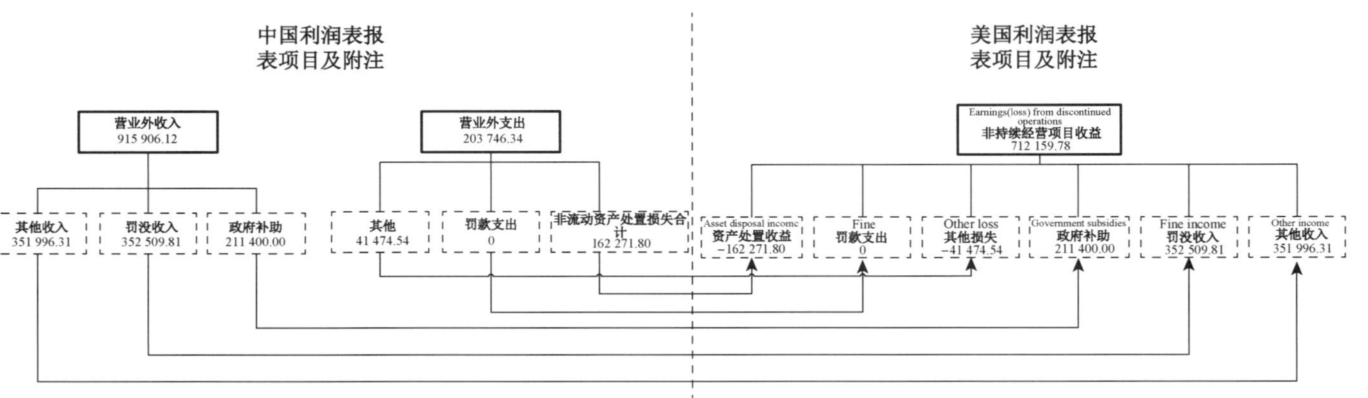

图 4-16　中美利润表“营业外收入”和“营业外支出”项目映射关系图

12. “其他项目”

“所得税费用”之后的项目都是一一对应关系，如表 4-40 所示。

表 4-40　西王食品中美利润表对应关系　　单位：元

中国准则	美国准则
净利润	Net earnings
归属于：	Attributable to:
母公司股东	Owners of the company
少数股东	Non-controlling interests
每股收益	Net earnings per share
基本每股收益(人民币元)	Basic earnings per share
稀释每股收益(人民币元)	Diluted earnings per share
其他综合(损失)/收益	Other comprehensive income
综合收益总额	Comprehensive income
归属于：	Attributable to:
母公司股东	Owners of the company
少数股东	Non-controlling interests

汇总得出美国会计准则利润表，如表 4-41 所示。

表 4-41　XIWANG FOOD COMPANY LIMITED COMPREHENSIVE INCOME STATEMENTS

For the year ended December 31, 20×3, 20×2

RMB

Item	Notes	20×3	20×2
Revenues			
Main business income		2 380 235 289.86	
Other business income		48 749 306.04	
Total revenues		2 428 984 595.90	
Costs and expenses			
Operating costs			
Operating costs of Main business		−1 781 529 182.82	
Operating costs of Other business		−46 280 006.65	
Total operating costs		−1 827 809 189.47	
Taxes other than income taxes		−9 754 525.81	

(续表)

Item	Notes	20×3	20×2
Selling, general and administrative expenses		−377 601 684.74	
Asset impairment loss		−252 300.06	
Profit from operations		213 566 895.82	
Finance costs			
Exchange gain			
Exchange loss		−33 119.85	
Interest expense		−18 084 611.12	
Other finance costs		−122 414.96	
Total finance costs		−18 240 145.93	
Income from investment			
Earnings from continuing operations before income taxes		195 326 749.89	
Net: Income tax expense		−15 035 452.07	
Earnings from continuing operations		180 291 297.82	
Earnings (loss) from discontinued operations, net of taxes		657 340.78	
Net earnings		180 948 638.60	
ATTRIBUTABLE TO:			
Owners of the company		180 948 638.60	
Non-controlling interests			
Net earnings per share			
Basic earnings per share		0.96	
Diluted earnings per share		0.96	
Other comprehensive income			
Comprehensive income		180 948 638.60	
ATTRIBUTABLE TO:			
Owners of the company		180 948 638.60	
Non-controlling interests			

翻译为中文,如表 4-42 所示。

表 4-42　西王食品利润表

编制单位：西王食品股份有限公司　　20×3 年 12 月 31 日　　单位：元

项　目	附注	20×3 年	20×2 年
营业收入			
主营业务收入		2 380 235 289.86	
其他业务收入		48 749 306.04	
合　计		2 428 984 595.90	
成本及费用			
营业成本			
主营业务成本		−1 781 529 182.82	
其他业务成本		−46 280 006.65	
合　计		−1 827 809 189.47	
除所得税外的其他税负		−9 754 525.81	
销售、一般与管理费用		−377 601 684.74	
资产减值损失		−252 300.06	
营业利润		213 566 895.82	
财务费用			
汇兑收益			
汇兑损失		−33 119.85	
利息支出		−18 084 611.12	
其他		−122 414.96	
财务费用净额		−18 240 145.93	
投资收益			
税前持续经营项目收益		195 326 749.89	
所得税费用		15 035 452.07	
持续经营项目收益		180 291 297.82	
非持续经营项目收益（完税后）		657 340.78	
净收益		180 948 638.60	
归属于：			
母公司股东		180 948 638.60	
少数股东			
每股收益			
基本每股收益（人民币元）		0.96	
稀释每股收益（人民币元）		0.96	

（续表）

项　目	附注	20×3 年	20×2 年
其他综合(损失)/收益			
综合收益总额		180 948 638.60	
归属于：			
母公司股东		180 948 638.60	
少数股东			

4.4　微软公司利润表转换实例

以微软公司 20×3 年利润表为例，根据美国会计准则编制的利润表主表及附注信息，逐项推算中国企业会计准则编制的利润表的各个项目。

表 4-43　MICROSOFT CORPORATION COMPANY LIMITED

INCOME STATEMENTS

(In millions, except per share amounts)

Year Ended June 30	**20×3**	**20×2**	**20×1**
Revenue	**77 849**	73 723	69 943
Cost of revenue	**20 249**	17 530	15 577
Gross profit	**57 600**	56 193	54 366
Operating expenses:			
Research and development	**10 411**	9 811	9 043
Sales and marketing	**15 276**	13 857	13 940
General and administrative	**5 149**	4 569	4 222
Goodwill impairment	**0**	6 193	0
Total operating expenses	**30 836**	34 430	27 205
Operating income	**26 764**	21 763	27 161
Other income	**288**	504	910
Income before income taxes	**27 052**	22 267	28 071
Provision for income taxes	**5 189**	5 289	4 921
Net income	**21 863**	16 978	23 150
Earnings per share:			
Basic	**2.61**	2.02	2.73

(续表)

(In millions, except per share amounts)			
Year Ended June 30	**20×3**	**20×2**	**20×1**
Diluted	**2.58**	2.00	2.69
Weighted average shares outstanding:			
Basic	**8 375**	8 396	8 490
Diluted	**8 470**	8 506	8 593
Cash dividends declared per common share	**$ 0.92**	$ 0.80	$ 0.64

表 4-44 MICROSOFT CORPORATION COMPANY LIMITED COMPREHENSIVE INCOME STATEMENTS

(In millions)			
Year Ended June 30	**20×3**	**20×2**	**20×1**
Net income	21 863	16 978	23 150
Other comprehensive income (loss):			
Net unrealized gains (losses) on derivatives [net of tax effects of $(14), $137, and $(338)]	−26	255	−627
Net unrealized gains (losses) on investments [net of tax effects of $195, $(210), and $567]	363	−390	1 054
Translation adjustments and other [net of tax effects of $(8), $(165), and $205]	−16	−306	381
Other comprehensive income (loss)	321	−441	808
Comprehensive income	22 184	16 537	23 958

微软公司的年报是按照美国会计准则编制的。"The financial statements and accompanying notes are prepared in accordance with generally accepted accounting principles in the United States of America (U. S GAAP)"我们可以看到,微软公司的年报利润表与中国利润表的最大区别是,其年度结束时间为 6 月 30 日。

下面我们将微软公司的年报利润表转换为按照中国会计准则编制的利润表。

1. "Revenue"项目

此项对应中国会计准则下利润表的"营业收入"项目 77 849 百万美元。

转换模式:一对一转换(主项对主项的转换)。

2. "Cost of revenue"项目

此项对应中国会计准则下利润表的"营业成本"项目 20 249 百万美元。

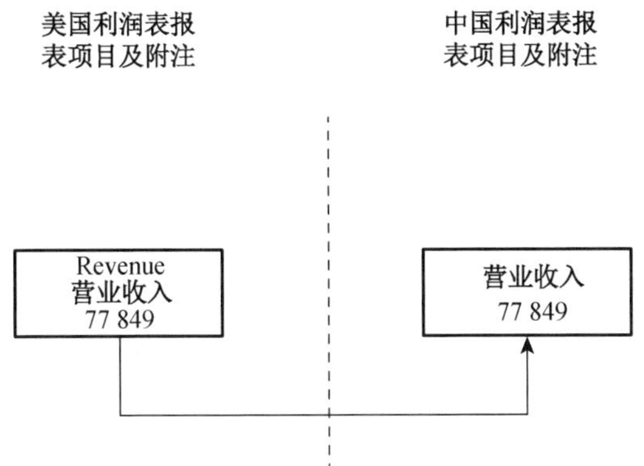

图 4-17　中美利润表“Revenue”项目映射关系图

转换模式:一对一转换(主项对主项的转换)。

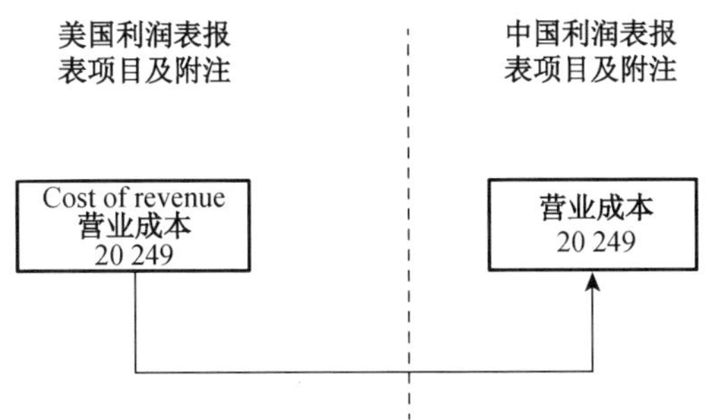

图 4-18　中美利润表“Cost of revenue”项目映射关系图

3. “Gross profit”项目

此项对应中国会计准则下利润表的“毛利润”项目 57 600 百万美元。

转换模式:一对一转换(主项对主项的转换)。

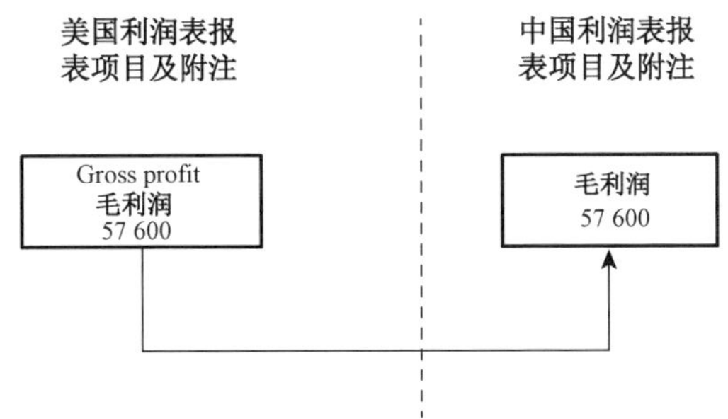

图 4-19　中美利润表“Gross profit”项目映射关系图

4. “Operating expenses”项目

此项包含“Research and development” “Sales and marketing” “General and administrative” “Goodwill impairment”。其中“Sales and marketing” “General and administrative”两项分别可以对应于“销售费用”和“管理费用”。“Research and development(研发支出)”,按照我国会计准则企业研究阶段的支出全部费用化,计入当期损益中的“管理费用”项目下;开发阶段的支出符合条件的才能资本化,计入“无形资产”项目;不符合资本化条件的计入当期损益。微软公司作为高科技企业的代表,自然对研发十分重视,事实上这部分的支出也超过“General and administrative”的两倍,在“Operating expenses”中仅次于“Sales and marketing”。所以,这里主张,不必要将此项按照中国会计准则拆分,可以按照稳健性的原则,在转换时全部计入“管理费用”项目。“Goodwill impairment”项,可以直接对应于“资产减值损失”。

转换模式:一对一转换(主项对主项的转换)。

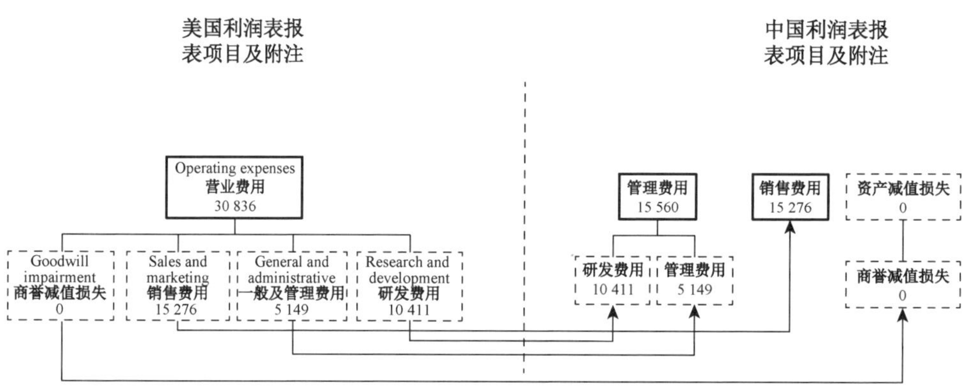

图 4-20　中美利润表“Operating expenses”项目映射关系图

中国会计准则的利润表中的“营业税金及附加”在微软的年报里找不到对应项目。

5. “Operating income”项目

此项对应中国会计准则的利润表里“营业利润”26 764 百万美元。

转换模式:一对一转换(主项对主项的转换)。

6. “Other income”项目

此项对应中国会计准则的利润表里“营业外收支净额” 288 百万美元。

转换模式:一对一转换(主项对主项的转换)。

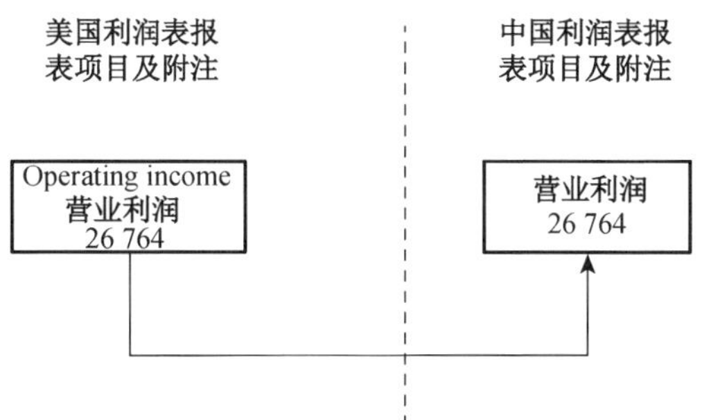

图 4-21 中美利润表"Operating income"项目映射关系图

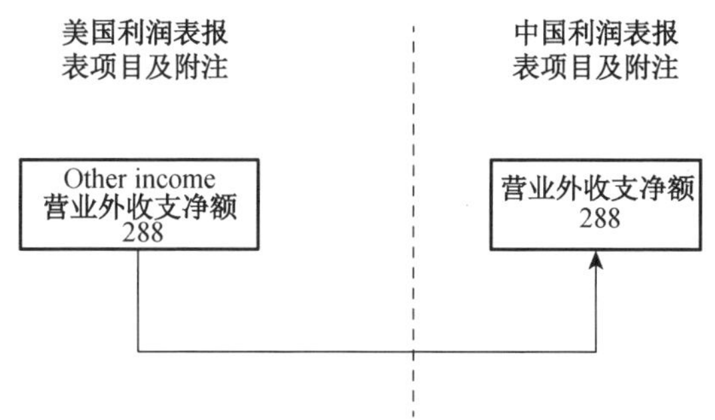

图 4-22 中美利润表"Other income"项目映射关系图

7. "Income before income taxes"项目

此项对应中国会计准则的利润表里的"利润总额"27 052 百万美元。

转换模式:一对一转换(主项对主项的转换)。

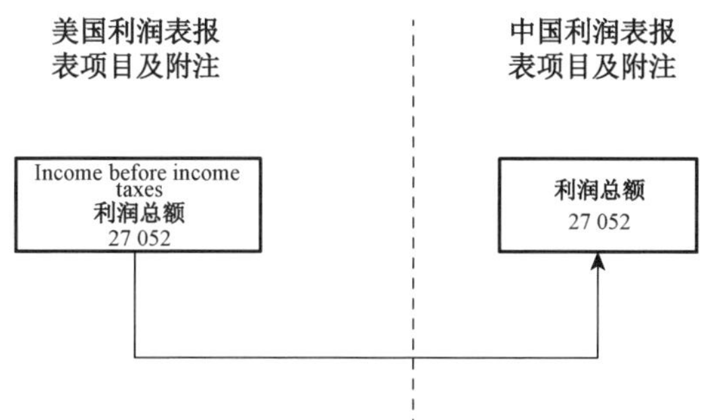

图 4-23 中美利润表"Income before income taxes"项目映射关系图

8. "Provision for income taxes"项目

此项对应中国会计准则的利润表里的"所得税费用"5 189 百万美元。

转换模式：一对一转换（主项对主项的转换）。

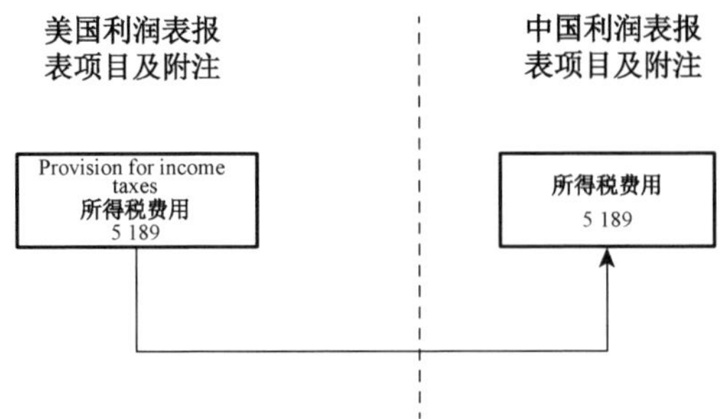

图 4-24　中美利润表“Provision for income taxes”项目映射关系图

9. “Net income”项目

此项对应于中国会计准则的利润表里的“净利润”21 863 百万美元。

转换模式：一对一转换（主项对主项的转换）。

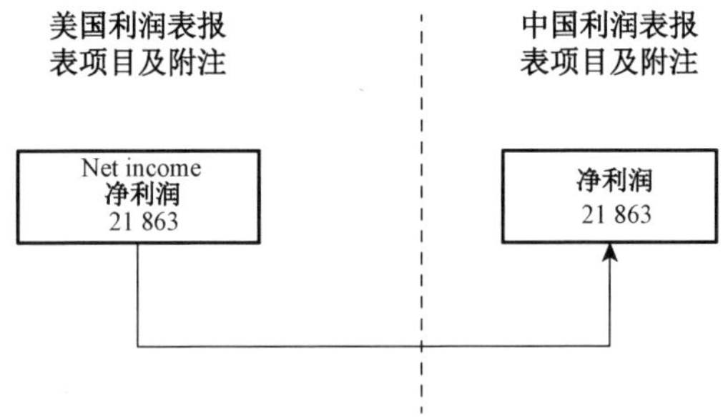

图 4-25　中美利润表“Net income”项目映射关系图

在基本每股收益、稀释每股收益方面，完全一样。

10. “Other comprehensive income (loss)”项目

此项对应中国会计准则的利润表里的“其他综合收益”，包含三项：“Net unrealized gains (losses) on derivatives——未确认的衍生品收益（损失）”；“Net unrealized gains (losses) on investments——未确认的投资收益（损失）”；“Translation adjustments and other——汇兑损益及其他”。

转换模式：一对一转换（主项、细项对主项、细项的转换）。

11. “Comprehensive income”项目

此项对应中国会计准则的利润表里的“综合收益总额”。

汇总转换后的利润表如表 4-45 所示。

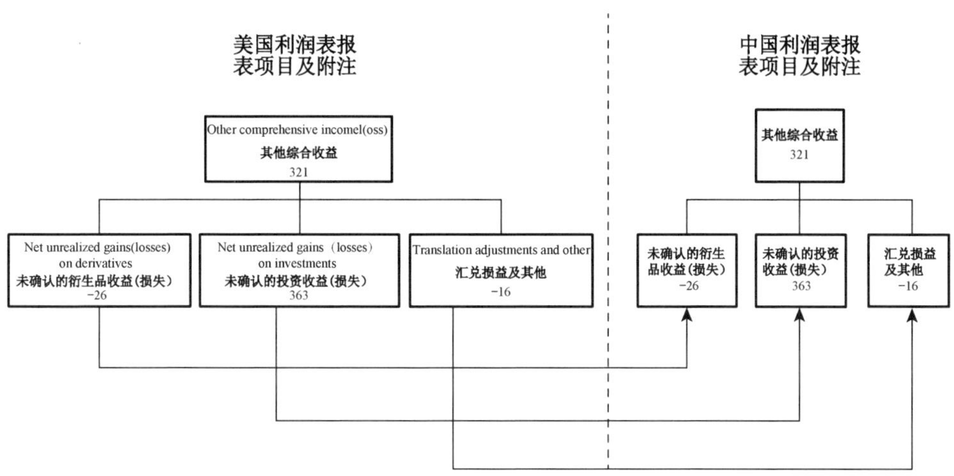

图 4-26 中美利润表"Other comprehensive income (loss)"项目映射关系图

表 4-45 转换后的微软公司利润表

编制单位:微软公司　　　　20×3 年 6 月 30 日

项目	金额	计算过程
营业收入	77 849	Revenue
营业成本	20 249	Cost of revenue
销售费用	15 276	Sales and marketing
管理费用	15 560	Research and development+ General and administrative
资产减值损失	0	Goodwill impairment
营业利润	26 764	Operating income
营业外收支净额	288	Other income
利润总额	27052	Income before income taxes
所得税费用	5189	Provision for income taxes
净利润	21 863	Net income
基本每股收益	2.61	Earnings per share(Basic)
稀释每股收益	2.58	Earnings per share(Diluted)
其他综合收益	321	Other comprehensive income
综合收益总额	22 184	Comprehensive income

注:单位百万美元,除每股项目外。

总的来说，我们将国际会计准则或者美国会计准则的利润表转换为中国会计准则的利润表相对来说更容易些。因为国际会计准则或者美国会计准则的利润表包含的信息量更多、更具体、更细化；反过来，以前述公司年报为例，当我们试图从中国会计准则的利润表转换国际会计准则或者美国会计准则的利润表，会更加困难，因为我们从一个更粗略的报表试图得到一个更细化的报表，这就需要更多额外的信息和数据。

4.5　本章小结

本章首先对不同会计准则要求下利润表的结构进行区分与概括，以 ABC 公司为例，对于如何实现中国利润表转换为美国利润表的转换步骤进行详细展示，并对转换过程中可能涉及的转换问题进行阐述。在此基础上，以中国上市公司西王食品为例，展示如何实现从中国会计准则下的利润表转换为美国会计准则下的利润表，并以微软公司为例，对于如何实现从美国会计准则下的利润表转换为中国会计准则下的利润表的细节进行举例解释。

第5章

中美现金流量表的转换

5.1　现金流量表概述

现金流量表的出现，主要是要反映出资产负债表中各个项目对现金流量的影响，并根据其用途划分为经营、投资及融资三个活动分类。现金流量表可用于分析公司的资产流动性以及负债能力等指标。

现金流量表是显示指定时间段内（一般为一个月、一个季度，主要是一年的年报）的现金流入和流出的财务报告，显示资产负债表（Balance Sheet）及利润表（Income Statement/Profit and Loss Account）如何影响现金及现金等价物，以及从公司经营、投资和融资的角度做出分析。现金流量表的主要作用是决定公司短期生存能力，特别是缴付账单的能力。

现金流量表反映一家公司在一定时期现金流入和现金流出动态状况，其组成项目与资产负债表和利润表有一定的关联性。现金流量表可以概括地反映企业经营活动、投资活动和筹资活动对企业现金流入流出的影响，对于评价企业财务状况、财务质量有着非常重要的作用。相比于资产负债表和利润表，现金流量表反映的角度更加的动态。现金流量表详细描述了由公司的经营、投资与筹资活动所产生的现金流量。另外，现金流量表也可以描述企业的经营质量。例如，比较企业经营活动产生的现金流量净额与企业支付股利、偿还债务支出的现金流量，可以对企业的经营质量、偿债能力进行分析。对于大部分的企业来说，可以通过会计手段来对资产负债表、利润表进行调整，但是很难同时兼顾现金流量表，因此现金流量表也往往起到了检验企业报表质量的重要作用。

5.1.1 现金流量表基本组成

本书基于现有会计准则下的现金流量表进行分析。现金流量表分为四个部分:经营活动产生的现金流量、投资活动产生的现金流量、筹资活动产生的现金流量和现金及现金等价物变动。下面主要对现金流量表的部分项目进行举例分析。

5.1.1.1 经营活动产生的现金流量举例分析

(1) 将销售商品、提供劳务收到的现金与购进商品、接受劳务付出的现金相比。在企业经营正常、购销平衡的情况下,两者相比是有意义的。比率大,说明企业的销售利润大,销售回款良好,创现能力强。

(2) 将销售商品、提供劳务收到的现金与经营活动流入的现金总额相比,同时结合企业本身业务的账期、业务特点等因素,可在一定程度上反映企业产品销售现款占经营活动流入的现金的比重,进而反映企业现金回款能力。

(3) 将本期经营活动产生的现金流量净额与往期进行比较,可在一定程度上分析企业的成长性。

5.1.1.2 投资活动产生的现金流量举例分析

企业投资活动产生的现金流量一定程度可以反映企业的成长能力。绝大部分企业在扩大规模或者开辟新业务的过程当中,都需要用现金进行投资,因此投资活动产生的现金流量的多少可以反映企业是否真实地进行了资本投资,也是衡量企业成长质量非常重要的一个环节。

5.1.1.3 筹资活动产生的现金流量举例分析

一般来说,筹资活动产生的现金净流入量越大,企业面临的偿债压力也越大,但如果现金净流入量主要来自企业吸收的权益性资本,则不仅不会面临偿债压力,资金实力反而增强。因此,在分析时,可将吸收权益性资本收到的现金与筹资活动现金总流入相比,所占比重大,说明企业资金实力增强,财务风险降低。

5.1.1.4 现金流量表项目分析

首先,分别计算经营活动现金流入、投资活动现金流入和筹资活动现金流入占现金总流入的比重,了解现金的主要来源。一般来说,经营活动现金流入占现金总流入比重大的企业,经营状况较好,财务风险较低,现金流入结构较为合理。其次,分别计算经营活动现金流出、投资活动现金流出和筹资活动现金流出占现金总流出的比重,它能具体反映企业的现金用于哪些方面。一般来说,经营活动现金流出

比重大的企业，其生产经营状况正常，现金流出结构较为合理。

5.1.2 中国企业会计准则要求下的现金流量表

1. 中国现金流量表编制准则

从2005年初开始，财政部在总结会计改革经验的基础上，顺应中国市场经济发展对会计工作提出的新要求，借鉴国际财务报告准则，全面启动了企业会计准则建设。经过近两年的艰苦努力，建成了由1项基本准则、38项具体准则和应用指南构成的企业会计准则体系，其最显著的特征是立足国情、国际趋同。

《企业会计准则》由财政部制定，于2006年2月15日发布，自2007年1月1日起施行，这些准则对加强和规范企业会计行为，提高企业经营管理水平和会计规范处理，促进企业可持续发展起到指导作用。之后财政部陆续又有修订和增补，但是财务报告准则的基本框架和主要内容没有大的变化。

中国企业的财务报表也是根据《企业会计准则》进行编制的，在统一的会计准则下，中国企业所编制的财务报表在格式上有着比较一致的相似性。这对于公司财务信息的披露来讲具有非常重要的意义，只有一致的格式才能在财务报表中显示出可比的信息，才能进一步地进行比较。

根据现有的《企业会计准则》，现金流量表总共有六个类①，分别为：经营活动产生的现金流量、投资活动产生的现金流量、筹资活动产生的现金流量、汇率变动对现金及现金等价物的影响额、现金及现金等价物净增加额、期末现金及现金等价物余额（表5－1）。

在这六个类中，共含有29个主项②，92个细项③。其中主项代表的是现金流量表中的主要项目，在现金流量表中，有着非常重要的地位。同时主项的概念比较大，所以可包含的内容就比较多，因此在进行财务报表的转换过程中，尽量保证主项对应关系基本不变。

由于主项只能表示一部分信息，并不能完善地表达企业在现金流方面的所有信息，所以在主项之后，仍有比较细致的划分。本书将这个层级的内容定义为细项。在中国现金流量表的模板当中，共有92个细项。表5－1对这些内容进行了统计与整理。

---

① 这里定义“类”作为“现金流量表”表头下面一级项目的层级名称。

② “主项”定义为“现金流量表”中“类”的一级子项目的层级名称。

③ “细项”定义为“现金流量表”中“主项”的一级子项目的层级名称。

表 5－1　中国现金流量表主细项分布统计

类的名称	所包含主项的数量	所包含细项的数量	合计
经营活动产生的现金流量	10	44	54
投资活动产生的现金流量	9	21	30
筹资活动产生的现金流量	9	27	36
汇率变动对现金及现金等价物的影响额	0	0	0
现金及现金等价物净增加额	1	0	1
期末现金及现金等价物余额	0	0	0
总计	29	92	121

2. 改良后的中国现金流量表模板

通过表 5－1 的数据，可以看到，在中国会计准则下的现金流量表中，前三个类所包含的信息量较大；因此本书通过人工的辨别与整理，将后三类（汇率变动对现金及现金等价物的影响额、现金及现金等价物净增加额、期末现金及现金等价物余额）合并为一类：现金及现金等价物变动。通过这样的整理方式，现金流量表的整体构架更加清晰，由原来的六大类变化为四大类，后三类的类名称作为主项放入新增加的类当中，而这三类中原有的主项则退化为细项进行处理。整理过后的现金流量表主细项分布统计将变为表 5－2 所示。

表 5－2　整理后中国现金流量表主细项分布统计

类的名称	所包含主项的数量	所包含细项的数量	合计
经营活动产生的现金流量	10	44	54
投资活动产生的现金流量	9	21	30
筹资活动产生的现金流量	9	27	36
现金及现金等价物变动	3	1	4
总计	31	93	124

将后三类归为一类进行处理，将减少大量的计算，同时也可以让现金流量表变得更加的清晰，对后文的财务报表转换有比较大的帮助。

3. 中国现金流量表模板

表 5－3 是中国现金流量表的模板，也是在进行中美现金流量表转换中必要的部分。在该模板中，每行缩进的多少代表该项目的级别，比如“销售商品、提供劳务收到的现金”前面没有缩进，表示该项目为表内主项，而“主营收入”这一项有着缩进，代表该项目是一个表内细项，从属于“销售商品、提供劳务收到的现金”。总结

现金流量表的模板意义在于对美国财务报表进行转换时，可以比较迅速地找到对应的位置，然后再将没有数据的空白项目删去。

表 5-3　中国现金流量表模板

一、经营活动产生的现金流量	减：生产成本——直接工资
销售商品、提供劳务收到的现金	减：制造费用——工资福利
主营收入	调整
销售退货	支付给职工以及为职工支付的现金
应收票据减少(增加)	应付职工薪酬(借)
应收账款减少(增加)	生产成本——直接工资
预收账款增加(增加)	制造费用——工资福利
收回已列坏账的应收款	管理费用——工资及福利
增值税销项增加	营业费用——工资及福利
收到的税费返还	支付的各项税费
应交税费——返还	应交税金借方
教育附加返还	递延所得税资产
增值税返还	管理费用——税金
所得税返还	个人所得税
营业税返还	支付其他与经营活动有关的现金
消费税返还	捐赠
应收补贴款	非常损失
收到其他与经营活动有关的现金	长期待摊费用增加
罚款收入	营业费用
其他应收款减少(增加)	管理费用
调整	减：工资及福利
经营活动现金流入小计	减：管理费用——税金
购买商品、接受劳务支付的现金	其他应付款减少
主营成本	折旧及摊销
存货增加	经营活动现金流出小计
应付票据减少	经营活动产生的现金流量净额
应付款减少	二、投资活动产生的现金流量
预付账款增加	收回投资收到的现金
进项税增加	交易性金融资产(贷)

(续表)

长期股权投资(贷)	三、筹资活动产生的现金流量
长期债权投资(贷)	吸收投资收到的现金
取得投资收益收到的现金	实收资本(贷)
应收利润增减	发行普通股获得的收入
投资收益	上级拨入资金(贷)
处置固定资产、无形资产和其他长期资产而收回的现金净额	资本公积(贷)
营业外收入——处置	取得借款所收到的现金
营业外支出——处置	短期借款(贷)
待处理财产损溢	长期借款(贷)
投资活动现金流入小计	应付债券(贷)
购建固定资产、无形资产和其他长期资产支付的现金	收到其他与筹资活动有关的现金
固定资产	长期应付款(贷)
在建工程	专项应付款(贷)
无形资产	未确认融资费用
其他长期资产	递延所得税负债
投资所支付的现金	筹资活动现金流入小计
交易性金融资产(借)	偿还债务所支付的现金
长期股权投资(借)	短期借款(借)
投资性房地产(借)	长期借款(借)
长期应收款(借)	应付债券(借)
未实现融资收益(借)	长期应付款(借)
生产性生物资产(借)	专项应付款(借)
油气资产(借)	分配股利、利润或偿付利息支付的现金
拨付所属资金(借)	应付利息(借)
支付的其他与投资活动有关的现金	应付股利(借)
工程物资	财务费利息支出
投资活动现金流出小计	股票净回购支出
投资活动产生的现金流量净额	支付其他与筹资活动有关的现金

（续表）

未确认融资费用	筹资活动现金流出小计
递延所得税负债	筹资活动产生的现金流量净额
上市审计咨询费	四、汇率变动对现金及现金等价物的影响额
利息资本化部分	现金及现金等价物净增加额
减资费用	加:期初现金及现金等价物余额
租赁费	期末现金及现金等价物净增加额
抵押费用	

5.1.3 美国企业会计准则要求下的现金流量表

1. 美国10－K报表简介

美国会计准则下的10－K报表是一种年度报告，是美国证券交易委员会(SEC)要求的上市公司财务业绩的全面总结。虽然也是年报，但是10－K年度报表和通常的“股东年度报告”截然不同，它是上市公司举办年度股东大会选举董事时必须发送给它的股东的（尽管一些公司把年度报告和10－K报表合成一个文件）。10－K报表包括公司的历史、组织结构、高管薪酬、股权、子公司，以及经审计的财务报表和其他信息。

10－K报表的发布对象为拥有超过1 000万美元资产或500名以上股东的公司，符合条件的公司必须提交和发布年度报告以及其他阶段性报告。直到2009年3月16日，小公司可以使用10－KSB格式。但是如果股东要求公司提供10－K格式的报表则该公司必须提供。因此大多数大型公司都会披露10－K格式报告。

但是，由于美国的财务报表格式相对自由，并没有比较固定的会计项目，所以在整理美国现金流量表的过程中存在很大的问题。也就是说，同样是10－K标准下的报表有着不同的结构，存在着差异。在处理这个问题的时候，本书采用的办法是扩大样本容量。通过扩大样本容量，可以找到会计项目的并集，将这些会计项目作为一个10－K报表的基础标准模板。

2. 美国财务报表的采样以及整合

在10－K报表的采样中，共选取10家公司，这10家公司均为美国本土上市的上市公司，其财务报表均按照10－K标准进行，在这10家公司的财务报表中，几乎每家都有所不同。在处理过程中，首先将这些公司的现金流量表进行整理，然后翻译，再将翻译过后得到的结果进行整合。

数据项目分布如表5－4所示。

表 5-4　美国财务报表的采样数据统计

项目	通用汽车	华盛顿邮报	微软	壳牌	埃克森美孚	通用电气	福特	麦克森	可口可乐	宝洁	合计
数据项总数	41	48	40	40	28	46	38	40	29	27	377
表内主项	30	37	31	37	25	35	34	38	27	25	319
表内细项	11	11	9	3	3	11	4	2	2	2	58

总数为:377 项,平均每张现金流量表含有的数据数量为 37.7 项。在统计过程中,多数报表当中的经营活动产生的现金流量项目下都有一项为“调整为净收益的现金流量”,同时“调整为净收益的现金流量”中又有很多项目,按照层级结构应该划分为表内细项,但是由于不同公司的划分标准不同,有的公司将这些项目划分为表内主项,另外一些公司将这些项目划分为表内细项。如果用中国会计准则进行划分,这些项目都可以归类为使用间接法进行披露的经营活动产生的现金流量。因为这一项目的细项数量较多,且数据内容比较重要,所以在处理这些项目时,将这些细项升级为表内主项进行处理。提高数据项的层次有利于增加数据的意义,一般来讲,层次越高的元素将提供越多的信息量。将这些财务报表中的现金流量表做统计后,得到主项 319 项、细项 58 项,平均每个现金流量表中有 31.9 项表内主项、5.8 项表内细项。

本书在进行数据的统计以及筛选后,选择了一个相对比较完整,可以表示大部分美国财务报表的报表作为一个标准化的模板,提取标准化模板的方法如下。

1) 将采样报表中的会计项目全部添加到一张报表中

尽管采样的数量不是很多,但由于全部都是美国上市公司的财务报表,所以在会计项目上有着一定的相似性。通过提取和筛选,发现 10 份财务报表中,尽管各自均有所不同,但大致可以分为两个大类,之后再将这两个大类合并在一起。将所有的会计项目全部添加到报表中是为了防止会计项目遗漏或者缺失。当然,如果能将样本容量继续扩大,则得到的标准模板将更加完善。

2) 筛选出重复的信息并去掉

把样本中的信息整合到一张报表后,会发现有非常多重复的项目。因为要制作一个标准的模板文件,所以要将这些重复的信息去掉。当信息出现的次数大于等于两次时,仅保留一次。

3) 剔除拥有特定公司属性的会计项目

由于美国 10-K 标准并没有将财务报表的格式加以固定,所以公司在编制财

务报表时经常会加入含有本公司独有特点的会计项目。比如，在通用电气(GE)财务报表中有一项为“由 GECC 产生的收益”，而其他报表中有一项为“子公司产生的收益”，那么可以将这两个进行整合，整合为一个项目，即“子公司产生的收益”，剔除掉特定公司的属性，将其模型提取出来。

4）对报表中的会计项目顺序进行合理化调整

在完成对会计项目的整理后要进行顺序的微调。

5）对报表中的会计项目层级进行合理化调整

在完成对会计项目顺序的微调后，要对报表中会计项目的层级进行合理化的调整，保证整个会计报表标准模板更加合理。

3. 美国现金流量表模板

通过对 10 家美国上市公司的财务报表的提取和分离，得到了美国现金流量表报表模板(表 5－5)。但是对于整体的美国现金流量表来说，这并不是一个非常完善的模板，随着采样数量的增加和扩充，模板将变得更加完善和可靠。

在进行中国现金流量表转换为美国现金流量表的过程中，首先将中国公司的现金流量表会计项目对应该模板中的项目，然后再进行转换。

下面是调整过后的美国现金流量表模板，左边展示的是英文的模板，右边展示的是中文的翻译结果。

表 5－5　整理后美国现金流量表模板及对应中文翻译

会计项目	对应中文翻译
Cash flows in operating activities	经营活动产生的现金流量
Net income	净收益
Net earnings attributable to the company	归属于公司的净收益
Less net earnings attributable to noncontrolling interests	减非可控利润对净收益的影响
(Earnings) loss from discontinued operations	由非可持续经营项目带来的收益
Adjustments to reconcile to net cash provided by operating activities:	将净利润调节为经营活动产生的现金流量
Depreciation	折旧
Amortization	摊销
Goodwill impairment	商誉损失
Deferred taxes	递延所得税
Deferral of unearned revenue	递延预收款项

（续表）

会计项目	对应中文翻译
Recognition of unearned revenue	预收款项确认
Net recognized gains on investments and derivatives	投资活动及其衍生品净收益
Excess tax benefits from stock-based compensation	由储备金带来的超额税
Share-based compensation expense	以股权为划分标准的补偿费用
Gain on business combination	业务结合带来的收益
Impairment charges and impairment of equity investment	减值费用及权益投资减值
Charges associated with last-in-first-out inventory method	后进先出法带来的存货改变
Foreign currency remeasurement and transaction losses	外币交易的损失
Other non-cash items	其他非现金项目
Changes in operating assets and liabilities，net of acquisitions：	经营活动中资产和负债的变动额
Receivables	应收项目
Inventories	存货
Drafts and accounts payable	汇票及应付账款
Deferred revenue	递延收入
Taxes	税款
Other current assets	其他资产
Other long-term assets	其他长期资产
Accounts payable	应付账款
Other current liabilities	其他负债
Other	其他
Net cash used in operations activities	经营活动产生的现金流量净额
Cash flows in investing activities	投资活动产生的现金流量
Purchases of property，plant and equipment	物业、厂房和设备的购买
Proceeds from sale of property，plant and equipment and other assets	物业、厂房和设备的处置
Net proceeds from sales of businesses	由销售获得的净收益
Maturities of investments	持有至到期投资
Sales of investments	投资项目的出售

（续表）

会计项目	对应中文翻译
Investments in affiliates	在子公司上的投资
Return of investment in affiliates	子公司的投资回报
Increase due to consolidation of business units	合并业务的增加
Proceeds from sale of business units/investments, net	合并业务的收益
Purchases of marketable equity securities and other investments	可供交易金融资产的购买及其他投资
Proceeds from sale of marketable equity securities	可供交易金融资产的销售
Acquisitions of businesses, equity method investments and nonmarketable securities	业务、权益投资以及不可交易证券的获得
Proceeds from disposals of businesses, equity method investments and nonmarketable securities	业务、权益投资以及不可交易证券的收益
Increase in restricted cash and marketable securities	限制用途的现金及可交易证券的增加
Decrease in restricted cash and marketable securities	限制用途的现金及可交易证券的减少
Purchases and originations of finance receivables	债券的购买
Principal collections and recoveries on finance receivables	债券的收购
Purchases of leased vehicles, net	租赁工具的购买
Proceeds from termination of leased vehicles	租赁工具的收益
Other	其他
Net cash used in investing activities	投资活动产生的现金流量净额
Cash flows in financing activities	筹资活动产生的现金流量
Proceeds from sale of equity interest	权益
Proceeds from short-term borrowings	短期借款收益
Repayments of short-term borrowings	短期借款偿还
Proceeds from issuances of long-term debt	长期负债收益
Repayments of long-term debt	长期负债偿还
Investments in affiliates	子公司投入
Return of investment in affiliates	由投资子公司获得的收益
Common stock transactions:	普通股交易

（续表）

会计项目	对应中文翻译
Issuances	股票发行
Share repurchases	股票回购
Dividends paid	支付股息
Principal payments on debt	负债的主要支付
Issuance of notes, net	债券发行
(Repayment) issuance of commercial papers, net	商业本票的偿还(发行)
Other	其他
Net cash used in financing activities	筹资活动产生的现金流量净额
Net increase (decrease) in cash and cash equivalents	现金及现金等价物变动
Effect of exchange rate changes on cash and cash equivalents	汇率变动对现金及现金等价物的影响额
Net increase (decrease) in cash and cash equivalents	现金及现金等价物的净增加
Cash and cash equivalents at beginning of year	期初现金等价物
Cash and cash equivalents at end of year	期末现金等价物

将上述美国现金流量表模板同样进行整理，得到统计数据如表 5－6 所示。

表 5－6　整理后美国现金流量表主细项分布统计

类的名称	所包含主项的数量	所包含细项的数量	合计
经营活动产生的现金流量	6	25	31
投资活动产生的现金流量	21	0	21
筹资活动产生的现金流量	16	0	16
现金及现金等价物变动	4	0	4
总计	48	25	73

可以看到，经过整理的美国现金流量表模板的数量较少，主要原因在于采样空间比较小，如果将采样空间扩大到一个比较大的数量级，那么将会得到相近甚至超过中国财务报表的项目数量。由于本书主要研究的是转换的方法以及转换的可行性，所以在这点上并没有做过多的探究。在之后的工作中，我们也可以继续进行探索和研究，将样本空间增加，可得到更加准确的美国财务报表样式。

5.1.4 现金流量表转换的特殊性以及转换过程的调整

相对于资产负债表与利润表，现金流量表具有其特殊性，即现金流量表更多的表示企业在一个阶段内的表现情况，并不是一个静态的变量，因此不同会计准则会有不同的定义，这增加了转换的难度，也难免有不准确的地方。另外由于现金流量表的部分项目可以由资产负债表和利润表通过运算得到，因此在本次的转换过程中，有较多的转换模式变形。例如，“一对多”转换模式，由于没有足够的信息披露，因此看上去是“一对一”转换模式，但从“实质重于形式”的原则看，还是“一对一”转换模式。因此在转换实例中，更多展示的是思路的变化。

特别地，由于中国现金流量表项目的逻辑关系（主要是扣减），是通过文字表述，而美国现金流量表是通过正负号进行表述。

因此在进行中美现金流量表项目转换的映射关系图中，对于中国现金流量表的扣减项，如“支付的各项税费”，在中国的会计项目中，数字均以其绝对值进行体现，而在对应的美国转换项目中，扣减项的数字均加上“－”，该调整不影响转换的实质内容。

5.2 ABC公司现金流量表转换实例

对于如何实现由中国会计准则与现金流量表编制基础下的中国上市公司现金流量表转换为美国会计准则下的现金流量表项目，本书以ABC股份有限公司（以下简称ABC公司）20×3年现金流量表为例，根据美国现金流量表编制基础，对现金流量表组成的各个主项分别进行转换，以展示现金流量表间的转换思路与逻辑。

5.2.1 ABC公司现金流量表

表5-7为ABC公司20×3年年报中现金流量表信息。

表5-7 ABC公司现金流量表

编制单位：ABC股份有限公司　　20×3年12月31日　　单位：元

项目	20×3年度	20×2年度
经营活动产生的现金流量		
销售商品、提供劳务收到的现金	2 491 474	2 276 953
收到的税费返还	2 366	1 974

(续表)

项目	20×3 年度	20×2 年度
收到其他与经营活动有关的现金	5 105	4 493
经营活动现金流入小计	2 498 945	2 283 420
购买商品、接受劳务支付的现金	1 704 242	1 529 811
支付给职工以及为职工支付的现金	108 031	96 866
支付的各项税费	433 420	345 082
支付其他与经营活动有关的现金	78 905	80 572
经营活动现金流出小计	2 324 598	2 052 331
经营活动产生的现金流量净额	174 347	231 089
投资活动产生的现金流量		
收回投资收到的现金	15 392	4 082
全资子公司注销为分公司	—	—
取得投资收益收到的现金	8 946	10 058
处置固定资产、无形资产和其他长期资产收回的现金净额	607	837
投资活动现金流入小计	24 945	14 977
购建固定资产、无形资产和其他长期资产支付的现金	330 861	288 457
投资支付的现金	26 310	10 158
投资活动现金流出小计	357 171	298 615
投资活动产生的现金流量净额	−332 226	−283 638
筹资活动产生的现金流量		
吸收投资收到的现金	31 366	2 522
其中:子公司吸收少数股东投资收到的现金	31 366	2 522
取得借款收到的现金	575 558	471 072
收到其他与筹资活动有关的现金	2 417	389
筹资活动现金流入小计	609 341	473 983
偿还债务支付的现金	398 931	384 837
分配股利、利润或偿付利息支付的现金	84 806	78 430
其中:子公司支付给少数股东的股利、利润	7 499	3 633
子公司资本减少	21	1 239
支付其他与筹资活动有关的现金	227	218

（续表）

项目	20×3 年度	20×2 年度
筹资活动现金流出小计	483 985	464 724
筹资活动产生的现金流量净额	125 356	9 259
汇率变动对现金及现金等价物的影响	−195	−313
现金及现金等价物净(减少)/增加额	−32 718	−43 603
加:期初现金及现金等价物余额	42 106	85 709
期末现金及现金等价物余额	9 388	42 106

ABC 公司现金流量表主要项目附注信息如表 5-8 所示。

表 5－8 ABC 公司 20×3 年现金流量表附注信息 单位:元

项目	20×3 年度	20×2 年度
附注信息:将净利润调节为经营活动产生的现金流量		
净利润	130 618	146 007
加:		
资产减值损失	17 775	24 511
固定资产折旧	84 122	74 021
无形资产摊销	3 049	2 638
长期待摊费用摊销	2 423	2 153
处置固定资产和其他长期资产的损失	3 483	3 114
财务费用	12 101	6 212
投资收益	−8 787	−12 630
递延所得税负债的增加	276	−1 323
存货的增加	−32 586	−39 942
经营性应收项目的增加	−14 326	−39 848
经营性应付项目的增加	−23 801	66 176
经营活动产生的现金流量净额	174 347	231 089

5.2.2 现金流量表具体会计项目转换步骤

5.2.2.1 经营活动产生的现金流量的转换

转换模式:本表附注对应表内主项。

在经营活动产生的现金流量中，中国与美国的计量方式有着差别，中国使用的是直接法与间接法相结合的方法，而美国会计准则更接近中国的间接法。两者比较，按照中国会计准则要求编制的现金流量表可以披露更多的信息。在转换过程时，将中国报表中的附注信息对应到美国报表的正表部分，考虑到内容的完整性以及信息的完整性，将中国现金流量表的正表部分转换为美国附注内容。

上述表 5－8 是 ABC 公司现金流量表的附注信息，其内容对应的是美国现金流量表中的正表内容。

1. "净利润"项目

转换模式：一对一转换（表内附注对表内主项的转换）。

在中国现金流量表中，"净利润"表示公司在该会计期间内，由经营活动产生的净利润。中国经营活动产生的"净利润"在现金流量表的正表部分没有披露，而是在现金流量表的附注部分披露。在美国报表中也有这样一个项目"Net income（净收益）"，表示在经营活动中产生的"净收益"，因此可以直接将中国公司的"净利润"对应到美国财务报表模板中"净收益"的位置。

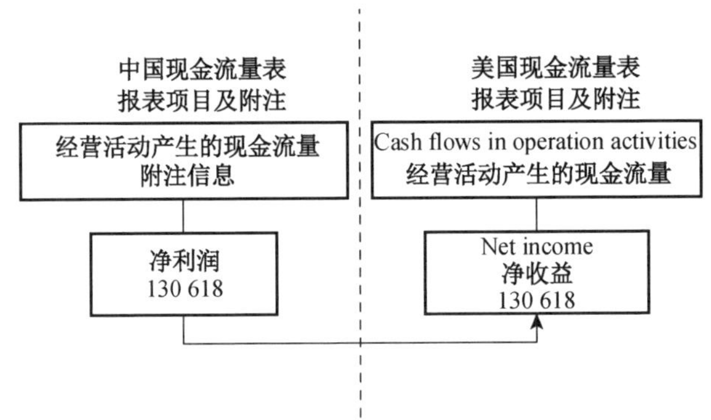

图 5－1　中美现金流量表"净利润"项目映射关系图

表 5-9　"净利润"在 ABC 报表中表现　　单位：元

项目	金额
净利润	130 618

表 5-10　转换后 ABC 公司对应美国报表　　单位：元

Accounting item	Value
Net income	130 618

2. “资产减值损失”项目

转换模式:多对一转换(表内附注对表内主项的转换)。

“资产减值损失”指因资产的账面价值高于其可收回金额而造成的损失。而在美国的对应报表中,披露的项目为“Impairment charges and impairment of equity investment(减值费用及权益投资减值)”,表示的是资产减值的损失以及股权资产减值的损失合并在一起的损失。这项内容和中国的“资产减值损失”相比有所偏差,单单将“资产减值损失”放入这个项目当中是不完整的,因此将经营活动产生的现金流量表中的“处置固定资产和其他长期资产的损失”放入其中,这样处理虽然有失准确,但是考虑到美国现金流量表中并没有一个会计项目可以较好地对应,因此同时将“处置固定资产和其他长期资产的损失”放入该项目中。

表 5－11 “资产减值损失”在 ABC 报表中表现 单位:元

会计项目	金额
资产减值损失	17 775
处置固定资产和其他长期资产的损失	3 483

在转换过程中表示如图 5－2 所示。

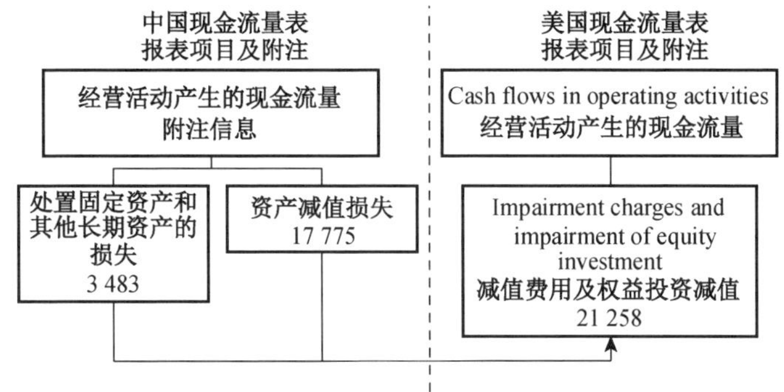

图 5－2 中美现金流量表“资产减值损失”项目映射关系图

表 5－12 转换后 ABC 公司对应美国报表 单位:元

Accounting item	Value
Impairment charges and impairment of equity investment	21 258

3. “固定资产折旧”项目

转换模式:一对一转换(表内附注对表内主项的转换)。

“固定资产折旧”表示企业在会计期间内固定资产的折旧,这项内容比较单纯,可以比较好地对应美国财务报表中的"Depreciation(折旧)"。

表 5-13 "固定资产折旧"在 ABC 报表中表现 单位:元

项目	金额
固定资产折旧	84 122

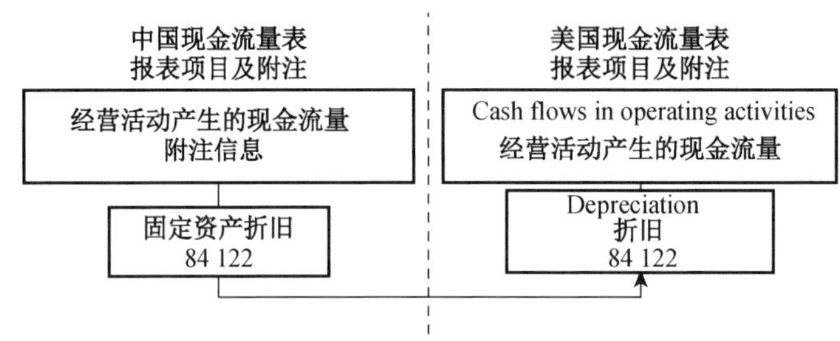

图 5-3 中美现金流量表"固定资产折旧"项目映射关系图

表 5-14 转换后 ABC 公司对应美国报表 单位:元

Accounting item	Value
Depreciation	84 122

4. "无形资产摊销"项目

转换模式:多对一转换(表内附注对表内主项的转换)。

"无形资产摊销"表示的是企业在会计期间内对无形资产的摊销,在中国的会计准则下,无形资产的应摊销金额为其成本扣除预计残值后的金额。在美国的现金流量表中,对应的项目为"Amortization",表示是企业在会计期间内的摊销。但是美国现金流量表中表示的是所有的摊销加和,所以在转换过程中要进行补充,将"长期待摊费用摊销"同时加进来,使用"多对一"的方式进行转换,进行统计和合并。在处理时,将几个内容放在一起转入摊销之中。

表 5-15 "无形资产摊销"及"长期待摊费用摊销"在 ABC 报表中表现

单位:元

项目	金额
无形资产摊销	3 049
长期待摊费用摊销	2 423

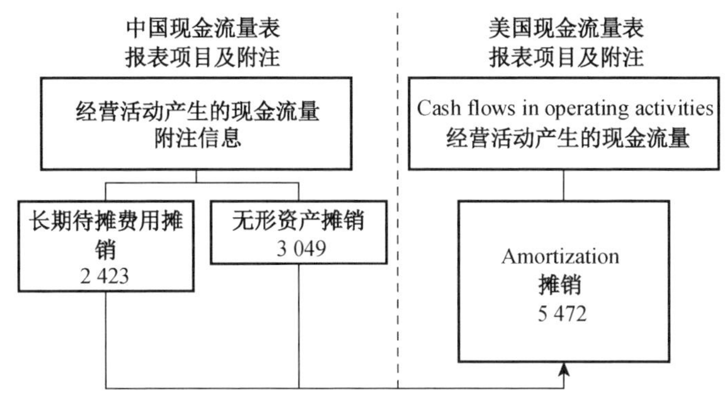

图 5-4　中美现金流量表“无形资产摊销”及“长期待摊费用摊销”项目映射关系图

表 5-16　转换后 ABC 公司对应美国报表　　单位:元

Accounting item	Value
Amortization	5 472

5. “长期待摊费用摊销”项目

“长期待摊费用摊销”与“无形资产摊销”放在一起处理,计入“Amortization”当中。

6. “处置固定资产和其他长期资产的损失”项目

此项与“资产减值损失”一起计入“Impairment charges and impairment of equity investment”当中。

7. “财务费用”项目

转换模式:一对一转换(主项对主项的转换)。

财务费用指企业在生产经营过程中为筹集资金而发生的筹资费用,包括企业生产经营期间发生的利息支出(减利息收入)、汇兑损益(有的企业如商品流通企业、保险企业等进行单独核算,不包括在财务费用内)、金融机构手续费,企业发生的现金折扣或享受的现金折扣等。但在企业筹建期间发生的利息支出,应计入开办费;为购建或生产满足资本化条件的资产发生的应予以资本化的借款费用,在“在建工程”“制造费用”等账户核算。

在转换的过程中,“财务费用”的转换给作者带来了比较大的问题,在对“财务费用”进行转换时,美国没有一个很好的方式进行转换,美国处理“财务费用”是将之计入筹资活动产生的现金流量中,但若将其跨表内类别进行转换,则失去了原有的一致性及意义,因此在处理时,为保留其特有的信息,将中国经营活动产生的“财务费用”转换为美国的“Financial expense”当中,虽然原本没有这项报告项目,但是为保持信息的正确性，创造该项目完成转换。

表 5-17 "财务费用"在 ABC 报表中表现 单位：元

项目	金额
财务费用	12 101

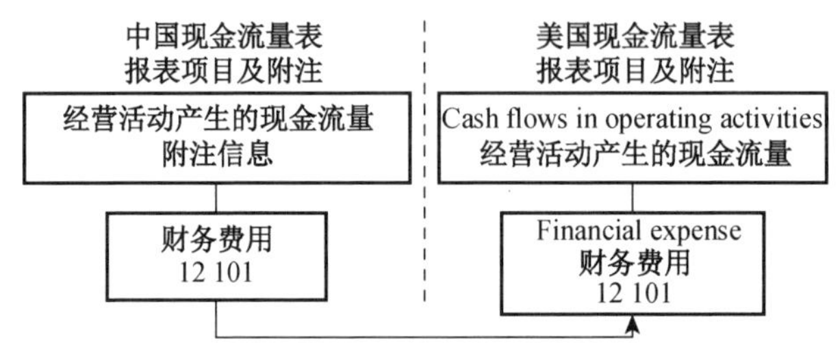

图 5-5 中美现金流量表"财务费用"项目映射关系图

表 5-18 转换后 ABC 公司对应美国报表 单位：元

Accounting item	Value
Financial expense	12 101

8. "投资收益"项目

转换模式：一对一转换（表内附注对表内主项的转换）。

投资收益是对外投资所取得的利润、股利和债券利息等收入减去投资损失后的净收益，表示公司在会计期间内的投资收益。在美国的财务报表中也有这样一个项目表示投资带来的收益，即为经营活动产生的现金流量中的"Net recognized gains on investments and derivatives"。

表 5-19 "投资收益"在 ABC 报表中表现 单位：元

项目	金额
投资收益	−8 787

表 5-20 转换后 ABC 公司对应美国报表 单位：元

Accounting item	Value
Net recognized gains on investments and derivatives	−8 787

9. "递延所得税负债的增加"项目

转换模式：一对一转换（表内附注对表内主项的转换）。

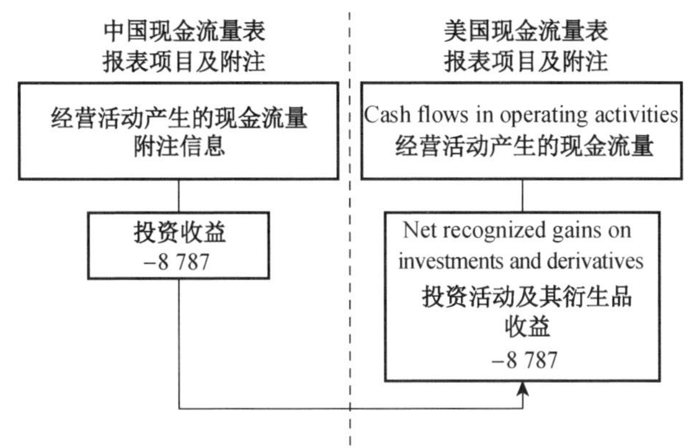

图 5-6　中美现金流量表“投资收益”项目映射关系图

“递延所得税”即通过比较资产负债表上列示的资产、负债按照会计准则规定确定的账面价值与按照税法规定确定的计税基础，两者之间的差异分别产生应纳税暂时性差异与可抵扣暂时性差异，确认相关的“递延所得税负债”与“递延所得税资产”。在转换时也有比较好的对应，对应美国财务报表中的“Deferred taxes”。

表 5-21　“递延所得税”在 ABC 报表中表现　　单位：元

项目	金额
递延所得税负债的增加	276

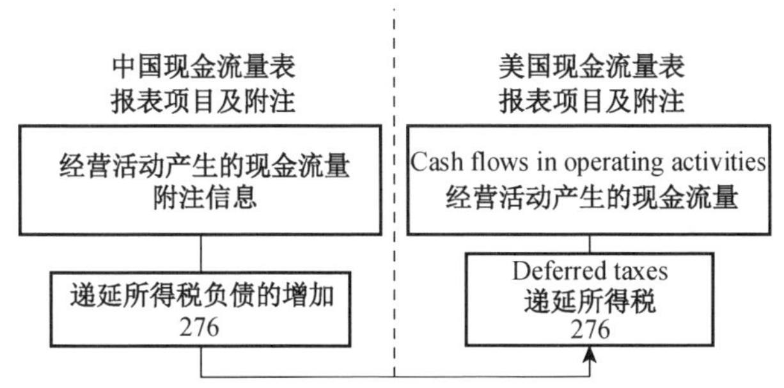

图 5-7　中美现金流量表“递延所得税”项目映射关系图

表 5-22　转换后 ABC 公司对应美国报表　　单位：元

Accounting item	Value
Deferred tax	276

10. “存货的增加”项目

转换模式：一对一转换（表内主项对主项的转换）

“存货（Inventories）”是指企业或商家在日常活动中持有以备出售的原料或产品、处在生产过程中的在产品、在生产过程或提供劳务过程中耗用的材料、物料、销售存仓等。“存货”区别于固定资产等非流动资产的最基本的特征是，企业持有存货的最终的目的是出售，不论可供直接销售，如企业的产成品、商品等，还是需经过进一步加工后才能出售，如原材料等。转换过程比较容易，对应美国财务报表中的“Other non-cash items-Inventories”。

表 5－23　“存货”在 ABC 报表中表现　　单位：元

项目	金额
存货的增加	－32 586

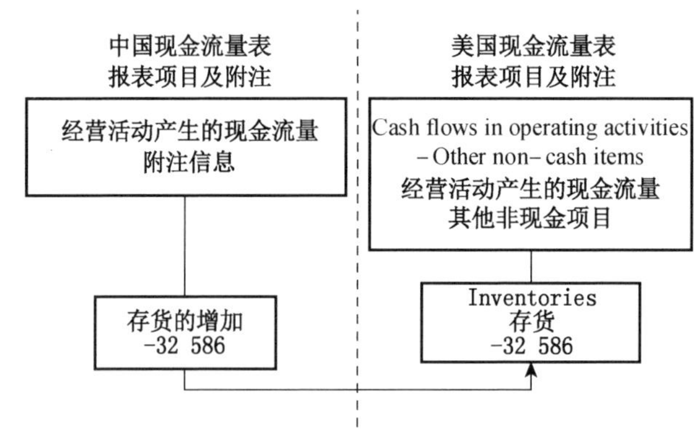

图 5－8　中美现金流量表“存货”项目映射关系图

表 5－24　转换后 ABC 公司对应美国报表　　单位：元

Accounting item	Value
Inventories	－32 586

11. “经营性应收项目的增加”项目

转换模式：一对一转换（表内附注对表内主项的转换）。

“应收项目”包括应收票据、应收账款和其他应收账款。“应收项目”应当列明估计无法收回的款项、贴现或背书转让的款项以及非交易性应收项目（其他应收款）。同时，如果金额较大，还应当列明非合并子公司和联营公司的“应收项目”。如果没有在资产负债表中列示，就应当以表外附注的形式反映。

“经营性应收项目的增加”表示公司在会计期间内经营性应收账款的增加，对应美国财务报表中的“Other non-cash items-Receivables”。

表 5－25 “经营性应收项目”在 ABC 报表中表现　　单位：元

项目	金额
经营性应收项目的增加	－14 326

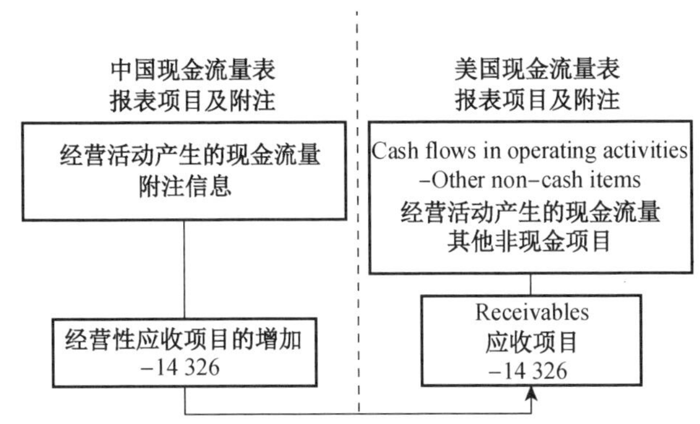

图 5－9 中美现金流量表“经营性应收项目”项目映射关系图

表 5－26 转换后 ABC 公司对应美国报表　　单位：元

Accounting item	Value
Receivables	－14 326

12. “经营性应付项目的增加”项目

转换模式：一对一转换（表内附注对表内主项的转换）。

应付账款是公共组织在购买商品或劳务时，应当支付而尚未支付的款项，是公共组织的一项流动负债。“经营性应付项目”表示公司在会计期间内经营性应付账款的增加或减少，对应美国财务报表中的“Drafts and accounts payable”，这里美国财务报表中将到期的汇票与应付项目放在一起作为一个会计项目，但是在中国的现金流量表处理时，将汇票计入应付账款当中，因此虽然形式上有所不同，但是实质的内容是相同的。

表 5－27 “经营性应付项目”在 ABC 报表中表现　　单位：元

项目	金额
经营性应付项目的增加	－23 801

表 5－28　转换后 ABC 公司对应美国报表　　单位:元

Accounting item	Value
Drafts and accounts payable	－23 801

13."经营活动产生的现金流量净额"项目

转换模式:一对一转换(表内附注对表内主项的转换)。

"经营活动产生的现金流量净额"表示的是公司在会计期间内经营活动产生的现金流量的净额。经营活动产生的现金流量净额＝现金及现金等价物的净增加额－筹资活动产生的现金流量净额－投资活动产生的现金流量净额。在转换为美国财务报表时,可以直接地进行转换,转换为"Net cash used in operating activities"。

表 5－29　"经营活动产生的现金流量净额"在 ABC 报表中表现　　单位:元

项目	金额
经营活动产生的现金流量净额	174 347

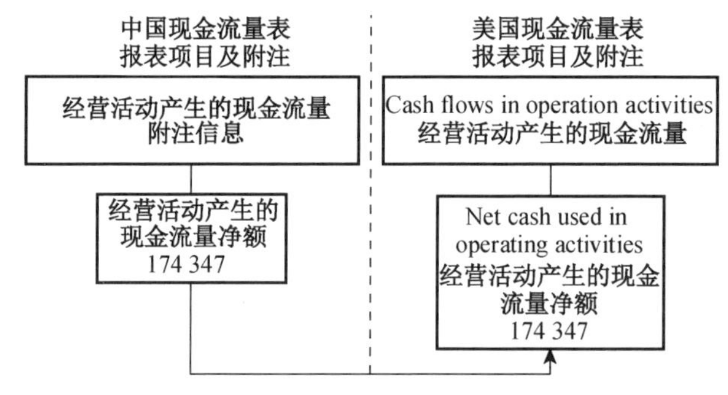

图 5－10　中美现金流量表"经营活动产生的现金流量净额"项目映射关系图

表 5－30　转换后 ABC 公司对应美国报表　　单位:元

Accounting item	Value
Net cash used in operating activities	174 347

14.其他信息处理

由于计量方法的不同,将中国经营活动产生的现金流量表转换时用到更多的是现金流量表附注的部分,但是这种转换方式导致中国现金流量表的主表信息流失。在对这点进行处理时,我们的考虑是将其转换为美国现金流量表——经营活动产生的现金流量的附注信息,这种转换方式的突破不仅保证了形式上的一致,又保证了现金流量表的信息量没有缩减。

15. 经营活动现金流量表转换最终结果

表5-31是经过转换的，将ABC公司的报表转换为美国财务报表模板格式的经营活动产生的现金流量表。

表5-31 经过转换的ABC现金流量表经营活动产生的现金流量表 单位:元

Cash flows in operating activities	Value
Net income	130 618
Adjustments to reconcile to net cash provided by operating activities:	
Depreciation	84 122
Amortization	5 472
Deferred taxes	276
Net recognized gains on investments and derivatives	−8 787
Impairment charges and impairment of equity investment	21 258
Financial expense	12 101
Receivables	−14 326
Drafts and accounts payable	−23 801
Inventories	−32 586
Net cash used in operating activities	174 347

翻译后结果如表5-32所示。

表5-32 经过转换的ABC现金流量表经营活动产生的现金流量表 单位:元

经营活动产生的现金流量	金额
净收益	130 618
将净利润调节为经营活动产生的现金流量	
折旧	84 122
摊销	5 472
递延所得税	276
投资活动及其衍生品收益	−8 787
减值费用及权益投资减值	21 258
经营活动中资产和负债的变动额	
财务费用	12 101
应收项目	−14 326
存货	−32 586
汇票及应付账款	−23 801
经营活动产生的现金流量净额	174 347

5.2.2.2 投资活动产生的现金流量的转换

美国现金流量表中的投资活动产生的现金流量与中国现金流量表中的投资活动产生的现金流量非常相似。

1. "收回投资收到的现金"项目

转换模式:一对多转换(表内主项对表内主项、细项的转换)。

"收回投资收到的现金"表示投资的项目在收回时得到的现金额,在美国财务报表中,所对应的项目为"投资项目的销售"以及"可供交易金融资产的销售"。这是一个"一对多"的项目,在进行转换时,将"收回投资收到的现金"作为表内主项进行处理,将"投资项目的销售"与"可供交易金融资产的销售"作为表内细项进行处理。因此要对中国"收回投资收到的现金"进行拆分,此例"投资项目的销售"为零。

表 5-33 "收回投资收到的现金"在 ABC 报表中表现　　单位:元

项目	金额
收回投资收到的现金	15 392

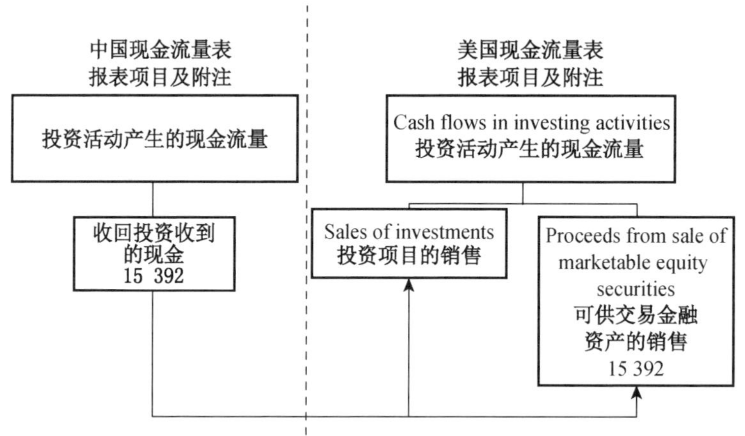

图 5-11 中美现金流量表"收回投资收到的现金"项目映射关系图

表 5-34 转换后 ABC 公司对应美国报表　　单位:元

Accounting item	Value
Proceeds from sell of investment	15 392
Sales of investments	0
Proceeds from sale of marketable equity securities	15 392

2. "取得投资收益收到的现金"项目

转换模式:一对多转换(表内主项对表内主项、细项的转换)。

在中国的财务报表中,"取得投资收益收到的现金"作为一个大的项目,而在美国财务报表中,则是比较多、比较细化的项目,所以在转换时,是一个"一对多"的项目,"取得投资收益收到的现金"转换过后包括了很多的细化项目。但是在 ABC 本例当中,因为 ABC 公司的"取得投资收益收到的现金"只有一个项目,即"子公司的投资回报"。因此在转换过程中,虽然看起来只是"一对一"的转换,但实质上是"一对多"的转换。

表 5-35 "取得投资收益收到的现金"在 ABC 报表中表现 单位:元

项目	金额
取得投资收到的现金	8 946

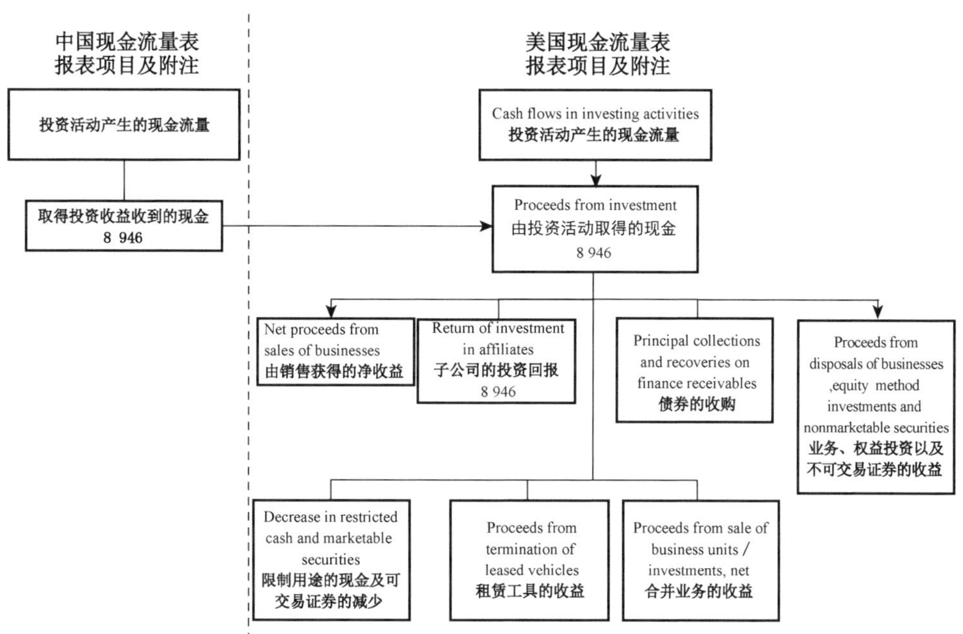

图 5-12 中美现金流量表"取得投资收益收到的现金"项目映射关系图

表 5-36 转换后 ABC 公司对应美国报表 单位:元

Accounting item	Value
Proceeds from investment	8 946
Net proceeds from sales of businesses	

（续表）

Accounting item	Value
Return of investment in affiliates	8 946
Proceeds from disposals of businesses, equity method investments and non-marketable securities	
Principal collections and recoveries on finance receivables	
Proceeds from termination of leased vehicles	
Decrease in restricted cash and marketable securities	
Proceeds from sale of business units/investments, net	

3. “处置固定资产、无形资产和其他长期资产收回的现金净额”项目

转换模式：一对一转换（表内主项对表内主项的转换）。

“处置固定资产、无形资产和其他长期资产收回的现金净额”表示对固定资产、无形资产以及其他长期资产的处置和变卖，所以在美国财务报表中，可以转换为“物业、厂房和设备的处置”。

表 5-37 “处置固定资产、无形资产和其他长期资产收回的现金净额”在 ABC 报表中表现

单位：元

项目	金额
处置固定资产、无形资产和其他长期资产收回的现金净额	607

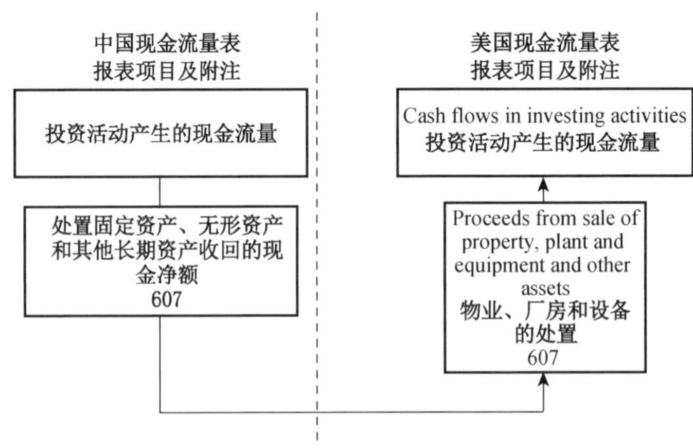

图 5-13 中美现金流量表“处置固定资产、无形资产和其他长期资产收回的现金净额”项目映射关系图

表 5－38　转换后 ABC 公司对应美国报表　　单位:元

Accounting item	Value
Proceeds from sale of property, plant and equipment and other assets	607

4. “购建固定资产、无形资产和其他长期资产支付的现金”项目

转换模式:一对一转换(表内主项对表内主项的转换)。

“购建固定资产、无形资产和其他长期资产支付的现金”表示的是对固定资产等资产的购买,是指支出,所以对应美国财务报表中的“物业、厂房和设备的购买”。

表 5－39　“购建固定资产、无形资产和其他长期资产支付的现金”在 ABC 报表中表现

单位:元

项目	金额
购建固定资产、无形资产和其他长期资产支付的现金	330 861

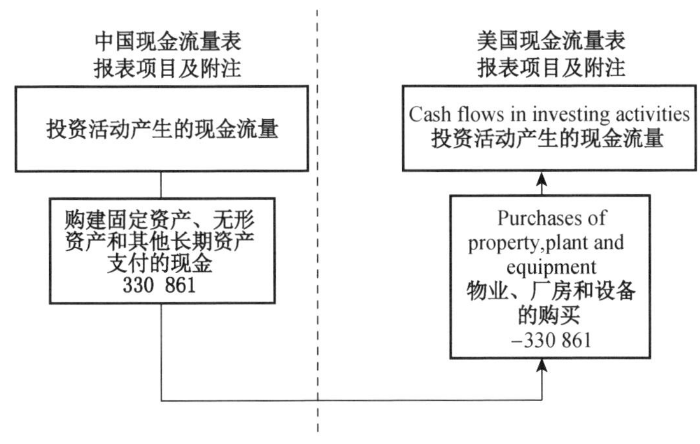

图 5－14　中美现金流量表“购建固定资产、无形资产和其他长期资产支付的现金”项目映射关系图

表 5－40　转换后 ABC 公司对应美国报表　　单位:元

Accounting item	Value
Purchases of property, plant and equipment	－330 861

5. “投资支付的现金”项目

转换模式:一对多转换(表内主项对表内主项、细项的转换)。

中国现金流量表中投资支付的现金是一个比较大的概念,而在美国的财务报表中则有比较细致的划分。这也是一个“一对多”的项目,所以在转换为美国财务

报表时，对应的项目也比较多。

表 5-41 "投资支付的现金"在 ABC 报表中表现 单位：元

项目	金额
投资支付的现金	26 310

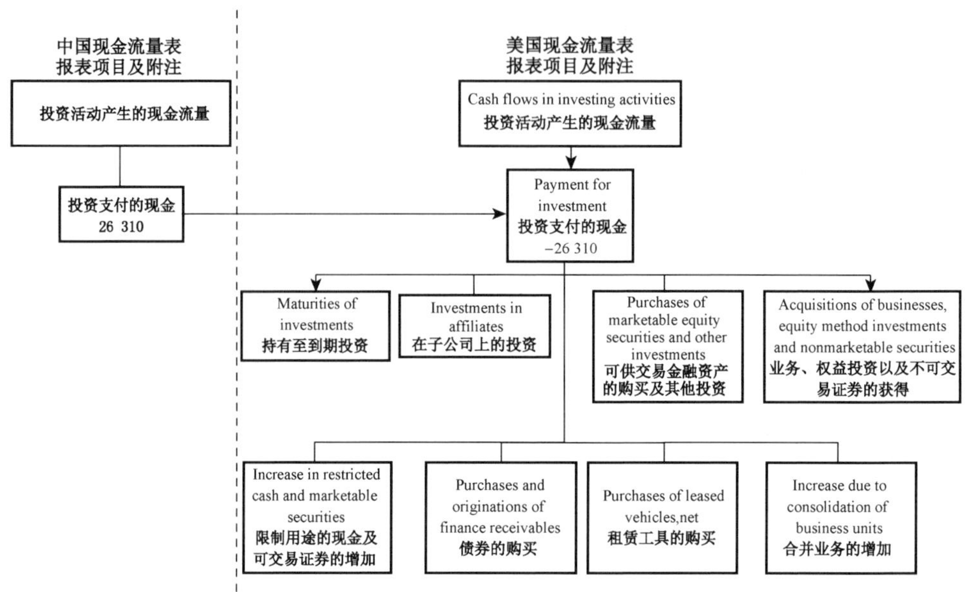

图 5-15 中美现金流量表"投资支付的现金"项目映射关系图

表 5-42 转换后 ABC 公司对应美国报表 单位：元

Accounting item	Value
Payment for investment	-26 310
Maturities of investments	
Investments in affiliates	
Purchases of marketable equity securities and other investments	
Acquisitions of businesses, equity method investments and nonmarketable securities	
Increase in restricted cash and marketable securities	
Purchases and originations of finance receivables	
Purchases of leased vehicles, net	
Increase due to consolidation of business units	

6."投资活动产生的现金流量净额"项目

转换模式:一对一转换(表内主项对表内主项的转换)。

该项目中国与美国是一致的,所以在转换过程中不会有过大的偏差。但是由于中国有现金流量的流入和流出小计,所以在转换为美国财务报表时,将流入与流出作为细项放在现金流量净额当中。

表 5-43 "投资活动产生的现金流量净额"在 ABC 报表中表现　单位:元

项目	金额
投资活动产生的现金流量净额	−332 226

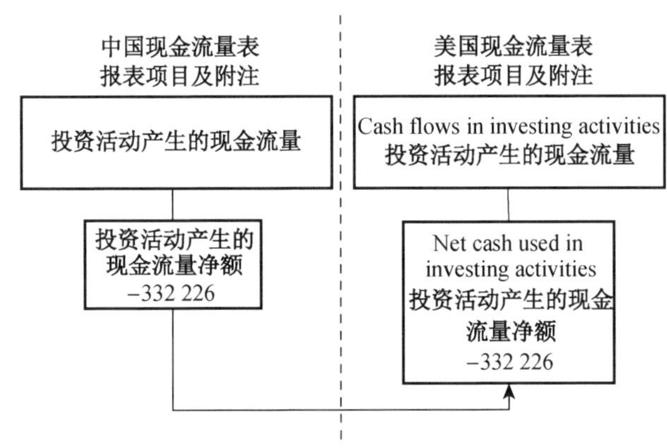

图 5-16 中美现金流量表"投资活动产生的现金流量净额"项目映射关系图

表 5-44 ABC 公司对应美国报表　单位:元

Accounting item	Value
Net cash used in investing activities	−332 226

7. 最后整体转换结果

表 5-45 转换为美国财务报表格式的"投资活动产生的现金流量"　单位:元

Cash flows in investing activities	Value
Purchases of property, plant and equipment	−330 861
Proceeds from sale of property, plant and equipment and other assets	607
Proceeds from sell of investment	15 392
Sales of investments	
Proceeds from sale of marketable equity securities	

（续表）

Cash flows in investing activities	Value
Proceeds from investment	8 946
Net proceeds from sales of businesses	
Return of investment in affiliates	
Proceeds from disposals of businesses, equity method investments and nonmarketable securities	
Principal collections and recoveries on finance receivables	
Proceeds from termination of leased vehicles	
Decrease in restricted cash and marketable securities	
Proceeds from sale of business units/investments, net	
Payment for investment	−26 310
Maturities of investments	
Investments in affiliates	
Purchases of marketable equity securities and other investments	
Acquisitions of businesses, equity method investments and non-marketable securities	
Increase in restricted cash and marketable securities	
Purchases and originations of finance receivables	
Purchases of leased vehicles, net	
Increase due to consolidation of business units	
Other	
Net cash used in investing activities	−332 226
The cash inflow of investing activities	24 945
The cash outflow of investing activities	−357 171

8. 翻译结果

表 5－46　转换为美国财务报表格式的“投资活动产生的现金流量” 单位：元

投资活动产生的现金流量	金额
物业、厂房和设备的购买	−330 861
物业、厂房和设备的处置	607
收回投资收到的现金	15 392
投资项目的销售	
可供交易金融资产的销售	

（续表）

投资活动产生的现金流量	金额
取得投资收益收到的现金	8 946
由销售获得的净收益	
子公司的投资回报	
业务、权益投资以及不可交易证券的收益	
债券金额的回收以及应收账款	
租赁工具的收益	
限制用途的现金及可交易证券的减少	
合并业务的收益	
投资支付的现金	−26 310
持有至到期投资	
在子公司上的投资	
可供交易金融资产的购买及其他投资	
业务、权益投资以及不可交易证券的获得	
限制用途的现金及可交易证券的增加	
债券的购买	
租赁工具的购买	
合并业务的增加	
其他	
投资活动产生的现金流量净额	−332 226
投资活动现金流入小计	24 945
投资活动现金流出小计	−357 171

5.2.2.3 筹资活动产生的现金流量的转换

下面展示的是ABC公司的筹资活动产生的现金流量。筹资活动产生的现金流量在中国与美国的差异比较小。在转换的过程中也是比较容易的，问题也是在于中国的现金流量表会计项目比较粗糙，而美国的筹资活动产生的现金流量比较细化，所以在转换时，也大多是“一对多”的形式。

1. “吸收投资收到的现金”项目

转换模式：一对一转换（表内主项对表内主项的转换）。

吸收投资收到的现金表示公司在会计期间内收到的投资，不过在报表中没有明确地指出吸收投资的来源。在对这项会计项目进行处理时，考虑到吸收投资收到的现金主要有股票发行，在转换过程中对应美国财务报表中“股票发行”。尽管这样处理有失准确,但是为保证转换过程的完成性,在一定程度上是可以接受的。

表 5-47 "吸收投资收到的现金"在 ABC 报表中表现 单位:元

项目	金额
吸收投资收到的现金	31 366

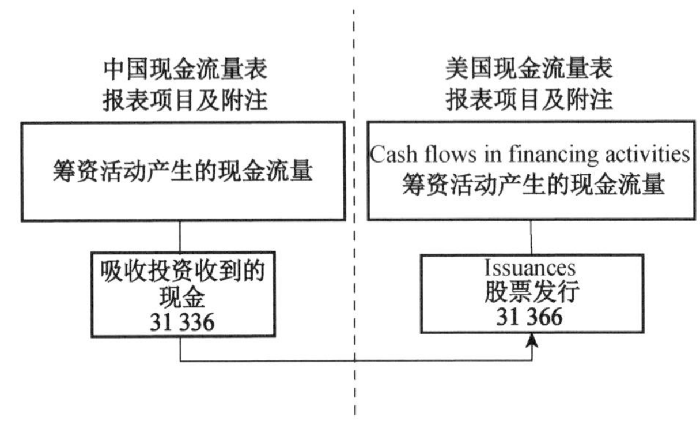

图 5-17 中美现金流量表"吸收投资收到的现金"项目映射关系图

表 5-48 转换后 ABC 公司对应美国报表 单位:元

Accounting item	Value
Issuances	31 366

2. "取得借款收到的现金"项目

转换模式:一对一转换(表内主项对表内主项的转换)。

"取得借款收到的现金"对应美国的"长期负债"和"短期负债",是一个"一对多"的类型。

表 5-49 "取得借款收到的现金"在 ABC 报表中表现 单位:元

项目	金额
取得借款收到的现金	575 558

表 5-50 转换后 ABC 公司对应美国报表 单位:元

Accounting item	Value
Proceeds from borrowings	575 558
Proceeds from short-term borrowings	
Proceeds from issuances of long-term debt	

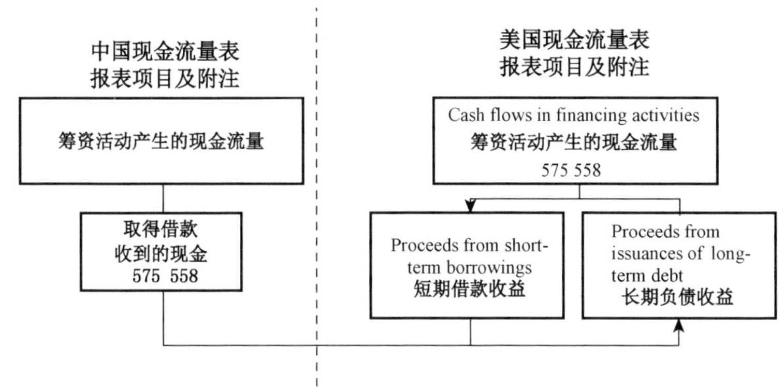

图 5－18 中美现金流量表“取得借款收到的现金”项目映射关系图

3. “收到其他与筹资活动有关的现金”项目

转换模式:多对一转换(表内主项对表内主项的转换)。

这是一个“多对一”的项目,与“支付其他与筹资活动有关的现金”一起对应美国筹资活动产生的现金流量中的“其他”。

表 5－51 “收到其他与筹资活动有关的现金”在 ABC 报表中表现 单位:元

项目	金额
收到其他与筹资活动有关的现金	2 417
支付其他与筹资活动有关的现金	227

该项目表现在报表中时,要对数值进行相加,即如图 5－19 所示。

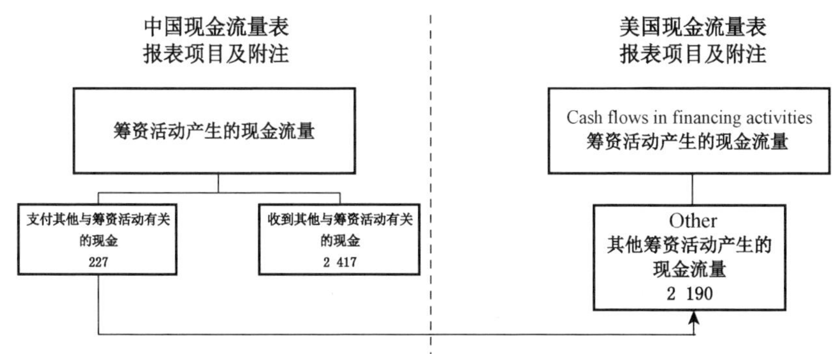

图 5－19 中美现金流量表“收到其他与筹资活动有关的现金”项目映射关系图

表 5－52　转换后 ABC 公司对应美国报表　　单位:元

Accounting item	Value
Other	2 190

4.“偿还债务支付的现金”项目

转换模式:一对多转换(表内主项对表内主项的转换)。

该项目为一个“一对多”的项目,在美国财务报表中有比较多的项目,更加细化。所以在转换过后,会有比较多的项目是空的,对应的项目如表 5－53 所示。但是在 ABC 实例中,“偿还债务支付的现金”项目并没有详细地披露具体的细项,因此在转换过程中,虽然看起来只是“一对一”的转换,但实质上是“一对多”的转换。

表 5－53　“偿还债务支付的现金”在 ABC 报表中表现　　单位:元

项目	金额
偿还债务支付的现金	398 931

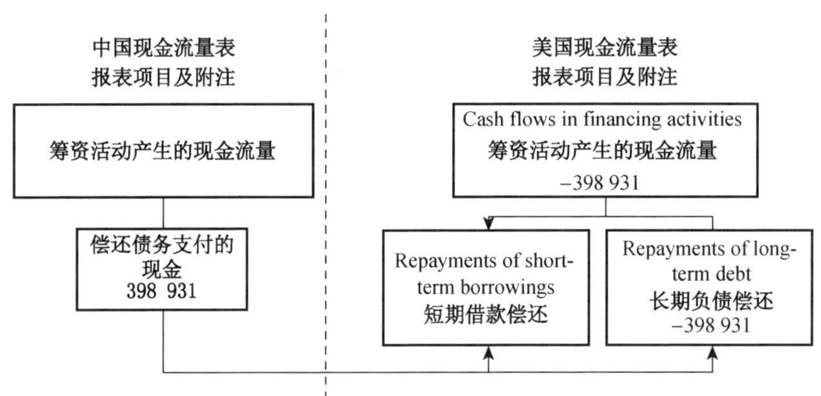

图 5－20　中美现金流量表“偿还债务支付的现金”项目映射关系图

表 5－54　转换后 ABC 公司对应美国报表　　单位:元

Accounting item	Value
Repayment	－398 931
Repayments of short-term borrowings	
Repayments of long-term debt	－398 931

5. “分配股利、利润或偿付利息支付的现金”项目

转换模式：一对一转换(表内主项对表内主项的转换)。

此项表示的是公司分配股利、利润或偿付利息支付的现金，对应美国财务报表中的“支付股息”，同时，由于在中国原来的财务报表中又有补充信息，为“其中：子公司支付给少数股东的股利、利润”，所以这项应该作为表内细项进行补充。

表 5-55 “分配股利、利润或偿付利息支付的现金”在 ABC 报表中表现

单位：元

项目	金额
分配股利、利润或偿付利息支付的现金	84 806
其中：子公司支付给少数股东的股利、利润	7 499

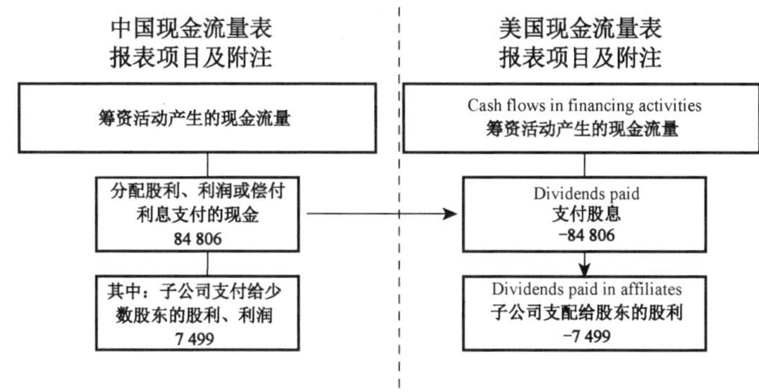

图 5-21 中美现金流量表“分配股利、利润或偿付利息支付的现金”项目映射关系图

表 5-56 转换后 ABC 公司对应美国报表 单位：元

Accounting item	Value
Dividends paid	−84 806
Dividends paid in affiliates	−7 499

6. “支付其他与筹资活动有关的现金”项目

将“支付其他与筹资活动有关的现金”以及“子公司资本减少”一起对应到“其他”当中，因前面已经完成了大部分逻辑的阐述，这里就不进行过多赘余。

7. “筹资活动产生的现金流量净额”项目

转换模式：一对一转换(表内主项对表内主项的转换)。

“筹资活动产生的现金流量净额”还有流入与流出小计，对应美国财务报表中的“筹资活动产生的现金流量净额”，流入和流出作为细项进行补充。

表 5－57 "筹资活动产生的现金流量净额"在 ABC 报表中表现 单位:元

项目	金额
筹资活动产生的现金流量净额	125 356

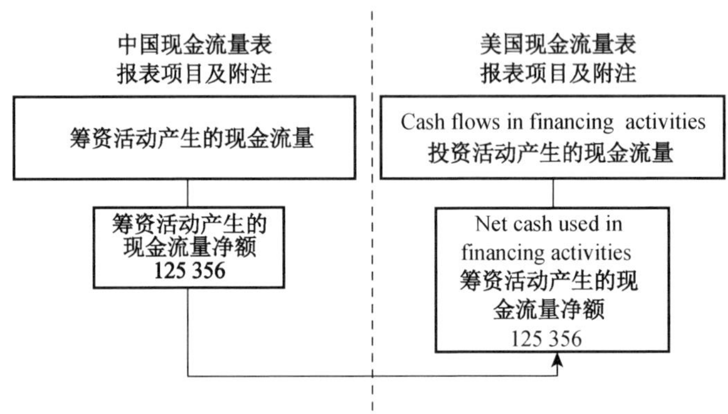

图 5－22 中美现金流量表"筹资活动产生的现金流量净额"项目映射关系图

表 5－58 转换过后 ABC 公司报表 单位:元

Accounting item	Value
Net cash used in financing activities	125 356

8. 最终在报表中的形式

表 5－59 转换过后 ABC 公司报表 单位:元

Accounting item	Value
Issuances	31 366
Proceeds from borrowings	575 558
Proceeds from short-term borrowings	
Proceeds from issuances of long-term debt	
Other	2 169
Repayment	−398 931
Repayments of short-term borrowings	
Repayments of long-term debt	−398 931
Dividends paid	−84 806
Dividends paid in affiliates	−7 499
Net cash used in financing activities	125 356

9. 翻译后结果

表 5-60 转换完成后的筹资活动产生的现金流量表 单位:元

筹资活动产生的现金流量	金额
股票发行	31 366
取得借款收到的现金	575 558
短期借款收益	
长期负债收益	
其他	2 169
偿还债务支付的现金	−398 931
短期借款偿还	
长期负债偿还	−398 931
支付股息	−84 806
其中:子公司支付给少数股东的股利、利润	−7 499
筹资活动产生的现金流量净额	125 356

5.2.2.4 现金及现金等价物变动的转换

在这个类别中,中国财务报表与美国财务报表几乎是一样的,所以可以直接进行转换和移植。转换后的报表格式如表 5-62 所示。

表 5-61 "现金及现金等价物变动"在 ABC 公司表现 单位:元

项目	金额
汇率变动对现金及现金等价物的影响	−195
现金及现金等价物净增加/(减少)额	−32 718
加:期初现金及现金等价物余额	42 106
期末现金及现金等价物余额	9 388

表 5-62 "现金及现金等价物变动"在 ABC 公司表现 单位:元

Net increase (decrease) in cash and cash equivalents	Value
Effect of exchange rate changes on cash and cash equivalents	−195
Net increase (decrease) in cash and cash equivalents	−32 718
Cash and cash equivalents at beginning of year	42 106
Cash and cash equivalents at end of year	9 388

5.2.3 ABC公司现金流量表转换结果

将ABC公司转换为以美国会计准则要求下编制的现金流量表结果如表5-63所示。

表5-63 ABC公司现金流量表转换结果 单位:元

Cash flows in operating activities	Value
Net income	130 618
Adjustments to reconcile to net cash provided by operating activities:	
Depreciation	84 122
Amortization	5 472
Deferred taxes	276
Net recognized gains on investments and derivatives	−8 787
Impairment charges and impairment of equity investment	21 258
Financial expense	12 101
Receivables	−14 326
Drafts and accounts payable	−23 801
Inventories	−32 586
Net cash used in operating activities	174 347
Cash flows in investing activities	
Purchases of property, plant and equipment	−330 861
Proceeds from sale of property, plant and equipment and other assets	607
Proceeds from sell of investment	15 392
Sales of investments	
Proceeds from sale of marketable equity securities	
Proceeds from investment	8 946
Net proceeds from sales of businesses	
Return of investment in affiliates	
Proceeds from disposals of businesses, equity method investments and nonmarketable securities	
Principal collections and recoveries on finance receivables	
Proceeds from termination of leased vehicles	
Decrease in restricted cash and marketable securities	
Proceeds from sale of business units/investments, net	

（续表）

Payment for investment	−26 310
Maturities of investments	
Investments in affiliates	
Purchases of marketable equity securities and other investments	
Acquisitions of businesses, equity method investments and nonmarketable securities	
Increase in restricted cash and marketable securities	
Purchases and originations of finance receivables	
Purchases of leased vehicles, net	
Increase due to consolidation of business units	
Other	
Net cash used in investing activities	−332 226
The cash inflow of investing activities	24 945
The cash outflow of investing activities	−357 171
Cash flows in financing activities	
Issuances	31 366
Proceeds from borrowings	575 558
Proceeds from short-term borrowings	
Proceeds from issuances of long-term debt	
Other	2 169
Repayment	−398 931
Repayments of short-term borrowings	
Repayments of long-term debt	
Dividends paid	−84 806
Dividends paid in affiliates	−7 499
Net cash used in financing activities	125 356
Net increase (decrease) in cash and cash equivalents	
Effect of exchange rate changes on cash and cash equivalents	−195
Net increase (decrease) in cash and cash equivalents	−32 718
Cash and cash equivalents at beginning of year	42 106
Cash and cash equivalents at end of year	9 388

5.3 西王食品公司现金流量表转换实例

虽然本书之前对ABC这个示例公司进行了财务报表的转换，但是考虑到模型公司与实际公司的不同，因此选择了一家中国A股的上市公司进行了进一步的实战演练。这里选择的上市公司为西王食品，下面是西王食品现金流量表的转换过程及逻辑。

5.3.1 西王食品现金流量表

表5-64是西王食品20×3年的现金流量表。

表5-64 西王食品20×3年现金流量表 单位：元

项目	本期发生额	上期发生额
一、经营活动产生的现金流量：		
销售商品、提供劳务收到的现金	2 088 870 635.85	2 569 486 364.30
收到其他与经营活动有关的现金	2 664 109.26	3 266 560.68
经营活动现金流入小计	2 091 534 745.11	2 572 752 924.98
购买商品、接受劳务支付的现金	1 575 965 131.38	1 938 010 275.01
支付给职工以及为职工支付的现金	115 165 934.60	122 122 700.96
支付的各项税费	99 274 936.94	75 736 595.28
支付其他与经营活动有关的现金	104 860 745.75	110 821 149.50
经营活动现金流出小计	1 895 266 748.67	2 246 690 720.75
经营活动产生的现金流量净额	196 267 996.44	326 062 204.23
二、投资活动产生的现金流量：		
长期资产支付的现金	12 747 265.78	109 010 234.57
投资活动现金流出小计	12 747 265.78	109 010 234.57
投资活动产生的现金流量净额	−12 747 265.78	−109 010 234.57
三、筹资活动产生的现金流量：		
取得借款收到的现金	350 000 000.00	350 000 000.00
筹资活动现金流入小计	350 000 000.00	350 000 000.00
偿还债务支付的现金	100 000 000.00	450 000 000.00
分配股利、利润或偿付利息支付的现金	69 434 350.15	65 165 319.60
筹资活动现金流出小计	169 434 350.15	515 165 319.60
筹资活动产生的现金流量净额	180 565 649.85	−165 165 319.60

（续表）

项目	本期发生额	上期发生额
四、汇率变动对现金及现金等价物的影响		
五、现金及现金等价物净增加额	364 086 380.51	51 886 650.06
加：期初现金及现金等价物余额	317 317 050.09	265 430 400.03
六、期末现金及现金等价物余额	681 403 430.60	317 317 050.09

西王食品现金流量表附注信息如表5-65所示。

表5-65　西王食品20×3年现金流量表附注信息　　单位：元

补充资料	本期金额	上期金额
1. 将净利润调节为经营活动现金流量：	—	—
净利润	117 493 988.53	180 948 638.60
加：资产减值损失	−156 173.45	252 300.06
固定资产折旧、油气资产折耗、生产性生物资产折旧	35 562 007.81	31 745 347.24
无形资产摊销	2 167 428.95	2 287 583.31
处置固定资产、无形资产和其他长期资产的损失（收益以“－”号填列）	−11 956.17	
固定资产报废损失（收益以“－”号填列）		162 271.80
财务费用（收益以“－”号填列）	12 937 499.97	18 084 611.12
递延所得税资产减少（增加以“－”号填列）	−1 337 746.66	−2 814 994.81
存货的减少（增加以“－”号填列）	−109 137 632.00	71 166 890.78
经营性应收项目的减少（增加以“－”号填列）	23 969 249.38	26 307 275.61
经营性应付项目的增加（减少以“－”号填列）	114 781 330.08	−2 077 719.48
经营活动产生的现金流量净额	196 267 996.44	326 062 204.23
2. 不涉及现金收支的重大投资和筹资活动		
3. 现金及现金等价物净变动情况：	—	—
现金及现金等价物的期末余额	681 403 430.60	317 317 050.09
减：现金及现金等价物的期初余额	317 317 050.09	265 430 400.03
现金及现金等价物净增加额	364 086 380.51	51 886 650.06

5.3.2 经营活动产生的现金流量的转换

转换模式：本表附注对应表内主项。

在经营活动产生的现金流量中，中国与美国的计量方式有着差别，中国使用的是直接法与间接法相结合的方法，而美国采用的是间接法。在这种情况下，中国经营活动产生的现金流量中就有比较多的信息。而美国经营活动产生的现金流量中，正表信息对应的是中国附注中的内容，所以在进行转换时，将中国报表中的附注信息对应到美国报表的正表部分，然后将中国的正表部分转换为美国附注内容。

表 5-66 是中国现金流量表的附注信息，其内容对应的是美国现金流量表中的正表内容。

1. “净利润”项目

转换模式：一对一转换（表内附注对表内主项的转换）。

在中国现金流量表中，“净利润”表示公司在该会计期间内，由经营活动产生的净利润。由于中国经营活动产生的净利润在现金流量表的正表部分没有披露，而是在现金流量表的附注部分披露。在美国报表中也有这样一个项目“Net income（净收益）”，表示在经营活动中，产生的“净收益”，因此可以直接将中国公司的“净利润”对应到美国财务报表模板中“净收益”的位置。

表 5-66 “净利润”在西王食品报表中表现 单位：元

会计项目	金额
净利润	117 493 988.53

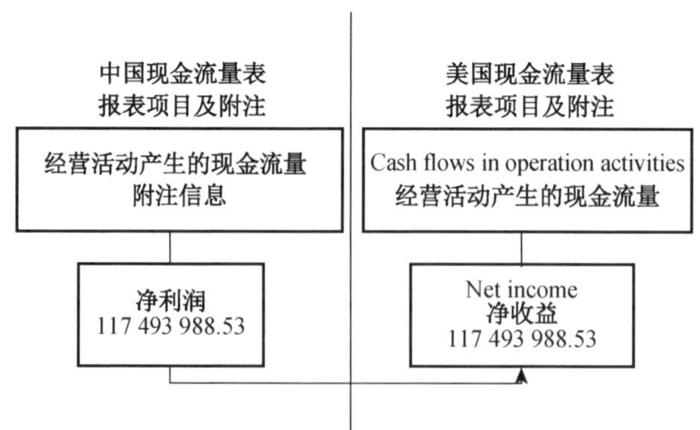

图 5-23 中美现金流量表“净利润”项目映射关系图

表 5-67 转换后西王食品公司对应美国报表　　单位:元

Accounting item	Value
Net income	117 493 988.53

2. "资产减值损失"项目

转换模式:多对一转换(表内附注对表内主项的转换)。

"资产减值损失"指因资产的账面价值高于其可收回金额而造成的损失。而在美国的对应报表中,披露的项目为"Impairment charges and impairment of equity investment(减值费用及权益投资减值)",表示的是资产减值的损失以及股权资产减值的损失。这项内容和中国的资产减值损失相比有所偏差,单单将"资产减值损失"放入这个会计项目当中是不完整的,因此将经营活动产生的现金流量表中的"处置固定资产、无形资产和其他长期资产的损失"放入其中,这样处理虽然有失准确,但是考虑到美国现金流量表中并没有一个项目可以较好地对应,因此同时将"处置固定资产、无形资产和其他长期资产的损失"放入该项目中。

表 5-68 "资产减值损失"在西王食品报表中表现　　单位:元

会计项目	金额
资产减值损失	−156 173.45
处置固定资产、无形资产和其他长期资产的损失	−11 956.17

转换过程中如图 5-24 所示。

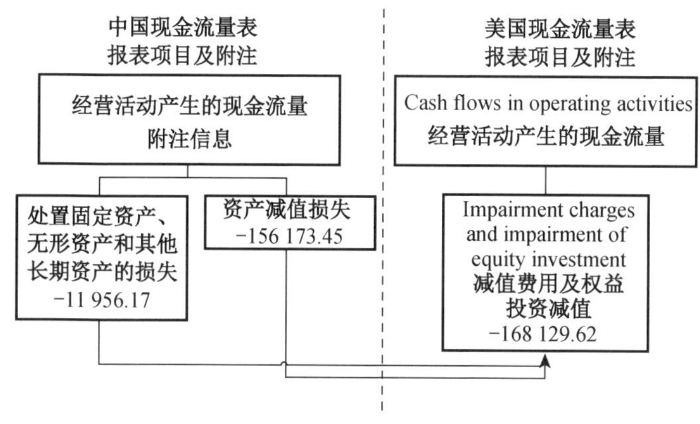

图 5-24 中美现金流量表"资产减值损失"项目映射关系图

表 5－69　转换后西王食品公司对应美国报表　　单位：元

Accounting item	Value
Impairment charges and impairment of equity investment	−168 129.62

3．“固定资产折旧、油气资产折耗、生产性生物资产折旧”项目

转换模式：一对一转换（表内附注对表内主项的转换）。

“固定资产折旧、油气资产折耗、生产性生物资产折旧”表示企业在会计期间内固定资产、油气资产或生产性生物资产的折旧或折耗，这项内容比较单纯，可以比较好地对应美国财务报表中的“Depreciation（折旧）”。

表 5－70　“固定资产折旧”在西王食品报表中表现　　单位：元

项目	金额
固定资产折旧、油气资产折耗、生产性生物资产折旧	35 562 007.81

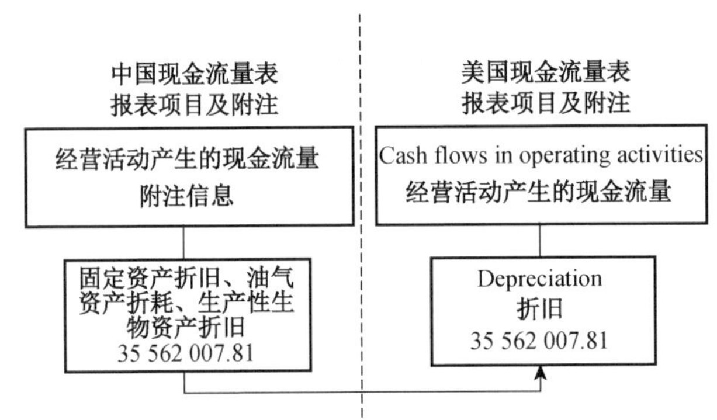

图 5－25　中美现金流量表“固定资产折旧”项目映射关系图

表 5－71　转换后西王食品公司对应美国报表　　单位：元

Accounting item	Value
Depreciation	35 562 007.81

4．“无形资产摊销”项目

转换模式：多对一转换（表内附注对表内主项的转换）。

“无形资产摊销”表示的是企业在会计期间内对无形资产的摊销，在中国的会计准则下，无形资产的应摊销金额为其成本扣除预计残值后的金额。在美国的现金流量表中，对应的项目为“Amortization”，表示企业在会计期间内的摊销。但是美国现金流量表中表示的是所有的摊销加和，所以在转换过程中要进行补充，将

“长期待摊费用摊销”同时加进来，使用“多对一”的方式进行转换，进行统计和合并。在处理时，将几个内容放在一起转入摊销之中。西王食品现金流量表附注信息中未列示“长期待摊费用摊销”，故此暂不考虑。

表 5－72　“无形资产摊销”在西王食品报表中表现　　单位：元

项目	金额
无形资产摊销	2 167 428.95

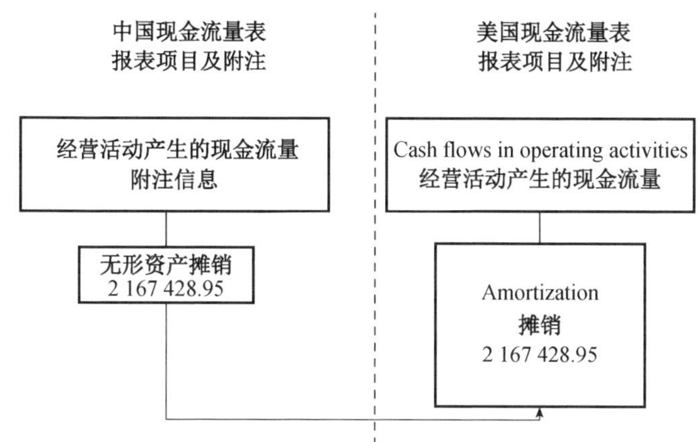

图 5－26　中美现金流量表“无形资产摊销”项目映射关系图

表 5－73　转换后西王食品公司对应美国报表　　单位：元

Accounting item	Value
Amortization	2 167 428.95

5. “处置固定资产、无形资产和其他长期资产的损失”项目

此项与“资产减值损失”一起计入“Impairment charges and impairment of equity investment”当中。

6. “财务费用”项目

转换模式：一对一转换(表内附注对表内主项的转换)。

“财务费用”指企业在生产经营过程中为筹集资金而发生的筹资费用。包括企业生产经营期间发生的利息支出(减利息收入)、汇兑损益(商品流通企业、保险企业进行单独核算，不包括在财务费用内)、金融机构手续费，企业发生的现金折扣或享受的现金折扣等。但在企业筹建期间发生的利息支出，应计入开办费；为购建或生产满足资本化条件的资产发生的应予以资本化的借款费用，在“在建工程”“制造费用”等账户核算。

在转换的过程中，“财务费用”的转换给作者带来了比较大的问题，在对“财务费用”进行转换时，美国没有一个很好的方式进行转换，美国处理财务费用是将之计入筹资活动产生的现金流量中，但若将其跨表内类别进行转换，则失去了原有的一致性及意义，另外，会出现对表内项目重新计算，进而破坏原有表内平衡关系或者最终计算结果（如经营业绩或者类别汇总数据）。因此在处理时，为保留其特有的信息，将中国经营活动产生的财务费用转换为美国的“Financial expense”当中，虽然原本没有这项会计项目，但是为保持信息的正确性，创造该项目完成转换。

表 5－74　“财务费用”在西王食品报表中表现　　单位：元

项目	金额
财务费用	12 937 499.97

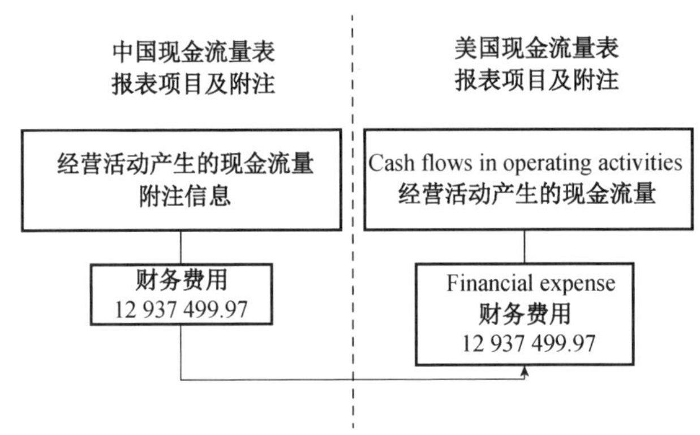

图 5－27　中美现金流量表“财务费用”项目映射关系图

表 5－75　转换后西王食品对应美国报表　　单位：元

Accounting item	Value
Financial expense	12 937 499.97

7.“递延所得税资产的减少”项目

转换模式：一对一转换（表内附注对表内主项的转换）。

“递延所得税”即通过比较资产负债表上列示的资产、负债按照会计准则规定确定的账面价值与按照税法规定确定的计税基础，两者之间的差异分别产生应纳税暂时性差异与可抵扣暂时性差异，确认相关的“递延所得税负债”与“递延所得税资产”。在转换时也有比较好的对应，对应美国财务报表中的“Deferred taxes”。

表 5－76 “递延所得税”在西王食品报表中表现 单位：元

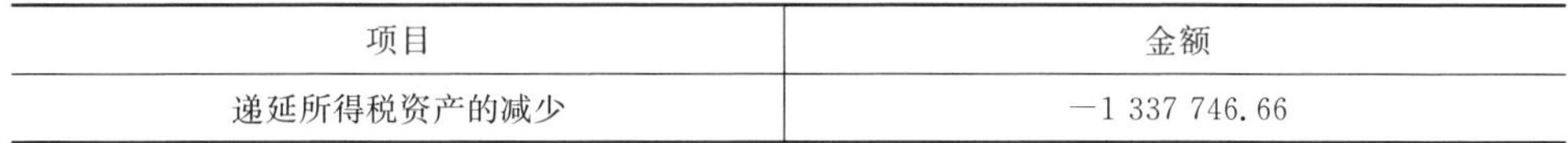

项目	金额
递延所得税资产的减少	－1 337 746.66

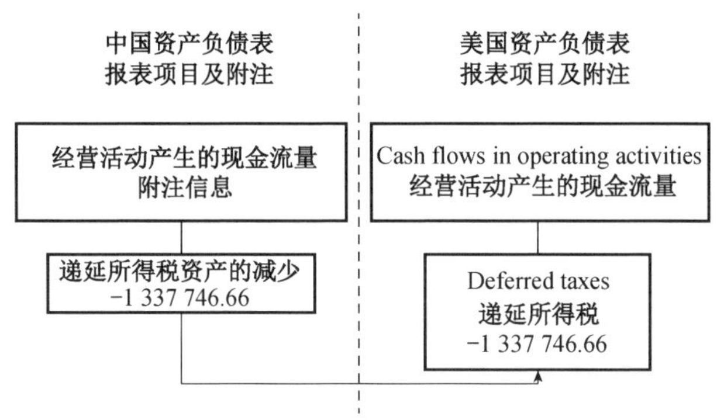

图 5－28 中美现金流量表“递延所得税”项目映射关系图

表 5－77 转换后西王食品公司对应美国报表 单位：元

Accounting item	Value
Deferred tax	－1 337 746.66

8. “存货的减少”项目

转换模式：一对一转换（表内附注对表内主项的转换）。

“存货”是指企业或商家在日常活动中持有以备出售的原料或产品、处在生产过程中的在产品、在生产过程或提供劳务过程中耗用的材料、物料、销售存仓等。“存货”区别于固定资产等非流动资产的最基本的特征是，企业持有存货的最终的目的是出售，不论可供直接销售，如企业的产成品、商品等，还是需经过进一步加工后才能出售，如原材料等。转换过程比较容易，对应美国财务报表中的“Other non-cash items-Inventories”。

表 5－78 “存货”在西王食品报表中表现 单位：元

项目	金额
存货的减少	－109 137 632

表 5－79 转换后西王食品公司对应美国报表 单位：元

Accounting item	Value
Inventories	－109 137 632

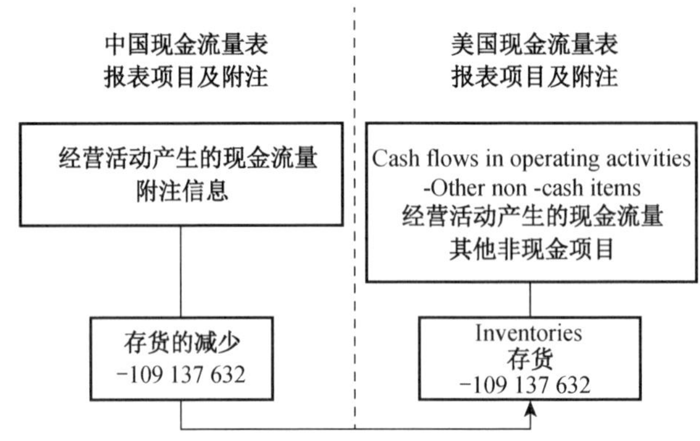

图 5-29　中美现金流量表"存货"项目映射关系图

9. "经营性应收项目的减少"项目

转换模式：一对一转换(表内附注对表内主项的转换)。

"应收项目"包括应收票据、应收账款和其他应收账款。"应收项目"应当列明估计无法收回的款项、贴现或背书转让的款项以及非交易性应收项目(其他应收款)。同时，如果金额较大，还应当列明非合并子公司和联营公司的应收项目。如果没有在资产负债表中列示，就应当以表外附注的形式反映。

"经营性应收项目的减少"表示公司在会计期间内经营性应收账款的减少，对应美国财务报表中的"Other non-cash items-Receivables"。

表 5-80　"经营性应收项目"在西王食品报表中表现　　单位：元

项目	金额
经营性应收项目的减少	23 969 249.38

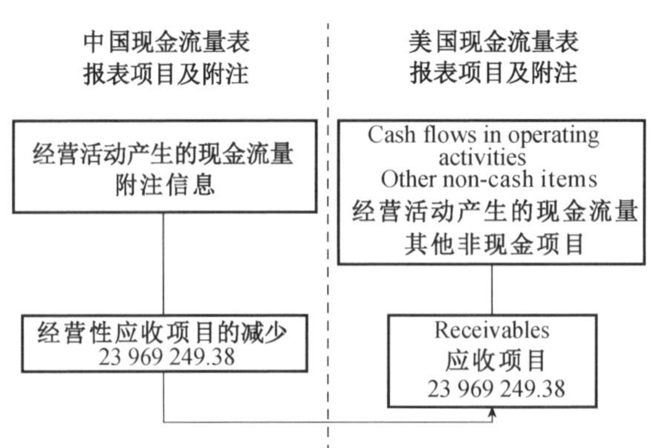

图 5-30　中美现金流量表"经营性应收项目"项目映射关系图

表 5－81　转换后西王食品公司对应美国报表　　单位:元

Accounting item	Value
Receivables	23 969 249.38

10.“经营性应付项目的增加”项目

转换模式:一对一转换(表内附注对表内主项的转换)。

“应付账款”是公共组织在购买商品或劳务时,应当支付而尚未支付的款项,是公共组织的一项流动负债。“经营性应付”项目表示公司在会计期间内经营性应付账款的增加或减少,对应美国财务报表中的“Drafts and accounts payable”,这里美国财务报表中将到期的汇票与应付项目放在一起作为一个会计项目,但是在中国的现金流量表处理时,将汇票计入应付账款当中,因此虽然形式上有所不同,但是实质的内容是相同的。

表 5－82　“经营性应付项目”在西王食品报表中表现　　单位:元

项目	金额
经营性应付项目的增加	114 781 330.08

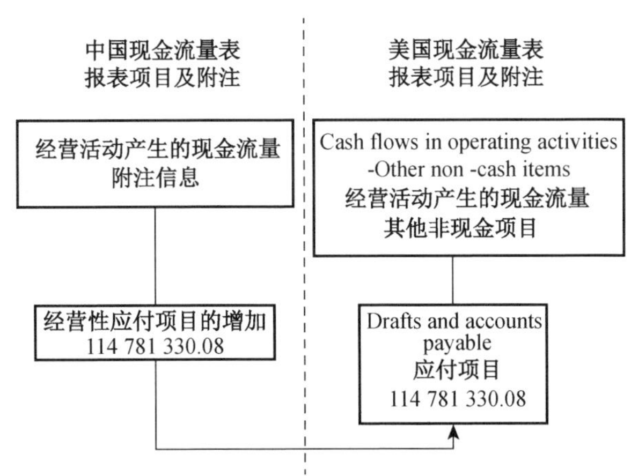

图 5－31　中美现金流量表“经营性应付项目”项目映射关系图

表 5－83　转换后西王食品公司对应美国报表　　单位:元

Accounting item	Value
Drafts and accounts payable	114 781 330.08

11. “经营活动产生的现金流量净额”项目

转换模式：一对一转换(表内附注对表内主项的转换)。

“经营活动产生的现金流量净额”表示的是公司在会计期间内经营活动产生的现金流量的净额。经营活动产生的现金流量净额＝现金及现金等价物的净增加额－筹资活动产生的现金流量净额－投资活动产生的现金流量净额。在转换为美国财务报表时，可以直接地进行转换，转换为“Net cash used in operating activities”。

表 5－84 “经营活动产生的现金流量净额”在西王食品报表中表现 单位：元

项目	金额
经营活动产生的现金流量净额	196 267 996.44

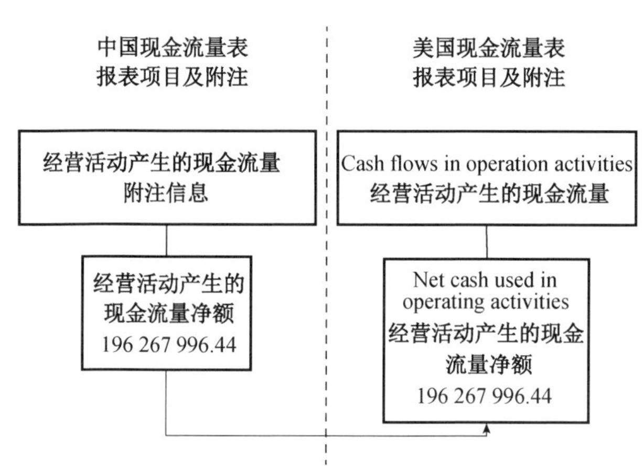

图 5－32 中美现金流量表“经营活动产生的现金流量净额”项目映射关系图

表 5－85 转换后西王食品公司对应美国报表 单位：元

Accounting item	Value
Net cash used in operating activities	196 267 996.44

12. 其他信息处理

由于计量方法的不同，将中国经营活动产生的现金流量表转换时用到更多的是现金流量表附注的部分，但是这种转换方式导致中国现金流量表的主表信息流失。在对这点进行处理时，我们的考虑是将其转换为美国现金流量表——经营活动产生的现金流量的附注信息，这种转换方式的突破不仅保证了形式上的一致，又保证了现金流量表的信息量没有缩减。

13. 经营活动现金流量表转换最终结果

表 5－86 是经过转换的，将西王食品公司的报表转换为美国财务报表模板格式的经营活动产生的现金流量表。

表 5－86 西王食品经营活动现金流量表转换结果

单位：元

Accounting item	Value
Net income	117 493 988.53
Adjustments to reconcile to net cash provided by operating activities:	
Impairment charges and impairment of equity investment	−168 129.62
Depreciation	3 5562 007.81
Amortization	2 167 428.95
Financial expense	12 937 499.97
Deferred tax	−1 337 746.66
Inventories	−109 137 632.00
Receivables	23 969 249.38
Drafts and accounts payable	114 781 330.08
Net cash used in operating activities	196 267 996.44

14. 翻译后结果如表 5－87。

表 5－87 经过转换的西王食品现金流量表经营活动产生的现金流量表

单位：元

会计项目	金额
净收益	117 493 988.53
将净利润调节为经营活动产生的现金流量	
减值费用及权益投资减值	−168 129.62
折旧	35 562 007.81
摊销	2 167 428.95
财务费用	12 937 499.97
递延所得税	−1 337 746.66
存货	−109 137 632.00
应收项目	23 969 249.38
应付项目	114 781 330.08
经营活动产生的现金流量净额	196 267 996.44

5.3.3 投资活动产生的现金流量的转换

美国现金流量表中的投资活动产生的现金流量与中国现金流量表中的投资活动产生的现金流量的会计项目非常相似，但是其也有很大的不同。区别在于细分程度的不同，相比于中国的“投资活动产生的现金流量”，美国的“投资活动产生的现金流量”会计项目分类更加细致，项目划分更加具体，这增加了转换的难度，因为在中国的会计准则要求下，投资活动的现金流量项目比较大，因此就不能很好地进行拆分。另外，出于对数据项目负责的原则，对于一些附注信息没有披露的项目，没有进行人为的拆分。如“购建固定资产、无形资产和其他长期资产支付的现金”，在美国的会计准则下，则需要拆分为构建房屋支付的现金、构建土地支付的现金等项目，但是这些项目在中国的财务报表中是没有体现的，就没有人为地强制拆分，这个项目的详细思路将在后文作出解释。

1. “长期资产支付的现金”项目

转换模式：一对一转换(表内附注对表内主项的转换)。

“长期资产支付的现金”反映企业购买、建造固定资产，取得无形资产和其他长期资产(如投资性房地产)支付的现金，包括购买机器设备所支付的现金、建造工程支付的现金、支付在建工程人员的工资等现金支出。在这个会计项目中，包含了非常多的内容，对应美国财务报表中的：“Payments to acquire buildings”“Payments to acquire land held for use”等，作者在转换的过程中试图在资产负债表的附注中寻找信息进行拆分，但是由于取得固定资产的方式有很多种，如现金支付、短期负债、长期负债等方式。现金流量表的数值表示的仅仅是使用货币资金进行支付的固定资产的增加，因此资产负债表的附注信息并不能将现金流量表的内容拆分开来，所以在转换过程中，只能做到粗糙的转换，即将“长期资产支付的现金”转换为“Payments to acquire property plant and equipment”。

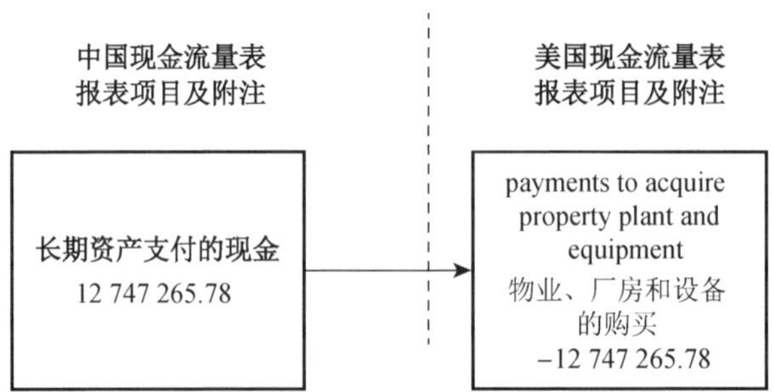

图 5－33 中美现金流量表“购建固定资产、无形资产和其他长期资产支付的现金”项目映射关系图

2. “投资活动产生的现金流量净额”项目

转换模式:一对一转换(表内附注对表内主项的转换)。

“投资活动产生的现金流量净额”表示的是由投资活动引起的现金流量,在美国的会计准则下,也有“Net cash used in investing activities”,可以直接进行转换。

但是在中国的会计准则下,投资活动产生的现金流量分为流入和流出,但美国的“投资活动的现金流量净额”中不分流入和流出,因此在转换过程中,直接将“投资活动产生的现金流量净额”进行转换。

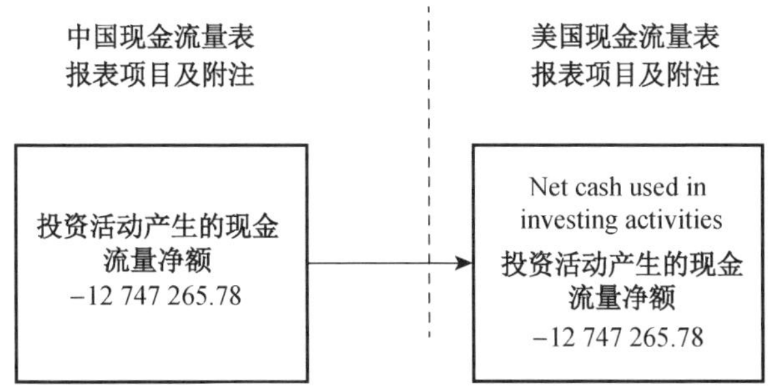

图 5-34 中美现金流量表“投资活动产生的现金流量”项目映射关系图

“投资活动产生的现金流量”转换结果如表 5-88 所示。

表 5-88 转换后西王食品公司对应美国报表 单位:元

Accounting item	Value
Payments to acquire property plant and equipment	−12 747 265.78
Net cash used in investing activities	−12 747 265.78

5.3.4 筹资活动产生的现金流量的转换

筹资活动是指导致企业资本及借款规模和构成发生变化的活动,包括吸收权益性资本、资本溢价、发行债券、借入资金、支付股利、偿还债务等。

从中国会计准则下的筹资活动产生的现金流量,到美国会计准则下的筹资活动产生的现金流量的转换过程,有着与之前类似的问题。中国现金流量表的披露较为粗糙,没有美国会计准则下的现金流量表细致。很多筹资活动产生的现金流量不能进行拆分,因此在转换过程中要按照附注信息进行转换,如果附注信息没有的,则不能强行拆分数据,要保证数据的准确性。

1.“取得借款收到的现金”项目

转换模式:一对一转换(表内附注对表内主项的转换)。

“取得借款收到的现金”反映企业举借各种短期、长期借款而收到的现金,以及发行债券实际收到的款项净额(发行收入减去直接支付的佣金等发行费用后的净额)。

在中国会计准则下,企业可以将取得借款所收到的现金反映在筹资活动产生的现金流量表中,但是在美国的会计准则下,则要求比较详细的披露。由于在西王食品的现金流量表中,无法通过附注信息进行拆分,因此只能将该会计项目转换到美国现金流量表中的“Proceeds from (repayments of) debt”项目中。转换过程如图 5-35 所示。

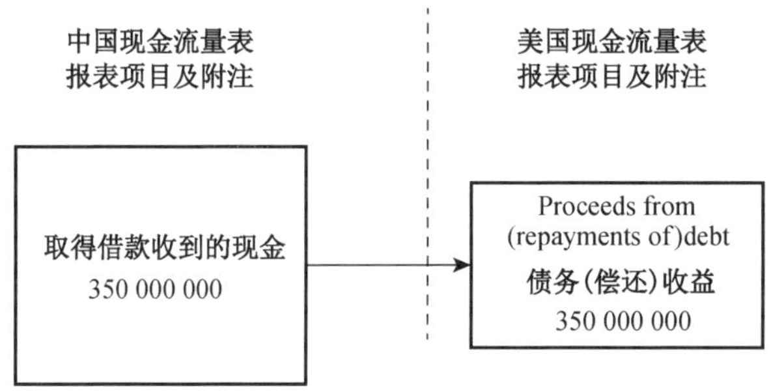

图 5-35　中美现金流量表“取得借款收到的现金”项目映射关系图

2.“偿还债务支付的现金”项目

转换模式:一对一转换(表内附注对表内主项的转换)。

“偿还债务支付的现金”反映企业偿还债务本金所支付的现金,包括偿还金融企业的借款本金、偿还债券本金等。企业支付的借款利息和债券利息在“分配股利、利润或偿付利息支付的现金”项目反映,不包括在本项目内。本项目可以根据“短期借款”“长期借款”“应付债券”等项目的记录分析填列。

在中国的会计准则下,该项目披露的比较粗糙,但是在美国会计准则下,则要求比较细致的披露。由于西王食品没有对其偿还债务的种类等信息进行披露,因此不能强行地进行拆分,只能转换为“Proceeds from (repayments of) debt”项目,但是在这里需要注意的是,由于“Proceeds from (repayments of) debt”项目表示的是取得借款或者偿还债务的现金流量,即取得借款时,该项目为正,偿还负债时,该项目为负,因此在转换时,要将数值的符号进行改变。

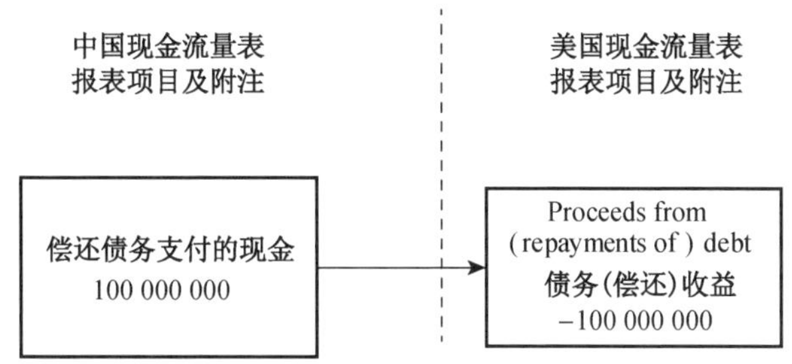

图 5-36　中美现金流量表"偿还债务支付的现金"项目映射关系图

3. "分配股利、利润或偿付利息支付的现金"项目

转换模式：一对多转换(表内附注对表内主项的转换)。

"分配股利、利润或偿付利息支付的现金"反映企业实际支付的现金股利、支付给其他投资单位的利润或用现金支付的借款利息、债券利息。在中国的会计准则要求下，企业可以将现金股利、借款利息等项目加总后披露在现金流量表中，但是在美国的会计准则要求下，该项目需要更详细的划分。

对此，作者对西王食品的综合损益表进行了查找，在其中找到了实际支付的现金股利，对原项目进行了拆分，转换为美国现金流量表中的"Payments of dividends"和"Payments of financing costs"。同样，数值也要变成负数。

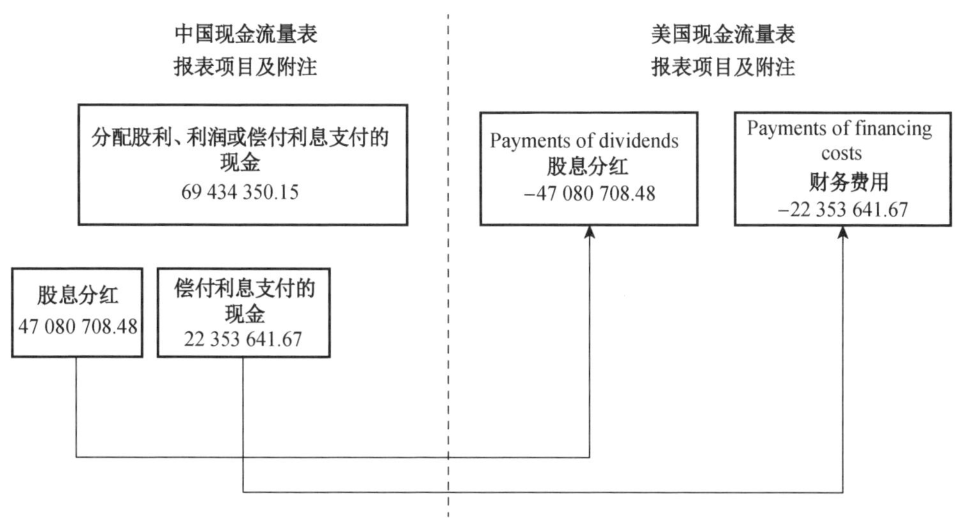

图 5-37　中美现金流量表"分配股利、利润或偿付利息支付的现金"项目映射关系图

4. "筹资活动产生的现金流量净额"项目

转换模式:一对一转换(表内附注对表内主项的转换)。

"筹资活动产生的现金流量净额"还有流入与流出小计,对应美国财务报表中的"筹资活动产生的现金流量净额",流入和流出作为细项进行补充。

表 5-89 "筹资活动产生的现金流量净额"在西王食品报表中表现 单位:元

项目	金额
筹资活动产生的现金流量净额	180 565 649.85

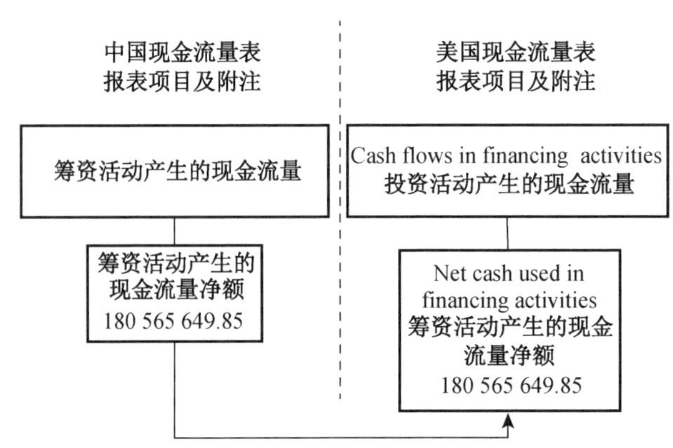

图 5-38 中美现金流量表"筹资活动产生的现金流量净额"项目映射关系图

表 5-90 转换后西王食品公司对应美国报表 单位:元

Accounting item	Value
Net cash used in financing activities	180 565 649.85

最终转换如表 5-91 所示。

表 5-91 转换完成后的筹资活动产生的现金流量表 单位:元

Accounting item	Value
Issuances	
Proceeds from (repayment of) debt	350 000 000.00
Proceeds from short-term borrowings	350 000 000.00
Other	
Proceeds from (repayment of) debt	−100 000 000.00
Repayments of short-term borrowings	

(续表)

Accounting item	Value
Repayments of long-term debt	
Dividends paid	−69 434 350.15
Net cash used in financing activities	180 565 649.85

翻译后结果如表 5－92 所示。

表 5－92　转换完成后的筹资活动产生的现金流量表　　单位:元

筹资活动产生的现金流量	金额
债务(偿还)收益	350 000 000.00
短期借款收益	350 000 000.00
长期负债收益	
其他	
债务(偿还)收益	−100 000 000.00
短期借款偿还	
长期负债偿还	
支付股息	−69 434 350.15
由投资子公司获得的收益	
筹资活动产生的现金流量净额	180 565 649.85
筹资活动现金流入小计	350 000 000.00
筹资活动现金流出小计	−169 434 350.15

5.3.5　现金及现金等价物变动的转换

在这个类别中,中国财务报表与美国财务报表几乎是一样的,所以可以直接进行转换和移植。转换后的报表格式如表 5－94 所示。

表 5－93　西王食品现金流量表　　单位:元

项目	金额
汇率变动对现金及现金等价物的影响	
现金及现金等价物净增加/(减少)额	364 086 380.51
加:期初现金及现金等价物余额	317 317 050.09
期末现金及现金等价物余额	681 403 430.60

表 5-94　现金及现金等价物变动具体表现形式　单位:元

Net increase (decrease) in cash and cash equivalents	Value
Effect of exchange rate changes on cash and cash equivalents	
Net increase (decrease) in cash and cash equivalents	364 086 380.51
Cash and cash equivalents at beginning of year	317 317 050.09
Cash and cash equivalents at end of year	681 403 430.60

5.3.6 西王食品现金流量表转换结果

将西王食品 20×3 年的现金流量表转换为以美国会计准则要求下的现金流量表如表 5-95 所示。

表 5-95　西王食品现金流量表转换结果　单位:元

Cash flows in operating activities	Value
Net income	117 493 988.53
Adjustments to reconcile to net cash provided by operating activities:	
Impairment charges and impairment of equity investment	-168 129.62
Depreciation	35 562 007.81
Amortization	2 167 428.95
Financial expense	12 937 499.97
Deferred tax	-1 337 746.66
Inventories	-109 137 632.00
Receivables	23 969 249.38
Drafts and accounts payable	114 781 330.08
Net cash used in operating activities	196 267 996.44
Cash flows in investing activities	
Payments To Acquire Property Plant And Equipment	-12 747 265.78
Net cash used in investing activities	-12 747 265.78
Cash flows in financial activities	
Issuances	
Proceeds from (repayment of) debt	350 000 000.00
Proceeds from short-term borrowings	350 000 000.00
Other	
Proceeds from (repayment of) debt	-100 000 000.00

（续表）

Repayments of short-term borrowings	
Repayments of long-term debt	
Dividends paid	−69 434 350.15
Net cash used in financing activities	180 565 649.85
Net increase (decrease) in cash and cash equivalents	
Effect of exchange rate changes on cash and cash equivalents	
Net increase (decrease) in cash and cash equivalents	364 086 380.51
Cash and cash equivalents at beginning of year	317 317 050.09
Cash and cash equivalents at end of year	681 403 430.60

5.4 微软公司现金流量表转换实例

本节选择美国上市公司微软公司为例，进行美国报表转中国报表的实践演练。

微软公司是美国上市公司的一个很好的代表，具有很强的代表性，所以才选择微软公司作为实例来验证，全局展现转换过程及逻辑。

5.4.1 微软公司现金流量表

表 5-96 是 20×3 年微软公司的年度财务报表以及财务报表的翻译。

表 5-96 微软公司现金流量表 单位：百万美元

Cash flows in operations activities 经营活动产生的现金流量	金额
Net income 净收益	21 863
Adjustments to reconcile net income to net cash from operations 将净利润调节为经营活动产生的现金流量	
Goodwill impairment 商誉损失	0
Depreciation, amortization, and other 折旧、摊销及其他	3 755

（续表）

Stock-based compensation expense 以股权为划分标准的补偿费用	2 406
Net recognized gains on investments and derivatives 投资活动及其衍生品收益	80
Excess tax benefits from stock-based compensation 由储备金带来的超额税	−209
Deferred income taxes 递延所得税	−19
Deferral of unearned revenue 递延预收款项	44 253
Recognition of unearned revenue 预收款项确认	−41 921
Changes in operating assets and liabilities 经营活动中资产和负债的变动额	
Accounts receivable 应收项目	−1 807
Inventories 存货	−802
Other current assets 其他资产	−129
Other long-term assets 其他长期资产	−478
Accounts payable 应付账款	537
Other current liabilities 其他负债	146
Other long-term liabilities 其他长期负债	1 158
Net cash used in operations activities 经营活动产生的现金流量净额	28 833
Cash flows in investing activities 投资活动产生的现金流量	
Additions to property and equipment 固定资产和设备的增加	−4 257
Acquisition of companies, net of cash acquired, and purchases of intangible and other assets 公司的并购、净现金的获得、无形资产的选购以及其他资产	−1 584

（续表）

Purchases of investments 投资项目的购买	−75 396
Maturities of investments 投资项目的到期	5 130
Sales of investments 投资项目的销售	52 464
Securities lending payable 可出售有价证券的增加	−168
Net cash used in investing activities 投资活动产生的现金流量净额	−23 811
Cash flows in financing activities 筹资活动产生的现金流量	
Short-term debt repayments, maturities of 90 days or less, net 小于 90 天的短期负债偿还	0
Proceeds from issuance of debt, maturities longer than 90 days 大于等于 90 天的长期负债收益	4 883
Repayments of debt, maturities longer than 90 days 大于等于 90 天的长期负债偿还	−1 346
Common stock issued 普通股发行	931
Common stock repurchased 股票回购	−5 360
Common stock cash dividends paid 股息分红	−7 455
Excess tax benefits from stock-based compensation 由储备金带来的超额税	209
Other 其他	−10
Net cash used in financing activities 筹资活动产生的现金流量净额	−8 148
Net change in cash and cash equivalents 现金及现金等价物变动	
Effect of exchange rates on cash and cash equivalents 汇率变动对现金及现金等价物的影响	−8

（续表）

Net change in cash and cash equivalents 现金及现金等价物净增加额	−3 134
Cash and cash equivalents, beginning of period 现金及现金等价物期初金额	6 938
Cash and cash equivalents, end of period 现金及现金等价物期末金额	3 804

5.4.2 经营活动产生的现金流量的转换

中国的会计准则要求现金流量表中的经营活动产生的现金流量要用直接法的方式进行披露，间接法作为一种补充放在经营活动产生的现金流量表的附注部分，这种方式对理解企业的现金流量有着比较大的帮助。然而美国的现金流量表的编制方法是使用间接法，并没有直接法进行编制。因此在转换过程中，就会出现美国经营活动产生的现金流量表正表中的项目对应中国现金流量表中附注的项目，而中国经营活动产生的现金流量的正表中却没有项目可以对应。对于这种情况，本书采用的办法是将美国现金流量表中的正表部分不加改变，直接放在中国现金流量表的正表部分。虽然它对应的是附注内容，但是为了保证现金流量表的完整性，还是把它放在了正表的位置。

那么原来中国企业准则下要求披露的信息怎么办呢？在进行这个转换过程时，作者也考虑了这点。也尝试从资产负债表以及利润表中，通过一定的数学模型对所需要的项目进行了计算以及转换，之后又进行了验证，证明了该方法的可行性，但是这种方法所需要的时间太多，对于所需信息向下深幅钻探，过于繁琐，甚至大幅度地改变原有报表信息的计算结果。同时对于不同的公司没有一个很好的兼容性，为了通用性的目的，以及信息化标准操作的便利性，故将该方法放弃，直接将美国现金流量表中经营活动产生的现金流量直接放在中国现金流量表中经营活动产生的现金流量中。

中国现金流量表中，将流入的现金流与流出的现金流分开计量，并都有一个小计。这种方式可以让最后的现金净流量更加清晰，对于一个企业而言，这种披露方式能更好地看出企业在一个会计期间内，支出了多少，收到了多少现金流。但在美国现金流量表中并没有这些项目。基于上面的分析，下面是将美国现金流量表中经营活动产生的现金流量转换为中国报表格式下的经营活动产生的现金流量。

表 5－97　转换为中国现金流量表的微软公司现金流量表——经营活动产生的现金流量

单位：百万美元

经营活动产生的现金流量	金额
净收益	21 863
将净收益调节为经营活动产生的现金流量	
商誉损失	0
折旧、摊销及其他	3 755
以股权为标准的补偿费用	2 406
投资活动及其衍生品收益	80
由储备金带来的超额税	－209
递延所得税	－19
递延预收款项	44 253
预收款项确认	－41 921
经营活动中资产和负债的变动额	
应收账款	－1 807
存货	－802
其他资产	－129
其他长期资产	－478
应付账款	537
其他负债	146
其他长期负债	1 158
经营活动产生的现金流量净额	28 833

5.4.3　投资活动产生的现金流量的转换

投资活动产生的现金流量是指企业长期资产(通常指一年以上)的购建及其处置产生的现金流量，包括购建固定资产、长期投资产生的现金流量和处置长期资产产生的现金流量，并按其性质分项列示。

中国企业会计准则与美国企业会计准则在这方面是比较类似的，有一定差异，但是不像经营活动产生的现金流量那样，投资活动产生的现金流量表不存在计量方法上巨大的分歧。

1. “Additions to property and equipment”项目

转换模式：一对一转换(表内主项对表内主项的转换)。

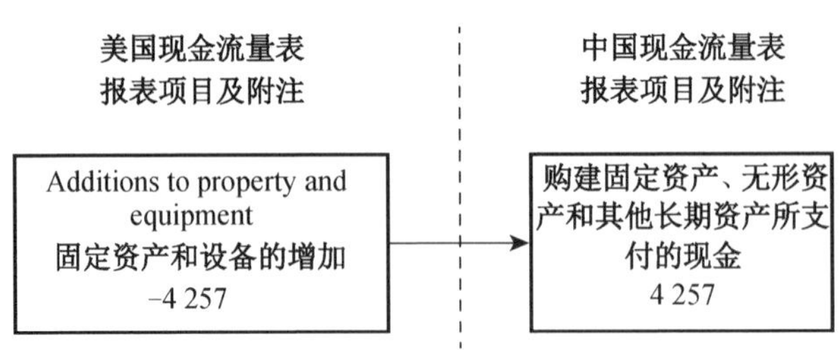

图 5-39　中美现金流量表"Additions to property and equipment"项目映射关系图

在中国会计准则下,"购建固定资产、无形资产和其他长期资产所支付的现金",反映企业购买、建造固定资产,取得无形资产和其他长期资产支付的现金,不包括为购建固定资产而发生的借款利息资本化的部分,以及融资租入固定资产支付的租赁费。借款利息和融资租入固定资产支付的租赁费,在筹资活动产生的现金流量中单独反映。本项目可以根据"固定资产""无形资产""在建工程"等项目的记录分析填列。

在美国会计准则下,"Additions to property and equipment"表示的是用于经营活动的资产以及设备的增加。中国会计准则与美国会计准则基本一致,同时均符合现金流量表的披露要求,因此是"一对一"转换。

表 5-98　转换后微软公司现金流量表　　单位:百万美元

会计项目	金额
购建固定资产、无形资产和其他长期资产所支付的现金	4 257

2. "Acquisition of companies, net of cash acquired, and purchases of intangible and other assets"项目

在微软 20×3 年的财务报表中,将"公司的并购、净现金的获得、无形资产以及其他资产的增加"放置在同一个项目下,这个项目包含很多的内容,但在美国其他公司的财务报表中,有着不同的表现形式,拆分更加细致。在对应中国财务报表的处理中,作者发现该项目反应的是中国报表框架下的多项内容,要进行"一对多"的转换。首先第一项 Acquisition of companies,直接翻译为"公司收购",在这里可以理解为对其他公司的收购和并购,可计作长期股权投资,转换对应的位置为:"投资所支付的现金——长期股权投资(借)"。净现金的获得可以理解为"收到的其他与投资活动有关的现金",另外,"无形资产以及其他资产的选购"对应的项目为中国

现金流量表中"购建固定资产、无形资产和其他长期资产支付的现金——无形资产"和"购建固定资产、无形资产和其他长期资产支付的现金——其他长期资产"。在这种情况下，考虑到现金流量表的完整性以及可操作性，作者在这里提出了两种处理思路。

第一种是根据财务报表中的其他报表，利用报表之间的关系进行拆分和处理。资产负债表中对外股权的投资将这个项目进行拆分，拆分之后将公司的并购金额计入"投资所支付的现金"，然后将其他的计入"购建固定资产、无形资产和其他长期资产支付的现金"当中。

下面是美国现金流量表的项目，权益类投资当中，有"普通股和优先股"和"其他投资"这两个项目，其中应该将权益投资的项目加入"公司的并购、净现金的获得、无形资产以及其他资产的增加"当中进行拆分。但是在进行处理之后，"净现金的获得、无形资产以及其他资产的增加"的数值变成了正数（变成了 8 004，表示购置无形资产等项目反倒使现金流入了 8 004），其中的合理性有待考证，原因可能是购置普通股和优先股并不是完全由现金支付的，因此不能清楚地知道其中有多少是属于"投资所支付的现金"，有多少属于"购建固定资产、油气资产、无形资产和其他长期资产支付的现金"，因此这种处理思路虽然可以根据报表间的关系进行调整，但是无法准确地进行转换。

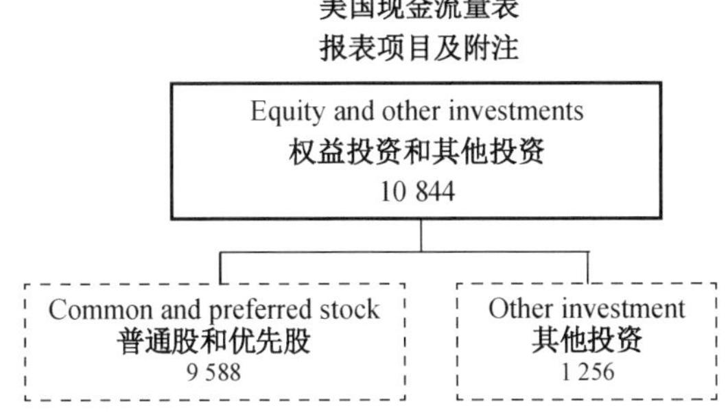

图 5－40　中美现金流量表"Equity and investments"拆解

第二种思路则是将该项目全部归为"购建固定资产、无形资产和其他长期资产支付的现金"当中，这种转换思路虽然有一些粗糙，但是在信息不完整的情况下，无法对其细项进行区分，这种转换思路可以保证转换过后的信息完整性。对应的转换关系如图 5－41 所示。

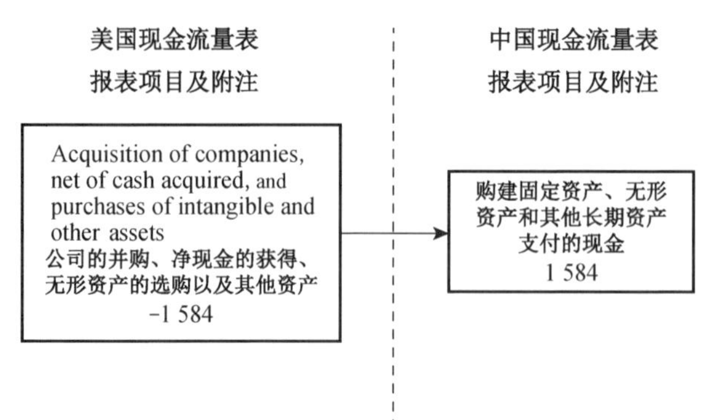

图 5-41　中美现金流量表"Acquisition of companies, net of cash acquired, and purchases of intangible and other assets"项目映射关系图

3. "Purchases of investments"项目

转换模式:一对一转换(表内主项对表内主项的转换)。

在美国的会计准则以及现金流量表的披露当中,"Purchases of investments"表示的是购置投资性项目支付的现金。在资产负债表中,该项目表示为短期或者长期的项目,主要指权益类投资,或者是以获得未来收益为目的进行的投资。

在中国的会计准则下,"投资所支付的现金"表示除现金等价物以外的投资,包括交易性金融资产、持有至到期投资、可供出售金融资产、长期股权投资(不包括取得子公司支付的现金),以及支付的佣金、手续费等交易费用。另外,企业购买股票时实际支付的价款中包含的已宣告而尚未领取的现金股利,以及购买债券时支付的价款中包含的已到期尚未领取的债券利息,应在"支付的其他与投资活动有关的现金"项目中反映;取得子公司及其他营业单位支付的现金净额,应在"取得子公司及其他营业单位支付的现金净额"项目中反映。

因此其对应的中国现金流量表的项目为"投资所支付的现金",图 5-42 为转换的对应过程。

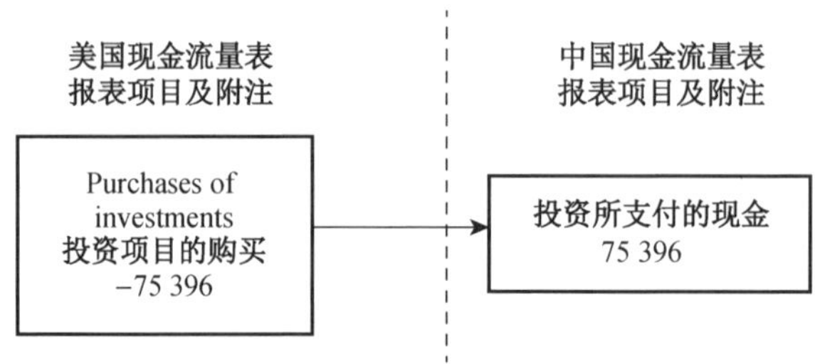

图 5-42　中美现金流量表"Purchases of investments"项目映射关系图

4. “Maturities of investments”项目

转换模式：一对一转换（表内主项对表内主项的转换）。

“投资项目的到期”表示的是该公司所投资项目的到期时间，也是项目回收的时间。在美国的会计准则要求下，该项目表示的是到期日期固定，企业持有时便以出售为目的。在中国的会计准则下，表示的是“持有至到期投资”（定义：持有至到期投资是指到期日固定、回收金额固定或可确定，且企业有明确意图和能力持有至到期的非衍生金融资产。通常情况下，包括企业持有的、在活跃市场上有公开报价的国债、企业债券、金融债券等），这个项目在转换过程中要有一定的区别，到底该归到“收回投资收到的现金”还是归到“取得投资收益收到的现金”当中，下面是中国会计准则下，对于这两个项目的定义和区别。

“收回投资收到的现金”反映企业出售、转让或到期收回除现金等价物以外的交易性金融资产、持有至到期投资、可供出售金融资产、长期股权投资等而收到的现金。不包括债权性投资收回的利息、收回的非现金资产，以及处置子公司及其他营业单位收到的现金净额。债权性投资收回的本金，在本项目反映，债权性投资收回的利息，不在本项目中反映，而在“取得投资收益所收到的现金”项目中反映。处置子公司及其他营业单位收到的现金净额单设项目反映。本项目可以根据“交易性金融资产”“持有至到期投资”“可供出售金融资产”“长期股权投资”“库存现金”“银行存款”等项目的记录分析填列。

“取得投资收益收到的现金”反映企业因股权性投资而分得的现金股利，因债权性投资而取得的现金利息收入。股票股利由于不产生现金流量，不在本项目中反映；包括在现金等价物范围内的债券性投资，其利息收入在本项目中反映。本项目可以根据“应收股利”“应收利息”“投资收益”“库存现金”“银行存款”等项目的记录分析填列。

可以清楚地看到，“Maturities of investments（投资项目的到期）”应该划归到“收回投资收到的现金”当中，对应转换过程如图 5－43 所示。

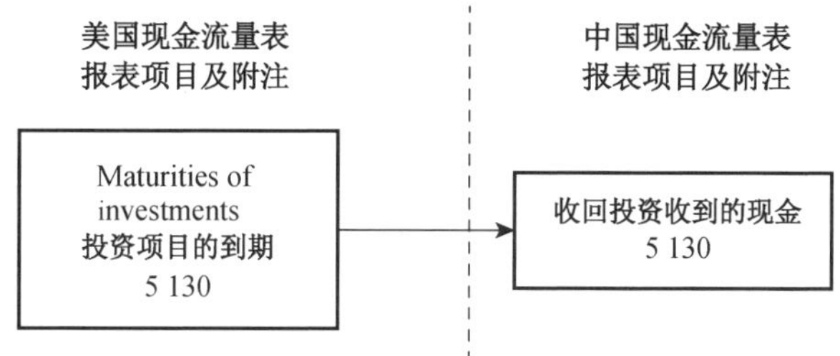

图 5－43　中美现金流量表“Maturities of investments”项目映射关系图

5. “Sales of investments”项目

转换模式：一对一转换（表内主项对表内主项的转换）。

“投资项目的销售”是将已经投资的项目进行销售得到的现金，包括持有的股票、债券等项目，这里与之前的“投资项目的到期”是一样的，同样归为“收回投资收到的现金”。

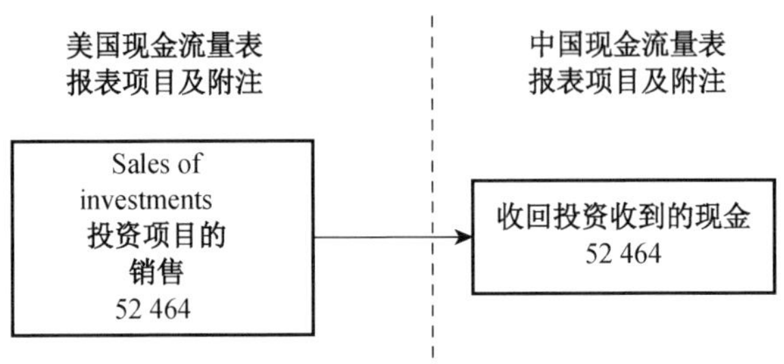

图 5-44　中美现金流量表“Sales of investments”项目映射关系图

6. “Securities lending payable”项目

转换模式：一对一转换（表内主项对表内主项的转换）。

“可出售有价证券的增加”表示公司在该会计期间内所持有的有价证券的增加，在进行转换的过程中，有价证券的增加可以转换为“投资所支付的现金”，转换过程如图 5-45 所示。

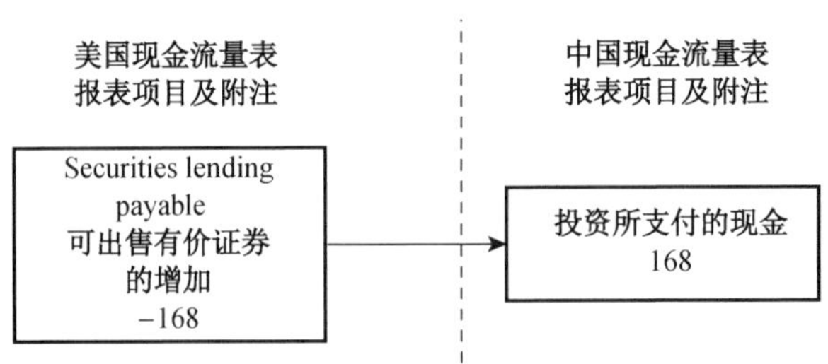

图 5-45　中美现金流量表“Securities lending payable”项目映射关系图

7. “Net cash used in investing activities”项目

转换模式：一对一转换（表内主项对表内主项的转换）。

美国会计准则规定下，“投资活动产生的现金流量净额”与中国会计准则下的“投资活动产生的现金流量净额”基本一致，所以可以直接进行转换。

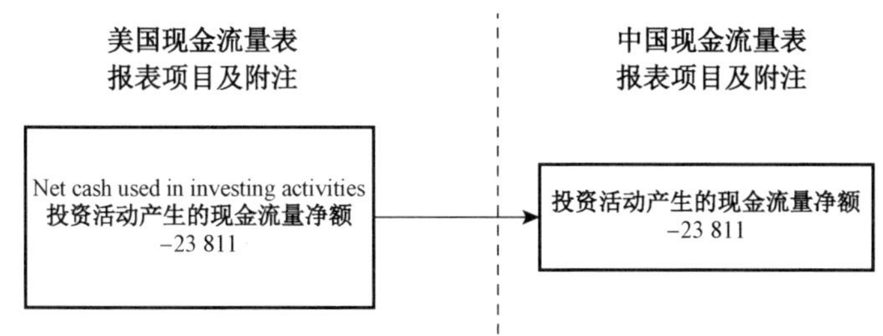

图 5－46　中美现金流量表"Net cash used in investing activities"项目映射关系图

由于美国的现金流量表信息较为斑驳，因此在进行转换时，借鉴了非常多资产表中"固定资产"等项目的变化值，例如，用"固定资产"会计项目两年的变动值来计算"投资活动产生的现金流量"表中的"购建固定资产、无形资产和其他长期资产支付的现金"。

表 5－99 是将美国微软公司投资活动产生的现金流量转换为中国财务报表格式后的现金流量表。

表 5－99　转换过后的投资活动现金流量表　　单位：百万美元

投资活动产生的现金流量	金额
收回投资收到的现金	57 594
长期股权投资(贷)	
取得投资收益收到的现金	
处置固定资产、无形资产和其他长期资产而收回的现金净额	
投资活动产生的现金流入小计	57 594
购建固定资产、无形资产和其他长期资产支付的现金	5 841
固定资产和设备增加	4 257
在建工程	
投资所支付的现金——长期股权投资(借)	
购建固定资产、无形资产和其他长期资产支付的现金——无形资产	
购建固定资产、无形资产和其他长期资产支付的现金——其他长期资产	
投资所支付的现金——交易性金融资产(借)	
投资所支付的现金——投资性房地产(借)	
投资所支付的现金——长期股权投资(借)	
投资所支付的现金	75 564

（续表）

交易性金融资产(借)	
支付的其他与投资活动有关的现金	
投资活动产生的现金流出小计	81 405
投资活动产生的现金流量净额	−23 811

5.4.4 筹资活动产生的现金流量的转换

“筹资活动产生的现金流量”是指导致企业资本及债务的规模和构成发生变化的活动所产生的现金流量。包括筹资活动的现金流入和归还筹资活动的现金流出，并按其性质分项列示。中国会计准则与美国会计准则对于“筹资活动产生的现金流量”的要求并没有过大的差异。所以在进行转换处理时，有一定的相似性，但是其细节的处理还是有很大的不同。

1. “Short-term debt repayments, maturities of 90 days or less, net”项目

转换模式：一对一转换（表内主项对表内主项的转换）。

在美国的会计准则规定下，“Short-term debt repayments, maturities of 90 days or less, net”表示的是企业偿还短期负债所支付的金额。在中国的会计准则下，短期负债也叫流动负债是指将在1年（含1年）或者超过1年的一个营业周期内偿还的债务，包括短期借款、应付票据、应付账款、预收账款、应付工资、应付福利费、应付股利、应交税金、其他暂收应付款项、预提费用和1年内到期的长期借款等。

在这两种会计准则下，这个项目有一定的差别，即对于短期负债的期限理解不同，在进行处理时，我们认为这两种反映的都是公司短期负债的偿还，虽然具体的期限不同，但是其表示的内容基本一致，因此将这项划分在“偿还债务所支付的现金——短期借款（借）”。

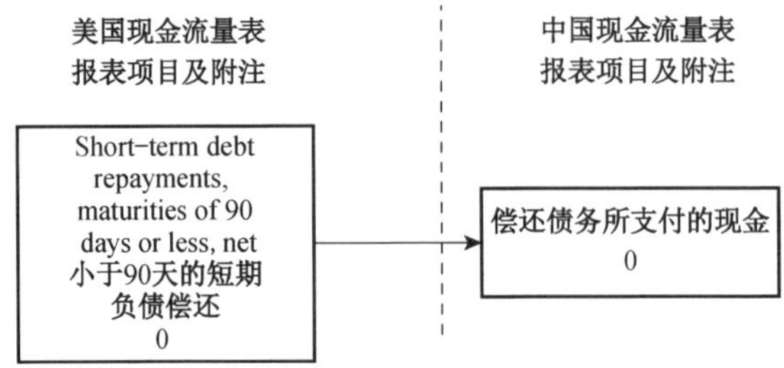

图5-47　中美现金流量表“Short-term debt repayments, maturities of 90 days or less, net”项目映射关系图

“小于90天的短期负债偿还”表示企业的负债是短期负债，归还的期限在90天以内。对应中国现金流量表中的“偿还债务所支付的现金——短期借款”。

2. “Proceeds from issuance of debt”项目

转换模式：一对一转换（表内主项对表内主项的转换）。

在美国的会计准则下，“Proceeds from issuance of debt”表示的是发行债务取得的收益。在中国的会计准则下，同样有这样一个项目“发行债券收到的现金”，但是在现金流量表中，要将“发行债券收到的现金”计入“借款收到的现金”当中。

其中，“借款收到的现金”反映企业举借各种短期、长期借款而收到的现金，以及发行债券实际收到的款项净额（发行收入减去直接支付的佣金等发行费用后的净额）。本项目可以根据“短期借款”“长期借款”“交易性金融负债”“应付债券”“库存现金”“银行存款”等项目的记录分析填列。

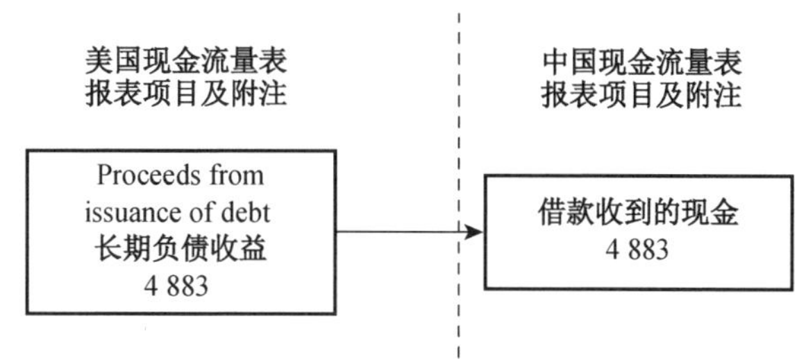

图5-48 中美现金流量表“Proceeds from issuance of debt”项目映射关系图

3. “Repayments of debt”项目

转换模式：一对一转换（表内主项对表内主项的转换）。

在美国会计准则下，“Repayments of debt”表示的是该公司在该会计期间内偿还负债所支付的现金。在一定程度上反映公司上一会计年度负债的偿还能力。

在中国的会计准则下，“偿还债务支付的现金”项目反映企业偿还债务本金所支付的现金，包括偿还金融企业的借款本金、偿还债券本金等。企业支付的借款利息和债券利息在“分配股利、利润或偿付利息支付的现金”项目反映，不包括在本项目内。本项目可以根据“短期借款”“长期借款”“应付债券”等项目的记录分析填列。

因此这个转换应该是“一对一”转换，即如图5-49所示。

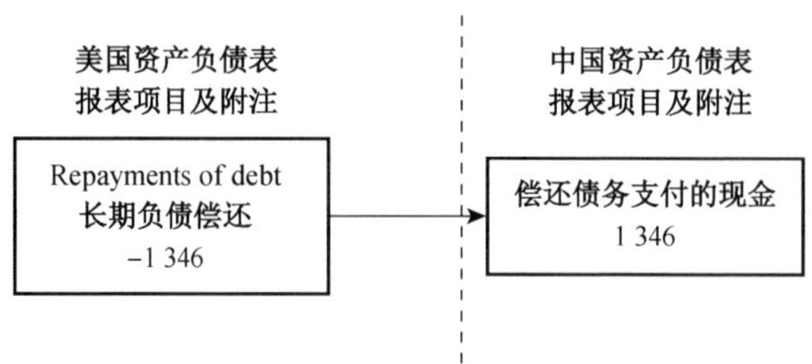

图 5-49　中美现金流量表"Repayments of debt"项目映射关系图

4. "Common stock issued"项目

转换模式：一对一转换(表内主项对表内主项的转换)。

在美国会计准则下，"Common stock issued"表示公司所在会计期间内由发行普通股带来的权益增加，公司可以通过发行普通股为公司进行融资。

在中国现金流量表中，可以用"吸收投资收到的现金——发行普通股获得的收入"来表示这个会计项目，转换过程如图 5-50 所示。

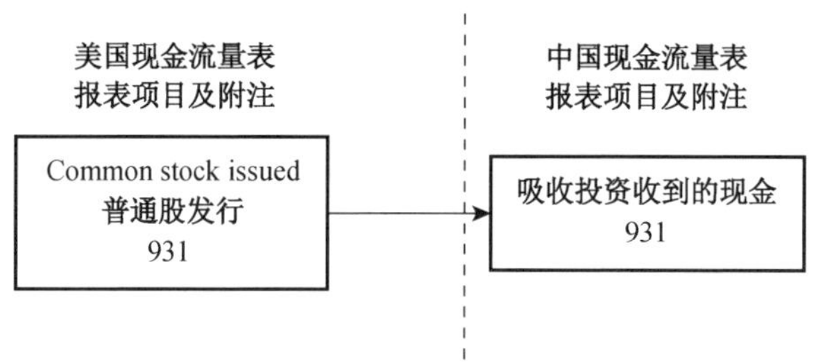

图 5-50　中美现金流量表"Common stock issued"项目映射关系图

5. "Common stock repurchased"项目

转换模式：一对一转换(表内主项对表内主项的转换)。

股票回购是指上市公司利用现金等方式，从股票市场上购回本公司发行在外的一定数额的股票的行为。公司在股票回购完成后可以将所回购的股票注销。但在绝大多数情况下，公司将回购的股票作为"库藏股"保留，不再属于发行在外的股票，且不参与每股收益的计算和分配。库藏股日后可移作他用，如发行可转换债券、雇员福利计划等，或在需要资金时将其出售。

在中国的现金流量表中，"分配股利、利润或偿付利息支付的现金——股票净回购支出"反映企业实际支付的现金股利、支付给其他投资单位的利润或用现金支付的借款利息、债券利息。因此对应美国财务报表中的股票回购，中国财务报表对应的应该是"分配股利、利润或偿付利息支付的现金——股票净回购支出"。

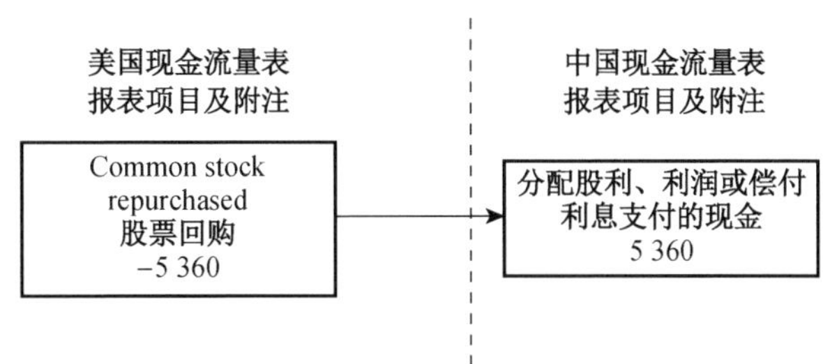

图 5-51　中美现金流量表"Common stock repurchased"项目映射关系图

6. "Common stock cash dividends paid"项目

转换模式：一对一转换(表内主项对表内主项的转换)。

股息是股东定期按一定的比率从上市公司分取的盈利，红利则是在上市公司分派股息之后按持股比例向股东分配的剩余利润。获取股息和红利，是股民投资于上市公司的基本目的，也是股民的基本经济权利。在美国的会计准则中，该项目表示公司在会计期间内股息的分红。

在中国的会计准则中，"股息红利"应该计入"分配股利、利润或偿付利息支付的现金"当中，表示当期分配给股东的红利。

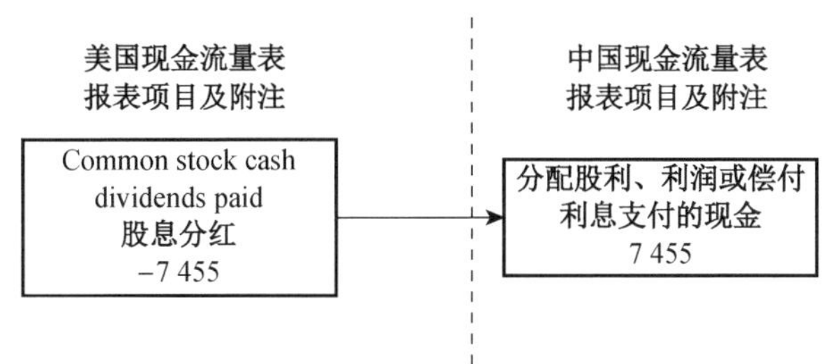

图 5-52　中美现金流量表"Common stock cash dividends paid"项目映射关系图

注：中国会计准则对于股息红利个人所得税的要求：2015 年 9 月 7 日晚，财政部、国家税务总局、证监会三部委联合发文，自 2015 年 9 月 8 日起，对上市公司股息红利所得差别化个人所得税政策进行了适当调整，对持股 1 年以上的投资者加大了税收优惠力度，即持股超过 1 年的，其取得的股息红利所得暂免征收个人所得税。同时，对持股 1 个月以内和 1 个月至 1 年的，原有政策保持不变，实际税负仍为 20%和 10%。

7. "Excess tax benefits from stock-based compensation"项目

转换模式：一对一转换(表内主项对表内主项的转换)。

"由储备金带来的超额税"表示的是公司在会计期间内的税款，所以在处理时，将该项目转换为中国现金流量表的递延所得税，即"收到其他与筹资活动有关的现金——递延所得税负债”和“支付其他与筹资活动有关的现金——递延所得税负债”。

“Excess tax benefits from stock-based compensation 由(储备金带来的超额税)”,该项目的盈亏(损益表)是由于不同时期之间的期权成本的确认不同造成的。在期权授予时,根据会计准则的要求,需要根据期权的公允价值进行计量,但是在行权日,期权的成本会发生变化,在会计计量上,要将这种由于时期不同产生的差异记录,将差额计入递延所得税资产当中,这种差额带来的税费减免则记录在现金流量表——筹资活动产生的现金流量当中。

在中国的会计准则下,该项目属于“交易性金融资产”,但是由于该项目给公司带来的现金流量变化是由于筹资活动的税收减免造成的,因此该项目在转换到中国财务报表中,应该体现为“收到其他与筹资活动有关的现金”,进一步的划分应该转换为“收到其他与筹资活动有关的现金——递延所得税负债”。由于这项一般来说都是税费的减免,所以在进行转换的时候,将其转换为“收到其他与筹资活动有关的现金”而非“支付其他与筹资活动有关的现金”。其转换过程如图 5-53 所示。

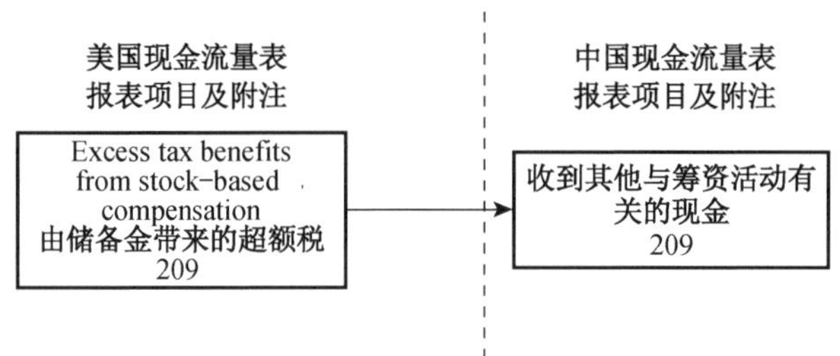

图 5-53　中美现金流量表“Excess tax benefits from stock-based compensation”项目映射关系图

8.“Other”项目

转换模式:一对一转换(表内主项对表内主项的转换)。

在美国的会计准则下,其他筹资活动产生的现金流量整合为一个会计项目进行计量,但是在中国的会计准则下则是将收入与支出分开计量。在这里由于其数值为负,则转换为中国会计准则下“支付其他与筹资活动有关的现金”。

9.“Net cash used in financing activities”项目

转换模式:一对一转换(表内主项对表内主项的转换)。

“筹资活动产生的现金流量净额”表示的是在会计期间内,由筹资活动产生的现金流量净额,对应中国的“筹资活动产生的现金流量净额”。

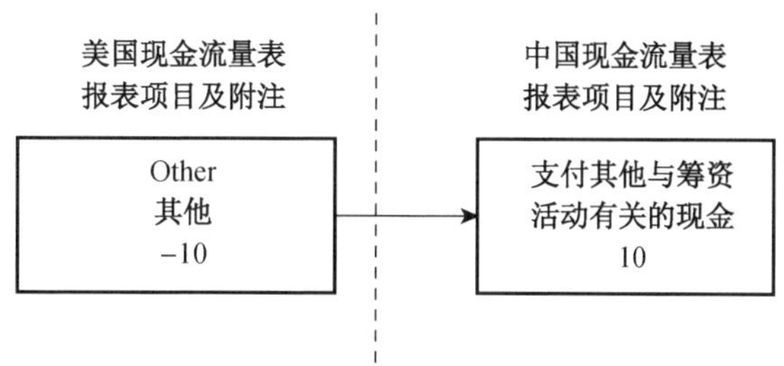

图 5-54　中美现金流量表"Other"项目映射关系图

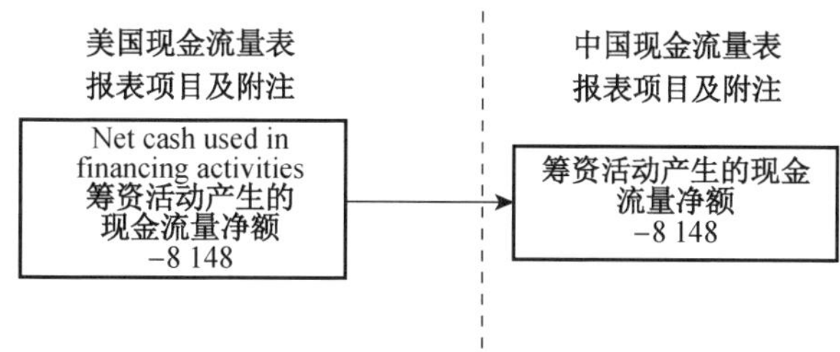

图 5-55　中美现金流量表"Net cash used in financing activities"项目映射关系图

表 5-100 是将美国微软公司筹资活动产生的现金流量转换为中国财务报表格式后的现金流量表。

表 5-100　转换过后的筹资活动现金流量表　　单位:百万美元

筹资活动产生的现金流量	金额
吸收投资收到的现金	931
发行普通股获得的收入	931
借款收到的现金	4 883
短期借款(贷)	0
长期借款(贷)	4 883
收到其他与筹资活动有关的现金	209
收到其他与筹资活动有关的现金——递延所得税负债	
支付其他与筹资活动有关的现金——递延所得税负债	
筹资活动现金流入小计	6 023
偿还债务支付的现金	1 346

（续表）

短期借款（借）	0
长期借款（借）	0
分配股利、利润或偿付利息支付的现金	12 815
应付股利（借）	7 455
股票净回购支出	5 360
支付其他与筹资活动有关的现金	10
筹资活动现金流出小计	14 171
筹资活动产生的现金流量净额	−8 148

5.4.5 现金及现金等价物变动的转换

在这一个部分，中美财务报表几乎是一致的，所以在进行转换时，直接将数值进行转换即可，比较简单，便不多加赘述，表 5－101 是转换过后的结果。

表 5－101 转换过后的现金及现金等价物变动 单位：百万美元

现金及现金等价物变动	金额
汇率变动对现金及现金等价物的影响额	−8
现金及现金等价物净额增加	−3 134
加：期初现金及现金等价物余额	6 938
期末现金及现金等价物净额增加	3 804

5.4.6 微软公司现金流量表转换结果

表 5－102 是经过转换的微软公司现金流量表，以中文进行最后的展示。

表 5－102 微软公司现金流量表转换结果 单位：百万美元

经营活动产生的现金流量	金额
净收益	21 863
将净收益调节为经营活动产生的现金流量	
商誉损失	0
折旧、摊销及其他	3 755

（续表）

以股权为标准的补偿费用	2 406
投资活动及其衍生品收益	80
由储备金带来的超额税	−209
递延所得税	−19
递延预收款项	44 253
预收款项确认	−41 921
经营活动中资产和负债的变动额	
应收账款	−1 807
存货	−802
其他资产	−129
其他长期资产	−478
应付账款	537
其他负债	146
其他长期负债	1 158
经营活动产生的现金流量净额	28 833
投资活动产生的现金流量	
收回投资收到的现金	57 594
长期股权投资(贷)	
取得投资收益收到的现金	
处置固定资产、无形资产和其他长期资产而收回的现金净额	
投资活动现金流入小计	57 594
购建固定资产、无形资产和其他长期资产支付的现金	5 841
固定资产和设备的增加	4 257
在建工程	
投资所支付的现金——长期股权投资(借)	
购建固定资产、无形资产和其他长期资产支付的现金——无形资产	
购建固定资产、无形资产和其他长期资产支付的现金——其他长期资产	
投资所支付的现金——交易性金融资产(借)	
投资所支付的现金——投资性房地产(借)	

（续表）

投资所支付的现金——长期股权投资(借)	
投资所支付的现金	75 564
交易性金融资产(借)	
支付的其他与投资活动有关的现金	
投资活动现金流出小计	81 405
投资活动产生的现金流量净额	−23 811
筹资活动产生的现金流量	
吸收投资收到的现金	931
发行普通股获得的收入	931
借款收到的现金	4 883
短期借款(贷)	0
长期借款(贷)	4 883
收到其他与筹资活动有关的现金	209
收到其他与筹资活动有关的现金——递延所得税负债	
支付其他与筹资活动有关的现金——递延所得税负债	
筹资活动现金流入小计	6 023
偿还债务支付的现金	1 346
短期借款(借)	0
长期借款(借)	0
分配股利、利润或偿付利息支付的现金	12 815
应付股利借	7 455
股票净回购支出	5 360
支付其他与筹资活动有关的现金	10
筹资活动现金流出小计	14 171
筹资活动产生的现金流量净额	−8 148
现金及现金等价物变动	
汇率变动对现金及现金等价物的影响额	−8
现金及现金等价物净额增加	−3 134
加:期初现金及现金等价物余额	6 938
期末现金及现金等价物净额增加	3 804

5.5 本章小结

在本章研究中,我们对于中美财务报表转换的最后一个报表,即现金流量表的转换进行系统展示。类似地,本章首先对于不同会计准则下现金流量表的不同结构进行汇总与梳理,在此基础上,以 ABC 公司为例,展示如何实现 ABC 公司从中国会计准则下的现金流量表转换为美国会计准则下的现金流量表,接下来,以两个不同资本市场的上市公司,即西王食品和微软公司为例,展示中国上市公司现金流量表转换为美国会计准则下的现金流量表,以及如何从美国会计准则下的现金流量表转换为中国会计准则下现金流量表的具体转换细节。

第6章

不同分类标准的实例文档之间的转换

6.1 XBRL概述

随着时代的变迁，企业财务报告信息披露方式在不断与时俱进，推陈出新。在没有信息技术应用之前，大多数公司只能通过印刷、邮寄或公开发布它们编制好的纸本形式的财务数据来向外界提供相关决策依据。

在当今社会互联网和电子设备普及、快速更新换代，竞争日益激烈和复杂化，全球化程度不断加深和扩大，传统信息披露形式已经不能满足现代社会的新需求。现代社会对于决策数据需求方面提出来了更高层次、更广范围、更深层次、更具体化以及更多元的要求。新兴科技推动了数字化、互动化和个性化等方面对于决策数据形式和内容上的变革。自从20世纪90年代起，在成本降低和全球化需求增加下，在线获取及时有效、可靠且全面详尽的决策数据变得必要而紧迫。

XBRL(eXtensible Business Reporting Language，可扩展商业报告语言)是最新的网络财务报告技术，该技术使得网络财务报告发生根本性变化。因此它又被称为第二代网络财务报告(张天西，2006)。以往格式的网络财务报告都会在不同程度上融合了数据的内容与展示方式，而基于XML(eXtensible Markup Language，可扩展标记语言)技术的XBRL则更专注于财务数据内容的存储。XBRL并不取代现有的软件技术，而是提供财务报告的公开标准语言，任何软件技术都可以建立与XBRL之间的转换接口。可以说，XBRL是基于互联网、跨平台操作，专门用于财务报告和会计账簿数据编制、披露和使用的计算机语言。其目的在于实现数据的集成与最大化利用，会计信息数出一门，资料共享，目前XBRL是国际上将会计准则与计算机语言相结合，用于非结构化数据，尤其是财务信息交换的最新公认标准和技术。

在以上章节,我们是探讨通过建立关系数据库(确立财务数据元素、明确元素之间的映射关系)采取人工比对的方式,完成了将中国公司财务报表转换为美国格式财务报表,以及将美国公司财务报表转换为中国格式财务报表的过程。

而中美财务报表的转换过程在实际运用时,还可以借助信息技术即 XBRL 技术来实现。

XBRL 即可扩展商业报告语言,是一种近年来在国际上迅速推广的计算机商业报告格式语言。它被广泛应用于财务报告和相关监管报告领域,如金融机构审慎监管报告、上市公司年报、税务报告等。XBRL 技术的应用,有利于统一财务及相关报告格式,降低企业信息生成和报送成本,同时也有利于提升信息使用效率,充分挖掘信息价值。

从技术角度来讲,XBRL 是可扩展标记语言(XML)在财务及相关报告领域的具体应用。XBRL 的构想最早由美国注册会计师霍夫曼于 1998 年 4 月提出,并于同年 12 月提出了 XBRL 的原型方案。2000 年 4 月,XBRL 国际组织(XII)正式成立。作为非营利组织,它的主要任务是制定 XBRL 技术规范,推动 XBRL 在全球的应用。

以下我们将首先对 XBRL 进行概述,介绍其基本原理和应用现状,同时,介绍 XBRL 报告转换相关的研究概况。进而通过构建简单的分类标准实例文档的方式来探索中美和美中财务报表的转换。实例文档的转换分为两个部分,其一是创建分类标准之间的映射关系,其二是基于映射关系的实例文档相互转换。以下以美国实例文档转换中国实例文档为例进行说明,其中美国的实例文档基于美国分类标准(U. S GAAP Taxonomy,USGAAP_T)创建,而中国实例文档基于中国财政部分类标准(China Accounting Standard Taxonomy,CAS_T)创建。

6.1.1 XBRL 技术基本原理

XBRL 技术应用在财务报告领域,形成 XBRL 报告。与传统的财务报告整体性不同,XBRL 报告包括两个部分:分类标准(Taxonomy)和报告实例(Instance),分类标准又包含模式文档(Schema)和链接库(Linkbase)两个部分。模式文档为企业报告中的每个信息概念进行元素定义,链接库则描述元素存在的关系信息,主要的链接库形式包括标签链接库(Label Linkbase)、展示链接库(Presentation Linkbase)、引用链接库(Reference Linkbase)、计算链接库(Calculation Linkbase)、定义链接库(Definition Linkbase)和公式链接库(Formula Linkbase)。

分类标准整体相当于商业信息的“词典”。报告实例则是企业根据这一“词典”,以相应的数据信息对元素进行赋值所创建的 XBRL 特殊格式的报告文档,并且 XBRL 报告实例要符合 XBRL 分类标准的语法约束(张天西等,2010)。

财务报告是目前 XBRL 最常见的应用领域,XBRL 财务报告分类标准一般由相关的权威部门制定和颁布,该权威部门下辖的各单位依据该标准进行 XBRL 报告实例报送。例如,上海证券交易所(简称上交所)颁布的《上市公司信息披露分类标准》、深圳证券交易所(简称深交所)颁布的《上市公司信息披露电子化规范》、财政部颁布的《企业会计准则通用分类标准》,都是权威部门为了满足不同对象的信息披露需求而制定的。

XBRL 财务报告包括两个部分,分别是 XBRL 财务报告分类标准和 XBRL 财务报告实例。财务报告分类的核心是 XBRL 财务报告元素,一个简单的 XBRL 财务报告元素的定义如下面的 XBRL 代码所示:

```
<element name="HuoBiZiJin" type="xbrli:monetaryItemType" substitutionGroup="xbrli:item" nillable="true" id="clcid-pte_HuoBiZiJin" xbrli:balance="debit" xbrli:periodType="instant"/>
```

该代码定义了名称为“HuoBiZiJin”(货币资金)的元素,并对 type、substitutionGroup、nillable、id、xbrli:balance、xbrli:periodType 等一系列属性进行了声明,进一步描述元素语法和语义信息。

根据 XBRL 分类标准所定义的元素信息以及企业自身货币资金的实际数值,对“HuoBiZiJin”进行赋值,如下面的 XBRL 代码所示:

```
<HuoBiZiJin contextRef="instant_20111231" unitRef="U_CNY" decimals="2">1 000 000</HuoBiZiJin>
```

该代码说明了该企业货币资金实际值为 1 000 000 元,属性 contextRef、unitRef、decimals 分别表示该实际值发生的背景信息、单位信息、小数点信息。这些信息能够共同传递一个完整的财务信息。

XBRL 技术可以分别应用于企业的对外财务报告和内部报告,即对应 XBRL 财务报告和 XBRL 账簿数据。两种数据都源自 XBRL 技术,因此具有很多的相似之处,但由于存在数据特征的不同,两者之间仍然呈现出一定的差异。

6.1.2 XBRL 技术应用现状

自美国注册会计师霍夫曼于 1998 年发明 XBRL 以来,第二代网络财务报

告——XBRL格式财务报告的应用已经在世界各国和各组织得到广泛应用，取得一系列瞩目的成绩。截至2012年12月31日，已有34个国家加入XBRL国际组织(http://www.xbrl.org)，现总计633个会员，包括政府部门、研究机构、软件公司、大学等。

1. 国际的XBRL应用现状

2001年2月，摩根士丹利(Morgan Stanley)成为第一个向美国证监会(SEC)提交XBRL财务报表的公司。2002年3月，微软(Microsoft)成为第一个采用XBRL技术进行财务信息披露的科技公司。

2005年2月起美国证监会开始启动XBRL自愿披露计划(Voluntary Filing Program，VFP)，鼓励上市公司采用XBRL技术进行信息披露。统计结果显示，2005年有4个行业的9家公司参加自愿披露，2006年有18个行业的35家公司参加自愿披露，2007年有22个行业的67家公司参加自愿披露，2008年加入XBRL自愿披露计划的公司则超过了120家。参与XBRL自愿披露的公司呈现逐年增加的趋势。

在XBRL自愿披露计划之后，美国证监会于2008年5月通过一项阶段渐进式的提案，正式要求所有的上市公司在未来3年内逐步完成XBRL年报的报送工作，即采用美国公认会计原则报送财务报告，全球资本市值达50亿美元以上的约500家上市公司，在2008年12月15日后结束的会计年度内开始率先以XBRL格式报送报告；其他采用美国公认会计原则的大型加速申报(即市值达7 500万美元以上)的约1 300家上市公司，在2009年12月15日后结束的会计年度内开始以XBRL格式报送报告；所有其他采用美国公认会计原则的小型公司和采用国际财务报告准则的公司约10 000家，在2010年12月15日后结束的会计年度内开始以XBRL格式报送报告。

2008年4月日本金融厅(Financial Services Agency，FSA)启动了新的EDINET(Electronic Disclosure for Investors' NETwork，投资者网络电子披露系统)系统，新系统要求包括年报、半年报、季报、证券登记表在内的财务报告都必须以XBRL格式提交。在新系统中大约有5 000多家公司以及约3 000多家投资基金参与了报送。

2007年新加坡商业注册局(Accounting & Corporate Regulatory Authority，ACRA)对符合一定条件的公司强制要求报送XBRL数据。

2007年英国工商局(Companies House)与英国皇家税务与海关总署(HM Revenue and Customs，HMRC)就已分别启动相应的XBRL服务。2009年9月英国工商局与英国皇家税务与海关总署发布联合声明，接受在线报送公司账目的统一方法。而自2011年4月起，所有公司都必须使用Inline XBRL(iXBRL)格式向英国皇家税务与海关总署在线提交纳税申请表。其中纳税申请表包括了完整的财务报表以及公司所得税税额计算。

2008年2月西班牙的BOE JUS/206/2009法案要求所有的公司以XBRL格式报送年度财务报表。西班牙在XBRL实例文档的数量与运用方面已位居世界前列，其中2009年年度财务报表约67万份，2008年年度财务报表约60万份。

除财务报告层面以外，XBRL在企业内部管理层面也得到了应用。已有企业采用XBRL技术对企业内部数据进行标准化，尝试将XBRL技术融入内部管理中。2003年，日本的一家服装生产商华歌尔(Wacoal)成为世界上第一个应用XBRL账簿技术的企业。尽管当时华歌尔公司使用的是基于XBRL账簿分类标准2.0，但其中的经验仍值得借鉴。最终华歌尔建立一个以XML和XBRL技术为核心的数据转换平台，新平台能够将现有的业务系统与新的财务系统很好地连接在一起。它为36家分公司合并财务报告，将月底结算周期缩短了2天，并通过实时现金管理提高了管理报告的质量。

2006年，XBRL账簿技术第一次在政府机构得到了应用。美国住房与城市发展部门(Housing and Urban Development, HUD)下属的联邦住房局(Federal Housing Authority, FHA)使用XBRL账簿技术，通过对其多个分散系统采用XBRL账簿分类标准化，建立起系统之间的互动性。

2008年，富士通采用XBRL和SOA(Service Oriented Architecture，面向服务架构)相结合的方式，通过XBRL账簿技术表示运营系统，业务系统和会计系统的细节信息，并以XBRL和XML作为不同系统之间的标准数据交换格式。实施结果显示，基于XBRL账簿分类标准的新系统除了能够支持外部报告之外，还能便利ERP集成。

随着ESG(Environment, Social and Governance，环境、社会和公司治理)信息披露越来越流行，XBRL国际组织与一些国际组织已经开始推动使用XBRL进行ESG报告，国际可持续发展标准委员会(ISSB)正在制定统一的可持续发展披露标准(SDS)，并计划在2024年实施。ISSB表示将考虑使用XBRL作为SDS的数据格式。可持续发展会计标准委员会(SASB)已经开发了基于XBRL的可持续会计标准分类表，并提供了在线工具和服务来帮助企业使用XBRL进行SASB标准的报告。

2. 我国的 XBRL 应用现状

中国的 XBRL 应用始终走在国际前列。早在 2002 年,中国证监会就已组织上交所和深交所对 XBRL 技术进行研究。2004 年,上交所和深交所分别推出相关的 XBRL 应用。而自 2008 年起,上交所全面推行 XBRL 格式的年报披露,要求所有上市公司同步提交 XBRL 年度财务报告。

2008 年 10 月,在财政部领导、多家机构的共同参与下,中国成立了 XBRL 临时地区组织。2010 年 5 月,XBRL 国际组织正式宣布批准 XBRL 中国地区组织成为正式地区组织成员。2009 年 4 月,财政部发布了《关于全面推进我国会计信息化工作的指导意见》,明确将 XBRL 作为会计信息化标准体系建设的重要内容,以 XBRL 技术为先导。2010 年 10 月,财政部颁布了 XBRL 财务报告通用分类标准,并于 2011 年 1 月 1 日起,在首批 13 家企业和 12 家会计师事务所率先施行。同一时期,由 XBRL 国际组织与 XBRL 中国地区组织以及财政部共同主办的第 21 届 XBRL 国际会议在北京召开,会议主题是“同一种语言,共同的愿景——后危机时代中 XBRL 技术的作用”。2011 年 12 月,财政部颁布石油和天然气行业扩展分类标准,这是通用分类标准的第一个行业扩展。2012 年 12 月,财政部与原银监会共同发布银行业扩展分类标准,该扩展标准反映了银行业的业务特点,是通用分类标准的组成部分。

2014 年,为进一步提高中央企业财务信息化水平,推动实施财政部《企业会计准则通用分类标准》,实现企业财务决算报告标准化、规范化,财政部根据《可扩展商业报告语言(XBRL)技术规范》(GB/T 25500—2010)系列国家标准以及通用分类标准,基于国资委 2013 年度企业财务决算报表,制定了国资委财务监管报表 XBRL 扩展分类标准。并于 2016 年选择 16 家大型中央企业进行试点实施。

XBRL 在中国的应用与推广先后得到了包括财政部、证监会、原银监会、上交所、深交所等在内的多个机构部门的支持。

在企业内部应用方面,国内包括中石油、东方航空、华能国际、中科金财、昆仑银行的多家企业已进行富有成效的探索,研究的领域涉及企业数据横向挖掘和共享、XBRL 数据如何与 ERP 相融合、XBRL 数据如何与企业内部控制相融合等。XBRL 技术在企业内部的应用可以帮助企业完成多个业务系统之间的高效数据转换,改善企业的“信息孤岛”困境,从而能够真正提高国内企业的 XBRL 应用积极性和主动性。

6.1.3 XBRL 报告转换与整合研究评述

1998 年,霍夫曼叙述了如何利用 XML 技术对财务报告信息进行结构化表示,提出 XBRL 构想,并于 1999 年在 *Journal of Accountancy* 上详细阐述了这一构思(Hoffman 等,1999),同时预测这一技术将给会计领域带来革命。

这之后,许多学者围绕着 XBRL 在财务报告的应用方面进行了广泛的研究。Carolyn 等(2001)、Higgins 和 Harrell(2003)、Rezaee 和 Turner(2002)、Weber(2003)、Willis(2003)、CICA(2003)、Yoon 等(2011)、Blankespoor 等(2014)、Saragih 等(2022)分别从不同侧面研究了 XBRL 的技术和应用优势。而 CICA(2003)则对 XBRL 的优势做了更全面的总结,分析 XBRL 对财务报告信息链上各利益相关者的具体影响。Baldwin 等(2011)研究 XBRL 对各技术使用者的影响,并探讨 XBRL 财务信息的特点。他们认为 XBRL 能够提高信息的一致性、可比性、可靠性、相关性以及信息透明度,并将简化信息披露,同时通过网络使得财务信息与使用者、分析师、监管者之间的传输更加便捷。

基于 XBRL 报告的信息整合问题却又凸显出来。任何机构都可以根据自身的规则,制订相应的 XBRL 分类标准,这就导致诸多 XBRL 分类标准的存在,使得标准之间的数据集成开始受到关注。然而不同国家制定的会计准则不尽相同,导致 XBRL 分类标准之间存在差异,也使得分类标准之间的数据集成变得相当困难。XBRL 本体的构建能够提升 XBRL 的语义表达,通过提供统一的形式化表示,提高 XBRL 分类标准之间的互操作性,从而为 XBRL 分类标准之间的数据集成提供基础。

在 XBRL 报告转换研究方面。Núñez 等(2008)认为不同国家的会计准则并不完全相同,使得定义的 XBRL 分类标准也不同,导致对不同分类标准异构信息的抽取变得困难。本书通过网络本体语言(Web Ontology Language, OWL)构建一个抽象层级,使得不同分类标准的 XBRL 信息能够进行比较和交换。García 和 Gil(2009)以 SEC 的 XBRL 应用为例,建立 XBRL 文档与语义元数据之间的映射关系,分别将 XBRL 实例文档映射到资源描述框架(Resource Description Framework, RDF)、XBRL 分类标准映射到网络本体语言,从而完成 XBRL 信息的语义元数据表示,便于财务信息的有效集成和交叉查询。Spies(2010)分析 XBRL 分类标准的逻辑原理以及分类系统,构建了基于 OWL 的 XBRL 本体表示。他把本体论思想应用于分类标准的数据模型构造,从本体工程学角度,在分析了现有和未来商业报告中元分类标准的逻辑的基础上,建议选择恰当的模式框架来设计财务报

告本体知识域，使用本体论表达定义于 XBRL 分类标准中的数据结构、元数据结构和商业报告语言的结构，有助于提高报告使用者潜在的整合分析能力。刘锋(2012)提出了基于语义网的 XBRL 技术模型，基于该模型提出了构建企业会计准则通用分类标准的方法和步骤，并以《企业会计准则第 1 号——存货》为例构建了存货分类标准。O'Riain 等(2012)认为 XBRL 信息已成为财务信息集合的不可分割的一部分，应当通过关联数据的方法将 XBRL 与开放数据(Open Data)进行集成，同时采用 RDF 表达技术描述信息的语义，促进 XBRL 与其他类型数据之间的交互作用。

在 XBRL 报告整合研究方面。Williams 等(2006)认为目前的很多商业报告研究缺少一种信息管理的视角，同时以在澳大利亚金融部门的 XBRL 研究和应用为契机，提出了一种能将信息及其相关信息工作可见的信息链视角，并且使得信息链实现数据集成。Amrhein 等(2010)认为如果在商业报告信息链上的利益相关者的系统标准不能很好地相互兼容，在系统之间进行数据的收集和集成时，必将造成高昂的成本和极低的效率，而由于 XBRL 能够在整个信息链上提供同一种标准，将能够解决这一问题。文章同时检验了信息链上实现财务与非财务信息传输的重要性，并以 XBRL 账簿分类标准为核心，构建有效的信息处理框架。

Buys(2008)通过案例研究的方法，以南非金融部门的 XBRL 应用为例，研究 XBRL 技术对商业报告信息链的影响，发现 XBRL 能够使得信息链上的利益相关者获利，并提出简化商业报告信息链就应当建立一种标准化的自动会计流程。但由于对 XBRL 标准理解的不一致，在商业报告信息链上的 XBRL 推广应用仍面临诸多困难。

Murthy 和 Groomer(2004)以 XBRL 账簿分类标准为数据中心(Data Hub)，构建企业内部会计信息系统与外部输出之间的联系。并且基于此，提出了持续审计网络服务机制(Continuous Auditing Web Service, CAWS)，CAWS 在审计端运行，能够对被审计端的业务进行持续审计。Du 和 Roohani(2007)指出 XBRL 能够改善整个商业报告信息链上数据交互的效率，并能实现持续审计。近几年，国内同样已有学者研究如何在商业报告信息链上应用 XBRL 技术(沈颖玲，2004；潘琰，2007)。

实现 XBRL 报告转换和整合意义重大，一方面，真正使 XBRL 技术融入企业信息化管理当中，从而减轻企业进行 XBRL 信息披露的负担，提高 XBRL 技术采纳的积极性；另一方面，XBRL 数据集成能够消除 XBRL 信息孤岛，使企业信息形成互通互联的整体。

6.2 创建分类标准之间的映射关系

不同的标准对财务报告分解的思路并不完全相同，这使得分类标准在信息的选择、分类、粒度等方面存在差异（吴忠生，2014），从而造成标准之间在语义方面存在差异。信息元素会存在多种语义关系，包括等价、包含、被包含、交叉、无关等。因此在进行财务信息元素映射时，会存在多种映射情况，包括“一对一”“一对多”“多对一”“一对零”等（吴忠生等，2013）。

根据吴忠生等（2013），为了能够更好地表达分类标准之间的映射关系，以下给出映射规则的形式化定义。分类标准与其之间的映射是指给定一份分类标准 A 和另一份分类标准 B，A 到 B 的映射 f 是由四元组作为元素构成的一个集合，可以写成{id，a，b，rel}的形式。id 是该映射的标识符，用于唯一标识该四元组；a 和 b 分别为 A 和 B 中的元素，且满足 f(a)＝b，rel 描述 a 和 b 之间的关系，包括等价、包含、被包含、计算等关系。同理，B 到 A 的映射 g 可由类似的四元组来表达。

创建美国分类标准（USGAAP_T）到中国财政部分类标准（CAS_T）的映射，USGAAP_T 元素和 CAS_T 元素之间的映射关系包括：

- USGAAP_T 元素和 CAS_T 元素是“一对一”类型，即对于美国元素 usgaap_t，存在中国元素 cas_t，使得，其中 rel 是等价关系。
- USGAAP_T 元素和 CAS_T 元素是“多对一”类型，即对于美国元素 usgaap_t，存在中国元素 cas_t，使得，其中 rel 是 cas_t 包含 usgaap_t 的关系，或是 cas_t 由 usgaap_t 及其他美国元素计算汇总而来。
- USGAAP_T 元素和 CAS_T 元素是“一对多”类型，即对于美国元素 usgaap_t，存在中国元素 cas_t，使得，其中 rel 是 usgaap_t 包含 cas_t 的关系，或是 usgaap_t 由 cas_t 及其他中国元素计算汇总而来。
- USGAAP_T 元素和 CAS_T 元素是“一对零”类型，即对于美国元素 usgaap_t，不存在任何中国元素 cas_t 与之产生映射关系。

采用 Excel 格式文件，记录分类标准之间的映射关系。记录参与映射关系的元素的详细信息，包括元素标签、元素 ID 以及可能关联的成员（Member）、域（Domain）或者轴（Axis）信息。同时，记录该映射的关系类型，备注可能存在的计算关系。

6.3 基于映射关系的实例文档相互转换

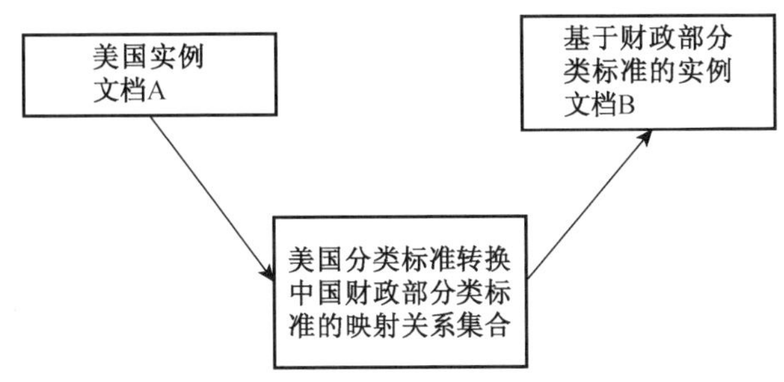

图 6-1 基于映射关系的实例文档转换示意图

基于映射关系的实例文档相互转换是指利用一种或多种映射技术，将不同格式或结构的实例文档转换为另一种格式或结构的实例文档的过程。XBRL 是一种基于 XML 的财务信息标准化技术，它可以将财务报表中的数据添加标签，使其更容易被识别、比较和分析。但是，XBRL 实例文档并不适合直接存储在关系数据库中，因为它们有很多复杂的层次结构和属性。这样就需要使用一种映射技术，以实现不同格式或结构的 XBRL 实例文档之间的相互转换。

解析美国实例文档，获取实例文档数据集合，继而基于美国分类标准转换中国财政部分类标准的映射关系集合，根据不同的映射类型，进行数据的转换，从而实现整个实例文档的转换(黄炜等，2005)。

6.4 中美财务报表转换映射关系数据库

中美财务报表及附注信息转换过程较为复杂，需要多种转换方法以及转换结构之间的配合。转换方法是指在转换过程中由原来的信息转换为对应信息过程中所使用的方法，如最简单的“一对一”转换，复杂一些的“多对一”转换，以及更为复杂的，在前文所提到的众多转换方法。转换结构是指在转换完成后，转换前项目的层级结构与转换后项目层级结构之间的区别，有最简单的“主表项目转主表项目”，复杂的则有“附注转附注”“表外信息转主表信息”“表外信息转附注信息”等多种层次结构。

进行财务报表的转换，不仅要考虑报表项目字面的意思，还需要根据对会计准则的理解，找寻报表项目的背后引申含义，对其会计本质进行分析，并对其背后的经济现象进行分析，才可以选择合适的转换方法。除此之外，还需要对整体会计报表及附注信息有通篇的认识与概括，才能在转换结构上更加清晰，完成表与表、附注与附注、本表与外表之间的勾稽关系，完成中美财务报表之间的转换。本节先对中国和美国财务报表及其附注信息建立了统一的坐标关系，进而通过简化版的例子介绍中美财务报表转换的映射数据库。

6.4.1 中美财务报表及其附注信息转换坐标建立

中国财务报表与美国财务报表之间的转换需要两张报表及其各自附注项目之间的转换，而转换过程相对较为复杂，且由于报表及附注项目数量多，通过文字描述起来非常不方便，因此本书先建立了财务报表的坐标系，分别对财务报表中的报表项目进行定点，这样一来可以清晰、便捷地找到财务报表及其附注信息。表 6-1 表示的是数据库坐标的具体解释，通过对数据库坐标的解释，可以使原本较为笨重的财务报表转换变得更加轻巧灵活，也可以使财务报表转换关系更加清晰透彻。

表 6-1 中美财务报表转换数据库坐标名称释义表

项目	英文名称	释义	一级坐标范围	二级坐标范围	三级坐标范围
CB(i-j-k)	Chinese Balance Sheet	中国财务报表资产负债表一级项目坐标	0<i<100	0<j<1 000	0<k<1 000
CI(i-j-k)	Chinese Income Sheet	中国财务报表利润表一级项目坐标	0<i<100	0<j<1 000	0<k<1 000
CC(i-j-k)	Chinese Cashflow Sheet	中国财务报表现金流量表表一级项目坐标	0<i<100	0<j<1 000	0<k<1 000
CSC(i-j-k)	Chinses Supply information of Cashflow Sheet	中国财务报表现金流量表补充信息一级项目坐标	0<i<100	0<j<1 000	0<k<1 000
AB(i-j-k)	American Balance Sheet	美国财务报表资产负债表一级项目坐标	0<i<100	0<j<1 000	0<k<1 000
AI(i-j-k)	American Income Sheet	美国财务报表利润表一级项目坐标	0<i<100	0<j<1 000	0<k<1 000
AC(i-j-k)	American Cashflow Sheet	美国财务报表现金流量表一级项目坐标	0<i<100	0<j<1 000	0<k<1 000

6.4.1.1 中国财务报表及其附注信息坐标点确定

1. 资产负债表坐标确定

表 6-2 中国资产负债表坐标确认

资产	坐标	负债和所有者权益(或股东权益)	坐标
流动资产:		流动负债:	
货币资金	CB1	短期借款	CB32
交易性金融资产	CB2	交易性金融负债	CB33
应收票据	CB3	应付票据	CB34
应收账款	CB4	应付账款	CB35
预付款项	CB5	预收账款	CB36
应收利息	CB6	应付职工薪酬	CB37
应收股利	CB7	应交税费	CB38
其他应收款	CB8	应付利息	CB39
存货	CB9	应付股利	CB40
原材料	CB9.1	其他应付款	CB41
在产品	CB9.2	一年内到期的非流动负债	CB42
产成品	CB9.3	其他流动负债	CB43
库存商品	CB9.4	流动负债合计	CB44
在途物资	CB9.5	非流动负债:	
一年内到期的非流动资产	CB10	长期借款	CB45
其他流动资产	CB11	应付债券	CB46
流动资产合计	CB12	长期应付款	CB47
非流动资产:		专项应付款	CB48
可供出售金融资产	CB13	预计负债	CB49
持有至到期投资	CB14	递延所得税负债	CB50
长期应收款	CB15	其他非流动负债	CB51
长期股权投资	CB16	非流动负债合计	CB52
投资性房地产	CB17	负债合计	CB53
固定资产	CB18	所有者权益(或股东权益):	
房屋及建筑物	CB18.1	股本	CB54
计算机与软件	CB18.2	资本公积	CB55
家具设施	CB18.3	减:库存股	CB56
机器设备	CB18.4	盈余公积	CB57

（续表）

资产	坐标	负债和所有者权益（或股东权益）	坐标
运输工具	CB18.5	未分配利润	CB58
其他设备	CB18.6	所有者权益（或股东权益）合计	CB59
在建工程	CB19		
工程物资	CB20		
固定资产清理	CB21		
生产性生物资产	CB22		
油气资产	CB23		
无形资产	CB24		
土地使用权	CB24.1		
开发支出	CB25		
商誉	CB26		
长期待摊费用	CB27		
递延所得税资产	CB28		
其他非流动资产	CB29		
非流动资产合计	CB30		
资产总计	CB31	负债和所有者权益（或股东权益）总计	CB61

2. 利润表坐标确定

表 6-3　中国利润表坐标确认

项目	坐标	利润表	坐标
营业收入	CI1	营业利润	CI11
主营业务收入	CI1.1	营业外收入	CI12
其他业务收入	CI1.2	营业外支出	CI13
营业成本	CI2	非流动资产处置损失	CI14
主营业务成本	CI2.1	其他	CI14.1
其他业务成本	CI2.2	利润总额	CI15
营业税金及附加	CI3	所得税费用	CI16
销售费用	CI4	净利润	CI17
管理费用	CI5	归属于母公司所有者的净利润	C17.1
财务费用	CI6	综合收益总额	CI18
资产减值损失	CI7	归属于母公司所有者的综合收益总额	CI18.1
公允价值变动	CI8	每股收益	CI19

（续表）

项目	坐标	利润表	坐标
投资收益	CI9	基本每股收益	CI20
其中：对联营企业和合营企业的投资收益	CI10	稀释每股收益	CI21
		毛利润	CI22

3. 现金流量表坐标确定

表6-4　中国现金流量表坐标确认

项目	坐标	项目	坐标
一、经营活动产生的现金流量：		补充信息	
销售商品、提供劳务收到的现金	CC1	1. 将净利润调节为经营活动产生的现金流量：	
收到的税费返还	CC2	净利润	CSC1
收到其他与经营活动有关的现金	CC3	加：资产减值准备	CSC2
经营活动现金流入小计	CC4	固定资产折旧、油气资产折耗、生产性生物资产折旧	CSC3
购买商品、接受劳务支付的现金	CC5	无形资产摊销	CSC4
支付给职工以及为职工支付的现金	CC6	长期待摊费用摊销	CSC5
支付的各项税费	CC7	处置固定资产、无形资产和其他长期资产的损失（收益以“－”号填列）	CSC6
支付其他与经营活动有关的现金	CC8	固定资产报废损失（收益以“－”号填列）	CSC7
经营活动现金流出小计	CC9	公允价值变动损失（收益以“－”号填列）	CSC8
经营活动产生的现金流量净额	CC10	财务费用（收益以“－”号填列）	CSC9
二、投资活动产生的现金流量：		投资损失（收益以“－”号填列）	CSC10
收回投资收到的现金	CC11	递延所得税资产减少（增加以“－”号填列）	CSC11
取得投资收益收到的现金	CC12	递延所得税负债增加（减少以“－”号填列）	CSC12
处置固定资产、无形资产和其他长期资产收回的现金净额	CC13	存货的减少（增加以“－”号填列）	CSC13
处置子公司及其他营业单位收到的现金净额	CC14	经营性应收项目的减少（增加以“－”号填列）	CSC14
收到其他与投资活动有关的现金	CC15	经营性应付项目的增加（减少以“－”号填列）	CSC15
投资活动现金流入小计	CC16	其他	CSC16
购建固定资产、无形资产和其他长期资产支付的现金	CC17	经营活动产生的现金流量净额	CSC17

（续表）

项目	坐标	项目	坐标
投资支付的现金	CC18	2. 不涉及现金收支的重大投资和筹资活动：	
取得子公司及其他营业单位支付的现金净额	CC19	债务转为资本	CSC18
支付其他与投资活动有关的现金	CC20	一年内到期的可转换公司债券	CSC19
投资活动现金流出小计	CC21	融资租入固定资产	CSC20
投资活动产生的现金流量净额	CC22	3. 现金及现金等价物净变动情况：	
三、筹资活动产生的现金流量：		现金的期末余额	CSC21
吸收投资收到的现金	CC23	减：现金的期初余额	CSC22
取得借款收到的现金	CC24	加：现金等价物的期末余额	CSC23
收到其他与筹资活动有关的现金	CSC25	减：现金等价物的期初余额	CSC24
筹资活动现金流入小计	CC26	现金及现金等价物净增加额	CSC25
偿还债务支付的现金	CC27		
分配股利、利润或偿付利息支付的现金	CC28		
支付其他与筹资活动有关的现金	CC29		
筹资活动现金流出小计	CC30		
筹资活动产生的现金流量净额	CC31		
四、汇率变动对现金及现金等价物的影响	CC32		
五、现金及现金等价物净增加额	CC33		
加：期初现金及现金等价物余额	CC34		
六、期末现金及现金等价物余额	CC35		

6.4.1.2 美国财务报表及其附注信息坐标确定

1. 资产负债表

表 6－5 美国资产负债表坐标确认

元素名	序号	中文翻译	元素名	序号	中文翻译
Cash and cash equivalents	AB1	现金及现金等价物	Motor viechles	AB8. 4	运输工具
Cash	AB1. 1	现金	Others	AB8. 5	其他
Certificates of deposit	AB1. 2	存款证明	Leasehold improvement	AB8. 6	租赁资产改良支出
Mutual funds	AB1. 3	共同基金	Intangible assets	AB9	无形资产
Commercial papers	AB1. 4	商业票据	Land	AB9. 1	土地
U. S government and agency securities	AB1. 5	美国政府和机构债券	Construction in grocess	AB10	在建工程

（续表）

元素名	序号	中文翻译	元素名	序号	中文翻译
Short-term invest	AB2	短期投资	Other Noncurrent Assets	AB11	其他非流动资产
Certificates of deposit	AB2. 1	存款证明	Equity and other investments	AB12	权益投资和其他投资
Commercial papers	AB2. 2	商业票据	Other investment	AB12. 1	其他投资
Foreign governemt bonds	AB2. 3	外国政府债券	Other long-term assets	AB13	其他长期资产
Mortgage-backed securities	AB2. 4	抵押贷款债券	Other investment	AB13. 1	其他投资
Other short-term invest	AB2. 5	其他短期投资	Goodwill	AB14	商誉
Corporate notes and bonds	AB2. 6	企业票据与债券			
Municipal securities	AB2. 7	市政债券	Equity and other investments	AB15	权益投资和其他投资
U. S government and agency securities	AB2. 8	美国政府和机构债券	Common and preferred stock	AB15. 1	普通股和优先股
Account receivable	AB3	应收账款	Deferred tax liabilities	AB16	递延所得税负债
Prepaid expenses	AB4	预付账款	Account payable	AB17	应付账款
Inventories	AB5	存货	Short-term borrowings	AB18	短期借款
Raw materials	AB5. 1	原材料	Salaries and welfare payable	AB19	应付薪金和职工福利费
Working in progress	AB5. 2	在产品	Long term debt current	AB20	一年内到期的非流动负债
Finished goods	AB5. 3	产成品	Income tax payable	AB21	应交所得税款
Materials in transit	AB5. 4	在途物资	Other current liabilities	AB22	其他流动资产
Other assets current	AB6	其他流动资产	long-term debt	AB23	长期负债
Deferred tax assets	AB7	递延所得税资产	Long-term unearned revenue	AB24	长期未实现收入
Property, plant and equipment	AB8	物业、厂房和设备	Other long-term obligations	AB25	其他长期负债
Buildings and improvement	AB8. 1	建筑物与改进设施	Common stock	AB26	普通股
Computer equipment and softuare	AB8. 2	计算机设备与软件	Accumulated other comprehensive income	AB27	累计其他综合收益
Furniture and equipment	AB8. 3	家具设备	Retained earnings	AB28	留有收益

2. 利润表

表 6-6 美国利润表坐标确认

元素名	序号	中文翻译	元素名	序号	中文翻译
Revenue	AI1	营业收入	Nonoperating gains (Losses)	AI15	非经常性损益
Goods sales revenue	AI2	销售收入	Other income	AI16	营业外收入
Other revenue	AI3	其他业务收入	Gain(loss)on disposition of property plant equipment	AI17	处置固定资产收入
Cost of revenue	AI4	营业成本	Income (loss) from continuing operations before income taxes, extraordinary items, noncontrolling interest, total	AI18	税前经营收入
Direct operating costs	AI5	营业成本	Income before income taxes	AI19	利润总额
Direct taxes and licenses costs	AI6	营业税金及附加	Income tax expense (benefit), total	AI20	所得税费用
Cost of goods and services sold	AI6.1	主营业务成本	Net income	AI21	净利润
Other cost of operating revenue	AI6.2	其他业务成本	Net income (loss) attributable to parent	AI22	归属于母公司净利润
Selling and marketing Expense	AI7	销售费用	Earnings per share basic	AI23	基本每股收益
General and administrative expense	AI8	管理费用	Earnings per share diluted	AI24	稀释每股收益
Research and development	AI9	研发费用	Cash dividends declared per common share	AI25	已宣布普通股每股现金股利
Finance costs	AI10	财务费用	Net unrealized gains (losses) on derivatives (net of tax effects)	AI26	未确认的衍生物损益
Asset impairment charges	AI11	商誉损失	Net unrealized gains (losses) on investments (net of tax effects)	AI27	未确认的投资损益
Gross profit	AI12	毛利润	Translation adjustments and other (net of tax effects)	AI28	未确认的汇兑调整及其他损益
Total operating expenses	AI13	营业费用合计	Other comprehensive income (loss)321	AI29	其他综合收益
Operating income	AI14	营业利润	Comprehensive income	AI30	综合收益总额

3. 现金流量表

表 6-7 美国现金流量表坐标确认

元素名	序号	中文翻译	元素名	序号	中文翻译
Net income	AC1	净收益	Net cash from operations activities	AC13	经营活动产生的现金流量净额
Impairment of long lived assets to be disposed of	AC2	商誉减值损失	Short-term debt repayments, maturities of 90 days or less, net	AC14	短期负债偿还
Depreciation, amortization, and other	AC3	折旧和摊销	Proceeds from issuance of long-term debt	AC15	长期负债收益
Stock-based compensation expense	AC4	以股权为划分标准的补偿费用	Repayments of long-term debt	AC16	长期负债偿还
Net recognized losses (gains) on investments and derivatives	AC5	投资活动及其衍生品净损益	Common stock issued	AC17	普通股发行
Excess tax benefits from stock-based compensation	AC6	由储备金带来的超额税	Stock repurchases	AC18	股票回购
Deferred income taxes	AC7	递延所得税	Common stock cash dividends paid	AC19	股息分红
Deferral of unearned revenue	AC8	递延预收款项	Excess tax benefits from stock-based compensation	AC20	由储备金带来的超额税
Recognition of unearned revenue	AC9	预收款项确认	Other	AC21	其他
Changes in operating assets and liabilities:	AC10	经营活动中资产和负债的变动额	Net cash used in financing activities	AC22	筹资活动产生的现金流量净额
Accounts receivable	AC10.1	应收账款	Additions to property and equipment	AC23	固定资产和设备的增加
Inventories	AC10.2	存货	Acquisition of companies, net of cash acquired, and purchases of intangible and other assets	AC24	公司的并购、净现金的获得、无形资产的选购以及其他资产
Other current assets	AC10.3	其他资产	Purchases of investments	AC25	投资项目的购买
Other long-term assets	AC10.4	其他长期资产	Maturities of investments	AC26	投资项目的到期
Accounts payable	AC10.5	应付账款	Sales of investments	AC27	投资项目的出售
Other current liabilities	AC11	其他负债	Securities lending payable	AC28	可出售有价证券的增加
Other long-term liabilities	AC12	其他长期负债	Net cash used in investing activities	AC29	投资活动产生的现金流量净额

（续表）

元素名	序号	中文翻译	元素名	序号	中文翻译
Financial expense	AC30	财务费用	Cash and cash equivalents, end of period	AC33	现金及现金等价物期末金额
Effect of exchange rates on cash and cash equivalents	AC31	汇率变动对现金及其等价物的影响额	Cash and cash equivalents, beginning of period	AC34	现金及现金等价物期初金额
Net change in cash and cash equivalents	AC32	现金及现金等价物净增加额			

6.4.2 中转美映射关系数据库（简化）

根据上述确定的元素坐标，即可分别实现资产负债表、利润表、现金流量表的映射，相应报表的中转美转换关系，如表 6－8、表 6－9、表 6－10 所示。

1. 中转美资产负债表

表 6－8 中转美资产负债表映射关系数据库

中国元素坐标	对应美国元素坐标	转换方法	转换结构	中国元素坐标	对应美国元素坐标	转换方法	转换结构
CB1	AB1.1	一对一转换	主表转附注	CB18.6	AB8.5	一对一转换	附注转附注
CB3	AB1.4	一对一转换	主表转附注	CB19	AB10	一对一转换	主表转主表
CB9	AB5	一对一转换	主表转主表	CB24	AB9	一对一转换	主表转主表
CB9.1	AB5.1	一对一转换	附注转附注	CB24.1	AB9.1	一对一转换	附注转附注
CB9.2	AB5.2	一对一转换	附注转附注	CB29	AB11	一对一转换	主表转主表
CB9.4	AB5.3	一对一转换	附注转附注	CB32	AB18	一对一转换	主表转主表
CB9.5	AB5.4	一对一转换	附注转附注	CB35	AB17	一对一转换	主表转主表
CB4	AB3	一对一转换	主表转主表	CB37	AB19	一对一转换	主表转主表
CB5	AB4	一对一转换	主表转主表	CB36	AB22	一对一转换	主表转主表
CB8	AB6	一对一转换	主表转主表	CB41	AB22	一对一转换	主表转主表
CB11	AB6	一对一转换	主表转主表	CB40	AB22	一对一转换	主表转主表
CB28	AB7	一对一转换	主表转主表	CB38	AB21	一对一转换	主表转主表
CB18	AB8	一对一转换	主表转主表	CB54	AB26	一对一转换	主表转主表
CB18.1	AB8.1	一对一转换	附注转附注	CB55	AB28	一对一转换	主表转主表
CB18.4	AB8.3	一对一转换	附注转附注	CB57	AB28	一对一转换	主表转主表
CB18.5	AB8.4	一对一转换	附注转附注	CB58	AB28	一对一转换	主表转主表

2. 中转美利润表

表 6－9 中转美利润表映射关系数据库

中国元素坐标	对应美国元素坐标	转换方法	转换结构	中国元素坐标	对应美国元素坐标	转换方法	转换结构
CI1	AI1	一对一转换	主表转主表	CI11	AI14	一对一转换	主表转主表
CI1	AI1	一对一转换	主表转主表	CI12	AI15	多对一转换	主表转主表
CI1.1	AI2	一对一转换	附注转主表	CI13			
CI1.2	AI3	一对一转换	附注转主表	CI14	AI17	一对一转换	主表转主表
CI2	AI4	多对一转换	主表转主表	CI14.1	AI15	多对一转换	附注转主表
CI2	AI5	一对一转换	主表转主表	CI15	AI18	一对一转换	主表转主表
CI2.1	AI6.1	一对一转换	附注转附注	CI16	AI20	一对一转换	主表转主表
CI2.2	AI6.2	一对一转换	附注转附注	CI17	AI21	一对一转换	主表转主表
CI3	AI6	一对一转换	主表转主表	C17.1	AI22	多对一转换	附注转主表
CI4	AI7	一对一转换	主表转主表	CI18	AI22	多对一转换	主表转主表
CI5	AI8	一对一转换	主表转主表	CI18.1	AI22	多对一转换	附注转主表
CI6	AI10	一对一转换	主表转主表	CI20	AI23	一对一转换	主表转主表
CI7	AI11	一对一转换	主表转主表	CI21	AI24	一对一转换	主表转主表

3. 中转美现金流量表

表 6－10 中转美现金流量表映射关系数据库

中国元素坐标	对应美国元素坐标	转换方法	转换结构	中国元素坐标	对应美国元素坐标	转换方法	转换结构
CC1				CSC1	AC1	一对一转换	附注转主表
CC3				CSC2	AC2	一对一转换	附注转主表
CC4				CSC3	AC3	多对一转换	附注转主表
CC5				CSC4	AC3	多对一转换	附注转主表
CC6				CSC6	AC10.4	一对一转换	附注主项转主表副项
CC7		计入附注法	主表转附注	CSC7	AC10.4	一对一转换	附注主项转主表副项
CC8				CSC9	AC30	一对一转换	附注主项转主表
CC9				CSC11	AC7	一对一转换	附注转主表
CC10				CSC13	AC10.2	一对一转换	附注主项转主表副项

(续表)

中国元素坐标	对应美国元素坐标	转换方法	转换结构	中国元素坐标	对应美国元素坐标	转换方法	转换结构
CC17	AC23	一对一转换	主表转主表	CSC14	AC10.1	一对一转换	附注主项转主表副项
CC21	AC29	一对一转换	主表转主表	CSC15	AC10.5	多对一转换	附注主项转主表副项
CC22	AC29	一对一转换	主表转主表	CC10	AC13	一对一转换	附注转主表
CC24	AC15	一对一转换	主表转主表	CSC21	AC33	一对一转换	附注转主表
CC26	AC22	一对一转换	主表转主表	CSC22	AC34	一对一转换	附注转主表
CC27	AC14	一对一转换	主表转主表	CSC25	AC32	一对一转换	附注转主表
CC28	AC19	一对一转换	主表转主表				
CC30	AC22	一对一转换	主表转主表				
CC31	AC22	一对一转换	主表转主表				
CC33	AC32	一对一转换	主表转主表				
CC34	AC33	一对一转换	主表转主表				
CC35	AC34	一对一转换	主表转主表				

6.4.3 美转中映射关系数据库(简化)

同理,根据上述确定的元素坐标,也可分别实现资产负债表、利润表、现金流量表的映射,相应报表的美转中的转换关系,如表 6-11、表 6-12、表 6-13 所示。

表 6-11 美转中资产负债表映射关系数据库

美国数据库坐标	对应中国元素坐标	转换方法	转换结构	美国数据库坐标	对应中国元素坐标	转换方法	转换结构
AB1				AB2.4	CB2	多对一转换	附注转主表
AB1.1	CB1	多对一转换	附注转主表	AB2.5	CB2	多对一转换	附注转主表
AB1.2	CB1	多对一转换	附注转主表	AB2.6	CB2	多对一转换	附注转主表
AB1.3	CB2	多对一转换	附注转主表	AB2.7	CB2	多对一转换	附注转主表
AB1.4	CB2	多对一转换	附注转主表	AB2.8	CB2	多对一转换	附注转主表
AB1.5	CB12	多对一转换	附注转主表	AB3	CB4	一对一转换	主表转主表
AB2				AB4	CB5	一对一转换	主表转主表
AB2.1	CB1	多对一转换	附注转主表	AB5	CB9	一对一转换	主表转主表
AB2.2	CB12	多对一转换	附注转主表	AB5.1	CB9.1	一对一转换	附注转附注
AB2.3	CB12	多对一转换	附注转主表	AB5.2	CB9.2	一对一转换	附注转附注

（续表）

美国数据库坐标	对应中国元素坐标	转换方法	转换结构	美国数据库坐标	对应中国元素坐标	转换方法	转换结构
AB5.3	CB9.3	一对一转换	附注转附注	AB13	CB29	一对一转换	主表转主表
AB6	CB11	一对一转换	主表转主表	AB13.1	CB16	一对一转换	主表转主表
AB7	CB28	一对一转换	主表转主表	AB14	CB26	一对一转换	主表转主表
AB8	CB24	一对一转换	主表转主表	AB15	CB29	一对一转换	主表转主表
AB8.1	CB18.1	一对一转换	附注转附注	AB16	CB50	一对一转换	主表转主表
AB8.2	CB18.2	一对一转换	附注转附注	AB17	CB35	一对一转换	主表转主表
AB8.3	CB18.3	一对一转换	附注转附注	AB18	CB32	一对一转换	主表转主表
AB8.6	CB27	一对一转换	附注转主表	AB19	CB15	一对一转换	主表转主表
AB9	CB24	一对一转换	主表转主表	AB20	CB42	一对一转换	主表转主表
AB9.1	CB24	一对一转换	附注转主表	AB21	CB38	一对一转换	主表转主表
AB10	CB19	一对一转换	主表转主表	AB22	CB11	一对一转换	主表转主表
AB11	CB29	一对一转换	主表转主表	AB23	CB45	一对一转换	主表转主表
AB12	CB26	一对一转换	主表转主表				

表 6-12 美转中利润表映射关系数据库

美国元素坐标点	中国元素坐标点	转换方法	转换结构	美国元素坐标点	中国元素坐标点	转换方法	转换结构
AI1	CI1	一对一转换	附注转附注	AI21	CI17	一对一转换	主表转主表
AI4	CI2	一对一转换	附注转附注	AI23	CI20	一对一转换	主表转主表
AI12	CI1 - CI2	多对一转换	表内信息计算转换	AI24	CI21	一对一转换	主表转主表
AI9	CI5	一对一转换	主表转主表	AI21	CI17	一对一转换	主表转主表
AI7	CI4	一对一转换	主表转主表	AI29	CI18	一对一转换	主表转主表
AI8	CI5	一对一转换	主表转主表	AI30	CI18	一对一转换	主表转主表
AI11	CI7	一对一转换	主表转主表				
AI13	CI4+CI5+CI6	一对多转换	结构升级法转换				
AI14	CI11	一对一转换	主表转主表				
AI16	CI12	一对一转换	主表转主表				
AI19	CI15	一对一转换	主表转主表				
AI20	CI16	一对一转换	主表转主表				

表 6－13　美转中现金流量表映射关系数据库

美国元素坐标点	中国元素坐标点	转换方法	转换结构	美国元素坐标点	中国元素坐标点	转换方法	转换结构
AC1	CSC1	一对一转换	主表转附注	AC15	CC23	一对一转换	主表转主表
AC2	CB26 期末-CB26 期初	一对多转换	跨表主表信息转换	AC16	CC27	一对一转换	主表转主表
AC3	CSC3＋CSC4＋CSC6＋CSC7	一对多转换	主表转附注	AC17	CC27	一对一转换	主表转主表
AC4	CSC16	多对一转换	主表转附注	AC18	CC23	一对一转换	主表转主表
AC5	CSC16	多对一转换	主表转附注	AC19	CC28	多对一转换	主表转主表
AC6	CSC14	多对一转换	主表转附注	AC6	CC28	多对一转换	主表转主表
AC7	- CSC11	一对一转换	主表转附注并计算	AC21	CC25	一对一转换	主表转主表
AC8	- CSC5	多对一转换	主表转附注并计算	AC22	CC31	一对一转换	主表转主表
AC9	CSC14	多对一转换	主表转附注	AC23	CC17	一对一转换	主表转主表
AC10				AC24	CC19	一对一转换	主表转主表
AC10. 1	- CSC14	多对一转换	附注转附注并计算	AC25	CC18	多对一转换	主表转主表
AC10. 2	- CSC13	多对一转换	附注转附注并计算	AC26	CC11	多对一转换	主表转主表
AC10. 3	- CSC16	多对一转换	附注转附注并计算	AC27	CC11	多对一转换	主表转主表
AC10. 4	- CSC16	多对一转换	附注转附注并计算	AC28	CC18	多对一转换	主表转主表
AC10. 5	CSC15	多对一转换	附注转附注并计算	AC29	CC22	一对一转换	主表转主表
AC11	- CSC15	多对一转换	附注转附注并计算	AC31	CC32	一对一转换	主表转主表
AC12	- CSC15	多对一转换	附注转附注并计算	AC32	CSC25	一对一转换	主表转附注
AC13	CSC17	一对一转换	主表转附注	AC33	CC34	一对一转换	主表转主表
AC14	CC27	一对一转换	主表转附注	AC34	CC35	一对一转换	主表转主表

6.5 本章小结

实现中美财务报表之间的转换，对于顺应全球化发展，实现企业的“走出去”战略具有重要的意义与价值。在本书的前几章内容中，我们从财务报表的主项与细项底层数据着手，以 ABC 公司、西王食品以及微软公司为例，对于如何实现中国财务报表转换为美国财务报表，以及美国财务报表转换为中国财务报表提供了直接证据。

鉴于上文的转换思路与程序较为复杂，结合 XBRL 技术特点可知，XBRL 可以实现对财务信息元素的标准化定义，即可以从中美 XBRL 分类标准信息元素角度，构建两种不同会计准则定义下财务报表转换的映射关系，实现从“中国上市公司财务报表——中国 XBRL 分类标准——美国 XBRL 分类标准——美国上市公司财务报表”的转换流程。

结合上述研究思路，本书在结合 XBRL 技术特点的基础上，从 XBRL 分类标准角度，创建不同分类标准之间的映射关系，从而实现 XBRL 实例文档之间的转换，最终达到不同会计准则下财务报表“无缝转换”的目标。

附录 1

专业术语解释

缩写	全称
XBRL	可扩展商业报告语言
实例文档	实例文档是根据 XBRL 技术规范和分类标准制定，是企业财务报告的数据实例，实例文档中每一个事实数据都与分类标准中已定义的概念相对应
主项	财务报表的主要项目
细项	财务报表附注中的明细项目
转换	中美财务报表之间的转换
中转美	中国财务报表转换为美国财务报表
美转中	美国财务报表转换为中国财务报表
数据库	中美财务报表转换中的映射关系集合

附录 2

中转美 XBRL 转换代码

（部分转换代码，以西王食品为例）

附录 2.1　西王食品-Based on CAS

附录 2.1.1　西王食品-430000000046140-20131231

```
<? xml version="1.0" encoding="UTF-8"? >
<! --Generated by Fujitsu XWand B0216CS-->
<xbrli:xbrl xmlns:xiwang="http://www.xiwangshipin.com.cn/cas/2013-12-31" xmlns:link="http://www.xbrl.org/2003/linkbase" xmlns:num="http://www.xbrl.org/dtr/type/numeric" xmlns:nonnum="http://www.xbrl.org/dtr/type/non-numeric" xmlns:xbrldt="http://xbrl.org/2005/xbrldt" xmlns:ifrs="http://xbrl.iasb.org/taxonomy/2010-04-30/ifrs" xmlns:negated="http://www.xbrl.org/2009/role/negated" xmlns:cas="http://xbrl.mof.gov.cn/taxonomy/2010-09-30/cas" xmlns:xsi="http://www.w3.org/2001/XMLSchema-instance" xmlns:xbrldi="http://xbrl.org/2006/xbrldi" xmlns:xbrli="http://www.xbrl.org/2003/instance" xmlns:iso4217="http://www.xbrl.org/2003/iso4217" xmlns:xlink="http://www.w3.org/1999/xlink" xmlns:net="http://www.xbrl.org/2009/role/net" xsi:schemaLocation="http://xbrl.org/2006/xbrldi http://www.xbrl.org/2006/xbrldi-2006.xsd">
    <link:schemaRef xlink:type="simple" xlink:href="%e8%a5%bf%e7%8e%8b%e9%a3%9f%e5%93%81%e8%82%a1%e4%bb%bd%e6%9c%89%e9%99%90%e5%85%ac%e5%8f%b8-430000000046140-20131231.xsd"/>
    <xbrli:context id="Context_Instant">
      <xbrli:entity>
        <xbrli:identifier scheme="http://www.saic.gov.cn/">430000000046140</xbrli:identifier>
      </xbrli:entity>
```

```
      <xbrli:period>
        <xbrli:instant>2013-12-31</xbrli:instant>
      </xbrli:period>
    </xbrli:context>
    <xbrli:context id="Context_Instant_RawMaterialMember">
      <xbrli:entity>
        <xbrli:identifier scheme="http://www.saic.gov.cn/">430000000046140</xbrli:identifier>
      </xbrli:entity>
      <xbrli:period>
        <xbrli:instant>2013-12-31</xbrli:instant>
      </xbrli:period>
      <xbrli:scenario>
        <xbrldi:explicitMember dimension="cas:ClassesOfInventoriesAxis">cas:RawMaterialMember</xbrldi:explicitMember>
      </xbrli:scenario>
    </xbrli:context>
    <xbrli:context id="Context_Instant_WorkInProcessMember">
      <xbrli:entity>
        <xbrli:identifier scheme="http://www.saic.gov.cn/">430000000046140</xbrli:identifier>
      </xbrli:entity>
      <xbrli:period>
        <xbrli:instant>2013-12-31</xbrli:instant>
      </xbrli:period>
      <xbrli:scenario>
        <xbrldi:explicitMember dimension="cas:ClassesOfInventoriesAxis">cas:WorkInProcessMember</xbrldi:explicitMember>
      </xbrli:scenario>
    </xbrli:context>
    <xbrli:context id="Context_Instant_FinishedGoodsMember">
      <xbrli:entity>
        <xbrli:identifier scheme="http://www.saic.gov.cn/">430000000046140</xbrli:identifier>
      </xbrli:entity>
      <xbrli:period>
        <xbrli:instant>2013-12-31</xbrli:instant>
      </xbrli:period>
```

```
        <xbrli:scenario>
          <xbrldi:explicitMember dimension="cas:ClassesOfInventoriesAxis">cas:Finished-
GoodsMember</xbrldi:explicitMember>
        </xbrli:scenario>
      </xbrli:context>
      <xbrli:context id="Context_Instant_GoodsInTransitMember">
        <xbrli:entity>
          <xbrli:identifier scheme="http://www.saic.gov.cn/">430000000046140</xbr-
li:identifier>
        </xbrli:entity>
        <xbrli:period>
          <xbrli:instant>2013-12-31</xbrli:instant>
        </xbrli:period>
        <xbrli:scenario>
          <xbrldi:explicitMember dimension="cas:ClassesOfInventoriesAxis">cas:GoodsInTran-
sitMember</xbrldi:explicitMember>
        </xbrli:scenario>
      </xbrli:context>
      <xbrli:context id="Context_Instant_BuildingsMember">
        <xbrli:entity>
          <xbrli:identifier scheme="http://www.saic.gov.cn/">430000000046140</xbr-
li:identifier>
        </xbrli:entity>
        <xbrli:period>
          <xbrli:instant>2013-12-31</xbrli:instant>
        </xbrli:period>
        <xbrli:scenario>
            <xbrldi:explicitMember dimension="ifrs:ClassesOfPropertyPlantAndE-
quipmentAxis">ifrs:BuildingsMember</xbrldi:explicitMember>
        </xbrli:scenario>
      </xbrli:context>
      <xbrli:context id="Context_Instant_MachineryMember">
        <xbrli:entity>
          <xbrli:identifier scheme="http://www.saic.gov.cn/">430000000046140</xbr-
li:identifier>
        </xbrli:entity>
        <xbrli:period>
          <xbrli:instant>2013-12-31</xbrli:instant>
```

```
            </xbrli:period>
            <xbrli:scenario>
                <xbrldi:explicitMember dimension="ifrs:ClassesOfPropertyPlantAndEquipmentAxis">cas:MachineryMember</xbrldi:explicitMember>
            </xbrli:scenario>
        </xbrli:context>
        <xbrli:context id="Context_Instant_VehiclesMember">
            <xbrli:entity>
              <xbrli:identifier scheme="http://www.saic.gov.cn/">430000000046140</xbrli:identifier>
            </xbrli:entity>
            <xbrli:period>
              <xbrli:instant>2013-12-31</xbrli:instant>
            </xbrli:period>
            <xbrli:scenario>
                <xbrldi:explicitMember dimension="ifrs:ClassesOfPropertyPlantAndEquipmentAxis">ifrs:VehiclesMember</xbrldi:explicitMember>
            </xbrli:scenario>
        </xbrli:context>
        <xbrli:context id="Context_Instant_OtherFixedAssetsMember">
            <xbrli:entity>
              <xbrli:identifier scheme="http://www.saic.gov.cn/">430000000046140</xbrli:identifier>
            </xbrli:entity>
            <xbrli:period>
              <xbrli:instant>2013-12-31</xbrli:instant>
            </xbrli:period>
            <xbrli:scenario>
                <xbrldi:explicitMember dimension="ifrs:ClassesOfPropertyPlantAndEquipmentAxis">cas:OtherFixedAssetsMember</xbrldi:explicitMember>
            </xbrli:scenario>
        </xbrli:context>
```

附录 2.1.2 西王食品-430000000046140-20131231-definition

```
    <?xml version="1.0" encoding="UTF-8"?>
    <!--Generated by Fujitsu XWand B0216C-->
    <link:linkbase xmlns:xsi="http://www.w3.org/2001/XMLSchema-instance" xsi:schemaLocation="http://www.xbrl.org/2003/linkbase http://www.xbrl.org/2003/xbrl-linkbase-
```

```
2003-12-31.xsd" xmlns:link="http://www.xbrl.org/2003/linkbase" xmlns:xbrldt="http://xbrl.org/2005/xbrldt" xmlns:xlink="http://www.w3.org/1999/xlink" xmlns:xbrli="http://www.xbrl.org/2003/instance">
    <link:roleRef roleURI="http://www.xiwangshipin.com.cn/role/cas/233005" xlink:type="simple" xlink:href="%e8%a5%bf%e7%8e%8b%e9%a3%9f%e5%93%81%e8%82%a1%e4%bb%bd%e6%9c%89%e9%99%90%e5%85%ac%e5%8f%b8-430000000046140-20131231.xsd#RT_233005"/>
    <link:roleRef roleURI="http://www.xiwangshipin.com.cn/role/cas/333005" xlink:type="simple" xlink:href="%e8%a5%bf%e7%8e%8b%e9%a3%9f%e5%93%81%e8%82%a1%e4%bb%bd%e6%9c%89%e9%99%90%e5%85%ac%e5%8f%b8-430000000046140-20131231.xsd#RT_333005"/>
    <link:roleRef roleURI="http://www.xiwangshipin.com.cn/role/cas/431005" xlink:type="simple" xlink:href="%e8%a5%bf%e7%8e%8b%e9%a3%9f%e5%93%81%e8%82%a1%e4%bb%bd%e6%9c%89%e9%99%90%e5%85%ac%e5%8f%b8-430000000046140-20131231.xsd#RT_431005"/>
    <link:roleRef roleURI="http://www.xiwangshipin.com.cn/role/cas/801110" xlink:type="simple" xlink:href="%e8%a5%bf%e7%8e%8b%e9%a3%9f%e5%93%81%e8%82%a1%e4%bb%bd%e6%9c%89%e9%99%90%e5%85%ac%e5%8f%b8-430000000046140-20131231.xsd#RT_801110"/>
    <link:roleRef roleURI="http://www.xiwangshipin.com.cn/role/cas/804100" xlink:type="simple" xlink:href="%e8%a5%bf%e7%8e%8b%e9%a3%9f%e5%93%81%e8%82%a1%e4%bb%bd%e6%9c%89%e9%99%90%e5%85%ac%e5%8f%b8-430000000046140-20131231.xsd#RT_804100"/>
    <link:roleRef roleURI="http://www.xiwangshipin.com.cn/role/cas/806100" xlink:type="simple" xlink:href="%e8%a5%bf%e7%8e%8b%e9%a3%9f%e5%93%81%e8%82%a1%e4%bb%bd%e6%9c%89%e9%99%90%e5%85%ac%e5%8f%b8-430000000046140-20131231.xsd#RT_806100"/>
    <link:roleRef roleURI="http://www.xiwangshipin.com.cn/role/cas/830770" xlink:type="simple" xlink:href="%e8%a5%bf%e7%8e%8b%e9%a3%9f%e5%93%81%e8%82%a1%e4%bb%bd%e6%9c%89%e9%99%90%e5%85%ac%e5%8f%b8-430000000046140-20131231.xsd#RT_830770"/>
    <link:arcroleRef arcroleURI="http://xbrl.org/int/dim/arcrole/all" xlink:type="simple" xlink:href="http://www.xbrl.org/2005/xbrldt-2005.xsd#all"/>
    <link:arcroleRef arcroleURI="http://xbrl.org/int/dim/arcrole/dimension-default" xlink:type="simple" xlink:href="http://www.xbrl.org/2005/xbrldt-2005.xsd#dimension-default"/>
    <link:arcroleRef arcroleURI="http://xbrl.org/int/dim/arcrole/dimension-domain" xlink:type="simple" xlink:href="http://www.xbrl.org/2005/xbrldt-2005.xsd#dimension-
```

domain"/>

< link: arcroleRef arcroleURI = " http://xbrl. org/int/dim/arcrole/domain-member " xlink:type=" simple" xlink: href=" http://www. xbrl. org/2005/xbrldt-2005. xsd # domain-member"/>

<link: arcroleRef arcroleURI=" http://xbrl. org/int/dim/arcrole/hypercube-dimension" xlink:type=" simple" xlink: href=" http://www. xbrl. org/2005/xbrldt-2005. xsd # hypercube-dimension"/>

<link: definitionLink xlink: type=" extended" xlink: role=" http://www. xiwangshipin. com. cn/role/cas/233005">

<link: loc xlink: type=" locator" xlink: href=".. /.. /.. /.. /02-%e7%a7%91%e7%a0%94%e8%b5%84%e6%96%99/01-XBRL/XBRL%e5%88%86%e7%b1%bb%e6%a0%87%e5%87%86/%e4%b8%ad%e5%9b%bd%e8%b4%a2%e6%94%bf%e9%83%a8/%e4%bc%81%e4%b8%9a%e4%bc%9a%e8%ae%a1%e5%87%86%e5%88%99%e9%80%9a%e7%94%a8%e5%88%86%e7%b1%bb%e6%a0%87%e5%87%86/%e4%bc%81%e4%b8%9a%e4%bc%9a%e8%ae%a1%e5%87%86%e5%88%99%e9%80%9a%e7%94%a8%e5%88%86%e7%b1%bb%e6%a0%87%e5%87%86/CAS%20Taxonomy_20100930/cas_20100930/cas_core_2010-09-30. xsd # cas _ SeparateBalanceSheetExplanatory" xlink: label = " SeparateBalanceSheetExplanatory " xlink: title=" SeparateBalanceSheetExplanatory"/>

<link: loc xlink: type=" locator" xlink: href=" http://xbrl. iasb. org/taxonomy/2010-04-30/ifrs-cor_2010-04-30. xsd # ifrs_StatementOfFinancialPositionAbstract" xlink: label=" StatementOfFinancialPositionAbstract" xlink: title=" StatementOfFinancialPositionAbstract"/>

<link: definitionArc xlink: type=" arc" xlink: arcrole=" http://xbrl. org/int/dim/arcrole/domain-member" xlink: from=" SeparateBalanceSheetExplanatory" xlink: to=" StatementOfFinancial-PositionAbstract" xlink: title=" definition: SeparateBalanceSheetExplanatory to StatementOfFinancial-PositionAbstract" order=" 1. 0"/>

<link: loc xlink: type=" locator" xlink: href=".. /.. /.. /.. /02-%e7%a7%91%e7%a0%94%e8%b5%84%e6%96%99/01-XBRL/XBRL%e5%88%86%e7%b1%bb%e6%a0%87%e5%87%86/%e4%b8%ad%e5%9b%bd%e8%b4%a2%e6%94%bf%e9%83%a8/%e4%bc%81%e4%b8%9a%e4%bc%9a%e8%ae%a1%e5%87%86%e5%88%99%e9%80%9a%e7%94%a8%e5%88%86%e7%b1%bb%e6%a0%87%e5%87%86/%e4%bc%81%e4%b8%9a%e4%bc%9a%e8%ae%a1%e5%87%86%e5%88%99%e9%80%9a%e7%94%a8%e5%88%86%e7%b1%bb%e6%a0%87%e5%87%86/CAS%20Taxonomy_20100930/cas_20100930/cas_core_2010-09-30. xsd # cas_StatementOfFinancialPositionTable" xlink: label=" Statement-OfFinancialPositionTable" xlink: title=" StatementOfFinancialPositionTable"/>

<link: definitionArc xlink: type=" arc" xlink: arcrole=" http://xbrl. org/int/dim/arc-role/all" xlink: from=" StatementOfFinancialPositionAbstract" xlink: to=" StatementOfFinan-cialPositionTable" xlink: title=" definition: StatementOfFinancialPositionAbstract to Statement-OfFinancialPositionTable" order=" 1. 0" xbrldt: contextElement=" scenario"/>

<link:loc xlink:type="locator" xlink:href="../../../../02-%e7%a7%91%e7%a0%94%e8%b5%84%e6%96%99/01-XBRL/XBRL%e5%88%86%e7%b1%bb%e6%a0%87%e5%87%86/%e4%b8%ad%e5%9b%bd%e8%b4%a2%e6%94%bf%e9%83%a8/%e4%bc%81%e4%b8%9a%e4%bc%9a%e8%ae%a1%e5%87%86%e5%88%99%e9%80%9a%e7%94%a8%e5%88%86%e7%b1%bb%e6%a0%87%e5%87%86/%e4%bc%81%e4%b8%9a%e4%bc%9a%e8%ae%a1%e5%87%86%e5%88%99%e9%80%9a%e7%94%a8%e5%88%86%e7%b1%bb%e6%a0%87%e5%87%86/CAS%20Taxonomy_20100930/cas_20100930/cas_core_2010-09-30.xsd#cas_ConsolidatedAndIndividualFinancialStatementAxis" xlink:label="ConsolidatedAndIndividualFinancialStatementAxis" xlink:title="ConsolidatedAndIndividualFinancialStatementAxis"/>

<link:definitionArc xlink:type="arc" xlink:arcrole="http://xbrl.org/int/dim/arcrole/hypercube-dimension" xlink:from="StatementOfFinancialPositionTable" xlink:to="ConsolidatedAndIndividualFinancialStatementAxis" xlink:title="definition: StatementOfFinancialPositionTable to ConsolidatedAndIndividualFinancialStatementAxis" order="1.0"/>

<link:loc xlink:type="locator" xlink:href="../../../../02-%e7%a7%91%e7%a0%94%e8%b5%84%e6%96%99/01-XBRL/XBRL%e5%88%86%e7%b1%bb%e6%a0%87%e5%87%86/%e4%b8%ad%e5%9b%bd%e8%b4%a2%e6%94%bf%e9%83%a8/%e4%bc%81%e4%b8%9a%e4%bc%9a%e8%ae%a1%e5%87%86%e5%88%99%e9%80%9a%e7%94%a8%e5%88%86%e7%b1%bb%e6%a0%87%e5%87%86/%e4%bc%81%e4%b8%9a%e4%bc%9a%e8%ae%a1%e5%87%86%e5%88%99%e9%80%9a%e7%94%a8%e5%88%86%e7%b1%bb%e6%a0%87%e5%87%86/CAS%20Taxonomy_20100930/cas_20100930/cas_core_2010-09-30.xsd#cas_ConsolidatedAndIndividualMember" xlink:label="ConsolidatedAndIndividualMember" xlink:title="ConsolidatedAndIndividualMember"/>

<link:definitionArc xlink:type="arc" xlink:arcrole="http://xbrl.org/int/dim/arcrole/dimension-domain" xlink:from="ConsolidatedAndIndividualFinancialStatementAxis" xlink:to="ConsolidatedAndIndividualMember" xlink:title="definition: ConsolidatedAndIndividualFinancialStatementAxis to ConsolidatedAndIndividualMember" order="1.0"/>

<link:loc xlink:type="locator" xlink:href="../../../../02-%e7%a7%91%e7%a0%94%e8%b5%84%e6%96%99/01-XBRL/XBRL%e5%88%86%e7%b1%bb%e6%a0%87%e5%87%86/%e4%b8%ad%e5%9b%bd%e8%b4%a2%e6%94%bf%e9%83%a8/%e4%bc%81%e4%b8%9a%e4%bc%9a%e8%ae%a1%e5%87%86%e5%88%99%e9%80%9a%e7%94%a8%e5%88%86%e7%b1%bb%e6%a0%87%e5%87%86/%e4%bc%81%e4%b8%9a%e4%bc%9a%e8%ae%a1%e5%87%86%e5%88%99%e9%80%9a%e7%94%a8%e5%88%86%e7%b1%bb%e6%a0%87%e5%87%86/CAS%20Taxonomy_20100930/cas_20100930/cas_core_2010-09-30.xsd#cas_ConsolidatedAndIndividualMember" xlink:label="ConsolidatedAndIndividualMember_2" xlink:title="ConsolidatedAndIndividualMember"/>

附录 2.1.3 西王食品-430000000046140-20131231-label

<?xml version="1.0" encoding="UTF-8"?>

<!--Generated by Fujitsu XWand B0216C-->

<link:linkbase xmlns:xsi="http://www.w3.org/2001/XMLSchema-instance" xsi:schemaLocation="http://www.xbrl.org/2003/linkbase http://www.xbrl.org/2003/xbrl-linkbase-2003-12-31.xsd" xmlns:link="http://www.xbrl.org/2003/linkbase" xmlns:xbrli="http://www.xbrl.org/2003/instance" xmlns:xlink="http://www.w3.org/1999/xlink">

<link:labelLink xlink:type="extended" xlink:role="http://www.xbrl.org/2003/role/link">

<link:loc xlink:type="locator" xlink:href="../../../../02-%e7%a7%91%e7%a0%94%e8%b5%84%e6%96%99/01-XBRL/XBRL%e5%88%86%e7%b1%bb%e6%a0%87%e5%87%86/%e4%b8%ad%e5%9b%bd%e8%b4%a2%e6%94%bf%e9%83%a8/%e4%bc%81%e4%b8%9a%e4%bc%9a%e8%ae%a1%e5%87%86%e5%88%99%e9%80%9a%e7%94%a8%e5%88%86%e7%b1%bb%e6%a0%87%e5%87%86/%e4%bc%81%e4%b8%9a%e4%bc%9a%e8%ae%a1%e5%87%86%e5%88%99%e9%80%9a%e7%94%a8%e5%88%86%e7%b1%bb%e6%a0%87%e5%87%86/CAS%20Taxonomy_20100930/cas_20100930/cas_core_2010-09-30.xsd#cas_ConsolidatedAndIndividualFinancialStatementAxis" xlink:label="ConsolidatedAndIndividualFinancialStatementAxis" xlink:title="ConsolidatedAndIndividualFinancialStatementAxis"/>

<link:label xlink:type="resource" xlink:label="label_ConsolidatedAndIndividualFinancialStatementAxis" xlink:role="http://www.xbrl.org/2003/role/label" xlink:title="label_ConsolidatedAndIndividualFinancialStatementAxis" xml:lang="en" id="label_ConsolidatedAndIndividualFinancialStatementAxis">Consolidated and individual financial statement [axis]</link:label>

<link:labelArc xlink:type="arc" xlink:arcrole="http://www.xbrl.org/2003/arcrole/concept-label" xlink:from="ConsolidatedAndIndividualFinancialStatementAxis" xlink:to="label_ConsolidatedAndIndividualFinancialStatementAxis" xlink:title="label: ConsolidatedAndIndividualFinancialStatementAxis to label_ConsolidatedAndIndividualFinancialStatementAxis"/>

<link:label xlink:type="resource" xlink:label="label_ConsolidatedAndIndividualFinancialStatementAxis_2" xlink:role="http://www.xbrl.org/2003/role/label" xlink:title="label_ConsolidatedAndIndividualFinancialStatementAxis" xml:lang="zh" id="label_ConsolidatedAndIndividualFinancialStatementAxis_2">合并和个别财务报表 [axis]</link:label>

<link:labelArc xlink:type="arc" xlink:arcrole="http://www.xbrl.org/2003/arcrole/concept-label" xlink:from="ConsolidatedAndIndividualFinancialStatementAxis" xlink:to="label_ConsolidatedAndIndividualFinancialStatementAxis_2" xlink:title="label: ConsolidatedAndIndividualFinancialStatementAxis to label_ConsolidatedAndIndividualFinancialStatementAxis"/>

<link:loc xlink:type="locator" xlink:href="../../../../02-%e7%a7%91%e7%a0%94%e8%b5%84%e6%96%99/01-XBRL/XBRL%e5%88%86%e7%b1%bb%e6%a0%87%e5%87%86/%e4%b8%ad%e5%9b%bd%e8%b4%a2%e6%94%bf%e9%83%a8/%e4%bc%81%e4%b8%9a%e4%bc%9a%e8%ae%a1%e5%87%86%e5%88%99%e9%80%9a%e7%94%a8%e5%88%86%e7%b1%bb%e6%a0%87%e5%87%86/%e4%bc%81%e4%b8%

```
9a%e4%bc%9a%e8%ae%a1%e5%87%86%e5%88%99%e9%80%9a%e7%94%a8%e5%88%86%e7%b1%bb%e6%a0%87%e5%87%86/CAS%20Taxonomy_20100930/cas_20100930/cas_core_2010-09-30.xsd#cas_ConsolidatedMember" xlink:label="ConsolidatedMember" xlink:title="ConsolidatedMember"/>
<link:label xlink:type="resource" xlink:label="label_ConsolidatedMember" xlink:role="http://www.xbrl.org/2003/role/label" xlink:title="label_ConsolidatedMember" xml:lang="en" id="label_ConsolidatedMember">Consolidated [member]</link:label>
<link:labelArc xlink:type="arc" xlink:arcrole="http://www.xbrl.org/2003/arcrole/concept-label" xlink:from="ConsolidatedMember" xlink:to="label_ConsolidatedMember" xlink:title="label: ConsolidatedMember to label_ConsolidatedMember"/>
<link:label xlink:type="resource" xlink:label="label_ConsolidatedMember_2" xlink:role="http://www.xbrl.org/2003/role/label" xlink:title="label_ConsolidatedMember" xml:lang="zh" id="label_ConsolidatedMember_2">合并 [member]</link:label>
<link:labelArc xlink:type="arc" xlink:arcrole="http://www.xbrl.org/2003/arcrole/concept-label" xlink:from="ConsolidatedMember" xlink:to="label_ConsolidatedMember_2" xlink:title="label: ConsolidatedMember to label_ConsolidatedMember"/>
<link:loc xlink:type="locator" xlink:href="../../../../02-%e7%a7%91%e7%a0%94%e8%b5%84%e6%96%99/01-XBRL/XBRL%e5%88%86%e7%b1%bb%e6%a0%87%e5%87%86/%e4%b8%ad%e5%9b%bd%e8%b4%a2%e6%94%bf%e9%83%a8/%e4%bc%81%e4%b8%9a%e4%bc%9a%e8%ae%a1%e5%87%86%e5%88%99%e9%80%9a%e7%94%a8%e5%88%86%e7%b1%bb%e6%a0%87%e5%87%86/%e4%bc%81%e4%b8%9a%e4%bc%9a%e8%ae%a1%e5%87%86%e5%88%99%e9%80%9a%e7%94%a8%e5%88%86%e7%b1%bb%e6%a0%87%e5%87%86/CAS%20Taxonomy_20100930/cas_20100930/cas_core_2010-09-30.xsd#cas_BankBalancesAndCash" xlink:label="BankBalancesAndCash" xlink:title="BankBalancesAndCash"/>
<link:label xlink:type="resource" xlink:label="label_BankBalancesAndCash" xlink:role="http://www.xbrl.org/2003/role/label" xlink:title="label_BankBalancesAndCash" xml:lang="zh" id="label_BankBalancesAndCash">货币资金</link:label>
<link:labelArc xlink:type="arc" xlink:arcrole="http://www.xbrl.org/2003/arcrole/concept-label" xlink:from="BankBalancesAndCash" xlink:to="label_BankBalancesAndCash" xlink:title="label: BankBalancesAndCash to label_BankBalancesAndCash"/>
<link:label xlink:type="resource" xlink:label="label_BankBalancesAndCash_2" xlink:role="http://www.xbrl.org/2003/role/label" xlink:title="label_BankBalancesAndCash" xml:lang="en" id="label_BankBalancesAndCash_2">Bank balances and cash</link:label>
<link:labelArc xlink:type="arc" xlink:arcrole="http://www.xbrl.org/2003/arcrole/concept-label" xlink:from="BankBalancesAndCash" xlink:to="label_BankBalancesAndCash_2" xlink:title="label: BankBalancesAndCash to label_BankBalancesAndCash"/>
```

<link:loc xlink:type="locator" xlink:href="../../../../02-%e7%a7%91%e7%a0%94%e8%b5%84%e6%96%99/01-XBRL/XBRL%e5%88%86%e7%b1%bb%e6%a0%87%e5%87%86/%e4%b8%ad%e5%9b%bd%e8%b4%a2%e6%94%bf%e9%83%a8/%e4%bc%81%e4%b8%9a%e4%bc%9a%e8%ae%a1%e5%87%86%e5%88%99%e9%80%9a%e7%94%a8%e5%88%86%e7%b1%bb%e6%a0%87%e5%87%86/%e4%bc%81%e4%b8%9a%e4%bc%9a%e8%ae%a1%e5%87%86%e5%88%99%e9%80%9a%e7%94%a8%e5%88%86%e7%b1%bb%e6%a0%87%e5%87%86/CAS%20Taxonomy_20100930/cas_20100930/cas_core_2010-09-30.xsd#cas_NotesReceivable" xlink:label="NotesReceivable" xlink:title="NotesReceivable"/>

<link:label xlink:type="resource" xlink:label="label_NotesReceivable" xlink:role="http://www.xbrl.org/2003/role/label" xlink:title="label_NotesReceivable" xml:lang="en" id="label_NotesReceivable">Notes receivable</link:label>

<link:labelArc xlink:type="arc" xlink:arcrole="http://www.xbrl.org/2003/arcrole/concept-label" xlink:from="NotesReceivable" xlink:to="label_NotesReceivable" xlink:title="label: NotesReceivable to label_NotesReceivable"/>

<link:label xlink:type="resource" xlink:label="label_NotesReceivable_2" xlink:role="http://www.xbrl.org/2003/role/label" xlink:title="label_NotesReceivable" xml:lang="zh" id="label_NotesReceivable_2">应收票据</link:label>

<link:labelArc xlink:type="arc" xlink:arcrole="http://www.xbrl.org/2003/arcrole/concept-label" xlink:from="NotesReceivable" xlink:to="label_NotesReceivable_2" xlink:title="label: NotesReceivable to label_NotesReceivable"/>

<link:loc xlink:type="locator" xlink:href="../../../../02-%e7%a7%91%e7%a0%94%e8%b5%84%e6%96%99/01-XBRL/XBRL%e5%88%86%e7%b1%bb%e6%a0%87%e5%87%86/%e4%b8%ad%e5%9b%bd%e8%b4%a2%e6%94%bf%e9%83%a8/%e4%bc%81%e4%b8%9a%e4%bc%9a%e8%ae%a1%e5%87%86%e5%88%99%e9%80%9a%e7%94%a8%e5%88%86%e7%b1%bb%e6%a0%87%e5%87%86/%e4%bc%81%e4%b8%9a%e4%bc%9a%e8%ae%a1%e5%87%86%e5%88%99%e9%80%9a%e7%94%a8%e5%88%86%e7%b1%bb%e6%a0%87%e5%87%86/CAS%20Taxonomy_20100930/cas_20100930/cas_core_2010-09-30.xsd#cas_ClassesOfInventoriesAxis" xlink:label="ClassesOfInventoriesAxis" xlink:title="ClassesOfInventoriesAxis"/>

<link:label xlink:type="resource" xlink:label="label_ClassesOfInventoriesAxis" xlink:role="http://www.xbrl.org/2003/role/label" xlink:title="label_ClassesOfInventoriesAxis" xml:lang="en" id="label_ClassesOfInventoriesAxis">Classes of inventories [axis]</link:label>

<link:labelArc xlink:type="arc" xlink:arcrole="http://www.xbrl.org/2003/arcrole/concept-label" xlink:from="ClassesOfInventoriesAxis" xlink:to="label_ClassesOfInventoriesAxis" xlink:title="label: ClassesOfInventoriesAxis to label_ClassesOfInventoriesAxis"/>

<link:label xlink:type="resource" xlink:label="label_ClassesOfInventoriesAxis_2" xlink:

role="http://www.xbrl.org/2003/role/label" xlink:title="label_ClassesOfInventoriesAxis" xml:lang="zh" id="label_ClassesOfInventoriesAxis_2">存货类别 [axis]</link:label>

<link:labelArc xlink:type="arc" xlink:arcrole="http://www.xbrl.org/2003/arcrole/concept-label" xlink:from="ClassesOfInventoriesAxis" xlink:to="label_ClassesOfInventoriesAxis_2" xlink:title="label: ClassesOfInventoriesAxis to label_ClassesOfInventoriesAxis"/>

附录 2.1.4 西王食品-430000000046140-20131231-presentation

<?xml version="1.0" encoding="UTF-8"?>

<!--Generated by Fujitsu XWand B0216C-->

<link:linkbase xmlns:xsi="http://www.w3.org/2001/XMLSchema-instance" xsi:schemaLocation="http://www.xbrl.org/2003/linkbase http://www.xbrl.org/2003/xbrl-linkbase-2003-12-31.xsd" xmlns:link="http://www.xbrl.org/2003/linkbase" xmlns:xlink="http://www.w3.org/1999/xlink" xmlns:xbrli="http://www.xbrl.org/2003/instance">

<link:roleRef roleURI="http://www.xiwangshipin.com.cn/role/cas/233005" xlink:type="simple" xlink:href="%e8%a5%bf%e7%8e%8b%e9%a3%9f%e5%93%81%e8%82%a1%e4%bb%bd%e6%9c%89%e9%99%90%e5%85%ac%e5%8f%b8-430000000046140-20131231.xsd#RT_233005"/>

<link:roleRef roleURI="http://www.xiwangshipin.com.cn/role/cas/333005" xlink:type="simple" xlink:href="%e8%a5%bf%e7%8e%8b%e9%a3%9f%e5%93%81%e8%82%a1%e4%bb%bd%e6%9c%89%e9%99%90%e5%85%ac%e5%8f%b8-430000000046140-20131231.xsd#RT_333005"/>

<link:roleRef roleURI="http://www.xiwangshipin.com.cn/role/cas/431005" xlink:type="simple" xlink:href="%e8%a5%bf%e7%8e%8b%e9%a3%9f%e5%93%81%e8%82%a1%e4%bb%bd%e6%9c%89%e9%99%90%e5%85%ac%e5%8f%b8-430000000046140-20131231.xsd#RT_431005"/>

<link:roleRef roleURI="http://www.xiwangshipin.com.cn/role/cas/801110" xlink:type="simple" xlink:href="%e8%a5%bf%e7%8e%8b%e9%a3%9f%e5%93%81%e8%82%a1%e4%bb%bd%e6%9c%89%e9%99%90%e5%85%ac%e5%8f%b8-430000000046140-20131231.xsd#RT_801110"/>

<link:roleRef roleURI="http://www.xiwangshipin.com.cn/role/cas/804100" xlink:type="simple" xlink:href="%e8%a5%bf%e7%8e%8b%e9%a3%9f%e5%93%81%e8%82%a1%e4%bb%bd%e6%9c%89%e9%99%90%e5%85%ac%e5%8f%b8-430000000046140-20131231.xsd#RT_804100"/>

<link:roleRef roleURI="http://www.xiwangshipin.com.cn/role/cas/806100" xlink:type="simple" xlink:href="%e8%a5%bf%e7%8e%8b%e9%a3%9f%e5%93%81%e8%82%a1%e4%bb%bd%e6%9c%89%e9%99%90%e5%85%ac%e5%8f%b8-430000000046140-20131231.xsd#RT_806100"/>

<link:roleRef roleURI="http://www. xiwangshipin. com. cn/role/cas/830770" xlink:type="simple" xlink:href="%e8%a5%bf%e7%8e%8b%e9%a3%9f%e5%93%81%e8%82%a1%e4%bb%bd%e6%9c%89%e9%99%90%e5%85%ac%e5%8f%b8-430000000046140-20131231. xsd#RT_830770"/>

<link:roleRef roleURI="http://www. xiwangshipin. com. cn/role/cas/831600" xlink:type="simple" xlink:href="%e8%a5%bf%e7%8e%8b%e9%a3%9f%e5%93%81%e8%82%a1%e4%bb%bd%e6%9c%89%e9%99%90%e5%85%ac%e5%8f%b8-430000000046140-20131231. xsd#RT_831600"/>

<link:presentationLink xlink:type="extended" xlink:role="http://www. xiwangshipin. com. cn/role/cas/233005">

<link:loc xlink:type="locator" xlink:href="../../../../02-%e7%a7%91%e7%a0%94%e8%b5%84%e6%96%99/01-XBRL/XBRL%e5%88%86%e7%b1%bb%e6%a0%87%e5%87%86/%e4%b8%ad%e5%9b%bd%e8%b4%a2%e6%94%bf%e9%83%a8/%e4%bc%81%e4%b8%9a%e4%bc%9a%e8%ae%a1%e5%87%86%e5%88%99%e9%80%9a%e7%94%a8%e5%88%86%e7%b1%bb%e6%a0%87%e5%87%86/%e4%bc%81%e4%b8%9a%e4%bc%9a%e8%ae%a1%e5%87%86%e5%88%99%e9%80%9a%e7%94%a8%e5%88%86%e7%b1%bb%e6%a0%87%e5%87%86/CAS%20Taxonomy_20100930/cas_20100930/cas_core_2010-09-30. xsd#cas_SeparateBalanceSheetExplanatory" xlink:label="SeparateBalanceSheetExplanatory" xlink:title="SeparateBalanceSheetExplanatory"/>

<link:loc xlink:type="locator" xlink:href="http://xbrl. iasb. org/taxonomy/2010-04-30/ifrs-cor_2010-04-30. xsd#ifrs_StatementOfFinancialPositionAbstract" xlink:label="StatementOfFinancialPositionAbstract" xlink:title="StatementOfFinancialPositionAbstract"/>

<link:presentationArc xlink:type="arc" xlink:arcrole="http://www. xbrl. org/2003/arcrole/parent-child" xlink:from="SeparateBalanceSheetExplanatory" xlink:to="StatementOfFinancialPositionAbstract" xlink:title="presentation: SeparateBalanceSheetExplanatory to StatementOfFinancialPositionAbstract" order="1. 0"/>

<link:loc xlink:type="locator" xlink:href="../../../../02-%e7%a7%91%e7%a0%94%e8%b5%84%e6%96%99/01-XBRL/XBRL%e5%88%86%e7%b1%bb%e6%a0%87%e5%87%86/%e4%b8%ad%e5%9b%bd%e8%b4%a2%e6%94%bf%e9%83%a8/%e4%bc%81%e4%b8%9a%e4%bc%9a%e8%ae%a1%e5%87%86%e5%88%99%e9%80%9a%e7%94%a8%e5%88%86%e7%b1%bb%e6%a0%87%e5%87%86/%e4%bc%81%e4%b8%9a%e4%bc%9a%e8%ae%a1%e5%87%86%e5%88%99%e9%80%9a%e7%94%a8%e5%88%86%e7%b1%bb%e6%a0%87%e5%87%86/CAS%20Taxonomy_20100930/cas_20100930/cas_core_2010-09-30. xsd#cas_StatementOfFinancialPositionTable" xlink:label="StatementOfFinancialPositionTable" xlink:title="StatementOfFinancialPositionTable"/>

<link:presentationArc xlink:type="arc" xlink:arcrole="http://www. xbrl. org/2003/arcrole/parent-child" xlink:from="StatementOfFinancialPositionAbstract" xlink:to="StatementOfFinancialPositionTable" xlink:title="presentation: StatementOfFinancialPositionAbstract to Statement-

OfFinancialPositionTable" order="1.0"/＞

＜link:loc xlink:type="locator" xlink:href="../../../../02-%e7%a7%91%e7%a0%94%e8%b5%84%e6%96%99/01-XBRL/XBRL%e5%88%86%e7%b1%bb%e6%a0%87%e5%87%86/%e4%b8%ad%e5%9b%bd%e8%b4%a2%e6%94%bf%e9%83%a8/%e4%bc%81%e4%b8%9a%e4%bc%9a%e8%ae%a1%e5%87%86%e5%88%99%e9%80%9a%e7%94%a8%e5%88%86%e7%b1%bb%e6%a0%87%e5%87%86/%e4%bc%81%e4%b8%9a%e4%bc%9a%e8%ae%a1%e5%87%86%e5%88%99%e9%80%9a%e7%94%a8%e5%88%86%e7%b1%bb%e6%a0%87%e5%87%86/CAS%20Taxonomy_20100930/cas_20100930/cas_core_2010-09-30.xsd#cas_ConsolidatedAndIndividualFinancialStatementAxis" xlink:label="ConsolidatedAndIndividualFinancialStatementAxis" xlink:title="ConsolidatedAndIndividualFinancialStatementAxis"/＞

＜link:presentationArc xlink:type="arc" xlink:arcrole="http://www.xbrl.org/2003/arcrole/parent-child" xlink:from="StatementOfFinancialPositionTable" xlink:to="ConsolidatedAndIndividualFinancialStatementAxis" xlink:title="presentation: StatementOfFinancialPositionTable to ConsolidatedAndIndividualFinancialStatementAxis" order="1.0"/＞

＜link:loc xlink:type="locator" xlink:href="../../../../02-%e7%a7%91%e7%a0%94%e8%b5%84%e6%96%99/01-XBRL/XBRL%e5%88%86%e7%b1%bb%e6%a0%87%e5%87%86/%e4%b8%ad%e5%9b%bd%e8%b4%a2%e6%94%bf%e9%83%a8/%e4%bc%81%e4%b8%9a%e4%bc%9a%e8%ae%a1%e5%87%86%e5%88%99%e9%80%9a%e7%94%a8%e5%88%86%e7%b1%bb%e6%a0%87%e5%87%86/%e4%bc%81%e4%b8%9a%e4%bc%9a%e8%ae%a1%e5%87%86%e5%88%99%e9%80%9a%e7%94%a8%e5%88%86%e7%b1%bb%e6%a0%87%e5%87%86/CAS%20Taxonomy_20100930/cas_20100930/cas_core_2010-09-30.xsd#cas_ConsolidatedAndIndividualMember" xlink:label="ConsolidatedAndIndividualMember" xlink:title="ConsolidatedAndIndividualMember"/＞

＜link:presentationArc xlink:type="arc" xlink:arcrole="http://www.xbrl.org/2003/arcrole/parent-child" xlink:from="ConsolidatedAndIndividualFinancialStatementAxis" xlink:to="ConsolidatedAndIndividualMember" xlink:title="presentation: ConsolidatedAndIndividualFinancialStatementAxis to ConsolidatedAndIndividualMember" order="1.0"/＞

＜link:loc xlink:type="locator" xlink:href="../../../../02-%e7%a7%91%e7%a0%94%e8%b5%84%e6%96%99/01-XBRL/XBRL%e5%88%86%e7%b1%bb%e6%a0%87%e5%87%86/%e4%b8%ad%e5%9b%bd%e8%b4%a2%e6%94%bf%e9%83%a8/%e4%bc%81%e4%b8%9a%e4%bc%9a%e8%ae%a1%e5%87%86%e5%88%99%e9%80%9a%e7%94%a8%e5%88%86%e7%b1%bb%e6%a0%87%e5%87%86/%e4%bc%81%e4%b8%9a%e4%bc%9a%e8%ae%a1%e5%87%86%e5%88%99%e9%80%9a%e7%94%a8%e5%88%86%e7%b1%bb%e6%a0%87%e5%87%86/CAS%20Taxonomy_20100930/cas_20100930/cas_core_2010-09-30.xsd#cas_SeparateMember" xlink:label="SeparateMember" xlink:title="SeparateMember"/＞

＜link:presentationArc xlink:type="arc" xlink:arcrole="http://www.xbrl.org/2003/arcrole/parent-child" xlink:from="ConsolidatedAndIndividualMember" xlink:to="SeparateMember" xlink:title="presentation: ConsolidatedAndIndividualMember to SeparateMember" order="1.0"/>

<link:loc xlink:type="locator" xlink:href="../../../../02-%e7%a7%91%e7%a0%94%e8%b5%84%e6%96%99/01-XBRL/XBRL%e5%88%86%e7%b1%bb%e6%a0%87%e5%87%86/%e4%b8%ad%e5%9b%bd%e8%b4%a2%e6%94%bf%e9%83%a8/%e4%bc%81%e4%b8%9a%e4%bc%9a%e8%ae%a1%e5%87%86%e5%88%99%e9%80%9a%e7%94%a8%e5%88%86%e7%b1%bb%e6%a0%87%e5%87%86/%e4%bc%81%e4%b8%9a%e4%bc%9a%e8%ae%a1%e5%87%86%e5%88%99%e9%80%9a%e7%94%a8%e5%88%86%e7%b1%bb%e6%a0%87%e5%87%86/CAS%20Taxonomy_20100930/cas_20100930/cas_core_2010-09-30.xsd#cas_StatementOfFinancialPositionLineItems" xlink:label="StatementOfFinancialPositionLineItems" xlink:title="StatementOfFinancialPositionLineItems"/>

附录 2.2　西王食品- Based on US Gaap

附录 2.2.1　Xiwang-20131231-Trans

<?xml version="1.0" encoding="UTF-8"?>

<!--Generated by Fujitsu XWand B0216CS-->

<xbrli:xbrl xmlns:xiwang="http://www.xiwangshipin.com.cn/2013-12-31" xmlns:xbrldi="http://xbrl.org/2006/xbrldi" xmlns:exch="http://xbrl.sec.gov/exch/2013-01-31" xmlns:xsi="http://www.w3.org/2001/XMLSchema-instance" xmlns:us-gaap-std="http://fasb.org/us-gaap-std/2013-01-31" xmlns:country-ent-all="http://xbrl.sec.gov/country-ent-all/2013-01-31" xmlns:iso4217="http://www.xbrl.org/2003/iso4217" xmlns:currency="http://xbrl.sec.gov/currency/2012-01-31" xmlns:exch-std="http://xbrl.sec.gov/exch-std/2013-01-31" xmlns:country-std="http://xbrl.sec.gov/country-std/2013-01-31" xmlns:invest-std="http://xbrl.sec.gov/invest-std/2013-01-31" xmlns:num="http://www.xbrl.org/dtr/type/numeric" xmlns:xlink="http://www.w3.org/1999/xlink" xmlns:currency-std="http://xbrl.sec.gov/currency-std/2012-01-31" xmlns:country="http://xbrl.sec.gov/country/2013-01-31" xmlns:legacy-part="http://fasb.org/legacy-part/2013-01-31" xmlns:ref="http://www.xbrl.org/2006/ref" xmlns:codification-part="http://fasb.org/codification-part/2013-01-31" xmlns:us-types="http://fasb.org/us-types/2013-01-31" xmlns:us-roles="http://fasb.org/us-roles/2013-01-31" xmlns:nonnum="http://www.xbrl.org/dtr/type/non-numeric" xmlns:link="http://www.xbrl.org/2003/linkbase" xmlns:dei-all="http://xbrl.sec.gov/dei-all/2013-01-31" xmlns:country-ent-std="http://xbrl.sec.gov/country-ent-std/2013-01-31" xmlns:exch-ent-all="http://xbrl.sec.gov/exch-ent-all/2013-01-31" xmlns:invest="http://xbrl.sec.gov/invest/2013-01-31" xmlns:us-gaap="http://fasb.org/us-gaap/2013-01-31" xmlns:us-gaap-all="http://fasb.org/us-gaap-all/2013-01-31" xmlns:xbrli="http://www.xbrl.org/2003/instance" xmlns:dei="http://xbrl.sec.gov/dei/2013-01-31"

```
xmlns:exch-all="http://xbrl.sec.gov/exch-all/2013-01-31" xmlns:country-all="http://xbrl.sec.gov/country-all/2013-01-31" xmlns:invest-all="http://xbrl.sec.gov/invest-all/2013-01-31" xmlns:xbrldt="http://xbrl.org/2005/xbrldt" xmlns:currency-all="http://xbrl.sec.gov/currency-all/2012-01-31" xmlns:dei-std="http://xbrl.sec.gov/dei-std/2013-01-31" xmlns:exch-ent-std="http://xbrl.sec.gov/exch-ent-std/2013-01-31" xmlns:deprecated="http://www.xbrl.org/2009/role/deprecated" xsi:schemaLocation="http://xbrl.org/2006/xbrldi http://www.xbrl.org/2006/xbrldi-2006.xsd">
    <link:schemaRef xlink:type="simple" xlink:href="xiwang-20131231-Trans.xsd"/>
    <xbrli:context id="Context_Instant">
      <xbrli:entity>
        <xbrli:identifier scheme="http://www.saic.gov.cn/">430000000046140</xbrli:identifier>
      </xbrli:entity>
      <xbrli:period>
        <xbrli:instant>2013-12-31</xbrli:instant>
      </xbrli:period>
    </xbrli:context>
    <xbrli:context id="Context_Instant_BuildingAndBuildingImprovementsMember">
      <xbrli:entity>
        <xbrli:identifier scheme="http://www.saic.gov.cn/">430000000046140</xbrli:identifier>
      </xbrli:entity>
      <xbrli:period>
        <xbrli:instant>2013-12-31</xbrli:instant>
      </xbrli:period>
      <xbrli:scenario>
        <xbrldi:explicitMember dimension="us-gaap:PropertyPlantAndEquipmentByTypeAxis">us-gaap:BuildingAndBuildingImprovementsMember</xbrldi:explicitMember>
      </xbrli:scenario>
    </xbrli:context>
    <xbrli:context id="Context_Instant_MachineryAndEquipmentMember">
      <xbrli:entity>
        <xbrli:identifier scheme="http://www.saic.gov.cn/">430000000046140</xbrli:identifier>
      </xbrli:entity>
      <xbrli:period>
        <xbrli:instant>2013-12-31</xbrli:instant>
      </xbrli:period>
```

```
    <xbrli:scenario>
      <xbrldi:explicitMember dimension="us-gaap:PropertyPlantAndEquipmentByTypeAxis">us-gaap:MachineryAndEquipmentMember</xbrldi:explicitMember>
    </xbrli:scenario>
  </xbrli:context>
  <xbrli:context id="Context_Instant_VehiclesMember">
    <xbrli:entity>
      <xbrli:identifier scheme="http://www.saic.gov.cn/">430000000046140</xbrli:identifier>
    </xbrli:entity>
    <xbrli:period>
      <xbrli:instant>2013-12-31</xbrli:instant>
    </xbrli:period>
    <xbrli:scenario>
      <xbrldi:explicitMember dimension="us-gaap:PropertyPlantAndEquipmentByTypeAxis">us-gaap:VehiclesMember</xbrldi:explicitMember>
    </xbrli:scenario>
  </xbrli:context>
  <xbrli:context id="Context_Instant_PropertyPlantAndEquipmentOtherTypesMember">
    <xbrli:entity>
      <xbrli:identifier scheme="http://www.saic.gov.cn/">430000000046140</xbrli:identifier>
    </xbrli:entity>
    <xbrli:period>
      <xbrli:instant>2013-12-31</xbrli:instant>
    </xbrli:period>
    <xbrli:scenario>
      <xbrldi:explicitMember dimension="us-gaap:PropertyPlantAndEquipmentByTypeAxis">us-gaap:PropertyPlantAndEquipmentOtherTypesMember</xbrldi:explicitMember>
    </xbrli:scenario>
  </xbrli:context>
  <xbrli:context id="Context_Instant_ConstructionInProgressMember">
    <xbrli:entity>
      <xbrli:identifier scheme="http://www.saic.gov.cn/">430000000046140</xbrli:identifier>
    </xbrli:entity>
    <xbrli:period>
```

```
        <xbrli:instant>2013-12-31</xbrli:instant>
      </xbrli:period>
      <xbrli:scenario>
        <xbrldi:explicitMember dimension="us-gaap:PropertyPlantAndEquipmentByTypeAxis">us-gaap:ConstructionInProgressMember</xbrldi:explicitMember>
      </xbrli:scenario>
    </xbrli:context>
    <xbrli:context id="Context_Instant_LandMember">
      <xbrli:entity>
        <xbrli:identifier scheme="http://www.saic.gov.cn/">430000000046140</xbrli:identifier>
      </xbrli:entity>
      <xbrli:period>
        <xbrli:instant>2013-12-31</xbrli:instant>
      </xbrli:period>
      <xbrli:scenario>
        <xbrldi:explicitMember dimension="us-gaap:PropertyPlantAndEquipmentByTypeAxis">us-gaap:LandMember</xbrldi:explicitMember>
      </xbrli:scenario>
    </xbrli:context>
    <xbrli:context id="Context_Duration">
      <xbrli:entity>
        <xbrli:identifier scheme="http://www.saic.gov.cn/">430000000046140</xbrli:identifier>
      </xbrli:entity>
      <xbrli:period>
        <xbrli:startDate>2012-12-31</xbrli:startDate>
        <xbrli:endDate>2013-12-31</xbrli:endDate>
      </xbrli:period>
    </xbrli:context>
    <xbrli:unit id="U_RMB">
      <xbrli:measure>iso4217:CNY</xbrli:measure>
    </xbrli:unit>
    <xbrli:unit id="U_perShare">
      <xbrli:divide>
        <xbrli:unitNumerator>
          <xbrli:measure>iso4217:CNY</xbrli:measure>
```

附录 2. 2. 2　Xiwang - 20131231 - Trans - definition

<? xml version="1. 0" encoding="UTF-8"? >

<! --Generated by Fujitsu XWand B0216C-->

<link:linkbase xmlns:xsi="http://www. w3. org/2001/XMLSchema-instance" xsi:schemaLocation="http://www. xbrl. org/2003/linkbase http://www. xbrl. org/2003/xbrl-linkbase-2003-12-31. xsd" xmlns:link="http://www. xbrl. org/2003/linkbase" xmlns:xbrli="http://www. xbrl. org/2003/instance" xmlns:xlink="http://www. w3. org/1999/xlink" xmlns:xbrldt="http://xbrl. org/2005/xbrldt">

<link:roleRef roleURI="http://www. xiwangshipin. com. cn/DisclosureInventory" xlink:type="simple" xlink:href="xiwang-20131231-Trans. xsd#DisclosureInventory"/>

<link:roleRef roleURI="http://www. xiwangshipin. com. cn/DisclosurePropertyPlantAndEquipment" xlink:type="simple" xlink:href="xiwang-20131231-Trans. xsd#DisclosurePropertyPlantAndEquipment"/>

<link:roleRef roleURI="http://www. xiwangshipin. com. cn/FinancialPositionClassified" xlink:type="simple" xlink:href="xiwang-20131231-Trans. xsd#Role_StatementOfFinancialPositionClassified"/>

<link:roleRef roleURI="http://www. xiwangshipin. com. cn/StatementOfCashFlowsIndirect" xlink:type="simple" xlink:href="xiwang-20131231-Trans. xsd#Role_StatementOfCashFlowsIndirect"/>

<link:roleRef roleURI="http://www. xiwangshipin. com. cn/StatementOfIncome" xlink:type="simple" xlink:href="xiwang-20131231-Trans. xsd#Role_StatementOfIncome"/>

<link:arcroleRef arcroleURI="http://xbrl. org/int/dim/arcrole/all" xlink:type="simple" xlink:href="http://www. xbrl. org/2005/xbrldt-2005. xsd#all"/>

<link:arcroleRef arcroleURI="http://xbrl. org/int/dim/arcrole/dimension-default" xlink:type="simple" xlink:href="http://www. xbrl. org/2005/xbrldt-2005. xsd#dimension-default"/>

<link:arcroleRef arcroleURI="http://xbrl. org/int/dim/arcrole/dimension-domain" xlink:type="simple" xlink:href="http://www. xbrl. org/2005/xbrldt-2005. xsd#dimension-domain"/>

<link:arcroleRef arcroleURI="http://xbrl. org/int/dim/arcrole/domain-member" xlink:type="simple" xlink:href="http://www. xbrl. org/2005/xbrldt-2005. xsd#domain-member"/>

<link:arcroleRef arcroleURI="http://xbrl. org/int/dim/arcrole/hypercube-dimension" xlink:type="simple" xlink:href="http://www. xbrl. org/2005/xbrldt-2005. xsd#hypercube-dimension"/>

<link:definitionLink xlink:type="extended" xlink:role="http://www. xiwangshipin.

```
com.cn/FinancialPositionClassified">
    <link:loc xlink:type="locator" xlink:href="../../../../02-%e7%a7%91%e7%
a0%94%e8%b5%84%e6%96%99/01-XBRL/XBRL%e5%88%86%e7%b1%bb%e6%a0%
87%e5%87%86/%e7%be%8e%e5%9b%bd/us-gaap-2013-01-31/us-gaap-2013-01-31/us-
gaap-2013-01-31/elts/us-gaap-2013-01-31.xsd#us-gaap_StatementOfFinancialPosition-
Abstract" xlink:label="StatementOfFinancialPositionAbstract" xlink:title="StatementOfFi-
nancialPositionAbstract"/>
    <link:loc xlink:type="locator" xlink:href="../../../../02-%e7%a7%91%e7%
a0%94%e8%b5%84%e6%96%99/01-XBRL/XBRL%e5%88%86%e7%b1%bb%e6%a0%
87%e5%87%86/%e7%be%8e%e5%9b%bd/us-gaap-2013-01-31/us-gaap-2013-01-31/us-
gaap-2013-01-31/elts/us-gaap-2013-01-31.xsd#us-gaap_StatementTable" xlink:label="
StatementTable" xlink:title="StatementTable"/>
    <link:definitionArc xlink:type="arc" xlink:arcrole="http://xbrl.org/int/dim/arc-
role/all" xlink:from="StatementOfFinancialPositionAbstract" xlink:to="StatementTable"
xlink:title="definition: StatementOfFinancialPositionAbstract to StatementTable" order="1.
0" xbrldt:contextElement="scenario"/>
    <link:loc xlink:type="locator" xlink:href="http://xbrl.sec.gov/dei/2013/dei-
2013-01-31.xsd#dei_LegalEntityAxis" xlink:label="LegalEntityAxis" xlink:title="LegalEn-
tityAxis"/>
    <link:definitionArc xlink:type="arc" xlink:arcrole="http://xbrl.org/int/dim/arc-
role/hypercube-dimension" xlink:from="StatementTable" xlink:to="LegalEntityAxis" xlink:
title="definition: StatementTable to LegalEntityAxis" order="1.0"/>
    <link:loc xlink:type="locator" xlink:href="http://xbrl.sec.gov/dei/2013/dei-
2013-01-31.xsd#dei_EntityDomain" xlink:label="EntityDomain" xlink:title="EntityDoma-
in"/>
    <link:definitionArc xlink:type="arc" xlink:arcrole="http://xbrl.org/int/dim/arc-
role/dimension-domain" xlink:from="LegalEntityAxis" xlink:to="EntityDomain" xlink:
title="definition: LegalEntityAxis to EntityDomain" order="1.0"/>
    <link:loc xlink:type="locator" xlink:href="http://xbrl.sec.gov/dei/2013/dei-2013-
01-31.xsd#dei_EntityDomain" xlink:label="EntityDomain_2" xlink:title="EntityDomain"/>
    <link:definitionArc xlink:type="arc" xlink:arcrole="http://xbrl.org/int/dim/arc-
role/dimension-default" xlink:from="LegalEntityAxis" xlink:to="EntityDomain_2" xlink:
title="definition: LegalEntityAxis to EntityDomain" priority="1" order="2.0"/>
    <link:loc xlink:type="locator" xlink:href="../../../../02-%e7%a7%91%e7%
a0%94%e8%b5%84%e6%96%99/01-XBRL/XBRL%e5%88%86%e7%b1%bb%e6%a0%
87%e5%87%86/%e7%be%8e%e5%9b%bd/us-gaap-2013-01-31/us-gaap-2013-01-31/us-
gaap-2013-01-31/elts/us-gaap-2013-01-31.xsd#us-gaap_StatementLineItems" xlink:label="
StatementLineItems" xlink:title="StatementLineItems"/>
```

<link:definitionArc xlink:type="arc" xlink:arcrole="http://xbrl.org/int/dim/arcrole/domain-member" xlink:from="StatementOfFinancialPositionAbstract" xlink:to="StatementLineItems" xlink:title="definition: StatementOfFinancialPositionAbstract to StatementLineItems" order="2.0"/>

<link:loc xlink:type="locator" xlink:href="../../../../02-%e7%a7%91%e7%a0%94%e8%b5%84%e6%96%99/01-XBRL/XBRL%e5%88%86%e7%b1%bb%e6%a0%87%e5%87%86/%e7%be%8e%e5%9b%bd/us-gaap-2013-01-31/us-gaap-2013-01-31/us-gaap-2013-01-31/elts/us-gaap-2013-01-31.xsd#us-gaap_CashAndCashEquivalentsAtCarryingValue" xlink:label="CashAndCashEquivalentsAtCarryingValue" xlink:title="CashAndCashEquivalentsAtCarryingValue"/>

<link:definitionArc xlink:type="arc" xlink:arcrole="http://xbrl.org/int/dim/arcrole/domain-member" xlink:from="StatementLineItems" xlink:to="CashAndCashEquivalentsAtCarryingValue" xlink:title="definition: StatementLineItems to CashAndCashEquivalentsAtCarryingValue" order="1.0"/>

<link:loc xlink:type="locator" xlink:href="../../../../02-%e7%a7%91%e7%a0%94%e8%b5%84%e6%96%99/01-XBRL/XBRL%e5%88%86%e7%b1%bb%e6%a0%87%e5%87%86/%e7%be%8e%e5%9b%bd/us-gaap-2013-01-31/us-gaap-2013-01-31/us-gaap-2013-01-31/elts/us-gaap-2013-01-31.xsd#us-gaap_NotesReceivableGross" xlink:label="NotesReceivableGross" xlink:title="NotesReceivableGross"/>

<link:definitionArc xlink:type="arc" xlink:arcrole="http://xbrl.org/int/dim/arcrole/domain-member" xlink:from="StatementLineItems" xlink:to="NotesReceivableGross" xlink:title="definition: StatementLineItems to NotesReceivableGross" order="2.0"/>

<link:loc xlink:type="locator" xlink:href="../../../../02-%e7%a7%91%e7%a0%94%e8%b5%84%e6%96%99/01-XBRL/XBRL%e5%88%86%e7%b1%bb%e6%a0%87%e5%87%86/%e7%be%8e%e5%9b%bd/us-gaap-2013-01-31/us-gaap-2013-01-31/us-gaap-2013-01-31/elts/us-gaap-2013-01-31.xsd#us-gaap_AccountsReceivableNetCurrent" xlink:label="AccountsReceivableNetCurrent" xlink:title="AccountsReceivableNetCurrent"/>

<link:definitionArc xlink:type="arc" xlink:arcrole="http://xbrl.org/int/dim/arcrole/domain-member" xlink:from="StatementLineItems" xlink:to="AccountsReceivableNetCurrent" xlink:title="definition: StatementLineItems to AccountsReceivableNetCurrent" order="3.0"/>

<link:loc xlink:type="locator" xlink:href="../../../../02-%e7%a7%91%e7%a0%94%e8%b5%84%e6%96%99/01-XBRL/XBRL%e5%88%86%e7%b1%bb%e6%a0%87%e5%87%86/%e7%be%8e%e5%9b%bd/us-gaap-2013-01-31/us-gaap-2013-01-31/us-gaap-2013-01-31/elts/us-gaap-2013-01-31.xsd#us-gaap_OtherAssetsCurrent" xlink:label="OtherAssetsCurrent" xlink:title="OtherAssetsCurrent"/>

<link:definitionArc xlink:type="arc" xlink:arcrole="http://xbrl.org/int/dim/arcrole/domain-member" xlink:from="StatementLineItems" xlink:to="OtherAssetsCurrent"

xlink:title="definition: StatementLineItems to OtherAssetsCurrent" order="4.0"/>

<link:loc xlink:type="locator" xlink:href="../../../../02-%e7%a7%91%e7%a0%94%e8%b5%84%e6%96%99/01-XBRL/XBRL%e5%88%86%e7%b1%bb%e6%a0%87%e5%87%86/%e7%be%8e%e5%9b%bd/us-gaap-2013-01-31/us-gaap-2013-01-31/us-gaap-2013-01-31/elts/us-gaap-2013-01-31.xsd#us-gaap_DeferredTaxAssetsLiabilitiesNetCurrent" xlink:label="DeferredTaxAssetsLiabilitiesNetCurrent" xlink:title="DeferredTaxAssetsLiabilitiesNetCurrent"/>

<link:definitionArc xlink:type="arc" xlink:arcrole="http://xbrl.org/int/dim/arcrole/domain-member" xlink:from="StatementLineItems" xlink:to="DeferredTaxAssetsLiabilitiesNetCurrent" xlink:title="definition: StatementLineItems to DeferredTaxAssetsLiabilitiesNetCurrent" order="5.0"/>

<link:loc xlink:type="locator" xlink:href="../../../../02-%e7%a7%91%e7%a0%94%e8%b5%84%e6%96%99/01-XBRL/XBRL%e5%88%86%e7%b1%bb%e6%a0%87%e5%87%86/%e7%be%8e%e5%9b%bd/us-gaap-2013-01-31/us-gaap-2013-01-31/us-gaap-2013-01-31/elts/us-gaap-2013-01-31.xsd#us-gaap_OtherAssetsNoncurrent" xlink:label="OtherAssetsNoncurrent" xlink:title="OtherAssetsNoncurrent"/>

附录 2.2.3 Xiwang-20131231-Trans-presentation

<? xml version="1.0" encoding="UTF-8"? >

<! --Generated by Fujitsu XWand B0216C-->

<link:linkbase xmlns:xsi="http://www.w3.org/2001/XMLSchema-instance" xsi:schemaLocation="http://www.xbrl.org/2003/linkbase http://www.xbrl.org/2003/xbrl-linkbase-2003-12-31.xsd" xmlns:link="http://www.xbrl.org/2003/linkbase" xmlns:xbrli="http://www.xbrl.org/2003/instance" xmlns:xlink="http://www.w3.org/1999/xlink">

<link:roleRef roleURI="http://www.xiwangshipin.com.cn/DisclosureInventory" xlink:type="simple" xlink:href="xiwang-20131231-Trans.xsd#DisclosureInventory"/>

<link:roleRef roleURI="http://www.xiwangshipin.com.cn/FinancialPositionClassified" xlink:type="simple" xlink:href="xiwang-20131231-Trans.xsd#Role_StatementOfFinancialPositionClassified"/>

<link:roleRef roleURI="http://www.xiwangshipin.com.cn/DisclosurePropertyPlantAndEquipment" xlink:type="simple" xlink:href="xiwang-20131231-Trans.xsd#DisclosurePropertyPlantAndEquipment"/>

<link:roleRef roleURI="http://www.xiwangshipin.com.cn/StatementOfCashFlowsIndirect" xlink:type="simple" xlink:href="xiwang-20131231-Trans.xsd#Role_StatementOfCashFlowsIndirect"/>

<link:roleRef roleURI="http://www.xiwangshipin.com.cn/StatementOfIncome" xlink:type="simple" xlink:href="xiwang-20131231-Trans.xsd#Role_StatementOfIncome"/>

<link:presentationLink xlink:type="extended" xlink:role="http://www.xiwangshipin.com.cn/FinancialPositionClassified">

<link:loc xlink:type="locator" xlink:href="../../../../02-%e7%a7%91%e7%a0%94%e8%b5%84%e6%96%99/01-XBRL/XBRL%e5%88%86%e7%b1%bb%e6%a0%87%e5%87%86/%e7%be%8e%e5%9b%bd/us-gaap-2013-01-31/us-gaap-2013-01-31/us-gaap-2013-01-31/elts/us-gaap-2013-01-31.xsd#us-gaap_StatementOfFinancialPositionAbstract" xlink:label="StatementOfFinancialPositionAbstract" xlink:title="StatementOfFinancialPositionAbstract"/>

<link:loc xlink:type="locator" xlink:href="../../../../02-%e7%a7%91%e7%a0%94%e8%b5%84%e6%96%99/01-XBRL/XBRL%e5%88%86%e7%b1%bb%e6%a0%87%e5%87%86/%e7%be%8e%e5%9b%bd/us-gaap-2013-01-31/us-gaap-2013-01-31/us-gaap-2013-01-31/elts/us-gaap-2013-01-31.xsd#us-gaap_StatementTable" xlink:label="StatementTable" xlink:title="StatementTable"/>

<link:presentationArc xlink:type="arc" xlink:arcrole="http://www.xbrl.org/2003/arcrole/parent-child" xlink:from="StatementOfFinancialPositionAbstract" xlink:to="StatementTable" xlink:title="presentation: StatementOfFinancialPositionAbstract to StatementTable" order="1.0"/>

<link:loc xlink:type="locator" xlink:href="http://xbrl.sec.gov/dei/2013/dei-2013-01-31.xsd#dei_LegalEntityAxis" xlink:label="LegalEntityAxis" xlink:title="LegalEntityAxis"/>

<link:presentationArc xlink:type="arc" xlink:arcrole="http://www.xbrl.org/2003/arcrole/parent-child" xlink:from="StatementTable" xlink:to="LegalEntityAxis" xlink:title="presentation: StatementTable to LegalEntityAxis" order="1.0"/>

<link:loc xlink:type="locator" xlink:href="http://xbrl.sec.gov/dei/2013/dei-2013-01-31.xsd#dei_EntityDomain" xlink:label="EntityDomain" xlink:title="EntityDomain"/>

<link:presentationArc xlink:type="arc" xlink:arcrole="http://www.xbrl.org/2003/arcrole/parent-child" xlink:from="LegalEntityAxis" xlink:to="EntityDomain" xlink:title="presentation: LegalEntityAxis to EntityDomain" order="1.0"/>

<link:loc xlink:type="locator" xlink:href="../../../../02-%e7%a7%91%e7%a0%94%e8%b5%84%e6%96%99/01-XBRL/XBRL%e5%88%86%e7%b1%bb%e6%a0%87%e5%87%86/%e7%be%8e%e5%9b%bd/us-gaap-2013-01-31/us-gaap-2013-01-31/us-gaap-2013-01-31/elts/us-gaap-2013-01-31.xsd#us-gaap_StatementLineItems" xlink:label="StatementLineItems" xlink:title="StatementLineItems"/>

<link:presentationArc xlink:type="arc" xlink:arcrole="http://www.xbrl.org/2003/arcrole/parent-child" xlink:from="StatementTable" xlink:to="StatementLineItems" xlink:title="presentation: StatementTable to StatementLineItems" order="2.0"/>

<link:loc xlink:type="locator" xlink:href="../../../../02-%e7%a7%91%e7%a0%94%e8%b5%84%e6%96%99/01-XBRL/XBRL%e5%88%86%e7%b1%bb%e6%a0%87%e5%87%86/%e7%be%8e%e5%9b%bd/us-gaap-2013-01-31/us-gaap-2013-01-31/us-gaap-2013-01-31/elts/us-gaap-2013-01-31.xsd#us-gaap_StatementLineItems" xlink:label="StatementLineItems" xlink:title="StatementLineItems"/>

a0%94%e8%b5%84%e6%96%99/01-XBRL/XBRL%e5%88%86%e7%b1%bb%e6%a0%87%e5%87%86/%e7%be%8e%e5%9b%bd/us-gaap-2013-01-31/us-gaap-2013-01-31/us-gaap-2013-01-31/elts/us-gaap-2013-01-31.xsd#us-gaap_CashAndCashEquivalentsAtCarryingValue" xlink:label="CashAndCashEquivalentsAtCarryingValue" xlink:title="CashAndCashEquivalentsAtCarryingValue"/>

<link:presentationArc xlink:type="arc" xlink:arcrole="http://www.xbrl.org/2003/arcrole/parent-child" xlink:from="StatementLineItems" xlink:to="CashAndCashEquivalentsAtCarryingValue" xlink:title="presentation: StatementLineItems to CashAndCashEquivalentsAtCarryingValue" order="1.0"/>

<link:loc xlink:type="locator" xlink:href="../../../../02-%e7%a7%91%e7%a0%94%e8%b5%84%e6%96%99/01-XBRL/XBRL%e5%88%86%e7%b1%bb%e6%a0%87%e5%87%86/%e7%be%8e%e5%9b%bd/us-gaap-2013-01-31/us-gaap-2013-01-31/us-gaap-2013-01-31/elts/us-gaap-2013-01-31.xsd#us-gaap_NotesReceivableGross" xlink:label="NotesReceivableGross" xlink:title="NotesReceivableGross"/>

<link:presentationArc xlink:type="arc" xlink:arcrole="http://www.xbrl.org/2003/arcrole/parent-child" xlink:from="StatementLineItems" xlink:to="NotesReceivableGross" xlink:title="presentation: StatementLineItems to NotesReceivableGross" order="2.0"/>

<link:loc xlink:type="locator" xlink:href="../../../../02-%e7%a7%91%e7%a0%94%e8%b5%84%e6%96%99/01-XBRL/XBRL%e5%88%86%e7%b1%bb%e6%a0%87%e5%87%86/%e7%be%8e%e5%9b%bd/us-gaap-2013-01-31/us-gaap-2013-01-31/us-gaap-2013-01-31/elts/us-gaap-2013-01-31.xsd#us-gaap_AccountsReceivableNetCurrent" xlink:label="AccountsReceivableNetCurrent" xlink:title="AccountsReceivableNetCurrent"/>

<link:presentationArc xlink:type="arc" xlink:arcrole="http://www.xbrl.org/2003/arcrole/parent-child" xlink:from="StatementLineItems" xlink:to="AccountsReceivableNetCurrent" xlink:title="presentation: StatementLineItems to AccountsReceivableNetCurrent" order="3.0"/>

<link:loc xlink:type="locator" xlink:href="../../../../02-%e7%a7%91%e7%a0%94%e8%b5%84%e6%96%99/01-XBRL/XBRL%e5%88%86%e7%b1%bb%e6%a0%87%e5%87%86/%e7%be%8e%e5%9b%bd/us-gaap-2013-01-31/us-gaap-2013-01-31/us-gaap-2013-01-31/elts/us-gaap-2013-01-31.xsd#us-gaap_OtherAssetsCurrent" xlink:label="OtherAssetsCurrent" xlink:title="OtherAssetsCurrent"/>

<link:presentationArc xlink:type="arc" xlink:arcrole="http://www.xbrl.org/2003/arcrole/parent-child" xlink:from="StatementLineItems" xlink:to="OtherAssetsCurrent" xlink:title="presentation: StatementLineItems to OtherAssetsCurrent" order="4.0"/>

<link:loc xlink:type="locator" xlink:href="../../../../02-%e7%a7%91%e7%a0%94%e8%b5%84%e6%96%99/01-XBRL/XBRL%e5%88%86%e7%b1%bb%e6%a0%87%e5%87%86/%e7%be%8e%e5%9b%bd/us-gaap-2013-01-31/us-gaap-2013-01-31/us-gaap-

2013-01-31/elts/us-gaap-2013-01-31. xsd# us-gaap_DeferredTaxAssetsLiabilitiesNetCurrent" xlink:label="DeferredTaxAssetsLiabilitiesNetCurrent" xlink:title="DeferredTaxAssetsLiabilitiesNetCurrent"/>

<link:presentationArc xlink:type="arc" xlink:arcrole="http://www. xbrl. org/2003/arcrole/parent-child" xlink:from="StatementLineItems" xlink:to="DeferredTaxAssetsLiabilitiesNetCurrent" xlink:title="presentation: StatementLineItems to DeferredTaxAssetsLiabilitiesNetCurrent" order="5. 0"/>

<link:loc xlink:type="locator" xlink:href="../../../../02-%e7%a7%91%e7%a0%94%e8%b5%84%e6%96%99/01-XBRL/XBRL%e5%88%86%e7%b1%bb%e6%a0%87%e5%87%86/%e7%be%8e%e5%9b%bd/us-gaap-2013-01-31/us-gaap-2013-01-31/us-gaap-2013-01-31/elts/us-gaap-2013-01-31. xsd# us-gaap_OtherAssetsNoncurrent" xlink:label="OtherAssetsNoncurrent" xlink:title="OtherAssetsNoncurrent"/>

<link:presentationArc xlink:type="arc" xlink:arcrole="http://www. xbrl. org/2003/arcrole/parent-child" xlink:from="StatementLineItems" xlink:to="OtherAssetsNoncurrent" xlink:title="presentation: StatementLineItems to OtherAssetsNoncurrent" order="6. 0"/>

<link:loc xlink:type="locator" xlink:href="../../../../02-%e7%a7%91%e7%a0%94%e8%b5%84%e6%96%99/01-XBRL/XBRL%e5%88%86%e7%b1%bb%e6%a0%87%e5%87%86/%e7%be%8e%e5%9b%bd/us-gaap-2013-01-31/us-gaap-2013-01-31/us-gaap-2013-01-31/elts/us-gaap-2013-01-31. xsd# us-gaap_ShortTermBorrowings" xlink:label="ShortTermBorrowings" xlink:title="ShortTermBorrowings"/>

<link:presentationArc xlink:type="arc" xlink:arcrole="http://www. xbrl. org/2003/arcrole/parent-child" xlink:from="StatementLineItems" xlink:to="ShortTermBorrowings" xlink:title="presentation: StatementLineItems to ShortTermBorrowings" order="7. 0"/>

<link:loc xlink:type="locator" xlink:href="../../../../02-%e7%a7%91%e7%a0%94%e8%b5%84%e6%96%99/01-XBRL/XBRL%e5%88%86%e7%b1%bb%e6%a0%87%e5%87%86/%e7%be%8e%e5%9b%bd/us-gaap-2013-01-31/us-gaap-2013-01-31/us-gaap-2013-01-31/elts/us-gaap-2013-01-31. xsd# us-gaap_AccountsPayableCurrent" xlink:label="AccountsPayableCurrent" xlink:title="AccountsPayableCurrent"/>

附录 3

美转中 XBRL 转换代码

（部分转换代码，以微软为例）

附录 3.1 Microsoft-Based on US Gaap

附录 3.1.1 msft－20130630

<? xml version="1. 0" encoding="UTF-8"? >

<! --Generated by Fujitsu XWand B0216CS-->

<xbrli:xbrl xmlns:msft="http://www. microsoft. com/20130630" xmlns:xbrldi="http://xbrl. org/2006/xbrldi" xmlns:exch="http://xbrl. sec. gov/exch/2013-01-31" xmlns:xsi="http://www. w3. org/2001/XMLSchema-instance" xmlns:us-gaap-std="http://fasb. org/us-gaap-std/2013-01-31" xmlns:country-ent-all="http://xbrl. sec. gov/country-ent-all/2013-01-31" xmlns:iso4217="http://www. xbrl. org/2003/iso4217" xmlns:currency="http://xbrl. sec. gov/currency/2012-01-31" xmlns:exch-std="http://xbrl. sec. gov/exch-std/2013-01-31" xmlns:country-std="http://xbrl. sec. gov/country-std/2013-01-31" xmlns:invest-std="http://xbrl. sec. gov/invest-std/2013-01-31" xmlns:num="http://www. xbrl. org/dtr/type/numeric" xmlns:xlink="http://www. w3. org/1999/xlink" xmlns:currency-std="http://xbrl. sec. gov/currency-std/2012-01-31" xmlns:country="http://xbrl. sec. gov/country/2013-01-31" xmlns:legacy-part="http://fasb. org/legacy-part/2013-01-31" xmlns:ref="http://www. xbrl. org/2006/ref" xmlns:codification-part="http://fasb. org/codification-part/2013-01-31" xmlns:us-types="http://fasb. org/us-types/2013-01-31" xmlns:us-roles="http://fasb. org/us-roles/2013-01-31" xmlns:nonnum="http://www. xbrl. org/dtr/type/non-numeric" xmlns:link="http://www. xbrl. org/2003/linkbase" xmlns:dei-all="http://xbrl. sec. gov/dei-all/2013-01-31" xmlns:country-ent-std="http://xbrl. sec. gov/country-ent-std/2013-01-31" xmlns:exch-ent-all="http://xbrl. sec. gov/exch-ent-all/2013-01-31" xmlns:invest="http://xbrl. sec. gov/invest/2013-01-31" xmlns:us-gaap="http://fasb. org/us-gaap/2013-01-31" xmlns:us-gaap-all="http://fasb. org/us-gaap-all/2013-01-31" xmlns:xbrli="http://www. xbrl. org/2003/instance" xmlns:dei="http://xbrl. sec. gov/dei/2013-01-31" xmlns:exch-all="http://xbrl. sec. gov/exch-all/2013-01-31" xmlns:country-all="http://

```
xbrl.sec.gov/country-all/2013-01-31" xmlns:invest-all="http://xbrl.sec.gov/invest-all/2013-01-31" xmlns:xbrldt="http://xbrl.org/2005/xbrldt" xmlns:currency-all="http://xbrl.sec.gov/currency-all/2012-01-31" xmlns:dei-std="http://xbrl.sec.gov/dei-std/2013-01-31" xmlns:exch-ent-std="http://xbrl.sec.gov/exch-ent-std/2013-01-31" xmlns:deprecated="http://www.xbrl.org/2009/role/deprecated" xsi:schemaLocation="http://xbrl.org/2006/xbrldi http://www.xbrl.org/2006/xbrldi-2006.xsd">
    <link:schemaRef xlink:type="simple" xlink:href="msft-20130630.xsd"/>
    <xbrli:context id="Context_Instant_CashMember">
      <xbrli:entity>
        <xbrli:identifier scheme="http://www.sec.gov/CIK">0000789019</xbrli:identifier>
      </xbrli:entity>
      <xbrli:period>
        <xbrli:instant>2013-06-30</xbrli:instant>
      </xbrli:period>
      <xbrli:scenario>
        <xbrldi:explicitMember dimension="us-gaap:CashAndCashEquivalentsAxis">us-gaap:CashMember</xbrldi:explicitMember>
      </xbrli:scenario>
    </xbrli:context>
    <xbrli:context id="Context_Instant_CertificatesOfDepositMember">
      <xbrli:entity>
        <xbrli:identifier scheme="http://www.sec.gov/CIK">0000789019</xbrli:identifier>
      </xbrli:entity>
      <xbrli:period>
        <xbrli:instant>2013-06-30</xbrli:instant>
      </xbrli:period>
      <xbrli:scenario>
        <xbrldi:explicitMember dimension="us-gaap:CashAndCashEquivalentsAxis">us-gaap:CertificatesOfDepositMember</xbrldi:explicitMember>
      </xbrli:scenario>
    </xbrli:context>
    <xbrli:context id="Context_Instant_MoneyMarketFundsMember">
      <xbrli:entity>
        <xbrli:identifier scheme="http://www.sec.gov/CIK">0000789019</xbrli:identifier>
      </xbrli:entity>
      <xbrli:period>
```

```
        <xbrli:instant>2013-06-30</xbrli:instant>
      </xbrli:period>
      <xbrli:scenario>
        <xbrldi:explicitMember dimension="us-gaap:CashAndCashEquivalentsAxis">us-gaap:MoneyMarketFundsMember</xbrldi:explicitMember>
      </xbrli:scenario>
    </xbrli:context>
    <xbrli:context id="Context_Instant_CommercialPaperMember">
      <xbrli:entity>
        <xbrli:identifier scheme="http://www.sec.gov/CIK">0000789019</xbrli:identifier>
      </xbrli:entity>
      <xbrli:period>
        <xbrli:instant>2013-06-30</xbrli:instant>
      </xbrli:period>
      <xbrli:scenario>
        <xbrldi:explicitMember dimension="us-gaap:CashAndCashEquivalentsAxis">us-gaap:CommercialPaperMember</xbrldi:explicitMember>
      </xbrli:scenario>
    </xbrli:context>
    <xbrli:context id="Context_Instant_USGovernmentCorporationsAndAgenciesSecuritiesMember">
      <xbrli:entity>
        <xbrli:identifier scheme="http://www.sec.gov/CIK">0000789019</xbrli:identifier>
      </xbrli:entity>
      <xbrli:period>
        <xbrli:instant>2013-06-30</xbrli:instant>
      </xbrli:period>
      <xbrli:scenario>
        <xbrldi:explicitMember dimension="us-gaap:CashAndCashEquivalentsAxis">us-gaap:USGovernmentCorporationsAndAgenciesSecuritiesMember</xbrldi:explicitMember>
      </xbrli:scenario>
    </xbrli:context>
    <xbrli:context id="Context_Instant">
      <xbrli:entity>
        <xbrli:identifier scheme="http://www.sec.gov/CIK">0000789019</xbrli:identifier>
```

```
        </xbrli:entity>
        <xbrli:period>
          <xbrli:instant>2013-06-30</xbrli:instant>
        </xbrli:period>
      </xbrli:context>
      <xbrli:context id="Context_Duration_CertificatesOfDepositMember">
        <xbrli:entity>
          <xbrli:identifier scheme="http://www.sec.gov/CIK">0000789019</xbrli:identifier>
        </xbrli:entity>
        <xbrli:period>
          <xbrli:startDate>2012-07-01</xbrli:startDate>
          <xbrli:endDate>2013-06-30</xbrli:endDate>
        </xbrli:period>
        <xbrli:scenario>
          <xbrldi:explicitMember dimension="us-gaap:InvestmentTypeAxis">us-gaap:CertificatesOfDepositMember</xbrldi:explicitMember>
        </xbrli:scenario>
      </xbrli:context>
      <xbrli:context id="Context_Duration_CommercialPaperMember">
        <xbrli:entity>
          <xbrli:identifier scheme="http://www.sec.gov/CIK">0000789019</xbrli:identifier>
        </xbrli:entity>
        <xbrli:period>
          <xbrli:startDate>2012-07-01</xbrli:startDate>
          <xbrli:endDate>2013-06-30</xbrli:endDate>
        </xbrli:period>
        <xbrli:scenario>
          <xbrldi:explicitMem dimension="us-gaap:InvestmentTypeAxis">us-gaap:CommercialPaperMember</xbrldi:explicitMember>
```


附录 3.1.2 msft－20130630－definition


```
<? xml version="1.0" encoding="UTF-8"? >
<! --Generated by Fujitsu XWand B0216C-->
<link:linkbase xmlns:xsi="http://www.w3.org/2001/XMLSchema-instance" xsi:schemaLocation="http://www.xbrl.org/2003/linkbase http://www.xbrl.org/2003/xbrl-linkbase-2003-12-31.xsd" xmlns:link="http://www.xbrl.org/2003/linkbase" xmlns:xbrli="http://www.xbrl.org/2003/instance" xmlns:xlink="http://www.w3.org/1999/xlink" xmlns:
```

xbrldt="http://xbrl.org/2005/xbrldt">

<link:roleRef roleURI="http://www.microsoft.com/taxonomy/role/DisclosureInvestmentComponentsIncludingAssociatedDerivatives" xlink:type="simple" xlink:href="msft-20130630.xsd#DisclosureInvestmentComponentsIncludingAssociatedDerivatives"/>

<link:roleRef roleURI="http://www.microsoft.com/taxonomy/role/NotesToCashCashEquivalents" xlink:type="simple" xlink:href="msft-20130630.xsd#Role_NotesToCashCashEquivalents"/>

<link:roleRef roleURI="http://www.microsoft.com/taxonomy/role/DisclosureInventory" xlink:type="simple" xlink:href="msft-20130630.xsd#DisclosureInventory"/>

<link:roleRef roleURI="http://www.microsoft.com/taxonomy/role/DisclosureOtherInvestments" xlink:type="simple" xlink:href="msft-20130630.xsd#DisclosureOtherInvestments"/>

<link:roleRef roleURI="http://www.microsoft.com/taxonomy/role/DisclosurePropertyPlantAndEquipment" xlink:type="simple" xlink:href="msft-20130630.xsd#DisclosurePropertyPlantAndEquipment"/>

<link:roleRef roleURI="http://www.microsoft.com/taxonomy/role/StatementOfFinancialPositionClassified" xlink:type="simple" xlink:href="msft-20130630.xsd#Role_StatementOfFinancialPositionClassified"/>

<link:roleRef roleURI="http://www.microsoft.com/taxonomy/role/StatementOfIncome" xlink:type="simple" xlink:href="msft-20130630.xsd#Role_StatementOfIncome"/>

<link:roleRef roleURI="http://www.microsoft.com/taxonomy/role/StatementOfOtherComprehensiveIncome" xlink:type="simple" xlink:href="msft-20130630.xsd#Role_StatementOfOtherComprehensiveIncome"/>

<link:roleRef roleURI="http://www.microsoft.com/taxonomy/role/StatementOfCashFlowsIndirect" xlink:type="simple" xlink:href="msft-20130630.xsd#Role_StatementOfCashFlowsIndirect"/>

<link:arcroleRef arcroleURI="http://xbrl.org/int/dim/arcrole/all" xlink:type="simple" xlink:href="http://www.xbrl.org/2005/xbrldt-2005.xsd#all"/>

<link:arcroleRef arcroleURI="http://xbrl.org/int/dim/arcrole/dimension-default" xlink:type="simple" xlink:href="http://www.xbrl.org/2005/xbrldt-2005.xsd#dimension-default"/>

<link:arcroleRef arcroleURI="http://xbrl.org/int/dim/arcrole/dimension-domain" xlink:type="simple" xlink:href="http://www.xbrl.org/2005/xbrldt-2005.xsd#dimension-domain"/>

<link:arcroleRef arcroleURI="http://xbrl.org/int/dim/arcrole/domain-member" xlink:type="simple" xlink:href="http://www.xbrl.org/2005/xbrldt-2005.xsd#domain-member"/>

<link:arcroleRef arcroleURI="http://xbrl.org/int/dim/arcrole/hypercube-dimension" xlink:type="simple" xlink:href="http://www.xbrl.org/2005/xbrldt-2005.xsd#hypercube-

dimension"/>

<link:definitionLink xlink:type="extended" xlink:role="http://www.microsoft.com/taxonomy/role/NotesToCashCashEquivalents">

<link:loc xlink:type="locator" xlink:href="../../../../02-%e7%a7%91%e7%a0%94%e8%b5%84%e6%96%99/01-XBRL/XBRL%e5%88%86%e7%b1%bb%e6%a0%87%e5%87%86/%e7%be%8e%e5%9b%bd/us-gaap-2013-01-31/us-gaap-2013-01-31/us-gaap-2013-01-31/elts/us-gaap-2013-01-31.xsd#us-gaap_CashAndCashEquivalentsAbstract" xlink:label="CashAndCashEquivalentsAbstract" xlink:title="CashAndCashEquivalentsAbstract"/>

<link:loc xlink:type="locator" xlink:href="../../../../02-%e7%a7%91%e7%a0%94%e8%b5%84%e6%96%99/01-XBRL/XBRL%e5%88%86%e7%b1%bb%e6%a0%87%e5%87%86/%e7%be%8e%e5%9b%bd/us-gaap-2013-01-31/us-gaap-2013-01-31/us-gaap-2013-01-31/elts/us-gaap-2013-01-31.xsd#us-gaap_ScheduleOfCashAndCashEquivalentsTable" xlink:label="ScheduleOfCashAndCashEquivalentsTable" xlink:title="ScheduleOfCashAndCashEquivalentsTable"/>

<link:definitionArc xlink:type="arc" xlink:arcrole="http://xbrl.org/int/dim/arcrole/all" xlink:from="CashAndCashEquivalentsAbstract" xlink:to="ScheduleOfCashAndCashEquivalentsTable" xlink:title="definition: CashAndCashEquivalentsAbstract to ScheduleOfCashAndCashEquivalentsTable" order="1.0" xbrldt:contextElement="scenario"/>

<link:loc xlink:type="locator" xlink:href="../../../../02-%e7%a7%91%e7%a0%94%e8%b5%84%e6%96%99/01-XBRL/XBRL%e5%88%86%e7%b1%bb%e6%a0%87%e5%87%86/%e7%be%8e%e5%9b%bd/us-gaap-2013-01-31/us-gaap-2013-01-31/us-gaap-2013-01-31/elts/us-gaap-2013-01-31.xsd#us-gaap_CashAndCashEquivalentsAxis" xlink:label="CashAndCashEquivalentsAxis" xlink:title="CashAndCashEquivalentsAxis"/>

<link:definitionArc xlink:type="arc" xlink:arcrole="http://xbrl.org/int/dim/arcrole/hypercube-dimension" xlink:from="ScheduleOfCashAndCashEquivalentsTable" xlink:to="CashAndCashEquivalentsAxis" xlink:title="definition: ScheduleOfCashAndCashEquivalentsTable to CashAndCashEquivalentsAxis" order="1.0"/>

<link:loc xlink:type="locator" xlink:href="../../../../02-%e7%a7%91%e7%a0%94%e8%b5%84%e6%96%99/01-XBRL/XBRL%e5%88%86%e7%b1%bb%e6%a0%87%e5%87%86/%e7%be%8e%e5%9b%bd/us-gaap-2013-01-31/us-gaap-2013-01-31/us-gaap-2013-01-31/elts/us-gaap-2013-01-31.xsd#us-gaap_RestrictedCashAndCashEquivalentsCashAndCashEquivalentsMember" xlink:label="RestrictedCashAndCashEquivalentsCashAndCashEquivalentsMember" xlink:title="RestrictedCashAndCashEquivalentsCashAndCashEquivalentsMember"/>

<link:definitionArc xlink:type="arc" xlink:arcrole="http://xbrl.org/int/dim/arcrole/dimension-domain" xlink:from="CashAndCashEquivalentsAxis" xlink:to="RestrictedCashAndCashEquivalentsCashAndCashEquivalentsMember" xlink:title="definition: CashAndCashEquivalentsAxis to RestrictedCashAndCashEquivalentsCashAndCashEquivalentsMember"

order="1.0"/>

<link:loc xlink:type="locator" xlink:href="../../../../02-%e7%a7%91%e7%a0%94%e8%b5%84%e6%96%99/01-XBRL/XBRL%e5%88%86%e7%b1%bb%e6%a0%87%e5%87%86/%e7%be%8e%e5%9b%bd/us-gaap-2013-01-31/us-gaap-2013-01-31/us-gaap-2013-01-31/elts/us-gaap-2013-01-31.xsd#us-gaap_RestrictedCashAndCashEquivalentsCashAndCashEquivalentsMember" xlink:label="RestrictedCashAndCashEquivalentsCashAndCashEquivalentsMember_2" xlink:title="RestrictedCashAndCashEquivalentsCashAndCashEquivalentsMember"/>

<link:definitionArc xlink:type="arc" xlink:arcrole="http://xbrl.org/int/dim/arcrole/dimension-default" xlink:from="CashAndCashEquivalentsAxis" xlink:to="RestrictedCashAndCashEquivalentsCashAndCashEquivalentsMember_2" xlink:title="definition: CashAndCashEquivalentsAxis to RestrictedCashAndCashEquivalentsCashAndCashEquivalentsMember" priority="1" order="2.0"/>

<link:loc xlink:type="locator" xlink:href="../../../../02-%e7%a7%91%e7%a0%94%e8%b5%84%e6%96%99/01-XBRL/XBRL%e5%88%86%e7%b1%bb%e6%a0%87%e5%87%86/%e7%be%8e%e5%9b%bd/us-gaap-2013-01-31/us-gaap-2013-01-31/us-gaap-2013-01-31/elts/us-gaap-2013-01-31.xsd#us-gaap_CashMember" xlink:label="CashMember" xlink:title="CashMember"/>

<link:definitionArc xlink:type="arc" xlink:arcrole="http://xbrl.org/int/dim/arcrole/domain-member" xlink:from="RestrictedCashAndCashEquivalentsCashAndCashEquivalentsMember" xlink:to="CashMember" xlink:title="definition: RestrictedCashAndCashEquivalentsCashAndCashEquivalentsMember to CashMember" order="1.0"/>

<link:loc xlink:type="locator" xlink:href="../../../../02-%e7%a7%91%e7%a0%94%e8%b5%84%e6%96%99/01-XBRL/XBRL%e5%88%86%e7%b1%bb%e6%a0%87%e5%87%86/%e7%be%8e%e5%9b%bd/us-gaap-2013-01-31/us-gaap-2013-01-31/us-gaap-2013-01-31/elts/us-gaap-2013-01-31.xsd#us-gaap_CertificatesOfDepositMember" xlink:label="CertificatesOfDepositMember" xlink:title="CertificatesOfDepositMember"/>

<link:definitionArc xlink:type="arc" xlink:arcrole="http://xbrl.org/int/dim/arcrole/domain-member" xlink:from="RestrictedCashAndCashEquivalentsCashAndCashEquivalentsMember" xlink:to="CertificatesOfDepositMember" xlink:title="definition: RestrictedCashAndCashEquivalentsCashAndCashEquivalentsMember to CertificatesOfDepositMember" order="2.0"/>

附录 3.1.3 msft-20130630-label

<?xml version="1.0" encoding="UTF-8"?>

<!--Generated by Fujitsu XWand B0216C-->

<link:linkbase xmlns:xsi="http://www.w3.org/2001/XMLSchema-instance" xsi:schemaLocation="http://www.xbrl.org/2003/linkbase http://www.xbrl.org/2003/xbrl-linkbase-06-2013-06-12-06-31.xsd" xmlns:link="http://www.xbrl.org/2003/linkbase" xmlns:

```
xlink="http://www.w3.org/1999/xlink" xmlns:xbrli="http://www.xbrl.org/2003/instance">
    <link:labelLink xlink:type="extended" xlink:role="http://www.xbrl.org/2003/role/link">
      <link:loc xlink:type="locator" xlink:href="http://xbrl.sec.gov/dei/2013/dei-2013-01-31.xsd#dei_EntityDomain" xlink:label="EntityDomain" xlink:title="EntityDomain"/>
      <link:label xlink:type="resource" xlink:label="label_EntityDomain" xlink:role="http://www.xbrl.org/2003/role/label" xlink:title="label_EntityDomain" xml:lang="en" id="label_EntityDomain">Entity [Domain]</link:label>
      <link:labelArc xlink:type="arc" xlink:arcrole="http://www.xbrl.org/2003/arcrole/concept-label" xlink:from="EntityDomain" xlink:to="label_EntityDomain" xlink:title="label: EntityDomain to label_EntityDomain"/>
      <link:loc xlink:type="locator" xlink:href="http://xbrl.sec.gov/dei/2013/dei-2013-01-31.xsd#dei_LegalEntityAxis" xlink:label="LegalEntityAxis" xlink:title="LegalEntityAxis"/>
      <link:label xlink:type="resource" xlink:label="label_LegalEntityAxis" xlink:role="http://www.xbrl.org/2003/role/label" xlink:title="label_LegalEntityAxis" xml:lang="en" id="label_LegalEntityAxis">Legal Entity [Axis]</link:label>
      <link:labelArc xlink:type="arc" xlink:arcrole="http://www.xbrl.org/2003/arcrole/concept-label" xlink:from="LegalEntityAxis" xlink:to="label_LegalEntityAxis" xlink:title="label: LegalEntityAxis to label_LegalEntityAxis"/>
      <link:loc xlink:type="locator" xlink:href="../../../../02-%e7%a7%91%e7%a0%94%e8%b5%84%e6%96%99/01-XBRL/XBRL%e5%88%86%e7%b1%bb%e6%a0%87%e5%87%86/%e7%be%8e%e5%9b%bd/us-gaap-2013-01-31/us-gaap-2013-01-31/us-gaap-2013-01-31/elts/us-gaap-2013-01-31.xsd#us-gaap_AccountsReceivableNetCurrent" xlink:label="AccountsReceivableNetCurrent" xlink:title="AccountsReceivableNetCurrent"/>
      <link:label xlink:type="resource" xlink:label="label_AccountsReceivableNetCurrent" xlink:role="http://www.xbrl.org/2003/role/label" xlink:title="label_AccountsReceivableNetCurrent" xml:lang="en" id="label_AccountsReceivableNetCurrent">Accounts Receivable, Net, Current</link:label>
      <link:labelArc xlink:type="arc" xlink:arcrole="http://www.xbrl.org/2003/arcrole/concept-label" xlink:from="AccountsReceivableNetCurrent" xlink:to="label_AccountsReceivableNetCurrent" xlink:title="label: AccountsReceivableNetCurrent to label_AccountsReceivableNetCurrent"/>
      <link:loc xlink:type="locator" xlink:href="../../../../02-%e7%a7%91%e7%a0%94%e8%b5%84%e6%96%99/01-XBRL/XBRL%e5%88%86%e7%b1%bb%e6%a0%87%e5%87%86/%e7%be%8e%e5%9b%bd/us-gaap-2013-01-31/us-gaap-2013-01-31/us-gaap-2013-01-31/elts/us-gaap-2013-01-31.xsd#us-gaap_AccountsPayableCurrent" xlink:label="
```

AccountsPayableCurrent" xlink:title="AccountsPayableCurrent"/>

<link:label xlink:type="resource" xlink:label="label_AccountsPayableCurrent" xlink:role="http://www.xbrl.org/2003/role/label" xlink:title="label_AccountsPayableCurrent" xml:lang="en" id="label_AccountsPayableCurrent">Accounts Payable, Current</link:label>

<link:labelArc xlink:type="arc" xlink:arcrole="http://www.xbrl.org/2003/arcrole/concept-label" xlink:from="AccountsPayableCurrent" xlink:to="label_AccountsPayableCurrent" xlink:title="label: AccountsPayableCurrent to label_AccountsPayableCurrent"/>

<link:loc xlink:type="locator" xlink:href="../../../../02-%e7%a7%91%e7%a0%94%e8%b5%84%e6%96%99/01-XBRL/XBRL%e5%88%86%e7%b1%bb%e6%a0%87%e5%87%86/%e7%be%8e%e5%9b%bd/us-gaap-2013-01-31/us-gaap-2013-01-31/us-gaap-2013-01-31/elts/us-gaap-2013-01-31.xsd#us-gaap_AccruedIncomeTaxesCurrent" xlink:label="AccruedIncomeTaxesCurrent" xlink:title="AccruedIncomeTaxesCurrent"/>

<link:label xlink:type="resource" xlink:label="label_AccruedIncomeTaxesCurrent" xlink:role="http://www.xbrl.org/2003/role/label" xlink:title="label_AccruedIncomeTaxesCurrent" xml:lang="en" id="label_AccruedIncomeTaxesCurrent">Accrued Income Taxes, Current</link:label>

<link:labelArc xlink:type="arc" xlink:arcrole="http://www.xbrl.org/2003/arcrole/concept-label" xlink:from="AccruedIncomeTaxesCurrent" xlink:to="label_AccruedIncomeTaxesCurrent" xlink:title="label: AccruedIncomeTaxesCurrent to label_AccruedIncomeTaxesCurrent"/>

<link:loc xlink:type="locator" xlink:href="../../../../02-%e7%a7%91%e7%a0%94%e8%b5%84%e6%96%99/01-XBRL/XBRL%e5%88%86%e7%b1%bb%e6%a0%87%e5%87%86/%e7%be%8e%e5%9b%bd/us-gaap-2013-01-31/us-gaap-2013-01-31/us-gaap-2013-01-31/elts/us-gaap-2013-01-31.xsd#us-gaap_AccumulatedOtherComprehensiveIncomeLossNetOfTax" xlink:label="AccumulatedOtherComprehensiveIncomeLossNetOfTax" xlink:title="AccumulatedOtherComprehensiveIncomeLossNetOfTax"/>

<link:label xlink:type="resource" xlink:label="label_AccumulatedOtherComprehensiveIncomeLossNetOfTax" xlink:role="http://www.xbrl.org/2003/role/label" xlink:title="label_AccumulatedOtherComprehensiveIncomeLossNetOfTax" xml:lang="en" id="label_AccumulatedOtherComprehensiveIncomeLossNetOfTax">Accumulated Other Comprehensive Income (Loss), Net of Tax</link:label>

<link:labelArc xlink:type="arc" xlink:arcrole="http://www.xbrl.org/2003/arcrole/concept-label" xlink:from="AccumulatedOtherComprehensiveIncomeLossNetOfTax" xlink:to="label_AccumulatedOtherComprehensiveIncomeLossNetOfTax" xlink:title="label: AccumulatedOtherComprehensiveIncomeLossNetOfTax to label_AccumulatedOtherComprehensiveIncomeLossNetOfTax"/>

<link:loc xlink:type="locator" xlink:href="../../../../02-%e7%a7%91%e7%a0%94%e8%b5%84%e6%96%99/01-XBRL/XBRL%e5%88%86%e7%b1%bb%e6%a0%87%

e5%87%86/%e7%be%8e%e5%9b%bd/us-gaap-2013-01-31/us-gaap-2013-01-31/us-gaap-2013-01-31/elts/us-gaap-2013-01-31.xsd#us-gaap_AllocatedShareBasedCompensationExpense" xlink:label="AllocatedShareBasedCompensationExpense" xlink:title="AllocatedShareBasedCompensationExpense"/>

<link:label xlink:type="resource" xlink:label="label_AllocatedShareBasedCompensationExpense" xlink:role="http://www.xbrl.org/2003/role/label" xlink:title="label_AllocatedShareBasedCompensationExpense" xml:lang="en" id="label_AllocatedShareBasedCompensationExpense">Allocated Share-based Compensation Expense</link:label>

<link:labelArc xlink:type="arc" xlink:arcrole="http://www.xbrl.org/2003/arcrole/concept-label" xlink:from="AllocatedShareBasedCompensationExpense" xlink:to="label_AllocatedShareBasedCompensationExpense" xlink:title="label: AllocatedShareBasedCompensationExpense to label_AllocatedShareBasedCompensationExpense"/>

<link:loc xlink:type="locator" xlink:href="../../../../02-%e7%a7%91%e7%a0%94%e8%b5%84%e6%96%99/01-XBRL/XBRL%e5%88%86%e7%b1%bb%e6%a0%87%e5%87%86/%e7%be%8e%e5%9b%bd/us-gaap-2013-01-31/us-gaap-2013-01-31/us-gaap-2013-01-31/elts/us-gaap-2013-01-31.xsd#us-gaap_BuildingAndBuildingImprovementsMember" xlink:label="BuildingAndBuildingImprovementsMember" xlink:title="BuildingAndBuildingImprovementsMember"/>

<link:label xlink:type="resource" xlink:label="label_BuildingAndBuildingImprovementsMember" xlink:role="http://www.xbrl.org/2003/role/label" xlink:title="label_BuildingAndBuildingImprovementsMember" xml:lang="en" id="label_BuildingAndBuildingImprovementsMember">Building and Building Improvements [Member]</link:label>

<link:labelArc xlink:type="arc" xlink:arcrole="http://www.xbrl.org/2003/arcrole/concept-label" xlink:from="BuildingAndBuildingImprovementsMember" xlink:to="label_BuildingAndBuildingImprovementsMember" xlink:title="label: BuildingAndBuildingImprovementsMember to label_BuildingAndBuildingImprovementsMember"/>

<link:loc xlink:type="locator" xlink:href="../../../../02-%e7%a7%91%e7%a0%94%e8%b5%84%e6%96%99/01-XBRL/XBRL%e5%88%86%e7%b1%bb%e6%a0%87%e5%87%86/%e7%be%8e%e5%9b%bd/us-gaap-2013-01-31/us-gaap-2013-01-31/us-gaap-2013-01-31/elts/us-gaap-2013-01-31.xsd#us-gaap_CashAndCashEquivalentsLineItems" xlink:label="CashAndCashEquivalentsLineItems" xlink:title="CashAndCashEquivalentsLineItems"/>

<link:label xlink:type="resource" xlink:label="label_CashAndCashEquivalentsLineItems" xlink:role="http://www.xbrl.org/2003/role/label" xlink:title="label_CashAndCashEquivalentsLineItems" xml:lang="en" id="label_CashAndCashEquivalentsLineItems">Cash and Cash Equivalents [Line Items]</link:label>

<link:labelArc xlink:type="arc" xlink:arcrole="http://www.xbrl.org/2003/arcrole/concept-label" xlink:from="CashAndCashEquivalentsLineItems" xlink:to="label_CashAndCashEquivalentsLineItems" xlink:title="label: CashAndCashEquivalentsLineItems to label

```
_CashAndCashEquivalentsLineItems"/>
```


附录 3.1.4 msft - 20130630 - presentation


```
<?xml version="1.0" encoding="UTF-8"?>
<!--Generated by Fujitsu XWand B0216C-->
<link:linkbase xmlns:xsi="http://www.w3.org/2001/XMLSchema-instance" xsi:schemaLocation="http://www.xbrl.org/2003/linkbase http://www.xbrl.org/2003/xbrl-linkbase-06-2013-06-12-06-31.xsd" xmlns:link="http://www.xbrl.org/2003/linkbase" xmlns:xlink="http://www.w3.org/1999/xlink" xmlns:xbrli="http://www.xbrl.org/2003/instance">
  <link:roleRef roleURI="http://www.microsoft.com/taxonomy/role/NotesToCashCashEquivalents" xlink:type="simple" xlink:href="msft-20130630.xsd#Role_NotesToCashCashEquivalents"/>
  <link:roleRef roleURI="http://www.microsoft.com/taxonomy/role/DisclosureInvestmentComponentsIncludingAssociatedDerivatives" xlink:type="simple" xlink:href="msft-20130630.xsd#DisclosureInvestmentComponentsIncludingAssociatedDerivatives"/>
  <link:roleRef roleURI="http://www.microsoft.com/taxonomy/role/DisclosureInventory" xlink:type="simple" xlink:href="msft-20130630.xsd#DisclosureInventory"/>
  <link:roleRef roleURI="http://www.microsoft.com/taxonomy/role/DisclosureOtherInvestments" xlink:type="simple" xlink:href="msft-20130630.xsd#DisclosureOtherInvestments"/>
  <link:roleRef roleURI="http://www.microsoft.com/taxonomy/role/DisclosurePropertyPlantAndEquipment" xlink:type="simple" xlink:href="msft-20130630.xsd#DisclosurePropertyPlantAndEquipment"/>
  <link:roleRef roleURI="http://www.microsoft.com/taxonomy/role/StatementOfFinancialPositionClassified" xlink:type="simple" xlink:href="msft-20130630.xsd#Role_StatementOfFinancialPositionClassified"/>
  <link:roleRef roleURI="http://www.microsoft.com/taxonomy/role/StatementOfIncome" xlink:type="simple" xlink:href="msft-20130630.xsd#Role_StatementOfIncome"/>
  <link:roleRef roleURI="http://www.microsoft.com/taxonomy/role/StatementOfCashFlowsIndirect" xlink:type="simple" xlink:href="msft-20130630.xsd#Role_StatementOfCashFlowsIndirect"/>
  <link:roleRef roleURI="http://www.microsoft.com/taxonomy/role/StatementOfOtherComprehensiveIncome" xlink:type="simple" xlink:href="msft-20130630.xsd#Role_StatementOfOtherComprehensiveIncome"/>
  <link:presentationLink xlink:type="extended" xlink:role="http://www.microsoft.com/taxonomy/role/StatementOfCashFlowsIndirect">
    <link:loc xlink:type="locator" xlink:href="../../../../../02-%e7%a7%91%e7%a0%94%e8%b5%84%e6%96%99/01-XBRL/XBRL%e5%88%86%e7%b1%bb%e6%a0%
```

87%e5%87%86/%e7%be%8e%e5%9b%bd/us-gaap-2013-01-31/us-gaap-2013-01-31/us-gaap-2013-01-31/elts/us-gaap-2013-01-31. xsd# us-gaap_StatementOfCashFlowsAbstract" xlink: label = " StatementOfCashFlowsAbstract " xlink: title = " StatementOfCashFlowsAbstract"/>

<link: loc xlink: type="locator" xlink: href=".. /.. /.. /.. /02-%e7%a7%91%e7%a0%94%e8%b5%84%e6%96%99/01-XBRL/XBRL%e5%88%86%e7%b1%bb%e6%a0%87%e5%87%86/%e7%be%8e%e5%9b%bd/us-gaap-2013-01-31/us-gaap-2013-01-31/us-gaap-2013-01-31/elts/us-gaap-2013-01-31. xsd# us-gaap_StatementTable" xlink: label="StatementTable" xlink: title="StatementTable"/>

<link: presentationArc xlink: type="arc" xlink: arcrole="http://www. xbrl. org/2003/arcrole/parent-child" xlink: from="StatementOfCashFlowsAbstract" xlink: to="StatementTable" xlink: title="presentation: StatementOfCashFlowsAbstract to StatementTable" order="1. 0"/>

<link: loc xlink: type="locator" xlink: href="http://xbrl. sec. gov/dei/2013/dei-2013-01-31. xsd# dei_LegalEntityAxis" xlink: label="LegalEntityAxis" xlink: title="LegalEntityAxis"/>

<link: presentationArc xlink: type="arc" xlink: arcrole="http://www. xbrl. org/2003/arcrole/parent-child" xlink: from="StatementTable" xlink: to="LegalEntityAxis" xlink: title="presentation: StatementTable to LegalEntityAxis" order="1. 0"/>

<link: loc xlink: type="locator" xlink: href="http://xbrl. sec. gov/dei/2013/dei-2013-01-31. xsd# dei_EntityDomain" xlink: label="EntityDomain" xlink: title="EntityDomain"/>

<link: presentationArc xlink: type="arc" xlink: arcrole="http://www. xbrl. org/2003/arcrole/parent-child" xlink: from="LegalEntityAxis" xlink: to="EntityDomain" xlink: title="presentation: LegalEntityAxis to EntityDomain" order="1. 0"/>

<link: loc xlink: type="locator" xlink: href=".. /.. /.. /.. /02-%e7%a7%91%e7%a0%94%e8%b5%84%e6%96%99/01-XBRL/XBRL%e5%88%86%e7%b1%bb%e6%a0%87%e5%87%86/%e7%be%8e%e5%9b%bd/us-gaap-2013-01-31/us-gaap-2013-01-31/us-gaap-2013-01-31/elts/us-gaap-2013-01-31. xsd# us-gaap_StatementLineItems" xlink: label="StatementLineItems" xlink: title="StatementLineItems"/>

<link: presentationArc xlink: type="arc" xlink: arcrole="http://www. xbrl. org/2003/arcrole/parent-child" xlink: from="StatementTable" xlink: to="StatementLineItems" xlink: title="presentation: StatementTable to StatementLineItems" order="2. 0"/>

<link: loc xlink: type="locator" xlink: href=".. /.. /.. /.. /02-%e7%a7%91%e7%a0%94%e8%b5%84%e6%96%99/01-XBRL/XBRL%e5%88%86%e7%b1%bb%e6%a0%87%e5%87%86/%e7%be%8e%e5%9b%bd/us-gaap-2013-01-31/us-gaap-2013-01-31/us-gaap-2013-01-31/elts/us-gaap-2013-01-31. xsd# us-gaap_GoodwillImpairmentLoss" xlink: label="GoodwillImpairmentLoss" xlink: title="GoodwillImpairmentLoss"/>

<link: presentationArc xlink: type="arc" xlink: arcrole="http://www. xbrl. org/

2003/arcrole/parent-child" xlink:from="StatementLineItems" xlink:to="GoodwillImpairmentLoss" xlink:title="presentation: StatementLineItems to GoodwillImpairmentLoss" order="2.0"/>

<link:loc xlink:type="locator" xlink:href="../../../../02-%e7%a7%91%e7%a0%94%e8%b5%84%e6%96%99/01-XBRL/XBRL%e5%88%86%e7%b1%bb%e6%a0%87%e5%87%86/%e7%be%8e%e5%9b%bd/us-gaap-2013-01-31/usJP-gaap-2013-01-31/us-gaap-2013-01-31/elts/us-gaap-2013-01-31.xsd#us-gaap_NetIncomeLoss" xlink:label="NetIncomeLoss" xlink:title="NetIncomeLoss"/>

<link:presentationArc xlink:type="arc" xlink:arcrole="http://www.xbrl.org/2003/arcrole/parent-child" xlink:from="StatementLineItems" xlink:to="NetIncomeLoss" xlink:title="presentation: StatementLineItems to NetIncomeLoss" order="1.0"/>

<link:loc xlink:type="locator" xlink:href="msft-20130630.xsd#msft_DepreciationAmortizationAndOther" xlink:label="DepreciationAmortizationAndOther" xlink:title="DepreciationAmortizationAndOther"/>

<link:presentationArc xlink:type="arc" xlink:arcrole="http://www.xbrl.org/2003/arcrole/parent-child" xlink:from="StatementLineItems" xlink:to="DepreciationAmortizationAndOther" xlink:title="presentation: StatementLineItems to DepreciationAmortizationAndOther" order="3.0"/>

<link:loc xlink:type="locator" xlink:href="../../../../02-%e7%a7%91%e7%a0%94%e8%b5%84%e6%96%99/01-XBRL/XBRL%e5%88%86%e7%b1%bb%e6%a0%87%e5%87%86/%e7%be%8e%e5%9b%bd/us-gaap-2013-01-31/us-gaap-2013-01-31/us-gaap-2013-01-31/elts/us-gaap-2013-01-31.xsd#us-gaap_AllocatedShareBasedCompensationExpense" xlink:label="AllocatedShareBasedCompensationExpense" xlink:title="AllocatedShareBasedCompensationExpense"/>

<link:presentationArc xlink:type="arc" xlink:arcrole="http://www.xbrl.org/2003/arcrole/parent-child" xlink:from="StatementLineItems" xlink:to="AllocatedShareBasedCompensationExpense" xlink:title="presentation: StatementLineItems to AllocatedShareBasedCompensationExpense" order="4.0"/>

<link:loc xlink:type="locator" xlink:href="msft-20130630.xsd#msft_GainLossOnInvestmentsAndDerivativeInstruments" xlink:label="GainLossOnInvestmentsAndDerivativeInstruments" xlink:title="GainLossOnInvestmentsAndDerivativeInstruments"/>

<link:presentationArc xlink:type="arc" xlink:arcrole="http://www.xbrl.org/2003/arcrole/parent-child" xlink:from="StatementLineItems" xlink:to="GainLossOnInvestmentsAndDerivativeInstruments" xlink:title="presentation: StatementLineItems to GainLossOnInvestmentsAndDerivativeInstruments" order="5.0"/>

<link:loc xlink:type="locator" xlink:href="../../../../02-%e7%a7%91%e7%a0%94%e8%b5%84%e6%96%99/01-XBRL/XBRL%e5%88%86%e7%b1%bb%e6%a0%87%e5%87%86/%e7%be%8e%e5%9b%bd/us-gaap-2013-01-31/us-gaap-2013-01-31/us-gaap-2013-01-31/elts/us-gaap-2013-01-31.xsd#us-gaap_ExcessTaxBenefitFromShare-

BasedCompensationOperatingActivities" xlink:label="ExcessTaxBenefitFromShareBasedCompensationOperatingActivities" xlink:title="ExcessTaxBenefitFromShareBasedCompensationOperatingActivities"/>

<link:presentationArc xlink:type="arc" xlink:arcrole="http://www.xbrl.org/2003/arcrole/parent-child" xlink:from="StatementLineItems" xlink:to="ExcessTaxBenefitFromShareBasedCompensationOperatingActivities" xlink:title="presentation: StatementLineItems to ExcessTaxBenefitFromShareBasedCompensationOperatingActivities" order="6.0"/>

<link:loc xlink:type="locator" xlink:href="../../../../02-%e7%a7%91%e7%a0%94%e8%b5%84%e6%96%99/01-XBRL/XBRL%e5%88%86%e7%b1%bb%e6%a0%87%e5%87%86/%e7%be%8e%e5%9b%bd/us-gaap-2013-01-31/us-gaap-2013-01-31/us-gaap-2013-01-31/elts/us-gaap-2013-01-31.xsd#us-gaap_DeferredIncomeTaxExpenseBenefit" xlink:label="DeferredIncomeTaxExpenseBenefit" xlink:title="DeferredIncomeTaxExpenseBenefit"/>

<link:presentationArc xlink:type="arc" xlink:arcrole="http://www.xbrl.org/2003/arcrole/parent-child" xlink:from="StatementLineItems" xlink:to="DeferredIncomeTaxExpenseBenefit" xlink:title="presentation: StatementLineItems to DeferredIncomeTaxExpenseBenefit" order="7.0"/>

<link:loc xlink:type="locator" xlink:href="../../../../02-%e7%a7%91%e7%a0%94%e8%b5%84%e6%96%99/01-XBRL/XBRL%e5%88%86%e7%b1%bb%e6%a0%87%e5%87%86/%e7%be%8e%e5%9b%bd/us-gaap-2013-01-31/us-gaap-2013-01-31/us-gaap-2013-01-31/elts/us-gaap-2013-01-31.xsd#us-gaap_IncreaseDecreaseInDeferredRevenue" xlink:label="IncreaseDecreaseInDeferredRevenue" xlink:title="IncreaseDecreaseInDeferredRevenue"/>

<link:presentationArc xlink:type="arc" xlink:arcrole="http://www.xbrl.org/2003/arcrole/parent-child" xlink:from="StatementLineItems" xlink:to="IncreaseDecreaseInDeferredRevenue" xlink:title="presentation: StatementLineItems to IncreaseDecreaseInDeferredRevenue" order="8.0"/>

<link:loc xlink:type="locator" xlink:href="../../../../02-%e7%a7%91%e7%a0%94%e8%b5%84%e6%96%99/01-XBRL/XBRL%e5%88%86%e7%b1%bb%e6%a0%87%e5%87%86/%e7%be%8e%e5%9b%bd/us-gaap-2013-01-31/us-gaap-2013-01-31/us-gaap-2013-01-31/elts/us-gaap-2013-01-31.xsd#us-gaap_RecognitionOfDeferredRevenue" xlink:label="RecognitionOfDeferredRevenue" xlink:title="RecognitionOfDeferredRevenue"/>

<link:presentationArc xlink:type="arc" xlink:arcrole="http://www.xbrl.org/2003/arcrole/parent-child" xlink:from="StatementLineItems" xlink:to="RecognitionOfDeferredRevenue" xlink:title="presentation: StatementLineItems to RecognitionOfDeferredRevenue" order="9.0"/>

<link:loc xlink:type="locator" xlink:href="../../../../02-%e7%a7%91%e7%a0%94%e8%b5%84%e6%96%99/01-XBRL/XBRL%e5%88%86%e7%b1%bb%e6%a0%87%e5%87%86%

e5%87%86/%e7%be%8e%e5%9b%bd/us-gaap-2013-01-31/us-gaap-2013-01-31/us-gaap-2013-01-31/elts/us-gaap-2013-01-31.xsd#us-gaap_IncreaseDecreaseInAccountsReceivable" xlink:label="IncreaseDecreaseInAccountsReceivable" xlink:title="IncreaseDecreaseInAccounts-Receivable"/>

<link:presentationArc xlink:type="arc" xlink:arcrole="http://www.xbrl.org/2003/arcrole/parent-child" xlink:from="StatementLineItems" xlink:to="IncreaseDecreaseIn-AccountsReceivable" xlink:title="presentation: StatementLineItems to IncreaseDecreaseInAc-countsReceivable" order="10.0"/>

<link:loc xlink:type="locator" xlink:href="../../../../02-%e7%a7%91%e7%a0%94%e8%b5%84%e6%96%99/01-XBRL/XBRL%e5%88%86%e7%b1%bb%e6%a0%87%e5%87%86/%e7%be%8e%e5%9b%bd/us-gaap-2013-01-31/us-gaap-2013-01-31/us-gaap-2013-01-31/elts/us-gaap-2013-01-31.xsd#us-gaap_IncreaseDecreaseInOtherCurrentAssets" xlink:label="IncreaseDecreaseInOtherCurrentAssets" xlink:title="IncreaseDecreaseInOther-CurrentAssets"/>

<link:presentationArc xlink:type="arc" xlink:arcrole="http://www.xbrl.org/2003/arcrole/parent-child" xlink:from="StatementLineItems" xlink:to="IncreaseDecreaseI-nOtherCurrentAssets" xlink:title="presentation: StatementLineItems to IncreaseDecreaseI-nOtherCurrentAssets" order="12.0"/>

<link:loc xlink:type="locator" xlink:href="../../../../02-%e7%a7%91%e7%a0%94%e8%b5%84%e6%96%99/01-XBRL/XBRL%e5%88%86%e7%b1%bb%e6%a0%87%e5%87%86/%e7%be%8e%e5%9b%bd/us-gaap-2013-01-31/us-gaap-2013-01-31/us-gaap-2013-01-31/elts/us-gaap-2013-01-31.xsd#us-gaap_IncreaseDecreaseInOtherNon-currentAssets" xlink:label="IncreaseDecreaseInOtherNoncurrentAssets" xlink:title="Increase-DecreaseInOtherNoncurrentAssets"/>

<link:presentationArc xlink:type="arc" xlink:arcrole="http://www.xbrl.org/2003/arcrole/parent-child" xlink:from="StatementLineItems" xlink:to="IncreaseDecreaseI-nOtherNoncurrentAssets" xlink:title="presentation: StatementLineItems to IncreaseDecreaseI-nOtherNoncurrentAssets" order="13.0"/>

<link:loc xlink:type="locator" xlink:href="../../../../02-%e7%a7%91%e7%a0%94%e8%b5%84%e6%96%99/01-XBRL/XBRL%e5%88%86%e7%b1%bb%e6%a0%87%e5%87%86/%e7%be%8e%e5%9b%bd/us-gaap-2013-01-31/us-gaap-2013-01-31/us-gaap-2013-01-31/elts/us-gaap-2013-01-31.xsd#us-gaap_IncreaseDecreaseInAccountsPayable" xlink:label="IncreaseDecreaseInAccountsPayable" xlink:title="IncreaseDecreaseInAccounts-Payable"/>

<link:presentationArc xlink:type="arc" xlink:arcrole="http://www.xbrl.org/2003/arcrole/parent-child" xlink:from="StatementLineItems" xlink:to="IncreaseDecreaseIn-AccountsPayable" xlink:title="presentation: StatementLineItems to IncreaseDecreaseInAccou-ntsPayable" order="14.0"/>

<link:loc xlink:type="locator" xlink:href="../../../../02-%e7%a7%91%e7%a0%94%e8%b5%84%e6%96%99/01-XBRL/XBRL%e5%88%86%e7%b1%bb%e6%a0%87%e5%87%86/%e7%

a0%94%e8%b5%84%e6%96%99/01-XBRL/XBRL%e5%88%86%e7%b1%bb%e6%a0%87%e5%87%86/%e7%be%8e%e5%9b%bd/us-gaap-2013-01-31/us-gaap-2013-01-31/us-gaap-2013-01-31/elts/us-gaap-2013-01-31.xsd#us-gaap_IncreaseDecreaseInOtherCurrentLiabilities" xlink:label="IncreaseDecreaseInOtherCurrentLiabilities" xlink:title="IncreaseDecreaseInOtherCurrentLiabilities"/>

<link:presentationArc xlink:type="arc" xlink:arcrole="http://www.xbrl.org/2003/arcrole/parent-child" xlink:from="StatementLineItems" xlink:to="IncreaseDecreaseInOtherCurrentLiabilities" xlink:title="presentation: StatementLineItems to IncreaseDecreaseInOtherCurrentLiabilities" order="15.0"/>

<link:loc xlink:type="locator" xlink:href="../../../../02-%e7%a7%91%e7%a0%94%e8%b5%84%e6%96%99/01-XBRL/XBRL%e5%88%86%e7%b1%bb%e6%a0%87%e5%87%86/%e7%be%8e%e5%9b%bd/us-gaap-2013-01-31/us-gaap-2013-01-31/us-gaap-2013-01-31/elts/us-gaap-2013-01-31.xsd#us-gaap_IncreaseDecreaseInOtherNoncurrentLiabilities" xlink:label="IncreaseDecreaseInOtherNoncurrentLiabilities" xlink:title="IncreaseDecreaseInOtherNoncurrentLiabilities"/>

附录 3.2 Microsoft-Based on CAS

附录 3.2.1 msft-20130630-Trans

<?xml version="1.0" encoding="UTF-8"?>

<!--Generated by Fujitsu XWand B0216CS-->

<xbrli:xbrl xmlns:msft="http://www.microsoft.com/20130630" xmlns:link="http://www.xbrl.org/2003/linkbase" xmlns:num="http://www.xbrl.org/dtr/type/numeric" xmlns:nonnum="http://www.xbrl.org/dtr/type/non-numeric" xmlns:xbrldt="http://xbrl.org/2005/xbrldt" xmlns:ifrs="http://xbrl.iasb.org/taxonomy/2010-04-30/ifrs" xmlns:negated="http://www.xbrl.org/2009/role/negated" xmlns:cas="http://xbrl.mof.gov.cn/taxonomy/2010-09-30/cas" xmlns:xbrldi="http://xbrl.org/2006/xbrldi" xmlns:xsi="http://www.w3.org/2001/XMLSchema-instance" xmlns:xbrli="http://www.xbrl.org/2003/instance" xmlns:iso4217="http://www.xbrl.org/2003/iso4217" xmlns:net="http://www.xbrl.org/2009/role/net" xmlns:xlink="http://www.w3.org/1999/xlink" xsi:schemaLocation="http://xbrl.org/2006/xbrldi http://www.xbrl.org/2006/xbrldi-2006.xsd">

<link:schemaRef xlink:type="simple" xlink:href="msft-20130630-Trans.xsd"/>

<xbrli:context id="Context_Instant">

<xbrli:entity>

<xbrli:identifier scheme="http://www.sec.gov/CIK">0000789019</xbrli:identifier>

</xbrli:entity>

```
<xbrli:period>
  <xbrli:instant>2013-06-30</xbrli:instant>
</xbrli:period>
</xbrli:context>
<xbrli:context id="Context_Instant_RawMaterialMember">
  <xbrli:entity>
    <xbrli:identifier scheme="http://www.sec.gov/CIK">0000789019</xbrli:identifier>
  </xbrli:entity>
  <xbrli:period>
    <xbrli:instant>2013-06-30</xbrli:instant>
  </xbrli:period>
  <xbrli:scenario>
    <xbrldi:explicitMember dimension="cas:ClassesOfInventoriesAxis">cas:RawMaterialMember</xbrldi:explicitMember>
  </xbrli:scenario>
</xbrli:context>
<xbrli:context id="Context_Instant_WorkInProcessMember">
  <xbrli:entity>
    <xbrli:identifier scheme="http://www.sec.gov/CIK">0000789019</xbrli:identifier>
  </xbrli:entity>
  <xbrli:period>
    <xbrli:instant>2013-06-30</xbrli:instant>
  </xbrli:period>
  <xbrli:scenario>
    <xbrldi:explicitMember dimension="cas:ClassesOfInventoriesAxis">cas:WorkInProcessMember</xbrldi:explicitMember>
  </xbrli:scenario>
</xbrli:context>
<xbrli:context id="Context_Instant_FinishedGoodsMember">
  <xbrli:entity>
    <xbrli:identifier scheme="http://www.sec.gov/CIK">0000789019</xbrli:identifier>
  </xbrli:entity>
  <xbrli:period>
    <xbrli:instant>2013-06-30</xbrli:instant>
  </xbrli:period>
  <xbrli:scenario>
```

```
<xbrldi:explicitMember dimension="cas:ClassesOfInventoriesAxis">cas:FinishedGoodsMember</xbrldi:explicitMember>
      </xbrli:scenario>
    </xbrli:context>
    <xbrli:context id="Context_Instant_BuildingsMember">
      <xbrli:entity>
        <xbrli:identifier scheme="http://www.sec.gov/CIK">0000789019</xbrli:identifier>
      </xbrli:entity>
      <xbrli:period>
        <xbrli:instant>2013-06-30</xbrli:instant>
      </xbrli:period>
      <xbrli:scenario>
        <xbrldi:explicitMember dimension="ifrs:ClassesOfPropertyPlantAndEquipmentAxis">ifrs:BuildingsMember</xbrldi:explicitMember>
      </xbrli:scenario>
    </xbrli:context>
    <xbrli:context id="Context_Instant_MachineryMember">
      <xbrli:entity>
        <xbrli:identifier scheme="http://www.sec.gov/CIK">0000789019</xbrli:identifier>
      </xbrli:entity>
      <xbrli:period>
        <xbrli:instant>2013-06-30</xbrli:instant>
      </xbrli:period>
      <xbrli:scenario>
        <xbrldi:explicitMember dimension=
"ifrs:ClassesOfPropertyPlantAndEquipmentAxis">ifrs:MachineryMember</xbrldi:explicitMember>
      </xbrli:scenario>
    </xbrli:context>
    <xbrli:context id=
"Context_Instant_OfficeEquipmentAndOtherEquipmentMember">
      <xbrli:entity>
        <xbrli:identifier scheme=
"http://www.sec.gov/CIK">0000789019</xbrli:identifier>
      </xbrli:entity>
      <xbrli:period>
        <xbrli:instant>2013-06-30</xbrli:instant>
```

```
      </xbrli:period>
      <xbrli:scenario>
          < xbrldi: explicitMember dimension = " ifrs: ClassesOfPropertyPlantAndE-
quipmentAxis">cas:OfficeEquipmentAndOtherEquipmentMember</xbrldi:explicitMember>
      </xbrli:scenario>
    </xbrli:context>
    <xbrli:context id="Context_Duration">
      <xbrli:entity>
        <xbrli:identifier scheme="http://www. sec. gov/CIK">0000789019</xbrli:i-
dentifier>
      </xbrli:entity>
      <xbrli:period>
        <xbrli:startDate>2012-06-30</xbrli:startDate>
        <xbrli:endDate>2013-06-30</xbrli:endDate>
      </xbrli:period>
    </xbrli:context>
    <xbrli:unit id="Iso4217_USD">
      <xbrli:measure>iso4217:USD</xbrli:measure>
    </xbrli:unit>
    <xbrli:unit id="iso4217_USD_per_shares">
      <xbrli:divide>
        <xbrli:unitNumerator>
          <xbrli:measure>iso4217:USD</xbrli:measure>
        </xbrli:unitNumerator>
        <xbrli:unitDenominator>
          <xbrli:measure>xbrli:shares</xbrli:measure>
        </xbrli:unitDenominator>
      </xbrli:divide>
    </xbrli:unit>
    <cas:BankBalancesAndCash decimals="0" contextRef="Context_Instant" unitRef="
Iso4217_USD">2961000000</cas:BankBalancesAndCash>
    <cas:FinancialAssetsHeldForTrading decimals="0" contextRef="Context_Instant"
unitRef="Iso4217_USD">74061000000</cas:FinancialAssetsHeldForTrading>
    <cas:AccountReceivables decimals="0" contextRef="Context_Instant" unitRef="
Iso4217_USD">17486000000</cas:AccountReceivables>
```

附录 3.2.2 msft - 20130630 - definition

```
<? xml version="1.0" encoding="UTF-8"? >
<! --Generated by Fujitsu XWand B0216C-->
```

<link:linkbase xmlns:xsi="http://www.w3.org/2001/XMLSchema-instance" xsi:schemaLocation="http://www.xbrl.org/2003/linkbase http://www.xbrl.org/2003/xbrl-linkbase-06-2013-06-12-06-31.xsd" xmlns:link="http://www.xbrl.org/2003/linkbase" xmlns:xbrli="http://www.xbrl.org/2003/instance" xmlns:xlink="http://www.w3.org/1999/xlink" xmlns:xbrldt="http://xbrl.org/2005/xbrldt">

<link:roleRef roleURI="http://www.microsoft.com/taxonomy/role/DisclosureInventory" xlink:type="simple" xlink:href="msft-20130630-Trans.xsd#DisclosureInventory"/>

<link:roleRef roleURI="http://www.microsoft.com/taxonomy/role/DisclosurePropertyPlantAndEquipment" xlink:type="simple" xlink:href="msft-20130630-Trans.xsd#DisclosurePropertyPlantAndEquipment"/>

<link:roleRef roleURI="http://www.microsoft.com/taxonomy/role/StatementOfFinancialPositionClassified" xlink:type="simple" xlink:href="msft-20130630-Trans.xsd#Role_StatementOfFinancialPositionClassified"/>

<link:roleRef roleURI="http://www.microsoft.com/taxonomy/role/StatementOfIncome" xlink:type="simple" xlink:href="msft-20130630-Trans.xsd#Role_StatementOfIncome"/>

<link:roleRef roleURI="http://www.microsoft.com/taxonomy/role/StatementOfCashFlowsIndirect" xlink:type="simple" xlink:href="msft-20130630-Trans.xsd#Role_StatementOfCashFlowsIndirect"/>

<link:arcroleRef arcroleURI="http://xbrl.org/int/dim/arcrole/all" xlink:type="simple" xlink:href="http://www.xbrl.org/2005/xbrldt-2005.xsd#all"/>

<link:arcroleRef arcroleURI="http://xbrl.org/int/dim/arcrole/dimension-default" xlink:type="simple" xlink:href="http://www.xbrl.org/2005/xbrldt-2005.xsd#dimension-default"/>

<link:arcroleRef arcroleURI="http://xbrl.org/int/dim/arcrole/dimension-domain" xlink:type="simple" xlink:href="http://www.xbrl.org/2005/xbrldt-2005.xsd#dimension-domain"/>

<link:arcroleRef arcroleURI="http://xbrl.org/int/dim/arcrole/domain-member" xlink:type="simple" xlink:href="http://www.xbrl.org/2005/xbrldt-2005.xsd#domain-member"/>

<link:arcroleRef arcroleURI="http://xbrl.org/int/dim/arcrole/hypercube-dimension" xlink:type="simple" xlink:href="http://www.xbrl.org/2005/xbrldt-2005.xsd#hypercube-dimension"/>

<link:definitionLink xlink:type="extended" xlink:role="http://www.microsoft.com/taxonomy/role/StatementOfFinancialPositionClassified">

<link:loc xlink:type="locator" xlink:href="../../../../02-%e7%a7%91%e7%a0%94%e8%b5%84%e6%96%99/01-XBRL/XBRL%e5%88%86%e7%b1%bb%e6%a0%87%e5%87%86/%e4%b8%ad%e5%9b%bd%e8%b4%a2%e6%94%bf%e9%83%a8/%e4%bc%81%e4%b8%9a%e4%bc%9a%e8%ae%a1%e5%87%86%e5%88%99%e9%80%9a%

e7%94%a8%e5%88%86%e7%b1%bb%e6%a0%87%e5%87%86/%e4%bc%81%e4%b8%9a%e4%bc%9a%e8%ae%a1%e5%87%86%e5%88%99%e9%80%9a%e7%94%a8%e5%88%86%e7%b1%bb%e6%a0%87%e5%87%86/CAS%20Taxonomy_20100930/cas_20100930/cas_core_2010-09-30. xsd#cas_SeparateBalanceSheetExplanatory" xlink:label="SeparateBalanceSheetExplanatory" xlink:title="SeparateBalanceSheetExplanatory"/>

<link:loc xlink:type="locator" xlink:href="http://xbrl. iasb. org/taxonomy/2010-04-30/ifrs-cor_2010-04-30. xsd#ifrs_StatementOfFinancialPositionAbstract" xlink:label="StatementOfFinancialPositionAbstract" xlink:title="StatementOfFinancialPositionAbstract"/>

<link:definitionArc xlink:type="arc" xlink:arcrole="http://xbrl. org/int/dim/arcrole/domain-member" xlink:from="SeparateBalanceSheetExplanatory" xlink:to="StatementOfFinancialPositionAbstract" xlink:title="definition: SeparateBalanceSheetExplanatory to StatementOfFinancialPositionAbstract" order="1. 0"/>

<link:loc xlink:type="locator" xlink:href="../../../../02-%e7%a7%91%e7%a0%94%e8%b5%84%e6%96%99/01-XBRL/XBRL%e5%88%86%e7%b1%bb%e6%a0%87%e5%87%86/%e4%b8%ad%e5%9b%bd%e8%b4%a2%e6%94%bf%e9%83%a8/%e4%bc%81%e4%b8%9a%e4%bc%9a%e8%ae%a1%e5%87%86%e5%88%99%e9%80%9a%e7%94%a8%e5%88%86%e7%b1%bb%e6%a0%87%e5%87%86/%e4%bc%81%e4%b8%9a%e4%bc%9a%e8%ae%a1%e5%87%86%e5%88%99%e9%80%9a%e7%94%a8%e5%88%86%e7%b1%bb%e6%a0%87%e5%87%86/CAS%20Taxonomy_20100930/cas_20100930/cas_core_2010-09-30. xsd#cas_StatementOfFinancialPositionTable" xlink:label="StatementOfFinancialPositionTable" xlink:title="StatementOfFinancialPositionTable"/>

<link:definitionArc xlink:type="arc" xlink:arcrole="http://xbrl. org/int/dim/arcrole/all" xlink:from="StatementOfFinancialPositionAbstract" xlink:to="StatementOfFinancialPositionTable" xlink:title="definition: StatementOfFinancialPositionAbstract to StatementOfFinancialPositionTable" order="1. 0" xbrldt:contextElement="scenario"/>

<link:loc xlink:type="locator" xlink:href="../../../../02-%e7%a7%91%e7%a0%94%e8%b5%84%e6%96%99/01-XBRL/XBRL%e5%88%86%e7%b1%bb%e6%a0%87%e5%87%86/%e4%b8%ad%e5%9b%bd%e8%b4%a2%e6%94%bf%e9%83%a8/%e4%bc%81%e4%b8%9a%e4%bc%9a%e8%ae%a1%e5%87%86%e5%88%99%e9%80%9a%e7%94%a8%e5%88%86%e7%b1%bb%e6%a0%87%e5%87%86/%e4%bc%81%e4%b8%9a%e4%bc%9a%e8%ae%a1%e5%87%86%e5%88%99%e9%80%9a%e7%94%a8%e5%88%86%e7%b1%bb%e6%a0%87%e5%87%86/CAS%20Taxonomy_20100930/cas_20100930/cas_core_2010-09-30. xsd#cas_ConsolidatedAndIndividualFinancialStatementAxis" xlink:label="ConsolidatedAndIndividualFinancialStatementAxis" xlink:title="ConsolidatedAndIndividualFinancialStatementAxis"/>

<link:definitionArc xlink:type="arc" xlink:arcrole="http://xbrl. org/int/dim/arcrole/hypercube-dimension" xlink:from="StatementOfFinancialPositionTable" xlink:to="ConsolidatedAndIndividualFinancialStatementAxis" xlink:title="definition: StatementOfFinancialPositionTable to ConsolidatedAndIndividualFinancialStatementAxis" order="1. 0"/>

<link:loc xlink:type="locator" xlink:href="../../../../02-%e7%a7%91%e7%a0%94%e8%b5%84%e6%96%99/01-XBRL/XBRL%e5%88%86%e7%b1%bb%e6%a0%87%e5%87%86/%e4%b8%ad%e5%9b%bd%e8%b4%a2%e6%94%bf%e9%83%a8/%e4%bc%81%e4%b8%9a%e4%bc%9a%e8%ae%a1%e5%87%86%e5%88%99%e9%80%9a%e7%94%a8%e5%88%86%e7%b1%bb%e6%a0%87%e5%87%86/%e4%bc%81%e4%b8%9a%e4%bc%9a%e8%ae%a1%e5%87%86%e5%88%99%e9%80%9a%e7%94%a8%e5%88%86%e7%b1%bb%e6%a0%87%e5%87%86/CAS%20Taxonomy_20100930/cas_20100930/cas_core_2010-09-30.xsd#cas_ConsolidatedAndIndividualMember" xlink:label="ConsolidatedAndIndividualMember" xlink:title="ConsolidatedAndIndividualMember"/>

<link:definitionArc xlink:type="arc" xlink:arcrole="http://xbrl.org/int/dim/arcrole/dimension-domain" xlink:from="ConsolidatedAndIndividualFinancialStatementAxis" xlink:to="ConsolidatedAndIndividualMember" xlink:title="definition: ConsolidatedAndIndividualFinancialStatementAxis to ConsolidatedAndIndividualMember" order="1.0"/>

<link:loc xlink:type="locator" xlink:href="../../../../02-%e7%a7%91%e7%a0%94%e8%b5%84%e6%96%99/01-XBRL/XBRL%e5%88%86%e7%b1%bb%e6%a0%87%e5%87%86/%e4%b8%ad%e5%9b%bd%e8%b4%a2%e6%94%bf%e9%83%a8/%e4%bc%81%e4%b8%9a%e4%bc%9a%e8%ae%a1%e5%87%86%e5%88%99%e9%80%9a%e7%94%a8%e5%88%86%e7%b1%bb%e6%a0%87%e5%87%86/%e4%bc%81%e4%b8%9a%e4%bc%9a%e8%ae%a1%e5%87%86%e5%88%99%e9%80%9a%e7%94%a8%e5%88%86%e7%b1%bb%e6%a0%87%e5%87%86/CAS%20Taxonomy_20100930/cas_20100930/cas_core_2010-09-30.xsd#cas_ConsolidatedAndIndividualMember" xlink:label="ConsolidatedAndIndividualMember_2" xlink:title="ConsolidatedAndIndividualMember"/>

<link:definitionArc xlink:type="arc" xlink:arcrole="http://xbrl.org/int/dim/arcrole/dimension-default" xlink:from="ConsolidatedAndIndividualFinancialStatementAxis" xlink:to="ConsolidatedAndIndividualMember_2" xlink:title="definition: ConsolidatedAndIndividualFinancialStatementAxis to ConsolidatedAndIndividualMember" priority="1" order="2.0"/>

<link:loc xlink:type="locator" xlink:href="../../../../02-%e7%a7%91%e7%a0%94%e8%b5%84%e6%96%99/01-XBRL/XBRL%e5%88%86%e7%b1%bb%e6%a0%87%e5%87%86/%e4%b8%ad%e5%9b%bd%e8%b4%a2%e6%94%bf%e9%83%a8/%e4%bc%81%e4%b8%9a%e4%bc%9a%e8%ae%a1%e5%87%86%e5%88%99%e9%80%9a%e7%94%a8%e5%88%86%e7%b1%bb%e6%a0%87%e5%87%86/%e4%bc%81%e4%b8%9a%e4%bc%9a%e8%ae%a1%e5%87%86%e5%88%99%e9%80%9a%e7%94%a8%e5%88%86%e7%b1%bb%e6%a0%87%e5%87%86/CAS%20Taxonomy_20100930/cas_20100930/cas_core_2010-09-30.xsd#cas_SeparateMember" xlink:label="SeparateMember" xlink:title="SeparateMember"/>

附录 3.2.3 msft－20130630－Trans-label

<?xml version="1.0" encoding="UTF-8"?>
<!--Generated by Fujitsu XWand B0216C-->

```
<link:linkbase xmlns:xsi="http://www. w3. org/2001/XMLSchema-instance" xsi:schemaLocation="http://www. xbrl. org/2003/linkbase http://www. xbrl. org/2003/xbrl-linkbase-06-2013-06-12-06-31. xsd" xmlns:link="http://www. xbrl. org/2003/linkbase" xmlns:xbrli="http://www. xbrl. org/2003/instance" xmlns:xlink="http://www. w3. org/1999/xlink">
    <link:labelLink xlink:type="extended" xlink:role="http://www. xbrl. org/2003/role/link">
        <link:loc xlink:type="locator" xlink:href="../../../../02-%e7%a7%91%e7%a0%94%e8%b5%84%e6%96%99/01-XBRL/XBRL%e5%88%86%e7%b1%bb%e6%a0%87%e5%87%86/%e4%b8%ad%e5%9b%bd%e8%b4%a2%e6%94%bf%e9%83%a8/%e4%bc%81%e4%b8%9a%e4%bc%9a%e8%ae%a1%e5%87%86%e5%88%99%e9%80%9a%e7%94%a8%e5%88%86%e7%b1%bb%e6%a0%87%e5%87%86/%e4%bc%81%e4%b8%9a%e4%bc%9a%e8%ae%a1%e5%87%86%e5%88%99%e9%80%9a%e7%94%a8%e5%88%86%e7%b1%bb%e6%a0%87%e5%87%86/CAS%20Taxonomy_20100930/cas_20100930/cas_core_2010-09-30. xsd#cas_BankBalancesAndCash" xlink:label="BankBalancesAndCash" xlink:title="BankBalancesAndCash"/>
        <link:label xlink:type="resource" xlink:label="label_BankBalancesAndCash" xlink:role="http://www. xbrl. org/2003/role/label" xlink:title="label_BankBalancesAndCash" xml:lang="en" id="label_BankBalancesAndCash">Bank balances and cash</link:label>
        <link:labelArc xlink:type="arc" xlink:arcrole="http://www. xbrl. org/2003/arcrole/concept0label" xlink:from="BankBalancesAndCash" xlink:to="label_BankBalancesAndCash" xlink:title="label: BankBalancesAndCash to label_BankBalancesAndCash"/>
        <link:label xlink:type="resource" xlink:label="label_BankBalancesAndCash_2" xlink:role="http://www. xbrl. org/2003/role/label" xlink:title="label_BankBalancesAndCash" xml:lang="zh" id="label_BankBalancesAndCash_2">货币资金</link:label>
        <link:labelArc xlink:type="arc" xlink:arcrole="http://www. xbrl. org/2003/arcrole/concept-label" xlink:from="BankBalancesAndCash" xlink:to="label_BankBalancesAndCash_2" xlink:title="label: BankBalancesAndCash to label_BankBalancesAndCash"/>
        <link:loc xlink:type="locator" xlink:href="../../../../02-%e7%a7%91%e7%a0%94%e8%b5%84%e6%96%99/01-XBRL/XBRL%e5%88%86%e7%b1%bb%e6%a0%87%e5%87%86/%e4%b8%ad%e5%9b%bd%e8%b4%a2%e6%94%bf%e9%83%a8/%e4%bc%81%e4%b8%9a%e4%bc%9a%e8%ae%a1%e5%87%86%e5%88%99%e9%80%9a%e7%94%a8%e5%88%86%e7%b1%bb%e6%a0%87%e5%87%86/%e4%bc%81%e4%b8%9a%e4%bc%9a%e8%ae%a1%e5%87%86%e5%88%99%e9%80%9a%e7%94%a8%e5%88%86%e7%b1%bb%e6%a0%87%e5%87%86/CAS%20Taxonomy_20100930/cas_20100930/cas_core_2010-09-30. xsd#cas_ConsolidatedMember" xlink:label="ConsolidatedMember" xlink:title="ConsolidatedMember"/>
        <link:label xlink:type="resource" xlink:label="label_ConsolidatedMember" xlink:role="http://www. xbrl. org/2003/role/label" xlink:title="label_ConsolidatedMember" xml:
```

```
lang="en" id="label_ConsolidatedMember">Consolidated [member]</link:label>
    <link:labelArc xlink:type="arc" xlink:arcrole="http://www.xbrl.org/2003/arcrole/concept-label" xlink:from="ConsolidatedMember" xlink:to="label_ConsolidatedMember" xlink:title="label: ConsolidatedMember to label_ConsolidatedMember"/>
    <link:label xlink:type="resource" xlink:label="label_ConsolidatedMember_2" xlink:role="http://www.xbrl.org/2003/role/label" xlink:title="label_ConsolidatedMember" xml:lang="zh" id="label_ConsolidatedMember_2">合并 [member]</link:label>
    <link:labelArc xlink:type="arc" xlink:arcrole="http://www.xbrl.org/2003/arcrole/concept-label" xlink:from="ConsolidatedMember" xlink:to="label_ConsolidatedMember_2" xlink:title="label: ConsolidatedMember to label_ConsolidatedMember"/>
    <link:loc xlink:type="locator" xlink:href="../../../../02-%e7%a7%91%e7%a0%94%e8%b5%84%e6%96%99/01-XBRL/XBRL%e5%88%86%e7%b1%bb%e6%a0%87%e5%87%86/%e4%b8%ad%e5%9b%bd%e8%b4%a2%e6%94%bf%e9%83%a8/%e4%bc%81%e4%b8%9a%e4%bc%9a%e8%ae%a1%e5%87%86%e5%88%99%e9%80%9a%e7%94%a8%e5%88%86%e7%b1%bb%e6%a0%87%e5%87%86/%e4%bc%81%e4%b8%9a%e4%bc%9a%e8%ae%a1%e5%87%86%e5%88%99%e9%80%9a%e7%94%a8%e5%88%86%e7%b1%bb%e6%a0%87%e5%87%86/CAS%20Taxonomy_20100930/cas_20100930/cas_core_2010-09-30.xsd#cas_ConsolidatedAndIndividualFinancialStatementAxis" xlink:label="ConsolidatedAndIndividualFinancialStatementAxis" xlink:title="ConsolidatedAndIndividualFinancialStatementAxis"/>
    <link:label xlink:type="resource" xlink:label="label_ConsolidatedAndIndividualFinancialStatementAxis" xlink:role="http://www.xbrl.org/2003/role/label" xlink:title="label_ConsolidatedAndIndividualFinancialStatementAxis" xml:lang="en" id="label_ConsolidatedAndIndividualFinancialStatementAxis">Consolidated and individual financial statement [axis]</link:label>
    <link:labelArc xlink:type="arc" xlink:arcrole="http://www.xbrl.org/2003/arcrole/concept-label" xlink:from="ConsolidatedAndIndividualFinancialStatementAxis" xlink:to="label_ConsolidatedAndIndividualFinancialStatementAxis" xlink:title="label: ConsolidatedAndIndividualFinancialStatementAxis to label_ConsolidatedAndIndividualFinancialStatementAxis"/>
    <link:label xlink:type="resource" xlink:label="label_ConsolidatedAndIndividualFinancialStatementAxis_2" xlink:role="http://www.xbrl.org/2003/role/label" xlink:title="label_ConsolidatedAndIndividualFinancialStatementAxis" xml:lang="zh" id="label_ConsolidatedAndIndividualFinancialStatementAxis_2">合并和个别财务报表 [axis]</link:label>
    <link:labelArc xlink:type="arc" xlink:arcrole="http://www.xbrl.org/2003/arcrole/concept-label" xlink:from="ConsolidatedAndIndividualFinancialStatementAxis" xlink:to="label_ConsolidatedAndIndividualFinancialStatementAxis_2" xlink:title="label: ConsolidatedAndIndividualFinancialStatementAxis to label_ConsolidatedAndIndividualFinancialStatementAxis"/>
    <link:loc xlink:type="locator" xlink:href="../../../../02-%e7%a7%91%e7%a0%94%e8%b5%84%e6%96%99/01-XBRL/XBRL%e5%88%86%e7%b1%bb%e6%a0%87%e5%87%86/%e4%b8%ad%e5%9b%bd%e8%b4%a2%e6%94%bf%e9%83%a8/%e4%
```

bc%81%e4%b8%9a%e4%bc%9a%e8%ae%a1%e5%87%86%e5%88%99%e9%80%9a%e7%94%a8%e5%88%86%e7%b1%bb%e6%a0%87%e5%87%86/%e4%bc%81%e4%b8%9a%e4%bc%9a%e8%ae%20Taxonomy_20100930/cas_20100930/cas_core_2010-09-30. xsd#cas_FinancialAssetsHeldForTrading" xlink: label = " FinancialAssetsHeldForTrading" xlink: title="FinancialAssetsHeldForTrading"/>

<link:label xlink:type="resource" xlink:label="label_FinancialAssetsHeldForTrading" xlink:role="http://www. xbrl. org/2003/role/label" xlink:title="label_FinancialAssetsHeldForTrading" xml:lang="en" id="label_FinancialAssetsHeldForTrading">Financial assets held for trading</link:label>

<link:labelArc xlink:type="arc" xlink:arcrole="http://www. xbrl. org/2003/arcrole/concept-label" xlink: from = " FinancialAssetsHeldForTrading" xlink: to = " label_FinancialAssetsHeldForTrading" xlink:title="label: FinancialAssetsHeldForTrading to label_FinancialAssetsHeldForTrading"/>

<link:label xlink:type="resource" xlink:label="label_FinancialAssetsHeldForTrading_2" xlink:role="http://www. xbrl. org/2003/role/label" xlink:title="label_FinancialAssetsHeldForTrading" xml:lang="zh" id="label_FinancialAssetsHeldForTrading_2">交易性金融资产</link:label>

<link:labelArc xlink:type="arc" xlink:arcrole="http://www. xbrl. org/2003/arcrole/concept-label" xlink: from = " FinancialAssetsHeldForTrading" xlink: to = " label_FinancialAssetsHeldForTrading_2" xlink:title="label: FinancialAssetsHeldForTrading to label_FinancialAssetsHeldForTrading"/>

附录 3. 2. 4　msft - 20130630 - Trans-presentation

<? xml version="1. 0" encoding="UTF-8"? >

<! --Generated by Fujitsu XWand B0216C-->

<link:linkbase xmlns:xsi="http://www. w3. org/2001/XMLSchema-instance" xsi:schemaLocation="http://www. xbrl. org/2003/linkbase http://www. xbrl. org/2003/xbrl-linkbase-06-2013-06-12-06-31. xsd" xmlns:link="http://www. xbrl. org/2003/linkbase" xmlns:xbrli="http://www. xbrl. org/2003/instance" xmlns:xlink="http://www. w3. org/1999/xlink">

<link:roleRef roleURI="http://www. microsoft. com/taxonomy/role/DisclosureInventory" xlink:type="simple" xlink:href="msft-20130630-Trans. xsd#DisclosureInventory"/>

<link:roleRef roleURI="http://www. microsoft. com/taxonomy/role/DisclosurePropertyPlantAndEquipment" xlink:type="simple" xlink:href="msft-20130630-Trans. xsd#DisclosurePropertyPlantAndEquipment"/>

<link:roleRef roleURI="http://www. microsoft. com/taxonomy/role/StatementOfCashFlowsIndirect" xlink:type="simple" xlink:href="msft-20130630-Trans. xsd#Role_StatementOfCashFlowsIndirect"/>

<link:roleRef roleURI="http://www. microsoft. com/taxonomy/role/StatementOfFi-

nancialPositionClassified" xlink:type="simple" xlink:href="msft-20130630-Trans.xsd#Role_StatementOfFinancialPositionClassified"/>

<link:roleRef roleURI="http://www.microsoft.com/taxonomy/role/StatementOfIncome" xlink:type="simple" xlink:href="msft-20130630-Trans.xsd#Role_StatementOfIncome"/>

<link:presentationLink xlink:type="extended" xlink:role="http://www.microsoft.com/taxonomy/role/StatementOfFinancialPositionClassified">

<link:loc xlink:type="locator" xlink:href="../../../../02-%e7%a7%91%e7%a0%94%e8%b5%84%e6%96%99/01-XBRL/XBRL%e5%88%86%e7%b1%bb%e6%a0%87%e5%87%86/%e4%b8%ad%e5%9b%bd%e8%b4%a2%e6%94%bf%e9%83%a8/%e4%bc%81%e4%b8%9a%e4%bc%9a%e8%ae%a1%e5%87%86%e5%88%99%e9%80%9a%e7%94%a8%e5%88%86%e7%b1%bb%e6%a0%87%e5%87%86/%e4%bc%81%e4%b8%9a%e4%bc%9a%e8%ae%a1%e5%87%86%e5%88%99%e9%80%9a%e7%94%a8%e5%88%86%e7%b1%bb%e6%a0%87%e5%87%86/CAS%20Taxonomy_20100930/cas_20100930/cas_core_2010-09-30.xsd#cas_SeparateBalanceSheetExplanatory" xlink:label="SeparateBalanceSheetExplanatory" xlink:title="SeparateBalanceSheetExplanatory"/>

<link:loc xlink:type="locator" xlink:href="http://xbrl.iasb.org/taxonomy/2010-04-30/ifrs-cor_2010-04-30.xsd#ifrs_StatementOfFinancialPositionAbstract" xlink:label="StatementOfFinancialPositionAbstract" xlink:title="StatementOfFinancialPositionAbstract"/>

<link:presentationArc xlink:type="arc" xlink:arcrole="http://www.xbrl.org/2003/arcrole/parent-child" xlink:from="SeparateBalanceSheetExplanatory" xlink:to="StatementOfFinancialPositionAbstract" xlink:title="presentation: SeparateBalanceSheetExplanatory to StatementOfFinancialPositionAbstract" order="1.0"/>

<link:loc xlink:type="locator" xlink:href="../../../../02-%e7%a7%91%e7%a0%94%e8%b5%84%e6%96%99/01-XBRL/XBRL%e5%88%86%e7%b1%bb%e6%a0%87%e5%87%86/%e4%b8%ad%e5%9b%bd%e8%b4%a2%e6%94%bf%e9%83%a8/%e4%bc%81%e4%b8%9a%e4%bc%9a%e8%ae%a1%e5%87%86%e5%88%99%e9%80%9a%e7%94%a8%e5%88%86%e7%b1%bb%e6%a0%87%e5%87%86/%e4%bc%81%e4%b8%9a%e4%bc%9a%e8%ae%a1%e5%87%86%e5%88%99%e9%80%9a%e7%94%a8%e5%88%86%e7%b1%bb%e6%a0%87%e5%87%86/CAS%20Taxonomy_20100930/cas_20100930/cas_core_2010-09-30.xsd#cas_StatementOfFinancialPositionTable" xlink:label="StatementOfFinancialPositionTable" xlink:title="StatementOfFinancialPositionTable"/>

<link:presentationArc xlink:type="arc" xlink:arcrole="http://www.xbrl.org/2003/arcrole/parent-child" xlink:from="StatementOfFinancialPositionAbstract" xlink:to="StatementOfFinancialPositionTable" xlink:title="presentation: StatementOfFinancialPositionAbstract to StatementOfFinancialPositionTable" order="1.0"/>

<link:loc xlink:type="locator" xlink:href="../../../../02-%e7%a7%91%e7%a0%94%e8%b5%84%e6%96%99/01-XBRL/XBRL%e5%88%86%e7%b1%bb%e6%a0%87%e5%87%86/%e4%b8%ad%e5%9b%bd%e8%b4%a2%e6%94%bf%e9%83%a8/%e4%bc%81%e4%

b8%9a%e4%bc%9a%e8%ae%a1%e5%87%86%e5%88%99%e9%80%9a%e7%94%a8%e5%88%86%e7%b1%bb%e6%a0%87%e5%87%86/%e4%bc%81%e4%b8%9a%e4%bc%9a%e8%ae%a1%e5%87%86%e5%88%99%e9%80%9a%e7%94%a8%e5%88%86%e7%b1%bb%e6%a0%87%e5%87%86/CAS%20Taxonomy_20100930/cas_20100930/cas_core_2010-09-30. xsd# cas_ ConsolidatedAndIndividualFinancialStatementAxis" xlink: label = " ConsolidatedAndIndividualFinancialStatementAxis" xlink:title="ConsolidatedAndIndividualFinancialStatementAxis"/>

<link: presentationArc xlink: type = " arc" xlink: arcrole = " http://www. xbrl. org/2003/arcrole/parent-child" xlink:from="StatementOfFinancialPositionTable" xlink:to="ConsolidatedAndIndividualFinancialStatementAxis" xlink: title = " presentation: StatementOfFinancialPositionTable to ConsolidatedAndIndividualFinancialStatementAxis" order="1. 0"/>

<link:loc xlink:type="locator" xlink:href="../../../../02-%e7%a7%91%e7%a0%94%e8%b5%84%e6%96%99/01-XBRL/XBRL%e5%88%86%e7%b1%bb%e6%a0%87%e5%87%86/%e4%b8%ad%e5%9b%bd%e8%b4%a2%e6%94%bf%e9%83%a8/%e4%bc%81%e4%b8%9a%e4%bc%9a%e8%ae%a1%e5%87%86%e5%88%99%e9%80%9a%e7%94%a8%e5%88%86%e7%b1%bb%e6%a0%87%e5%87%86/%e4%bc%81%e4%b8%9a%e4%bc%9a%e8%ae%a1%e5%87%86%e5%88%99%e9%80%9a%e7%94%a8%e5%88%86%e7%b1%bb%e6%a0%87%e5%87%86/CAS%20Taxonomy_20100930/cas_20100930/cas_core_2010-09-30. xsd# cas_ConsolidatedAndIndividualMember" xlink:label="ConsolidatedAndIndividualMember" xlink:title="ConsolidatedAndIndividualMember"/>

<link: presentationArc xlink: type = " arc" xlink: arcrole = " http://www. xbrl. org/2003/arcrole/parent-child" xlink: from = " ConsolidatedAndIndividualFinancialStatementAxis" xlink:to="ConsolidatedAndIndividualMember" xlink:title="presentation: ConsolidatedAndIndividualFinancialStatementAxis to ConsolidatedAndIndividualMember" order="1. 0"/>

<link:loc xlink:type="locator" xlink:href="../../../../02-%e7%a7%91%e7%a0%94%e8%b5%84%e6%96%99/01-XBRL/XBRL%e5%88%86%e7%b1%bb%e6%a0%87%e5%87%86/%e4%b8%ad%e5%9b%bd%e8%b4%a2%e6%94%bf%e9%83%a8/%e4%bc%81%e4%b8%9a%e4%bc%9a%e8%ae%a1%e5%87%86%e5%88%99%e9%80%9a%e7%94%a8%e5%88%86%e7%b1%bb%e6%a0%87%e5%87%86/%e4%bc%81%e4%b8%9a%e4%bc%9a%e8%ae%a1%e5%87%86%e5%88%99%e9%80%9a%e7%94%a8%e5%88%86%e7%b1%bb%e6%a0%87%e5%87%86/CAS%20Taxonomy_20100930/cas_20100930/cas_core_2010-09-30. xsd# cas_SeparateMember" xlink: label = " SeparateMember" xlink: title="SeparateMember"/>

<link: presentationArc xlink: type = " arc" xlink: arcrole = " http://www. xbrl. org/2003/arcrole/parent-child" xlink:from="ConsolidatedAndIndividualMember" xlink:to="SeparateMember" xlink: title = " presentation: ConsolidatedAndIndividualMember to SeparateMember" order="1. 0"/>

<link:loc xlink:type="locator" xlink:href="../../../../02-%e7%a7%91%e7%a0%94%e8%b5%84%e6%96%99/01-XBRL/XBRL%e5%88%86%e7%b1%bb%e6%a0%87%e5%87%86/%e4%b8%ad%e5%9b%bd%e8%b4%a2%e6%94%bf%e9%83%a8/%e4%

bc%81%e4%b8%9a%e4%bc%9a%e8%ae%a1%e5%87%86%e5%88%99%e9%80%9a%e7%94%a8%e5%88%86%e7%b1%bb%e6%a0%87%e5%87%86/%e4%bc%81%e4%b8%9a%e4%bc%9a%e8%ae%a1%e5%87%86%e5%88%99%e9%80%9a%e7%94%a8%e5%88%86%e7%b1%bb%e6%a0%87%e5%87%86/CAS%20Taxonomy_20100930/cas_20100930/cas_core_2010-09-30.xsd#cas_StatementOfFinancialPositionLineItems" xlink:label="StatementOfFinancialPositionLineItems" xlink:title="StatementOfFinancialPositionLineItems"/>

<link:presentationArc xlink:type="arc" xlink:arcrole="http://www.xbrl.org/2003/arcrole/parent-child" xlink:from="StatementOfFinancialPositionTable" xlink:to="StatementOfFinancialPositionLineItems" xlink:title="presentation: StatementOfFinancialPositionTable to StatementOfFinancialPositionLineItems" order="2.0"/>

<link:loc xlink:type="locator" xlink:href="../../../../02-%e7%a7%91%e7%a0%94%e8%b5%84%e6%96%99/01-XBRL/XBRL%e5%88%86%e7%b1%bb%e6%a0%87%e5%87%86/%e4%b8%ad%e5%9b%bd%e8%b4%a2%e6%94%bf%e9%83%a8/%e4%bc%81%e4%b8%9a%e4%bc%9a%e8%ae%a1%e5%87%86%e5%88%99%e9%80%9a%e7%94%a8%e5%88%86%e7%b1%bb%e6%a0%87%e5%87%86/%e4%bc%81%e4%b8%9a%e4%bc%9a%e8%ae%a1%e5%87%86%e5%88%99%e9%80%9a%e7%94%a8%e5%88%86%e7%b1%bb%e6%a0%87%e5%87%86/CAS%20Taxonomy_20100930/cas_20100930/cas_core_2010-09-30.xsd#cas_BankBalancesAndCash" xlink:label="BankBalancesAndCash" xlink:title="BankBalancesAndCash"/>

<link:presentationArc xlink:type="arc" xlink:arcrole="http://www.xbrl.org/2003/arcrole/parent-child" xlink:from="StatementOfFinancialPositionLineItems" xlink:to="BankBalancesAndCash" xlink:title="presentation: StatementOfFinancialPositionLineItems to BankBalancesAndCash" order="1.0"/>

主要参考文献

[1] Amrhein D G, Farewell S, Pinsker R E. Rea and xbrl gl: Synergies for the 21st century business reporting system[J]. The International Journal of Digital Accounting Research, 2010, 9(15): 7.

[2] Baldwin A A, Trinkle B S. The impact of XBRL: A Delphi investigation[J]. The International Journal of Digital Accounting Research, 2011, 11(17): 1-24.

[3] Blankespoor E, Miller B P, White H D. Initial evidence on the market impact of the XBRL mandate[J]. Review of Accounting Studies, 2014, 19: 1468-1503.

[4] Buys P W. The impact of XBRL on the financial reporting supply chain: A South African case study[J]. Meditari Accountancy Research, 2008, 16(1): 43-58.

[5] Carolyn A, Brian L M G, Liv A W, et al. The XBRL potential[J]. Strategic Finance, 2001, 82(12): 58.

[6] Du H, Roohani S. Meeting challenges and expectations of continuous auditing in the context of independent audits of financial statements [J]. International Journal of Auditing, 2007, 11(2): 133-146.

[7] Feldman P, Miller D. Entity Model Clustering: Structuring a data model by abstraction [J]. Computer Journal, 1986(4):348-360.

[8] García R, Gil R. Publishing xbrl as linked open data[C]//CEUR Workshop Proceedings. 2009, 538.

[9] Higgins L N, Harrell H W. XBRL: Don't lag behind the digital information revolution [J]. Journal of Corporate Accounting & Finance, 2003, 14(5): 13-21.

[10] Hoffman C, Kurt C, Koreto R J. The XML Files: A markup language with the same roots as HTML, tags data such as financial statements so any program on any computer platform can understand them[J]. Journal of Accountancy, 1999, 187: 71-77.

[11] Murthy U S, Groomer S M. A continuous auditing web services model for XML-based accounting systems[J]. International Journal of Accounting Information Systems, 2004, 5(2): 139-163.

[12] Newman M. Fast algorithm for detecting community structure in networks[J]. Physical Review E, 2004, 69(6):66-133.

[13] Núñez S M, de Andrés Suárez J, Gayo J E L, et al. A semantic based collaborative system for the interoperability of XBRL accounting information[M]//Emerging technologies and information systems for the knowledge society. Springer Berlin Heidelberg, 2008: 593-599.

[14] O'Riain S, Curry E, Harth A. XBRL and open data for global financial ecosystems: A linked data approach[J]. International Journal of Accounting Information Systems, 2012, 13(2): 141 - 162.

[15] Rezaee Z, Turner J L. XBRL-based financial reporting: Challenges and opportunities for government accountants[J]. Journal of Government Financial Management, 2002, 51(2): 16 - 23.

[16] Saragih A H, Ali S. The effect of XBRL adoption on corporate tax avoidance: Empirical evidence from an emerging country [J]. Journal of Financial Reporting and Accounting, 2022.

[17] Spies M. An ontology modelling perspective on business reporting[J]. Information Systems, 2010, 35(4): 404 - 416.

[18] Williams S P, Scifleet P A, Hardy C A. Online business reporting: An information management perspective[J]. International Journal of Information Management, 2006, 26(2): 91 - 101.

[19] Willis M. Corporate reporting enters the information age[J]. Regulation, 2003, 26: 56 - 60.

[20] Xue W, Xuan Z, Shan W. Summarizing large-scale database schema using community detection [J]. Journal of Computer Science & Technology, 2012, 27(003):515 - 526.

[21] Yoon H, Zo H, Ciganek A P. Does XBRL adoption reduce information asymmetry? [J]. Journal of Business Research, 2011, 64(2): 157 - 163.

[22] 黄炜,陈启祥,林剑锋.基于中间层协议的可扩展文档格式转换处理机[J].湖北工业大学学报,2005,20(1):51 - 54.

[23] 刘锋.基于语义网的 XBRL 技术模型及其应用研究[D].财政部财政科学研究所,2012.

[24] 欧永生.金融危机问题研究[M].北京:中国人口出版社,2004.

[25] 潘琰.公司报告模式再造:基于 XBRL 与 Web 服务的柔性报告模式[J].会计研究,2007,(5):80 - 87.

[26] 权英淑,许必建.会计学[M].成都:西南财经大学出版社,2012.

[27] 沈颖玲.会计全球化的技术视角——利用 XBRL 构建国际财务报告准则分类体系[J].会计研究,2004(4):35 - 40.

[28] 王静.海峡两岸会计准则国际化程度的比较[D].复旦大学,2008.

[29] 吴忠生.XBRL 财务报告与会计账簿研究:标准改进与数据集成[D].上海交通大学,2014.

[30] 吴忠生,张天西,陈志德,等.基于领域本体的 XBRL 财务报告转换研究[J].计算机应用研究,2013,30(12):3643 - 3646.

[31] 张天西.网络财务报告:XBRL 标准的理论基础研究[J].会计研究,2006(9):56 - 63.

[32] 张天西等.网络财务报告——论 XBRL 的理论框架及技术[M].上海:复旦大学出版社,2006.

[33] 张天西等.XBRL 财务报告:理论、规范及应用[M].北京:经济科学出版社,2010.

[34] 周晓慧.中美创业板上市公司年度报告信息披露比较[J].山东工商学院学报,2010,24(5):83 - 87.